우연성, 아이러니, 연대

Contingency, Irony,
and Solidarity

Richard Rorty

우연성, 아이러니, 연대

리처드 로티 지음 | 김동식·이유선 옮김

사월의책

우연성, 아이러니, 연대

1판 1쇄 발행 2020년 8월 10일
1판 3쇄 발행 2023년 1월 10일

지은이 리처드 로티
옮긴이 김동식, 이유선
펴낸이 안희곤
펴낸곳 사월의책

편집 박동수
디자인 김현진

등록번호 2009년 8월 20일 제396-2009-126호
주소 경기도 고양시 일산서구 중앙로 1388 동관 B113호
전화 031)912-9491 | 팩스 031)913-9491
이메일 aprilbooks@aprilbooks.net
홈페이지 www.aprilbooks.net
블로그 blog.naver.com/aprilbooks

ISBN 978-89-97186-96-9 93160

* 책값은 뒤표지에 있습니다.
* 이 도서의 국립중앙도서관 출판예정도서목록(CIP)은 서지정보유통지원시스템 홈페이지(http://
seoji.nl.go.kr)와 국가자료종합목록 구축시스템(http://kolis-net.nl.go.kr)에서 이용하실 수 있습니
다. (CIP제어번호: CIP2020030393)

여섯 명의 자유주의자들을 기리며
부모님, 조부모님, 외조부모님께 바침

아젤라스트들[웃지 않는 자들을 가리키는 라블레의 용어], 받아들인 아이디어들에 대해 생각이 없는 자들, 그리고 천박한 자들은 하나같이 신의 웃음의 메아리로 태어난 예술의 적이다. 바꿔 말해서 어느 누구도 진리를 소유하지 않으며 누구든지 이해되어야 할 권리를 가지는 매혹적인 상상의 세계를 창조했던 예술에 대한 머리가 셋이나 달린 적이다. 관용으로 이루어진 그 상상의 세계는 근대 유럽과 더불어 탄생했으며, 그것이 바로 유럽의 이미지다. 혹은, 그것은 적어도 유럽에 대한 우리의 꿈이다. 몇 번이고 우리를 배반했지만 그럼에도 불구하고 자그마한 유럽 대륙보다 훨씬 더 멀리까지 뻗치는 우애 속에 우리 모두를 통합시키기에 충분히 강한 꿈이다. 하지만 우리는 개인들이 존중되는 세계(소설이라는 상상의 세계, 그리고 유럽이라는 현실의 세계)가 깨어지기 쉽고 사라져버릴 수도 있음을 알고 있다. (…) 유럽 문화가 오늘날 위협을 받고 있으며, 내부와 외부로부터의 위협이 유럽이 가장 소중하게 여기는 것—개인에 대한 존중, 개인의 창의적 생각에 대한 존중, 그리고 불가침의 사적인 삶에 대한 개인의 권리 존중—에 대한 위협이라고 볼 때, 유럽 정신의 소중한 본질은 소설의 역사 속에 있는 보석상자 즉 소설의 지혜 속에 안전하게 보관 중이라고 나는 믿는다.

밀란 쿤데라, 『소설의 기술』 중에서

일러두기

1. 각주는 모두 저자의 주이다.

2. 대괄호 [ ]는 옮긴이가 이해를 돕기 위해 설명을 덧붙인 것이다. 단, 인용문 속 대괄호
   는 저자 자신의 보충이다.

3. 인용문은 해당 국역본이 있을 경우 참고하여 번역하고 각주에 서지사항을 병기했다.

4. 원서에서 문단 사이의 공백을 통해 내용을 단락 구분하고 있는 대목은 가독성을 고려
   하여 사선 기호 / 를 넣어 더 명확히 구분지었다.

5. 원서에서 이탤릭체로 표시된 강조는 고딕체로 표시했으며, 대문자로 표시된 강조는
   작은따옴표로 표시했다.

한국어판 서문

"연대"란 용어는 1980년대의 서구 지식인들에게 새로운 호소력을 얻게 되었다. 이렇게 된 까닭은 공산독재에 항거하는 중부 유럽 최초의 운동 가운데 하나인 솔리다르노시치Solidarność 운동에 대해 지식인들이 느꼈던 열광 때문이다. 1980년대 공산정권 치하의 반체제 지식인들, 가령 프라하의 하벨Václav Havel과 그의 동료들로부터 베이징의 팡리즈方勵之와 그의 동료들에 이르는 지식인들은 그 밖의 지역에서 지식인들의 도덕적 모델이 되었다. 파시즘에 대한 투쟁 이래로 지식인들이 그렇듯 솔직하게 찬양할 수 있었던 영웅들을 가져본 적이 없었다. 하지만 더 중요한 일은 솔리다르노시치 운동이 폴란드의 노동자들과 폴란드의 지식인들을 한데 뭉치게 했다는 사실, 즉 미워시Czesław Miłosz, 미흐니크Adam Michnik, 바웬사Lech Wałęsa 등이 공동의 투쟁에 종사하게 되었다는 점이다. 지식인들과 비지식인들 간에 이루어진 이런 연대의 의미는 톈안먼天安門 광장에서 노동자들과 학생들이 잠시 동안 뒤섞인 가운데 다시 강화되었다. 그러한 뒤섞임은 드문 일로서 적어도 지식인들에게는 기분을 매우 고양시키는 일이다.

　그러한 공동체가 지식인들에게 필요하다는 반성, 바꿔 말해서 지식인들은 독재에 저항하는 사람들과 연대성을 느낄 필요가 있다는 점이 이 책의 많은 부분이 담고 있는 다음과 같은 물음을 떠올리게 했다. 즉 지식인들을 정의해주는 전문적이며, 특이하고, 비통상적인 필요성들은(즉 더욱더 복잡하며 어려운 책들과 더욱더 참신하고 놀랄 만한 예술 작품에 대한 필요성들은) 더 광범위하게 공유된 필요성들과(가령 당신이 생각하는 바를 처벌에 대한 두려움 없이 말할 필요성들과) 도대체 무슨 관계가 있는가? 그러한 전문적 필요성들의 성취는 그렇게 공유된 필요성들의 성취와 무슨 관계가 있는가?

　만일 당신이 지식인들의 기능이란 합리적인 것과 비합리적인 것을 구별 짓는 일이라고 생각하며, 또한 자유민주주의 사회들이 전체주의 사회들보다 더 합리적이라고 생각한다면, 당신은 이 두 유형의 필요성들 간에 모종의 연관성이 있다고 보게 될 것이다. 왜냐하면 당신은 지식인들의 궁극적인 목표란 더 큰 합리성의 추구라고 볼 것이며, 합리성의 옹호자로서 지식인들의 역할이 민주주의 사회를 전체주의로부터 구출하여 지켜가는 데 있어서 중요하다고 볼 것이기 때문이다.

　하지만 나는 이것이 지식인들의 궁극적인 목표라고 보지 않으며, 앞의 그 제안에 가정된 "합리성"이라는 관념을 불신한다. 그러한 관념은 인간의 욕구들이 유일한 선善에 의해 고취되고 수렴될 합리적인 것들과, 우리가 짐승들과 공유하는 비합리적인 것들로 준별될 수 있다는 플라톤의 주장으로 거슬러 올라간다. 이성을 사용함으로써 모든 인간 존재들이 신념과 욕구의 동일한 묶음에 도달하게 될 것이라는 플라톤의 견해는, 그로 하여금 사회 정의란 이성의 규칙과 긴밀히 연관되어 있다고, 즉 사회가 지식인들에 의해 지도될 때 그리고 오직 그때에만 사회 정의가 실현될 거라고 주장하게 했다. 이 결론은 이상 국가에서는 시인들이 반드시 추방되어야 한다는 보조정리를 귀결시켰다. 무릇 시인들이란 나쁜 정서와 동물적 욕구에 빠져들기 때문이란 이유에서였다.

철학과 시학 간의 기나긴 싸움, 즉 서양의 지적 전통에서 중심적인 긴장을 차지했던 싸움을 플라톤이 시작한 이래로, 시인들의 편을 들었던 철학자들은 인간적인 정신기능은 이성이 아니라 상상력이라고 분명하게 말해왔다. 이 책의 1장은 이 친숙한 주장을 재진술하고 있다. 플라톤은 모든 인간에게 공통된 선천적 언어(출생 이전에 있었던, 형상에 대한 공통된 비전을 통해 가능하게 되는 어떤 언어)가 존재한다고 가정한 반면에, 이 책의 1장에서 주장된 것은, 우리의 언어는 사실상 역사적 우연성들의 산물이라는 것이다. 내가 제안하는 견해에 의하면, 합리성이란 현재 손 안에 있는 언어에서 논증들을 함께 엮어 배열하는 일이다. 반면에 상상력은 그러한 언어를 넘어서는 능력, 바꿔 말해서 새롭고, 낯설며, 역설적이고, '비합리적인' 것들을 나타내는 낱말들과 이미지들을 꿈꾸는 것이다.

이 책의 나머지 부분들은 우리 문화에서 철학자가 아니라 시인을 지식인의 전형으로 간주해야 한다는 주장을 전개하고 있다. 이 주장을 개진함에 있어서 나는 민주주의 사회가 전체주의 사회보다 더 합리적인 것이 아니라는 점, 바꿔 말해서 민주사회라고 해서 어떤 초역사적이며 초문화적인 선善에 더 근접한 것이 아니라는 점을 강조하고 있다. 민주주의 사회들의 우월성은 합리성에서의 우월로 이루어진 것이 아니라, 단지 그 사회들이 덜 잔인하다는 사실로 이루어져 있다. 잔인성이란 것은 우리가 보편적이요, 초문화적이며, 초역사적인 인류의 특징들에 기초를 둔 논증을 통해 수립할 수 있거나 수립해야만 하는 어떤 것이 아니다. 잔인성에 대한 혐오는 비교적 최근에 이루어진 상대적으로 깨어지기 쉬운 하나의 성취, 바꿔 말해서 직관적이고 분명한 진리에 대한 호소보다는 오히려 잔인성의 결과들에 대한 상상력 있는 재서술에 더 의존하는 하나의 성취이다.[1]

이 견해의 한 가지 귀결은 억압받는 사람들, 달리 말해서 파시스트나 공산주의자, 혹은 다른 악당들에 의해 핍박받고 있는 사람들에게 필요한 것들은 전형적인 지식인 곧 시인에게 필요한 것들과 단지 우연하게만 서로 중첩된다는 점이다. 미美와 정의正義 간에는 플라톤이 생각했듯이 어떤 내재적 연관성이 존재하는 것이 아니라, 오직 경우에 따라 부수적으로 발생하는 짧은 기간에 걸친 수렴만 존재한다. 지식인들에게 필요한 대부분의 것들은 사적私的인 것들, 달리 말해서 강자들의 억압에서 벗어나고자 하는 약자들에게 필요한 것들과 직접적인 관계가 거의 없는 것들이다. 나는 내가 선호하는 문예비평가인 블룸Harold Bloom이 "자유와 고독을 추구하는 자아는 궁극적으로 오직 한 가지 목표 즉 위대성과 마주치기 위해 읽는다"라고 말할 때 그의 말에 동의한다. 나는 또 그가 "[문예]규범의 주요한 실용적 기능은 (…) 평생에 걸친 독해를 기억하고 정리하는 것이다"라고 말한 데 대해서도 동의한다. 나는 이 두 논평을 결합시켜 이렇게 말하고 싶다. 지식인들은 그들이 알게 된 것들을

---

1 나는 이 점을 그 후에도 더욱 상세히 주장했다. 나의 논문 "Human Rights, Rationality and Sentimentality," in *On Human Rights: The 1993 Oxford Amnesty Lectures,* ed. Susan Hurley and Stephen Shute (New York: Basic Books, 1993), pp. 112-134를 참조할 것.

재정리하고 그렇게 함으로써 그들 자신의 상상력을 재정리하여 스스로를 재창조할 힘을 갖게 되도록 위대성과 마주칠 필요가 있다고 말이다.

하지만 내가 이 책에서 길게 주장했듯이, 자아창조를 위한 이러한 사적인 필요성은 잔인성의 회피에 대한 필요성, 타인들을 존엄하게 대우해야 할 필요성, 고통받고 있는 사람들과의 연대에 합류해야 할 필요성과는 구별되는 것이다. 이 책은 서론의 시작 부분에서 내가 밝힌 명제, 즉 사적인 것과 공적인 것을 결합시킬 어떠한 길도 없으며, 스스로를 재창조하기 위한 우리 자신에 대한 우리의 책임과, 다른 인간 존재들에 대한 우리의 책임을 함께 결합시킬 어떠한 길도 없다는 명제를 상세히 논의한다. 미美와 정의正義처럼 이 두 가지 필요성은 간혹 서로 중첩되며 뒤섞이기도 하지만, 그러나 꼭 그렇게 해야 할 어떠한 형이상학적 혹은 심리적 필연성도 존재하지 않는다. 이것은 지식인들에게 고유한 필요성과 인간 존재 일반에게 요구되는 필요성 간에는 아무런 내재적 관계도 없다는 것을 의미한다.

이 결론은 이 책 『우연성, 아이러니, 연대』로 하여금 "사적 심미주의", "사회적 무책임성", "엘리트주의적 교만" 등과 같은 혐의를 받게 했다. 많은 논평자들과 주석가들은 이 책이 대단히 혐오스럽다고 혹평했다. 이 서문은 그와 같은 비평들에 대해 나의 입장을 상세히 변호하는 계제가 아니기 때문에, 나는 다만 앞에서 말한 두 영역 간의 내재적 연관성을 부정한 것이 그 두 영역들 중 어느 하나를 폄하하는 것이 아니라는 점만 적어두고자 한다.

김동식 교수와 이유선 박사가 나의 저술들을 한국의 독자들이 볼 수 있도록 노고를 아끼지 않은 데에 진심으로 감사를 드린다. 철학과 시학 간의 싸움이 서양의 경우에 비해 덜 중심적이었던 지적 전통을 지닌 문화의 독자들에게 이런 유의 책이 갖게 될 유용성을 나로서는 가늠하기가 어렵다. 하지만 그 점과는 별도로, 나는 이 책의 일부라도 독자들에게 도움이 되기를 소망한다.

1996년 11월 1일
리처드 로티

머리말

이 책은 두 그룹의 강연들에 기초하고 있다. 한 그룹은 1986년 2월에 런던의 유니버시티 칼리지University College에서 행한 3회에 걸친 노스클리프 강연Northcliffe Lectures이고, 다른 그룹은 1987년 2월에 케임브리지의 트리니티 칼리지Trinity College에서 행한 4회에 걸친 클라크 강연Clark Lectures이다. 노스클리프 강연의 내용을 약간 수정한 것이 『런던 리뷰 오브 북스』London Review of Books지誌의 1986년 봄 호에 출판되었다. 그 내용을 더 수정해서 이 책의 처음 3개 장으로 만들었다. 나보코프에 관한 7장의 요약이 베닝턴 칼리지Bennington College에서 행한 벨리트 강연Belitt Lecture에서 읽혀졌고, 그 대학에서 문학에 관한 베닝턴 문고로 출판되었다. 그 밖의 장들은 이전에 출판되지 않았다.

　이 책의 일부분은 매우 얇은 살얼음판을 걷고 있는데, 내가 아주 짤막하게 논의한 저술가들에 대해 논란거리가 될 해석을 하고 있는 구절들이 그러하다. 특히 이 점은 프루스트와 헤겔을 취급한 부분에 해당되는 말인데, 나는 언젠가 그들에 대해 좀 더 충분히 다룰 수 있기를 바란다. 그러나 이 책의 다른 부분들에서는 얼음이 꽤 두텁다. 그와 같은 부분들의 각주에서는 다양한 인물들(가령 데이비슨, 데닛, 롤스, 프로이트, 하이데거, 데리다, 푸코, 하버마스 등)에 대해 내가 예전에 쓴 글들이 언급되고 있다. 나는 그 글들이 이 책에서 그들에 대해 내가 말한 논란의 소지가 있는 사항들을 뒷받침해주기를 바란다. 언급된 대부분의 항목들은 장차 케임브리지 대학 출판부에서 펴낼 나의 2권의 논문집(잠정적으로 각각 『객관성, 진리, 상대주의』『하이데거와 그 밖의 사상가들에 대한 에세이들』이라는 가제목을 붙였는데)에 재수록될 것이다.

나는 유니버시티 칼리지 영문학과의 노스클리프 석좌 교수이자 『런던 리뷰 오브 북스』의 편집자인 밀러Karl Miller 교수가 유니버시티 칼리지의 강연에 초청해준 것과 더불어 격려와 충고를 해준 데 대해 매우 고맙게 생각한다. 또 트리니티 칼리지의 학장과 교수들이 클라크 강연에 초청해준 것과 아울러 내가 케임브리지에 체류하는 동안 베풀어준 호의에 대해 마찬가지로 감사를 드린다. 나는 그 강연들을 위한 원고를 작성할 때 연구비와 시간을 제공해준 맥아더 재단John D. and Catherine T. MacArthur Foundation, 버지니아 대학 고등연구소Center for Advanced Study of the University of Virginia, 베를린 과학원Wissenschaftskolleg zu Berlin 등 세 곳에 많은 신세를 졌다. 내가 1981년부터 1986년까지 수혜받았던 맥아더 펠로십은 새로운 영역을 향해 내가 읽고 또 글을 써가기 쉽도록 해주었다. 고등연구소의 소장인 화이트헤드Dexter Whitehead 씨는 맥아더 펠로십에서 제공하는 기회를 내가 최대한 활용해서 강의 시간을 편성하도록 도움을 주었다. 확신컨대 역사상 설립된 어느 기관보다 더 학자들을 잘 후원해주는 연구 환경인 베를린 과학원의 참을성 많고 협조적인 직원들은 1986-1987년에 내가 그곳에서 체류하는 기간이 생산적이고도 유쾌한 기회가 되도록 해주었다.

두 곳에서의 강연 내용을 수정하고 거기에 덧붙여 이 책을 만들어갈 때 친구들로부터 예리하고도 유용한 논평을 받았는데, 그들은 자꾸자꾸 불어나는 원고뭉치의 전부나 일부를 읽는 시간을 친절하게 할애해주었다. 스타우트Jeffrey Stout, 브로미치David Bromwich, 앨런Barry Allen은 내가 큰 실수를 범하지 않도록 도와주었고 수많은 유익한 제안들을 해주었다. 콜렌다Konstantin Kolenda는 주제들을 결정적으로 재배열하도록 제안해주었다. 기뇽Charles Guignon, 하일리David Hiley, 레벤슨Michael Levenson은 최종적으로 몇 가지 유용한 충고를 해주었다. 그들 모두에게 감사한다. 에스테스Eusebia Estes, 애셔Lyell Asher, 가몬Meredith Garmon 등이 비서 및 편집 보조의 일을, 란다우Nancy Landau가 주의 깊게 교열을 해준 데 대해 감사한다. 그리고 케임브리지 대학 출판부의 마이노트Jeremy Mynott와 무어Terence Moore는 끊임없는 도움과 격려를 아끼지 않았다.

서론

"정의로운 것이 왜 개개인들에게 이로운가?"라는 물음에 대답하려는 플라톤의 시도와, 완벽한 자아실현은 다른 사람들에 대한 봉사를 통해 성취될 수 있다고 보는 기독교의 주장 양자의 배후에는 공적 영역과 사적 영역을 융합시키려는 노력이 담겨 있다. 완전성 추구와 공동체 의식을 통합시키고자 하는 그와 같은 형이상학적 혹은 신학적 시도들은 공통된 인간 본성에 대한 인식을 요구한다. 그 시도들은 우리 각자에게 가장 중요한 것은 우리가 다른 사람들과 공통으로 갖고 있는 것이라는 점을, 즉 사적 성취의 원천과 인류 연대의 원천이 똑같다는 점을 믿으라고 요구한다. 니체와 같이 그 점에 회의적인 사람들은 형이상학과 신학은 이타주의를 실제보다 더 그럴듯하게 보이게 하려는 속보이는 시도라고 주장했다. 그렇지만 그와 같은 회의론자들도 대부분 인간 본성에 관한 그들 나름의 이론을 갖고 있다. 그들 역시 모든 인간 존재들에 공통된 무엇, 가령 힘에의 의지나 성적인 충동 등이 있다고 주장한다. 그들의 요점은 자아의 "가장 깊은 곳"에서는 인류의 연대란 것이 **아무런** 의미가 없으며, 그러한 의미는 "순전히" 사회화의 인위적 산물이라는 것이다. 그래서 그와 같은 회의론자들은 반反사회적이 된다. 그들은 비밀의식을 통해 가입한 자들의 작은 모임보다 더 큰 공동체라는 관념 자체에 대해 등을 돌리고 만다.

그러나 역사주의 사상가들은 헤겔 이래로 이 낯익은 교착상태를 극복하고자 노력해왔다. 그들은 "인간 본성"이나 "자아의 가장 깊은 곳" 따위의 것이 존재한다는 점을 부정했다. 그들의 전략은 사회화, 곧 역사적 여건이 처음이자 끝이라고 고집하는 것, 즉 사회화의 이면裏面이나 역사에 선행하는 것으로 정의되는 인간이란 없다고 고집하는 것이었다. 그러한 저술가들은, "인간 존재가 된다는 것은 무엇을 말하는가?"라는 물음은, "부유한 20세기 민주사회를 살아간다는 것은 무엇을 말하는가?"나 "그러한 사회를 살아가는 사람이 과거에 사용된 말들의 단순한 수행자 이상의 존재가 되기 위해서는 어떻게 해야 하는가?" 등과 같은 물음으로 대체되어야 한다고 말해준다. 이러한 역사주의적 전환historicist turn은 우리로 하여금 신학과 형이상학으로부터, 즉 시간과 우연에서 탈출하려는 유혹으로부터, 우리를 점차적이지만 꾸준히 벗어나게 해준다. 그 전환은 우리로 하여금 '진리' 대신에 '자유'를 사고와 사회적 진보의 목표로 삼게 도와준다.

그러나 이러한 대체 과정이 발생한 이후에도 사적 영역과 공적 영역 간의 낡은 갈등이 여전히 남게 된다. 자아창조의 소망, 사적인 자율성의 소망이 지배적인 역사주의자들(가령 하이데거와 푸코)은 사회화를 니체가 그랬듯이 우리의 내부 깊숙이 있는 어떤 것에 대한 반정립으로 간주하려는 경향이 여전히 있다. 더 정의롭고 자유로운 인간 공동체에 대한 소망이 지배적인 역사주의자들(가령 듀이와 하버마스)은 사적인 완성의 소망을 "비합리주의"나 "심미주의"에 물든 것으로 간주하려는 경향이 여전히 있다. 이 책은 두 그룹의 역사주의자들에 대해 공히 공평하고자 할 것이다. 나는 그들 양자 중 어느 쪽을 택하지 않을 것이며, 오히려 그들을 똑같은 비중으로 다루지만 각기 상이한 목적에 활용할 것이다. 키르케고르, 니체, 보들레르, 프루스트, 하이데거, 나보코프 등과 같은 저술가들은 사적인 완성, 즉 자기 창조적이며 자율적인 인간의 삶이 어떤 것일까를 보여주는 본보기로서 도움을 준다. 마르크스, 밀, 듀이, 하버마스, 롤스 등과 같은 저술가들은 본보기라기보다는 동료시민들이다. 그들은 공유된 사회적 노력, 즉 우리의 제도와 관행을 더 정의롭고 덜 잔인하게 만들려는 노력에 종사하고 있다. 오직 더 포괄적인 철학적 안목이 자아창조와 정의, 사적 완성과 인류의 연대 등을 단일한 비전vision으로 통합해 볼 수 있도록 해준다고 생각할 경우에만, 우리는 그 두 유형의 저술가들이 서로 **대립적**이라고 볼 것이다.

철학이든 혹은 여타의 어느 이론적 학문분야든 우리가 그렇게 통합해서 보도록 해줄 길은 결코 없다. 이러한 두 가지 탐색에 우리가 가장 가까이 합류할 길은, 시민들이 타인에게 해를 끼치지 않고 덜 혜택받은 자들에게 필요한 자원을 사용하지 않는 한, 그들이 원하는 대로 사적인 것을 강조하는 "비합리주의자"와 심미주의자가 되게 놓아두는 것이, 정의롭고 자유로운 사회의 목표라고 간주하는 일이다. 이러한 실천적 목표를 달성하기 위해 취해야 할 실천적 수단들은 있다. 그러나 이론의 차원에서 자아창조를 정의正義와 더불어 논의할 수 있는 길이란 없다. 자아창조의 어휘는 필연적으로 사적이고, 공유되지 않으며, 논변에 부적절하다. 정의의 어휘는 필연적으로 공적이고, 공유되며, 논변의 교환을 위한 매개물이다.

만일 '인간'이나 '사회'나 '합리성'이나 그 밖의 무엇에 관한 어떠한 이론이라도 니체와 마르크스, 하이데거와 하버마스를 종합할 수가 없다는 사실을 수용한다면, 우리는 자율성에 관한 저술가들과 정의에 관한 저술가들 사이의 관계를 마치 두 종류의 도구들 사이의 관계처럼, 즉 페인트붓과 쇠지렛대의 관계처럼 종합될 필요가 없는 것으로 고려하기 시작할 수 있을 것이다. 한 유형의 저술가들은 사회적 덕목만이 유일한 덕목이 아니라는 점, 즉 어떤 사람들은 실제로 자신들을 재창조하는 데 성공했다는 점을 깨닫게 해줄 것이다. 그로 말미암아 반쯤만 상술된 우리 자신이 새로운 사람, 즉 묘사할 적절한 말을 아직 찾지 못한 그러한 사람이 될 필요가 있다는 점을 우리는 깨닫게 될 것이다. 다른 유형의 저술가들은 우리들이 날마다 사용하는 공적이며 공유된 어휘를 통해 우리가 이미 마음을 주고 있는 확신에 우리의 제도와 관행이 못 미치고 있다는 점을 상기시켜줄 것이다. 한 유형의 저술가는 우리가 단지 종족의 언어만으로 말할 필요가 없다고, 우리 자신의 낱말들을 찾아내고 또 그렇게 할 책임이 있다고 말할 것이다. 다른 유형의 저술가는 그 책임이 우리가 지고 있는 책임 중 유일한 것은 아니라고 말할 것이다. 양자 모두 옳다. 하지만 양자가 단 하나의 언어를 말하게 할 길은 없다.

이 책은 만일 우리가 공적 영역과 사적 영역을 통합하는 이론에 대한 요구를 떨쳐버리면 상황이 어떻게 보일 것인가를 밝히고자 애쓸 것이며, 자아창조의 요구와 인류의 연대에 대한 요구를 똑같이 타당하지만 영원히 공약 불가능한 것으로 취급하고자 할 것이다. 이 책은 내가

"자유주의 아이러니스트"liberal ironist라고 부르는 인물을 스케치할 것이다. 나는 "자유주의"에 대한 정의定義를 슈클라Judith Shklar로부터 빌려왔는데, 그는 자유주의자란 잔인성이야말로 우리가 행하는 가장 나쁜 짓이라고 생각하는 사람이라고 말한 바 있다. 나는 "아이러니스트"란 말로써, 자신의 가장 핵심적인 신념과 욕망의 우연성을 직시하는 사람, 그와 같은 핵심적인 신념과 욕망이 시간과 우연을 넘어선 무엇을 가리킨다는 관념을 포기해버릴 만큼 충분히 역사주의자이며 유명론자唯名論者, nominalist인 사람을 지칭한다. 자유주의 아이러니스트란 괴로움이 장차 감소될 것이며, 인간들이 다른 인간들에 의해 굴욕을 당하는 일이 멈추게 되리라는 자신의 희망을 그렇듯 근거지을 수 없는 소망 속에 포함시키는 사람이다.

자유주의 아이러니스트들에게는 "왜 잔인해선 안 되는가?"라는 물음에 대한 대답은 없다. 바꿔 말해서, 잔인성은 소름끼치게 하는 것이라는 신념에 대한 어떠한 비순환적인 이론적 근거도 그들에게는 없다. 또 "불의에 대항하여 투쟁할 때, 그리고 사적인 자아창조의 기획에 몰두할 때 당신은 어떻게 결심을 하는가?"라는 물음에 대한 대답도 없다. 이러한 물음은 자유주의 아이러니스트들에게는 마치 다음의 물음들과 마찬가지로 가망 없는 물음으로 비치게 된다. "m × n 수의 무고한 다른 생명들을 구하기 위해 n명의 무고한 사람들에게 고문이 가해지는 건 옳은 일인가? 만일 그렇다면, n과 m의 적정한 수치는 얼마인가?"라든가, "언제 우리는 무작위로 추출된 인간 존재들에 비해 자신의 가족이나 공동체의 구성원들을 더 좋아하게 되는가?" 등등. 이런 종류의 물음에 대해 잘 정립된 이론적 대답이 존재한다고, 즉 이런 종류의 도덕적 딜레마를

푸는 알고리즘이 존재한다고 생각하는 사람은 누구라도 가슴 깊은 곳에서는 여전히 신학자나 형이상학자다. 그런 사람은 인간 실존의 의미를 결정하며 동시에 책임의 우선순위를 수립해주는, 시간과 우연을 넘어선, 어떤 질서를 믿고 있다.

그러한 질서가 없다고 믿는 아이러니스트 지식인들은 그러한 질서가 **반드시** 존재해야 한다고 믿는 사람들보다 숫자에 있어서 (심지어 운 좋고, 부유하며, 학식 있는 민주사회에서도) 훨씬 더 적다. 대부분의 비지식인들은 어떤 형태의 종교적 신앙이나 계몽주의적 합리주의에 여전히 마음을 맡기고 있다. 그래서 아이러니즘은 이따금씩 민주주의뿐 아니라 인류의 연대에도, 즉 그러한 질서가 반드시 존재해야 한다고 확신하는 모든 인간 대중과의 연대에 대해서도 본디 적대적인 것처럼 보였다. 하지만 그렇지 않다. 특정한 역사적 조건 속에 있고 또 아마도 전환기적 형태일 어떤 연대에 대한 적대감이, 연대 그 자체에 대한 적대감은 아니다. 이 책에서 내가 목표하는 것 가운데 하나는 자유주의 유토피아, 즉 여기서 말하는 의미의 아이러니즘이 보편적인 그런 사회가 가능하다고 제안하는 일이다. 탈脫형이상학적 문화는 탈脫종교적 문화와 마찬가지로, 불가능하지 않을 뿐 아니라 똑같이 바람직한 것이라고 내게는 보인다.

나의 유토피아에서 인류의 연대는, "편견"을 제거하거나 혹은 이전까지는 감추어졌던 깊은 진실을 캐냄으로써 인식될 하나의 사실이 아니라, 오히려 성취되어야 할 하나의 목표로 보이게 될 것이다. 그것은 탐구가 아니라 상상력, 즉 낯선 사람들을 고통받는 동료들로 볼 수 있는 상상력에 의해 성취되어야 할 어떤 것이다. 연대는 반성에 의해 발견되는 것이 아니라 창조되는 것이다. 그것은 다른 사람들, 낯선 사람들이 겪는 고통과 굴욕의 특정한 세부 내용들에 대한 우리의 감수성을 증대시킴으로써 창조된다. 그렇듯 증대된 감수성은, 가령 "그들은 **우리와** 같이 느끼지 않는다"라든가 "고통이란 언제나 있게 마련인데, **그들이** 고통받는 것을 왜 내버려두지 않겠다는 것인가?"라고 생각하여 우리와 다른 사람들을 국외자로 치부하는 그런 일을 어렵게 만든다.

다른 인간 존재들을 "그들"이 아니라 "우리 가운데 하나"로 보게 하는 이 과정은, 낯선 사람들이 어떠한지에 대한 상세한 서술의 문제이자 우리 자신들은 어떠한지에 대한 재서술redescription의 문제이다. 이것은 이론의 과제가 아니라, 민속지ethnography, 저널리스트의 보고, 만화책, 다큐드라마, 그리고 특히 소설의 과제이다. 디킨스Charles Dickens, 슈라이너Olive Schreiner, 라이트Richard Wright 등의 소설은 우리가 이전에 주목하지 않았던 사람들이 겪고 있는 고통의 유형들에 대해 상세한 내용을 제공해준다. 라클로Choderlos de Laclos, 제임스Henry James, 나보코프Vladimir Nabokov 등의 소설은 우리 자신들이 어떤 종류의 잔인성을 범할 수 있는지에 대해 상세한 내용을 제공해주며, 그 결과 우리 자신들을 재서술하게 해준다. 그것이 바로 도덕적 변화와 진보의 주요한 수단으로서 왜 소설, 영화, 그리고 TV 프로그램이, 점차적이지만 꾸준히, 설교와 논문을 대체해가는지 그 이유인 것이다.

나의 자유주의 유토피아에서는 그러한 대체 과정이 아직도 부족하다고 인식하게 될 것이다. 그러한 인식은 이론theory을 반대하고, 내러티브narrative를 지향하는 일반적인 전환의 일부를 이루게 될 것이다. 그와 같은 전환은 우리 삶의 모든 측면들을 단 하나의 비전에 걸려는 시도, 즉 그것들을 단 하나의 어휘로 서술하려는 시도를 우리가 포기했다는 것을 상징할 것이다. 그것은 내가 1장에서 "언어의 우연성"이라고 부르는 것, 즉 우리가 활용해왔던 다양한 어휘들의 바깥으로 나가서, **가능한 모든** 어휘들 혹은 가능한 모든 판단과 느낌의 방식들을 설명할 수 있는 하나의 메타어휘를 발견할 수 없다는 사실, 바로 그것에 대한 인식에 해당될 것이다. 대신에 내가 마음속에 그리는 바와 같은 역사주의자와 유명론자의 문화는, 현재를 한편으로는 과거와 연결시키며 다른 한편으로는 유토피아적인 미래들과 연결시키는 내러티브들에 만족할 것이다. 더 중요하게는, 그 문화는 유토피아들의 실현을, 그리고 더 나은 유토피아들을 그리는 것을 끝없는 과정이라고, 즉 이미 존재하는 '진리'를 향한 수렴의 과정이 아니라 '자유'의 실현이 끝없이 증식되는 과정이라고 간주할 것이다.

I부

우연성

1장

언어의 우연성

약 200년 전에, 진리는 발견되는 것이라기보다 만들어지는 것이라는 생각이 유럽의 상상력을 붙잡기 시작했다. 프랑스 혁명은 사회적 관계에 대한 어휘 전체가, 그리고 사회적 제도라는 스펙트럼 전체가 거의 하룻밤 만에 대체될 수 있다는 것을 보여주었다. 이 선례는 지식인들에게 유토피아 정치학이 예외가 아니라 규칙이 되게 해주었다. 유토피아 정치학은 신의 의지와 인간의 본성에 관한 물음들을 모두 제쳐놓은 채, 여태껏 알려지지 않은 형태의 사회를 창조하는 꿈을 꾼다.

거의 같은 시기에, 낭만주의 시인들은 예술을 더 이상 모방이 아니라 오히려 예술가의 자아창조라고 간주하게 되면 무슨 일이 벌어질 것인지를 보여주었다. 그 시인들은 문화에서 전통적으로 종교와 철학이 차지하고 있던 자리, 계몽주의자들이 과학의 것이라고 주장했던 그 자리가 예술을 위한 것이라고 주장했다. 낭만주의자들이 수립한 선례는 그들의 주장에 최초로 신빙성을 부여했다. 그리고 지난 150여 년 동안의 사회적 운동에서 소설, 시, 연극, 회화, 조각, 건축 등이 실제로 보여준 역할은 그 주장에 더 큰 신빙성을 부여했다.

오늘날에 이르기까지 이 두 경향성은 힘을 합했고, 문화적 헤게모니를 잡게 되었다. 대부분의 현대 지식인들에게 수단에 반대되는 목적에 관한 물음, 즉 각자 자신의 삶이나 자신이 속한 공동체에 어떻게 의미를 부여할 것인가에 관한 물음은 종교나 철학, 혹은 과학에 관한 물음이 아니라 오히려 예술이나 정치, 혹은 예술과 정치 모두에 관한 물음이다. 이러한 국면 전개는 철학 내부에 분열을 초래했다. 일부 철학자들은 계몽주의에 충실한 태도를 유지했으며 자기네의 정체성을 과학의 대의와 줄곧 동일시해왔다. 그들은 과학과 종교, 이성과 비이성 간의 옛 싸움이 아직도 진행 중이라고 보며, 그것이 이제는 한편으로는 이성을 지지하는 세력과, 다른 한편으로는 진리가 발견되기보다는 만들어진다고 생각하는 문화에 속한 모든 세력들 간의 싸움의 형태를 취하고 있다고 본다. 이 철학자들은 과학을 인간 활동의 모범 형태로 간주하고, 자연과학은 진리를 만드는 것이 아니라 발견한다고 고집스레 주장한다. 그들은 "진리를 만든다"라는 말은 단지 비유적인 것이고, 더구나 철저하게 잘못된 말이라고 간주한다. 그들은 정치와 예술은 "진리"라는 관념이 들어설 자리가 없는 영역이라고 생각한다. 반대로 그들과 다른 부류의 철학자들은 물리과학에 의해 묘사된 바의 세계는 아무런 도덕적 교훈도 가르쳐주지 못하며 아무런 정신적 위안도 제공해주지 못한다는 것을 깨닫고서, 과학이란 테크놀로지의 하인에 불과하다고 결론지었다. 이 철학자들은 자기네들이 정치적 유토피아주의자와 혁신적 예술가의 편에 선다고 간주했다.

첫 번째 유형의 철학자들이 "단단한 과학적 사실"을 "주관적"인 것이나 "메타포"와 대비시키는 반면에, 두 번째 유형의 철학자들은 과학을 인간이 "단단하고" 비인간적인 실재와 마주치는 곳이라기보다는 오히려 또 하나의 인간 활동이라고 간주한다. 후자의 견해에 따르면, 마치 시인들이나 정치 사상가들이 다른 목적을 위해 세계에 대한 다른 서술들을 창안하듯이, 위대한 과학자들은 일어나는 일을 예측하고 통제하려는 목적을 위해 세계에 대한 유용한 서술들을 창안하는 것이다. 하지만 이 서술들 가운데 **어느 것이라도** 세계 그 자체에 대한 정확한 표상이라는 의미는 없다. 이 철학자들은 그와 같은 표상representation이라는 관념 자체가 초점을 잃은 것이라고 간주한다.

만일 자연과학자를 자신의 영웅으로 삼고 있는 첫 번째 유형의 철학자만이 유일한 유형의 철학자였다면, 우리는 아마도 결코 "철학"이라 불리는 자율적인 학문분야, 즉 신학이나 예술과 확연히 다르듯 과학과도 확연히 다른 그러한 학문분야를 갖지 못했을 것이다. 그와 같이 자율적인 학문분야로서 철학의 연륜은 200살에 불과하다. 그것이 존재하게 된 것은, 과학을 제자리에 놓아주고, 또 인간이 진리를 발견하기보다는 만든다는 막연한 아이디어에 명확한 의미를 부여하고자 한, 독일 관념론자들의 시도 덕택이다. 칸트는 과학을 2류급의 진리 영역, 즉 현상 세계에 관한 진리 영역에 할당하기를 원했다. 헤겔은 자연과학을 정신 자체의 정신적 본성을 아직 충분히 의식하지 못한 정신에 대한 서술이라고 간주했으며, 그래서 시인과 정치 혁명가에 의해 제시된 종류의 진리를 1류급의 진리로 끌어올리기를 원했다.

하지만 독일 관념론은 단명하고도 불만족스러운 타협이었다. 칸트와 헤겔은 진리가 "저 바깥에 있다"는 관념을 반박함에 있어서 단지 반쯤만 진행했기 때문이다. 그들은 경험과학의 세계를 만들어진 세계로 보고자 했다. 즉 물질이란 정신에 의해 구성된 것이라고, 혹은 그 자체의 정신적 성격을 불충분하게 의식할 때의 정신으로 이루어진 것이라고 보고자 했다. 그러나 그들은 정신, 영혼, 인간 자아의 심연 등이 본래적 본성intrinsic nature을 지닌 것이며, 일종의 비경험적 초과학인 이른바 철학에 의해 알려질 수 있는 것이라고 간주하기를 여전히 고수했다. 이것은 단지 진리의 반쯤만이, 즉 저급에 속하는 과학적인 절반만이 만들어진다는 것을 의미했다. 고급의 진리, 정신에 관한 진리, 즉 철학의 영토는 창안될 것이 아니라 여전히 발견될 대상이었다.

그들에게 필요했던 일, 그리고 그 관념론자들이 그려낼 수 없었던 일은 정신이나 물질, 자아나 세계 등이 표현될 혹은 표상될 어떤 본래적 본성을 가졌다는 발상 그 자체를 반박하는 일이었다. 왜냐하면 관념론자들은, 아무것도 그와 같은 본성을 갖지 않는다는 생각을, 시간과 공간은 실재하지 않으며 인간이 시공간적 세계를 존재하게 하는 원인을 제공한다는 생각과 혼동했기 때문이다.

우리는 세계가 저 바깥에 있다는 주장과 진리가 저 바깥에 있다는 주장을 구별할 필요가 있다. 세계가 저 바깥에 있다고 말하고 그것은 우리의 창안물이 아니라고 말하는 것은, 상식과 마찬가지로, 시간과 공간 안에 있는 대부분의 것들이 인간의 정신적 상태를 포함하지 않는 원인들의 결과라고 말하는 것이다. 진리가 저 바깥에 있지 않다고 말하는 것은, 문장들이 없는 곳에는 진리가 없다고, 문장은 인간 언어의 구성 요소이고 인간의 언어는 인간의 창안물이라고 말하는 것에 불과하다.

진리는 저 바깥에 존재할 수 없다. 즉 인간의 정신과 독립적으로 존재할 수 없다. 왜냐하면 문장들이 인간의 정신과 독립적으로 저 바깥에 존재할 수 없기 때문이다. 세계는 저 바깥에 존재하나, 세계에 대한 서술들은 그렇지 않다. 세계에 대한 서술들만이 참이나 거짓이다. 세계 그 자체, 인간의 서술 활동의 도움을 받지 않는 세계 그 자체는 참이나 거짓일 수가 없다.

세계와 마찬가지로 진리가 저 바깥에 존재한다는 제안은, 세계란 것을 그 자신의 언어를 지닌 어떤 존재에 의한 피조물로 보았던 시대의 유산이다. 그와 같은 비인간적인 언어라는 관념에 의미 부여하기를 그만둔다면, 어떤 문장이 참이라고 간주하는 우리의 믿음을 정당화해주도록 세계가 원인으로 작용할 것이라는 상투적인 말을, 세계 그 자체가 저절로 "사실들"이라고 불리는 문장 형태의 여러 토막들로 갈라진다는 주장과 혼동하게 되지는 않을 것이다. 그러나 스스로 존재하는 사실이라는 관념에 집착하게 되면, 그렇게 하게 된 사람은 "진리"라는 낱말을 대문자화하기 시작하며 그것을 '신'이나 혹은 '신'의 프로젝트로서의 세계와 동일하게 취급하기 쉽다. 그렇게 되면 그는 가령 '진리'는 위대하며 승리하리라고 말하게 될 것이다.

이러한 혼동은 어휘들이 아닌 개별 문장들에 국한하여 주목함으로써 조장된다. 왜냐하면 우리는 이따금씩 둘 중에서 하나를 택해야 할 대안적인 문장들 (가령 "붉은 팀이 이긴다"와 "검은 팀이 이긴다", "집사가 그렇게 했다"와 "의사가 그렇게 했다") 가운데 어느 쪽이 맞는지를 세계가 결정하도록 하기 때문이다. 그러한 경우에 우리가 어떤 믿음을 갖는 것을 정당화해주는 원인을 세계가 포함하고 있다는 사실과, 비언어적인 세계의 어떤 상태 그 자체가 진리의 한 사례라든가 혹은 그와 같은 어떤 상태가 믿음과 "일치 대응"함으로써 "믿음을 진리로 만든다"는 주장을 혼동하기가 쉽다. 그러나 개별 문장에서 어휘 전체로 옮겨 오면 그렇게 하기가 쉽지 않다. 가령 고대 아테네의 정치학과 토머스 제퍼슨의 정치학, 성 바울의 도덕 어휘와 프로이트의 도덕 어휘, 뉴턴의 전문 용어와 아리스토텔레스의 전문 용어, 윌리엄 블레이크의 관용구와 존 드라이든의 관용구 등과 같이 서로 대안적인 언어놀이들language games의 사례를 두고 우리가 생각할 때는, 세계가 이 짝들 중에서 어느 한쪽을 더 나은 것으로 만든다거나 세계가 그것들 가운데 어떤 한쪽을 결정한다고 생각하기란 어렵다. "세계에 대한 서술"이라는 관념이 언어놀이 내부의 규준에 지배되는 문장의 차원에서 언어놀이 전체의 차원으로, 즉 규준에 준거하여 선택할 수 없는 대안적인 언어놀이들의 차원으로 옮겨지게 되면, 어느 서술이 참인지의 여부를 세계가 결정한다는 관념은 더 이상 명확한 의미를 부여받을 수 없게 된다. 어휘가 저 바깥의 세계에 이미 존재하며, 우리에 의해 발견되기를 기다린다고 생각하기가 어려워지는 것이다. 개별 문장들에 대한 관심이 아니라 문장들이 그 속에서 형성되는 어휘들에 대한 (토머스 쿤과 퀜틴 스키너 같은 지성사가들에 의해 발전된 종류의) 관심은, 가령 뉴턴의 어휘가 아리스토텔레스의 어휘보다 더 쉽게 세계를 예측하게 해준다는 사실이, 세계가 뉴턴의 어휘로 말한다는 뜻은 아니라는 점을 깨닫게 했다.

세계는 말하지 않는다. 오직 우리가 말할 뿐이다. 일단 우리가 어느 언어로 프로그램되고 나면, 세계는 우리가 신념들을 갖도록 하는 원인일 수 있다. 하지만 우리가 말할 어떤 언어를 세계가 제안할 수는 없다. 오직 다른 인간들만이 그렇게 할 수 있다. 하지만 우리가 어떤 언어놀이를 해야 할 것인지를 세계가 말해주지 않는다는 깨달음이, 어느 언어놀이를 할 것인지에 대한 결정이 임의적이라고 말하게 유도해서도 안 되며, 그 결정이 우리 내부의 심연에 있는 어떤 것의 표현expression이라고 말하게 유도해서도 안 된다. 도출되어야 할 교훈은, 어휘 선택의 객관적 기준이 주관적 기준이나 이유로, 즉 의지나 느낌으로 대체되어야 한다는 점이 아니다. 교훈은 ("임의적" 선택을 포함하여) 기준이나 선택이라는 관념은 한 언어놀이에서 다른 언어놀이로 변화하는 데 이르게 되면 더 이상 의미가 없다는 점이다. 유럽은 낭만주의 시의 어휘나, 사회주의 정치의 어휘나, 갈릴레이 역학의 어휘를 수용하기로 **결정하지** 않았다. 그러한 유형의 전환은 논변의 결과가 아닌 것과 마찬가지로 의지에 의한 행위도 아니다. 오히려 유럽은 어떤 낱말들을 사용하던 습관을 점차 잃어버리고, 다른 낱말들을 사용하는 습관을 점차 얻게 되었던 것이다.

쿤이 그의 저서 『코페르니쿠스 혁명』에서 주장하듯이, 망원경 관찰을 통해서나 다른 어떤 것에 근거해서 지구가 우주의 중심이 아니라고 우리가 결정을 내렸던 것도 아니며, 거대한 천체의 운동이 미시적인 운동에 근거하여 설명될 수 있다고 결정을 내렸던 것도 아니고, 예측과 통제가 과학적 이론화의 주요한 목적이라고 결정을 내렸던 것도 아니다. 오히려 약 100여 년에 걸쳐 결론에 이르지 못하는 혼란이 있은 후에, 유럽인들은 이와 같이 상호 연관된 논제들을 당연시하는 방식으로 자기네들이 말하고 있다는 점을 알게 되었다. 이렇듯 광범위한 문화적 변화는 규준을 적용한 (혹은 "임의적" 결심에 의한) 결과가 아니다. 마치 개인들이 유신론자나 무신론자가 되거나, 배우자나 친구들의 모임을 다른 사람들로 바꾸는 것이 규준을 적용한 결과도 아니며, 그렇다고 **무턱대고 한**

어떤 행위의 결과도 아닌 것과 마찬가지이다. 우리는 그러한 문제에 관해 결심의 규준이 될 것을 세계에서 찾지 말아야 하는 것과 마찬가지로 우리 내부에서도 찾지 말아야 한다.

규준을 찾으려는 유혹은, 세계나 인간의 자아가 본래적 본성 즉 본질을 가진 것이라고 생각하려는, 더 일반적인 유혹의 한 유형이다. 바꿔 말해서 그것은 우리가 세계나 우리 자신을 습관적으로 서술하는 많은 언어들 가운데 어느 한 언어에 특권을 부여하려는 유혹의 결과이다. 어휘 전체에 의해 담지되거나 그렇지 못할 수도 있는 이른바 "세계에 부합하는" 관계, 혹은 "자아의 참된 본성을 표현하는" 관계 등이 존재한다고 생각하는 한, 우리는 어느 어휘들이 그러한 바람직한 특징을 지녔는가를 말해줄 어떤 규준을 찾아내려는 전통적인 철학적 탐구를 지속하게 될 것이다. 그러나 만일 대부분의 실재는 그에 대한 우리의 서술과는 무관하다는 관념과, 인간의 자아는 한 어휘 속에서 적합 혹은 부적합하게 표현되기보다는 오히려 한 어휘를 사용함으로써 창안된다는 관념에 만족할 수 있다면, 우리는 진리가 발견되기보다는 만들어진다는 낭만주의의 관념 속에 담겨 있던 진실을 마침내 완전히 이해하게 될 것이다. 그 주장에서 참인 것은 바로 **언어들**이란 발견되는 것이 아니라 만들어진다는 것, 그리고 진리란 언어적 단위체 즉 문장의 한 속성이라는 점이다.[1]

1 나는 판이한 언어들이나 어휘들을 준별하게 해줄 어떠한 규준도 갖고 있지 않지만, 우리에게 그런 규준이 필요한가에 대해서도 확신이 서지 않는다. 철학자들은 한 자연언어가 어디서 끝나고 다른 자연언어가 어디서 시작되는가를, 또 "16세기의 과학적 어휘"가 언제 끝나고 "새로운 과학의 어휘"가 언제 시작되는가를 어떻게 말할 수 있는지에 대해서는 심각히 염려하지 않은 채, 오래전부터 "언어 L에서"와 같은 구절들을 사용해왔다. 대략적으로 말해, 이런 유형의 구분은 지리적이거나 연대기적인 차이에 관해 이야기할 때 "설명"이 아니라 "번역"을 사용하기 시작할 경우에 발생한다. 이것은 우리가 낱말을 사용하기보다는 언급하면서 시작

내 견해에 따를 경우, 두 세기 전의 혁명가들과 시인들이 무엇을 하고자 했는지 그것을 재서술해서 이렇게 요약할 수 있다. 18세기 말엽에 어렴풋이 파악된 것은 어떠한 것이라도 재서술됨에 따라 좋거나 나쁘게, 중요하거나 중요하지 않게, 유용하거나 쓸모없게 될 수 있다는 점이다. 정신이 점차 그 본래적 본성을 자기 의식하는 과정이라고 헤겔이 서술했던 것은, 유럽의 언어적 관행들이 점점 더 빠른 속도로 변화해가는 과정이라고 더 잘 서술된다. 헤겔이 서술한 현상은 더 많은 사람들이 예전에 비해 더 많은 것들에 대해 더 근본적인 재서술을 제시하는 현상, 즉 젊은이들이 성년에 이르기 전에 무려 여섯 번에 달하는 정신적인 탈바꿈gestalt-switch을 겪게 되는 현상에 관한 것이다. 이성이 아니라 상상력이 인간의 중심적인 능력이라는 주장으로 낭만주의자들이 표현했던 것은, 논변을 잘하는 것이 아니라 뭔가 다르게 말하는 재주야말로 문화적 변화의 주요 도구라는 것에 대한 깨달음이다. 프랑스 혁명 이래로 정치적 이상주의자들이 느꼈던 것은, "부자연스럽거나" 혹은 "비합리적"인 사회제도들에 의해 영속적이며 실체적인 인간의 본성이 억압되거나 억제되어 왔다는 것이 아니라, 변화하는 언어들과 사회적 관행들이 예전에는 결코 존재해본 적이 없었던 유형의 인간 존재를 산출할 수도 있다는 것이다. 독일 관념론자들, 프랑스 혁명가들, 그리고 낭만주의 시인들은 한 가지 희미한 느낌을 공통으로 갖고 있었는데, 그것은 더 이상 비인간적인 힘들에 책임이 있다고 말하지 않도록 그렇게 자신들의 언어를 변화시킨 인간들은 그 변화로 말미암아 새로운 유형의 인간이 될

하는 편이, 즉 해당되는 인간적 관행의 요소들을 인용부호 속에 넣음으로써 두 가지 관행들 사이의 차이점을 강조하는 편이 손쉽다는 것을 발견할 때에는 언제라도 일어나는 일이다.

것이라는 느낌이었다.

나 자신처럼 이러한 제안에 공감하는 철학자 즉 스스로를 물리학자보다는 오히려 시인에 대한 보조자라고 간주하는 철학자가 부딪히게 되는 난점은, 이 제안이 무언가를 올바르게 해준다는 암시, 바꿔 말해서 내 방식의 철학이 실재하는 사물들의 모습과 일치 대응된다는 암시를 피해야 한다는 점이다. 왜냐하면 대응을 운운하는 것은 내가 말하는 유형의 철학자가 제거하려는 바로 그 관념, 즉 세계나 자아가 어떤 본래적 본성을 갖고 있다는 그 관념을 다시 불러들이기 때문이다. 우리의 관점에서 보자면, "세계에 부합됨"이나 "인간 본성의 표현" 등을 운운하여 과학의 성공을 설명하거나 정치적 자유주의가 바람직함을 설명하는 것은, 마치 아편이 가진 졸리게 하는 힘을 운운하여 그것이 왜 당신을 졸리게 하는지 그 이유를 설명하는 것과 마찬가지이다. 프로이트의 어휘가 인간 본성에 관한 진리에 도달했다거나 뉴턴의 어휘가 천체에 관한 진리에 도달했다고 말하는 것은, 어떠한 것에 관한 설명도 아니다. 그것은 단지 하나의 텅 빈 찬사, 즉 저술가들의 참신한 말투가 유용하다는 것을 우리가 알게 되었을 때 그들에게 전통적으로 부여했던 찬사일 따름이다.

본래적 본성intrinsic nature과 같은 것이 존재하지 않는다는 말은, 실재의 내재적인 본성이 정말 놀랍게도 외재적인 것이라고 판명되었다는 말은 아니다. 그것은 다만 "본래적 본성"이란 용어가 아무런 효용도 없는 용어, 값어치를 지니기보다는 더 많은 말썽을 야기했던 표현이라는 말이다. 저 바깥에서 발견되기를 기다리고 있는 것으로서의 진리라는 관념을 우리가 버려야 한다는 말은, 진리가 저 바깥에 없다는 것을 우리가 발견해냈다는 말이 아니다.[2] 그것은 진리를 하나의 심오한 문제로 보거나 철학적 관심의 주제로 삼거나, 혹은 "참이다"라는 용어가 "분석"되어야 할 것이라고 보기를 그만둠으로써, 우리의 목적들이 가장 잘 대접받게 될 것이라는 말이다. "진리의 본성"은 유익하지 못한 주제인데, 이런 점에서 그것은 "인간의 본성"이나 "신의 본성"이라는 주제와 닮았으나, "양전자陽電子의 본성"이나 "오이디푸스 콤플렉스로 인한 고착의 본성"이라는 주제와는 다르다. 그러나 상대적인 유익성에 관한 이 주장은 우리가 사실상 이 주제들에 대해 **말할** 것이 거의 없으며, 우리가 어떻게 이 주제들을 다루는지 살펴보아야 한다는 권고일 뿐이다.

내가 제시하고 있는 철학에 대한 견해에 따르자면, 철학자들은 가령 진리 대응설이나 "실재의 본래적 본성"이라는 관념에 반대하는 논변들을 제시하라는 요구를 받아들이지 말아야 한다. 친숙하고도 유서 깊은 어휘의 사용을 반대하는 논변들에 있어서 골칫거리는, 그 논변들이 바로 그 어휘 안에서 펼쳐질 것으로 기대된다는 점이다. 그 어휘의 핵심 요소들이 "그 자체로 일관되지 못하다"거나 "스스로 해체된다"는 점을 그 논변들이 보여줄 것으로 기대되는 것이다. 하지만 그러한 것은 **결코** 보여질 수가 **없다**. 어떤 친숙한 용어에 대한 우리의 친숙한 용법이 부정합하다, 텅 빈 것이다, 혼동이다, 애매하다, 혹은 "순전히 비유적이다"

2 니체는 "진리는 실재에 대한 대응의 문제가 아니다"라는 명제에서 "우리가 '진리'라고 부르는 것은 단지 유용한 거짓말이다"라는 추론을 이끌어냄으로써 수많은 혼동을 야기했다. 마찬가지의 혼동이 가끔씩 데리다에게도 발견되는데, 가령 그가 "형이상학자들이 발견하기를 바라는 바의 실재와 같은 것은 없다"에서 "우리가 '실재'라고 부르는 것은 정말로 실재가 아니다"를 추론할 때 그렇다. 그러한 혼동은 니체와 데리다로 하여금 자기지시적 부정합성의 혐의, 즉 알려질 수 없는 것이라고 그들 스스로 주장한 바를 자기들은 안다고 주장하는 오류의 혐의를 면치 못하게 한다.

라고 주장하는 어떠한 논변도, 한결같이 결론에 이르지 못하고 선결문제 요구의 오류에 빠지게 마련이다. 왜냐하면 그러한 친숙한 용법은 결국 정합적이고, 유의미하며, 문자 그대로 언어의 전형이기 때문이다. 그러한 반대 논변들은 더 나은 어휘를 사용할 수 있다는 주장에 항상 의존하며 그 주장을 축약해놓은 것일 뿐이다. 흥미로운 철학은 한 논제에 대한 찬반의 검토인 경우가 드물다. 통상적으로 그것은 암묵적이건 공공연하건, 성가신 것으로 변해버린 이미 고착된 어휘와 막연하지만 위대한 일을 약속해주는 반쯤 형성된 새로운 어휘 간의 대결이다.

후자의 철학적 "방법"은 (의회 정치나 정상 과학에 대비되는 의미에서의) 유토피아 정치나 혁명적 과학의 "방법"과 똑같다. 그 방법이란 수도 없이 많은 것들을 새로운 방식으로 재서술하여, 자라나는 세대가 그것을 채택하고 싶어 할 때까지 언어 행위의 패턴을 창안해내는 것을 말하며, 그렇게 함으로써 그들로 하여금 가령 새로운 과학 장비나 새로운 사회제도의 채택처럼 비언어적 행위의 고유한 새로운 형태를 추구하게 하는 것을 말한다. 이런 유형의 철학은 개념을 하나씩 하나씩 분석하거나, 테제를 하나씩 하나씩 테스트함으로써 부분 부분이 따로 작동하는 것이 아니다. 오히려 그것은 전체적으로holistically 그리고 실용적으로 작동한다. 그것은, "이것을 이런 방식으로 생각해보라"라든가, 더 구체적으로는, "외견상 쓸데없는 전통적인 물음을 무시하고, 다음과 같은 새롭고도 가능한 흥미로운 물음으로 대체해보라" 등과 같은 것을 말해준다. 그것은 낡은 방식으로 말하면서도 동일한 낡은 일을 더 잘하게 해줄 어떤 후보를 갖고 있는 척하지 않는다. 오히려 그것은 그런 것을 그만두고 다른 어떤 것을 하자는 제안이다. 하지만 그것은 낡은 언어놀이와 새로운 언어놀이에 공통된 어떤 선행 규준에 근거를 두고서 이 제안을 주장하는 것이 아니다. 새로운 언어가 정말로 새롭다면, 그와 같은 규준은 있을 턱이 없기 때문이다.

내 자신의 말에 부합하기 위해, 나는 내가 대체시키고자 하는 어휘에 반대하는 논변들을 제시하지 않을 것이다. 그 대신에 나는 내가 선호하는 어휘가 다양한 주제들을 서술하는 데 어떻게 사용될 수 있는가를 보임으로써 그것이 매력 있게 보이도록 노력할 것이다. 더 구체적으로 말해서, 이 장에서 나는 언어철학에 대한 도널드 데이비슨Donald Davidson 의 작업을, "본래적 본성"이라는 관념을 떨쳐버리고자 하는 열망, 우리가 사용하는 언어의 **우연성**을 직시하려는 열망의 발로發露라고 서술할 것이다. 그 이후의 장들에서, 나는 그와 같은 언어의 우연성에 대한 깨달음이 어떻게 양심의 우연성에 대한 깨달음에 이르게 하며, 이 두 가지 깨달음이 어떻게 지적이며 도덕적인 진보에 대한 그림을, 사물들의 실제 모습에 대한 이해가 증대되는 역사가 아니라, 유용한 메타포들이 증대되어가는 역사로 보게 하는지를 밝히고자 할 것이다.

/

첫 장에서 나는 언어철학으로 시작할 것인데 그 까닭은, 오직 문장들만이 참일 수 있으며 인간은 문장을 표현할 언어들을 만듦으로써 진리를 만든다는, 내 주장이 귀결시키는 바를 더 구체화하고자 하기 때문이다. 나는 데이비슨의 작업에 집중할 것인데, 그는 그와 같은 귀결을 가장 잘 탐구했던 철학자이기 때문이다.[3] 데이비슨이 진리를 취급한 방식은 언어 학습과 메타포에 대한 그의 취급 방식과 긴밀히 연관되어 있으며, 이는 언어를 세계나 자아에 적합adequate하거나 부적합한 어떤 것으로 보려는 발상과는 **완전히** 결별한 최초의 체계적인 언어 취급 방식이다. 왜냐하면 데이비슨은 언어가 하나의 **매개물**medium, 즉 표상이나 표현의 매개물이라는 관념과 결별하기 때문이다.

매개물이란 말로 내가 무엇을 뜻하는가를 이렇게 설명할 수 있겠다. 인간의 처지에 관한 전통적인 그림에서 인간은 단순히 신념과 욕망으로 이루어진 그물망network of beliefs and desires이 아니라 그러한 신념과 욕망을 **소유한** 존재였다는 것이다. 전통적인 견해에서는 그와 같은 신념과 욕망을 수단으로 삼아서 무언가를 살펴보고, 결정하며, 사용하고, 스스로를 표현하는 핵심 자아core self가 존재한다. 게다가 그러한 신념과 욕망은 단순히 서로 어울릴 수 있는 능력에 의해서가 아니라, 그것들로 짜인 그물망 외부에 있는 어떤 것에 준거하여 비판될 수 있다. 이 설명에 따르면, 신념은 실재와 대응하지 못하기 때문에 비판될 수 있다. 욕망은 인간 자아의 본질적인 본성과 대응하지 못하기 때문에, 즉 "비합리적"이거나 "부자연스럽기" 때문에 비판될 수 있다. 그래서 우리는 그와 같은 신념과 욕망의 그물망 이쪽에는 자아의 본질적인 핵심이 있고, 저쪽에는 실재가 있다는 그림을 갖게 된다. 이 그림에서 그물망은, 이쪽

---

3 내가 그의 견해에 부여하고 있는 해석들과 그의 견해를 확장시킨 여러 견해들에 대해 데이비슨에게 책임지울 수 없다는 점을 명시해야 하겠다. 그러한 해석에 대한 상세한 논의는 나의 논문 "Pragmatism, Davidson and Truth," in Ernest Lepore, ed., *Truth and Interpretation: Perspectives on the Philosophy of Donald Davidson* (Oxford: Blackwell, 1984), pp. 333-356을 볼 것. 이 해석에 대한 데이비슨의 응답은 그의 논문 "After-thoughts, 1987" to "A Coherence Theory of Truth and Knowledge," in Alan Malachowski, ed., *Reading Rorty* (Oxford: Blackwell, 1990), pp. 120-139를 볼 것.

것을 표현하기도 하고 저쪽 것을 표상하기도 하는, 두 가지 상호작용의 산물이다. 이것이 바로 관념론이 대체시키고자 했지만 실패했던 전통적인 주관-객관의 그림이요, 니체, 하이데거, 데리다, 제임스, 듀이, 굿맨Nelson Goodman, 셀라스Wilfrid Sellars, 퍼트넘Hilary Putnam, 데이비슨과 그 밖의 철학자들이 관념론자가 처했던 역설에 얽혀들지 않으면서도 대체시키고자 시도했던 그림이다.

이러한 노력의 한 국면은, 그로부터 신념과 욕망이 형성되는 매개물이자 자아와 세계를 매개시키는 제3의 요소인 "정신"이나 "의식"을 "언어"로 대체하려는 시도로 이루어졌다. 이와 같은 언어적 전회는 진보적이며 자연화하는 운동으로 간주되었다. 그렇게 보였던 까닭은, 무의식 상태에서 의식이 출현하는 것에 대한 형이상학적 설명보다는 언어를 사용하는 유기체의 진화론적인 출현에 대한 인과적 설명이 더 쉬울 것처럼 보였기 때문이다. 그러나 이런 식의 대체는 그 자체로 효과 없는 일이다. 왜냐하면 하나의 매개물로서의 언어, 즉 자아와 그 자아가 접촉해야 할 비인간적인 실재 사이에 있는 어떤 것으로서의 언어라는 그림에 집착한다면, 우리는 한 발짝도 더 나가지 못했을 터이기 때문이다. 우리는 여전히 주관-객관의 그림을 사용하고 있으며, 여전히 회의론, 관념론, 실재론에 관한 쟁점들에 고착되어 있다. 우리는 여전히 의식에 관해 제기했던 것과 같은 유형의 물음을 언어에 관해 물을 수 있을 것이기 때문이다.

다음과 같은 것들이 바로 그러한 유형의 물음이다. "자아와 실재 사이의 매개물은 그 둘을 결합하게 하는가 아니면 떨어지게 하는가?" "매개물은 일차적으로 표현의 매개물, 즉 자아의 내부 깊숙이 놓여 있는 것을 구체화시키는 매개물이라고 보아야 하는가? 아니면, 일차적으로 표상의 매개물, 즉 자아의 바깥에 있는 것을 자아에게 보여주는 매개물이라고 보아야 하는가?" 등등. 관념론자의 지식이론과 낭만주의자의 상상력 개념은, 슬프게도, "의식"의 말투에서 "언어"의 말투로 손쉽게 전환될 수 있다. 그러한 이론들에 대한 실재론자와 도덕론자의 반발도 마찬가지로 손쉽게 전환될 수가 있다. 그래서 주어진 언어가 특정한 과업—인간 종種의 본성을 적절히 표현하는 과업이나 비인간적인 실재의 구조를 적절히 표상하는 과업—에 "적합한가"라는 물음에 의미를 부여할 수 있다는 희망을 누군가가 갖고 있는 한, 낭만주의와 도덕주의 간의, 그리고 관념론과 실재론 간의 시소 같은 싸움은 계속될 것이다.

우리는 이 시소에서 내려야 할 필요가 있다. 데이비슨은 우리가 그렇게 하도록 도와준다. 왜냐하면 그는 언어를 표현이나 표상의 매개물로 여기지 않기 때문이다. 그래서 그는 자아와 실재 양자가 본래적인 본성, 저 바깥에서 알려지기를 기다리는 본성을 갖고 있다는 관념을 떨쳐버릴 수 있다. 데이비슨의 언어관은 환원주의자의 것도 아니요, 확장주의자의 것도 아니다. 그것은, 분석철학자들이 이따금씩 그렇게 하듯이 "진리"나 "지향성"이나 "지시" 등의 의미론적 개념에 대해 환원적인 정의를 부여하려고 하지 않는다. 그것은, 가령 하이데거의 시도처럼 언어에 일종의 신성神性을 부여하려는 것, 인간 존재가 단지 그것의 유출물이 되게 하려는 것을 닮지도 않았다. 데리다가 경고해주듯이, 그와 같은 언어의 신격화神格化는 관념론자의 의식의 신격화를 옮겨놓은 하나의 변종에 불과하다.

환원주의와 확장주의 양자를 피하는 점에 있어서 데이비슨은 비트겐슈타인을 닮았다. 두 철학자는 대안적인 어휘들을 조각그림 맞추기 퍼즐jigsaw puzzle의 조각들이 아니라 오히려 대안적인 도구들로 취급한다. 그것들을 하나의 퍼즐에 속하는 조각들로 취급하는 것은, 모든 어휘들이 없어도 그만이라고, 혹은 다른 어휘들로 환원 가능하다고, 혹은 다른 모든 어휘들과 더불어 하나의 거대하고 통일된 슈퍼 어휘 속에 통합될 수 있다고 가정하는 것이다. 이 가정을 피한다면, 우리는 다음과 같은 유형의 물음들을 묻고자 하지 않을 것이다. "분자들의 세계에서 의식의 위상은 무엇인가?" "무게보다 색깔이 더 정신에 의존적인가?" "사실의 세계에서 가치가 설 자리는 무엇인가?" "인과성이 지배하는 세계에서 지향성의 자리는 무엇인가?" "상식이 보는 딱딱한 책상과 미시물리학이 보는 딱딱하지 않은 책상의 관계는 무엇인가?" "사고에 대한 언어의 관계는 무엇인가?" 등등. 우리는 그러한 물음들에 대답하고자 하지 말아야 한다. 왜냐하면 그렇게 하는 일은 명백히 실패할 환원주의가 아니면 단명에 그칠 확장주의로 이끌어갈 것이기 때문이다. 우리는 "이러한 낱말들의 사용이 저러한 다른 낱말들의 사용에 방해가 되는가?" 등의 물음을 묻도록 스스로 제약을 가해야 한다. 이것은 우리의 도구 사용이 과연 효과적인가에 관한 물음인 것이지, 우리의 신념이 모순적인가에 관한 물음이 아니다.

두 개의 책상[상식에 의해 파악된 '책상'과 미시물리학에 의해 파악된 '책상']에 관한 에딩턴Arthur Eddington의 물음처럼 "순전히 철학적인" 물음들은, 평화로운 공존이 가능하다고 증명된 어휘들 사이에서 작위적인 이론상의 싸움을 야기하려는 시도들이다. 내가 앞에서 언급한 물음들은 모두, 철학자들이 다른 사람들은 아무도 못 보는 난점들을 봄으로써 그 주제에 나쁜 이름을 부여했던 사례들이다. 하지만 이것은 어휘들이 결코 서로 방해를 하지 않는다는 말은 아니다. 그와는 반대로 예술에서, 과학에서, 그리고 도덕 및 정치사상에서 혁명적인 성취들은 누군가가 둘이나 그 이상의 어휘들이 서로 간섭을 한다는 점을 깨닫고, 그 어휘들을 대체할 새로운 어휘를 창안해 나갈 때 전형적으로 발생된다. 예컨대 전통적인 아리스토텔레스의 어휘는 기계론자들에 의해 16세기에 발전되었던 수학적 어휘에 방해가 되었다. 또, 18세기 후반 독일의 젊은 신학도들, 가령 헤겔이나 횔덜린Friedrich Hölderlin은 예수를 섬기는 어휘가 고대 그리스인들을 섬기는 어휘를 방해한다는 점을 알게 되었다. 그리고 또, 로세티Dante Gabriel Rossetti식의 수사법修辭法은 초기의 예이츠가 사용한 블레이크식의 수사법에 방해가 되었다.

점차적인 시행착오에 의한 새로운 제3의 어휘―갈릴레이, 헤겔, 예이츠 등과 같은 사람들에 의해 발전된 그런 유형의 어휘―의 창안은 낡은 어휘들이 어떻게 짜 맞추어져 있는가에 대한 발견이 아니다. 이것이 바로 어휘의 창안이 왜 추론적 과정에 의해서는, 즉 낡은 어휘들 속에서 정식화된 전제들로부터 시작해서는 도달될 수 없는지에 대한 이유이다. 그와 같은 창안은 퍼즐의 조각들을 성공적으로 짜 맞춘 결과가 아니다. 그것은 현상의 배후에 있는 실재에 대한 발견도 아니요, 부분들에 대한 근시안적인 견해들을 대체시킬 전체 그림에 대한 왜곡 없는 견해의 발견도 아니다. 적절한 유비類比를 통해 말하자면, 새로운 어휘의 창안은 낡은 도구를 대신할 새로운 도구의 창안이다. 그러한 어휘를 갖게 된다는 것은 도르래를 착상했기 때문에 지렛대와 받침대를 버리는 것과 더 흡사하며, 이제는 유화油畫를 적절히 다루는 방법을 알게 되었기 때문에 아교와 템페라 화법[안료를 달걀에 개어 만든 물감으로 그리는 방법]을 버리는 것과 더 흡사하다.

어휘와 도구 간의 이와 같은 비트겐슈타인식의 유비는 한 가지 명백한 결점을 가지고 있다. 숙련공은 작업에 쓸 도구를 고르거나 창안하기 이전에 그가 해야 할 작업이 무엇인지 알고 있는 것이 통례이다. 그와는 반대로 갈릴레이, 예이츠, 헤겔과 같은 사람("사물을 새롭게 만드는 사람"이라는 의미로서 내가 사용하는 넓은 의미의 "시인")은, 그가 구사하는 데 성공한 언어를 발전시키기 이전에는 자신이 행하기 원하는 바가 무엇인지를 아주 분명하게 할 수 없는 것이 통례이다. 그의 새로운 어휘가 비로소 그 자체의 목적을 형성해내도록 해준다. 새로운 어휘는 그것이 그 자체로 제공해주는 특정한 서술들을 발전시키기 이전에는 상상도 할 수 없었던 어떤 일을 하기 위한 도구이다. 하지만 당장은 이 불일치를 무시하겠다. 조각그림 맞추기 퍼즐 모델과 대안적인 어휘 "도구" 모델 간의 대비는, 니체의 약간은 오도적인 표현을 빌리자면, 진리에의 의지와 자기 극복에의 의지 간의 대비라는 점을 나는 단순히 적시하고자 한다. 이 두 쌍의 대비는 한편으로는 이미 존재하는 어떤 것을 표상하거나 표현하려는 시도와, 다른 한편으로는 이전까지는 꿈도 꾸어보지 못했던 어떤 것을 만들려는 시도 간의 대비를 나타내고 있다.

데이비슨은 언어에 대한 비트겐슈타인 이전의 전통적인 설명들에 깔려 있는 가정들에 대해 명백한 의심을 제기함으로써, 어휘들을 도구로 보려는 비트겐슈타인의 취급 방식이 함축하고 있는 바를 구체화한다. 그와 같은 전통적인 설명들은 "현재 우리가 사용 중인 언어는 '올바른' 언어인가? 표현하거나 표상하는 과업의 매개물로서 과연 적합한

가?" "우리의 언어는 투명한 매개물인가 아니면 불투명한 매개물인가?" 등과 같은 물음들이 의미 있다고 당연시해왔다. 그러한 물음들은 언어와 비언어적인 것을 맞세워 두고서 "세계와 부합됨"이라든가 "자아의 참된 본성에 충실함" 등과 같은 관계가 존재한다고 가정한다. 이 가정은 "우리의 언어"—지금 우리가 말하고 있는 언어, 20세기에 살고 있는 교육받은 사람들의 처분에 맡겨진 어휘—가 하나의 통일체라는 가정, 바꿔 말해서 자아와 실재라는 두 가지 통일체들과 모종의 확정적 관계를 지닌 채 맞서고 있는 제3의 것이라는 가정과 동조한다. 물론 이 두 가정은 충분히 자연스러운데, 일단 언어가 표현해야 할 바인 "의미"라 불리는 비언어적인 것이 존재한다는 관념을 받아들이고, 언어가 표상해야 할 바인 "사실"이라 불리는 비언어적인 것이 존재한다는 관념도 마찬가지로 받아들인다면 그렇다. 이 두 관념은 언어가 매개물이라는 관념을 함축하고 있는 것이다.

데이비슨은 "사실"이나 "의미" 등과 같은 용어에 대한 전통철학의 용법을 반대하며, 또 그가 사고와 탐구에 대한 "도식-내용 모델"이라고 명명한 것을 반대하는 논쟁을 벌이고 있는데, 그것은 언어가 수행해야 할 하나의 고정된 과업이 존재한다는 관념에 반대하며, 또 그런 과업을 효과적으로 수행하거나 그렇지 못하는 "언어", "유일한 언어", "우리의 언어" 등으로 불리는 하나의 단위체entity가 존재한다는 관념에 반대하는 더 큰 논쟁의 한 부분이다. 그러한 단위체가 과연 존재하는가에 대한 데이비슨의 의심은, "정신"이나 "의식" 등으로 일컬어지는 어떤 것이 과연 존재하는가에 대한 라일Gilbert Ryle과 데닛Daniel Dennett의 의심과 유사한 모습을 갖고 있다.[4] 이러한 의심들은 자아와 실재 사이의 매개물이라는 관념, 즉 실재론자는 투명한 것이라고, 회의론자는 불투명한 것이라고 보는 매개물이라는 관념이 과연 유용한가에 관한 의심이다.

데이비슨은 「묘비명의 멋진 혼란」이란 멋들어진 제목을 붙인 최근의 한 논문[5]에서[이 논문에서 데이비슨은 '별명의 배열'arrangement of epithets을 음이 비슷하지만 뜻이 다른 '묘비명의 혼란'derangement of epitaphs으로 혼동한 경우를 예로 들어 언어의 한 특징을 논의하고 있다], 동료 인간에 의해 지금 막 만들어지고 있는 소리들과 표식들에 관한 "찰나이론"刹那理論, passing theory이라고 그가 명명한 것을 발전시킴으로써, 언어를 단위체로 간주하는 관념의 기초를 허물어버리고자 한다. 그와 같은 이론을 한 사람의 전체 행위에 관한 더 광범위한 "찰나이론"의 일부라고, 즉 그 사람이 어떠어떠한 상황 속에서 행하게 될 행위에 관한 일련의 추측 중 일부라고 생각해보자. 그러한 이론이 "찰나적"인 까닭은 그것이 중얼거림, 더듬거림, 동음어 혼동, 은유, 씰룩거림, 발작, 정신병적 증상, 터무니없는 바보스러움, 천재적인 번뜩임 등을 허용할 수 있도록 끊임없이 수정되어야 할 터이기 때문이다. 문제를 더 단순화하기 위해, 전혀 예상치 못한 별난 문화 속으로 낙하산을 타고 내려가 그 속에 살고 있는 원주민의 현재 행위에 관해 그와 같은 찰나이론을 내가 만들고 있다고 상상해보자. 그 낯선 원주민도 아마 나와 마찬가지로 나를 낯설게 여길 것이며 동시에 나의 행위에 관해 하나의 이론을 만들기에 바쁠 것이다. 만일 그 사람과 내가 원활하

---

4 이러한 의심들에 대한 상세한 논의는 나의 논문 "Contemporary Philosophy of Mind," *Synthese* 53 (1982), pp. 332-348을 참조. 데닛의 견해에 대한 나의 해석에 관한 그의 의심에 대해서는 [같은 잡지에 실린] 그의 논문 "Comments on Rorty," pp. 348-354를 볼 것.
5 이 논문은 Lepore, ed., *Truth and Interpretation*에서 볼 수 있다.

고 만족스럽게 의사소통에 성공한다면, 그것은 내가 다음에 무슨 소리를 내고 어떤 행위를 할 것인가에 관한 그 사람의 추측과, 내가 특정 상황에서 무엇을 할 것이며 어떤 말을 할 것인가에 관한 나 자신의 기대가 크든 적든 상당히 겹치게 되었기 때문이며, 그 반대의 경우도 마찬가지이기 때문이다. 마치 우리가 망고 열매나 보아 뱀에 대처하여 놀라지 않도록 노력하듯이 그 사람과 나는 서로 대처해가고 있는 것이다. 우리가 동일한 언어로 말하기에 이르렀다고 일컫는 것은 데이비슨의 말마따나 "찰나이론들에 있어서 우리가 수렴해가고 있다"는 뜻이다. 데이비슨의 요점은 이렇다. "두 사람이 말을 통해 서로를 이해하고자 한다면, 그때 필요한 것은 각 발언들에 대한 찰나이론들을 수렴시켜가는 능력이다."

언어적 의사소통에 대한 데이비슨의 설명은 언어가 자아와 실재 사이에 끼어든 제3의 것이라는 그림, 그리고 상이한 언어가 사람이나 문화 사이의 장애물이라는 그림을 갖지 않도록 해준다. 어떤 이의 낡은 언어가 (가령 하늘의 별이나 내면의 격렬한 감정 등과 같은) 세계의 어느 부분을 다룰 때 부적절하다는 말은, 그 사람이 새로운 언어를 배워서 이제는 그 부분을 좀 더 쉽게 다룰 수 있다는 말이다. 사용 중인 낱말의 상호번역이 아주 어려워 두 공동체가 잘 지내는 데 고초를 겪는다는 말은, 한 공동체 주민들의 언어 행위가 그들의 다른 행위와 마찬가지로 다른 공동체 주민들이 예견하기 매우 어렵다는 말이다. 데이비슨이 말하고 있듯이,

우리가 언어에 대한 통상적인 관념을 포기했을 뿐 아니라, 어떤 언어를 안다는 것과 세계에 대한 우리의 일반적인 행위 방식을 안다는 것 사이의 경계선을 지워버렸다는 점을 깨달아야 한다. 작동 중인 찰나이론들에

도달하기 위한 규칙 같은 것은 없기 때문이다. (⋯) 이 과정을 규칙화하거나 가르칠 수 없는 것은 마치 새로운 데이터에 대처하는 새로운 이론을 창안하는 과정을 규칙화하거나 가르칠 수 없는 것과 마찬가지이다. 바로 그것이야말로 이 과정이 필요한 이유이기 때문이다. (⋯)

만일 언어란 것이 적어도 철학자들이 생각하는 것과 같은 것이라면, **언어라고 하는 그런 것은 없다.** 그러므로 학습되거나 통달되어야 할 그런 것이란 없다. 언어 사용자들이 먼저 통달하고 나서 사례에 맞춰 적용하는, 명확히 정의되고 공유된 구조라는 관념을 우리는 포기해야만 한다. (⋯) 규약에 대한 호소를 통해 우리가 어떻게 의사소통하는지 해명하려는 시도를 우리는 포기해야만 한다.[6]

언어에 대한 이러한 생각은, 우리가 심리적 용어를 사용할 때 우리는 한 유기체가 다양한 상황 속에서 어떻게 행동할 것이며 어떻게 말할 것인가를 예견하는 데 효과적인 어휘를 (즉 데닛이 말하는 "지향적 태도"에 특유한 어휘를) 사용하고 있을 뿐이라는 라일-데닛Ryle-Dennett의 견해와 유사하다. 라일이 심리에 관해 비환원적인 행동주의자였던 것과 마찬가지 방식으로 데이비슨은 언어에 관해 비환원적인 행동주의자이다. 두 철학자 모두 신념이나 지시에 관한 행동주의자들의 용어에 비견될 어떤 것을 제공할 뜻은 없다. 그러나 양자는 이렇게 말하고 있다. 즉 "심리"나 "언어"라는 용어를 자아와 실재 사이의 매개물에 대한 이름이 아니라, 특정한 유형의 유기체에 대처하려 할 때 특정한 어휘의 사용이 바람직

---

6 D. Davidson, "A Nice Derangement of Epitaphs," in Leopore, ed., *Truth and Interpretation*, p. 446. 강조는 추가된 것임.

함을 표시하는 깃발이라고 생각하라. 한 유기체가 혹은 바로 그 점에 있어서 한 기계가 심리적이라는 말은, 어떤 목적에 대해서 그것이 스스로 신념이나 욕구를 갖고 있다고 생각하는 것이 유리할 것이라는 말이다. 그러한 유기체가 언어 사용자라는 말은, 그 유기체가 만든 표식이나 소리를 우리가 만든 표식이나 소리와 짝지을 경우 그 유기체의 미래 행위를 예견하며 제어하는 기술에 유용하다고 입증될 것이라는 말이다.

심리에 관해서는 라일과 데닛에 의해, 언어에 관해서는 데이비슨에 의해 발전된 이와 같은 비트겐슈타인식의 태도는 정신이나 언어가 세계와 맺고 있는 관계에 관한 모든 물음을, 표상이나 표현의 적합성에 관한 물음이 아니라 그것들이 우주의 나머지 부분들과 맺고 있는 **인과성**에 관한 물음으로 만들어서 정신과 언어를 자연화한다. 그러한 태도는, 만일 그러한 일들이 명백히 인과적인 물음들로 간주된다면, 우리가 어떻게 해서 비교적 정신을 갖지 못한 원숭이로부터 본격적으로 정신을 가진 인간이 되었는가를, 혹은 어떻게 해서 네안데르탈인의 말을 하다가 포스트모던한 말을 하기에 이르렀는가를 묻는 것이 썩 훌륭한 의미를 갖게 해준다. 전자의 경우 그 대답은 우리로 하여금 신경학의 문제를 벗어나게 하고 진화생물학의 문제로 이끌어간다. 그러나 후자의 경우 그 대답은 우리를 메타포의 역사로 간주할 수 있는 지성사로 이끌어간다. 이 책에서 나의 목적을 위해 중요한 것은 후자이다. 그래서 나는 이 장의 나머지 부분을 데이비슨의 언어관에 부합되는 지적이며 도덕적인 진보에 대한 설명을 스케치하는 데 할애하고자 한다.

/

언어의 역사 그리고 예술과 과학과 도덕 감각의 역사를 메타포의 역사로 본다는 것은, 인간의 정신이나 언어가 가령 의미를 점점 잘 표현하거나 사실을 점점 잘 표상할 수 있게 되어 '신'이나 '자연'이 계획한 바의 목적에 점점 잘 부합되어가는 것이라고 보는 그림을 포기한다는 뜻이다. 일단 언어가 어떤 목적을 갖고 있다는 발상이 사라지면, 언어가 매개물이라는 발상도 사라진다. 이 두 발상을 폐기한 문화는 200년 전에 시작된 근대적 사유의 경향들 즉 독일 관념론, 낭만주의 시학, 유토피아 정치학에 공통된 경향들이 승리를 쟁취한 문화가 될 것이다.

과학의 역사를 포함한 지성사에 대한 비목적론적인 견해는 자연선택에 대한 멘델식의 기계론적인 설명이 진화론에 대해 행했던 바를 문화이론에 대해 행하게 된다. 멘델은 정신이란 것이 모든 과정을 주재하는 요점이라기보다는 오히려 그냥 발생된 어떤 것이라고 간주하게 해준다. 산호초의 역사를 어떻게 보아야 하는지를 다윈이 가르쳐주었던 것과 같이, 데이비슨은 언어의 역사 따라서 문화의 역사를 어떻게 보아야 하는지를 안내해준다. 낡은 메타포들은 끊임없이 죽어가면서 문자적인 것literalness이 되어 새로운 메타포를 위한 발판과 화석의 역할을 한다. 이 유비는 "우리의 언어" 즉 20세기 유럽의 과학과 문화의 언어라는 것이 수없이 많은 순전한 우연성들의 결과로 형성된 어떤 것이라고 보게 해준다. 우리의 언어와 우리의 문화는 마치 난초나 유인원과 마찬가지로 우연성의 결과, 즉 생태적 적소適所, niches를 찾으려는 수천의 작은 변이들(그리고 적소의 발견과 무관한 수백만의 다른 변이들)의 결과이다.

이 유비를 수용하려면, 우리는 메리 헤시Mary Hesse를 좇아서 과학 혁명들이란 자연의 본래적 본성에 대한 통찰들이 아니라 자연에 대한 "메타포적 재서술들"metaphoric redescriptions이라고 생각해야 한다.[7] 나아가 우리는 현대의 물리학이나 생물학에 의해 제공된 실재에 대한 재서술들이, 현대의 문화 비판에 의해 제공된 역사에 대한 재서술들에 비해, 더 "사물 자체"에 근접한 것이며 덜 "정신 의존적"이라고 생각하려는 유혹을 억눌러야 한다. 우리는 DNA나 빅뱅 등에 관한 이야기를 낳게 한 인과적 힘들의 묶음constellation of causal forces을, "세속화"나 "후기 자본주의" 등에 관한 이야기를 낳게 한 인과적 힘들의 묶음과 마찬가지의 것이라고 보아야 할 필요가 있다.[8] 이 다양한 묶음들이야말로 어떤 것들은 우리 대화의 주제가 되게 해주지만 다른 것들은 그렇지 않게 만들며, 어떤 프로젝트는 가능성 있고 흥미롭게 만들지만 다른 것들은 그렇지 않게 만드는 불규칙한 요인들이다.

한편으로 문화의 역사가 진리의 발견이나 인류의 해방 등과 같은 어떤 궁극적 목적telos을 갖고 있다는 관념과, 다른 한편으로 내가 스케치하고 있는 니체적이며 데이비슨적인 그림 사이의 대비점을 나는 이렇게 표현할 수 있다. 후자의 그림은 인간과 우주의 여타 부분 간의 관계에 대한 황량하게 기계적인 서술과 양립 가능한 것이라고 말이다. 왜

---

7 "The Explanatory Function of Metaphor," in Hesse, *Revolutions and Reconstructions in the Philosophy of Science* (Bloomington: Indiana University Press, 1980) 참조.

8 그의 저서 *Ethics and the Limits of Philosophy* (Cambridge, Mass.: Harvard University Press, 1985)의 6장에서 윌리엄스(Bernard Williams)는 데이비슨과 나의 견해를 논의하면서 이렇듯 합치는 것에 대해 저항하고 있다. 윌리엄스에 대한 부분적인 응답은 나의 논문 "Is Natural Science a Natural Kind?" in Ernan McMullin, ed., *Construction and Constraint: The Shaping of Scientific Rationality* (Notre Dame, Ind.: University of Notre Dame Press, 1988)를 볼 것.

냐하면 진정한 참신함novelty은 결국 맹목적이고, 우연적이며, 기계적인 힘에 의한 세계 속에서 발생될 것이기 때문이다. 참신함이란 것을 가령 어떤 우주광선宇宙光線이 DNA 분자 속의 원자들에 돌진해서 사물들을 난초나 유인원이 되게 하는 방향으로 몰고 가는 그런 경우에 발생되는 종류의 일이라고 생각해보라. 마찬가지 방식으로, 우리가 아는 한에 있어서 마땅히 주목해야 할 점은, 우시아ousia[실체]에 대한 아리스토텔레스의 메타포적 사용, 아가페agapē[사랑]에 대한 성 바울의 메타포적 사용, 그리고 그라비타스gravitas[중력]에 대한 뉴턴의 메타포적 사용 등도 그들의 두뇌에서 중요한 신경세포들의 미세구조에 우주광선이 돌진하여 나온 결과였다는 점이다. 달리 말해서 좀 더 그럴듯하게 표현하자면, 그런 일들은 유년 시절의 어떤 괴상한 에피소드, 가령 특이한 외상外傷에 의해 그들의 두뇌에 남겨진 어떤 강박증적인 뒤틀림의 결과였던 것이다. 그와 같은 트릭이 어떻게 이루어졌던가는 중요한 문제가 아니다. 그 결과는 실로 어마어마한 것이었으며, 그 이전에는 결코 그러한 일이 발생되지도 않았다.

지성사를 이렇게 설명하는 것은 "진리"란 "메타포들의 기동하는 군대"라는 니체의 정의와 잘 어울린다. 그 설명은 또한 갈릴레이와 헤겔과 예이츠 같은 사람들에 대해, 즉 그들의 마음속에서 새로운 어휘들이 발전되었으며 그래서 그 이전에는 꿈도 꿀 수 없었던 일을 이루게 해준 도구들로 무장한 사람들에 대해, 앞에서 내가 제시한 설명과도 잘 어울린다. 그렇지만 이 그림을 수용하기 위해서는 문자적인 것the literal과 메타포적인 것the metaphorical 간의 구별을 데이비슨이 보듯이 보아야 할 필요가 있다. 즉 문자적인 것과 메타포적인 것 간의 구별은 두 종류의 의미 간의 구별도 아니요, 두 종류의 해석 간의 구별도 아니며, 오히려 소리와 표식에 대한 낯익은 사용과 낯선 사용 간의 구별이다. 소리와 표식의 문자적 사용이란 다양한 상황하에서 사람들이 무엇을 말할 것인가에 대한 우리의 낡은 이론들에 의거해 이뤄지는 용법이다. 반면에 소리와 표식의 메타포적 사용이란 우리로 하여금 새로운 이론을 발전시키도록 하는 그런 종류의 용법이다.

데이비슨은 이 논점을 이렇게 말한다. 메타포적 표현은 그 문자적 의미와는 다른 별도의 의미를 갖는 것이라고 생각되어서는 안 된다고 말이다. 의미를 갖는다고 함은 언어놀이 속에서 어떤 자리를 차지함을 말한다. 그러나 정의定義 자체가 말해주듯이, 메타포들이란 그렇지 않은 것이다. 그의 말마따나 데이비슨은, "메타포가 그 메타포의 저자가 전달하려 하고 그 메시지를 얻고자 하는 해석자라면 반드시 파악해야 할 어떤 인지적 내용과 연합된다는 테제"를 부정한다.[9] 그의 견해에 따르면, 대화 중에 메타포를 끼워 넣는 것은 마치 얼굴을 찌푸릴 만큼 상당한 시간 동안 말을 갑자기 중단한다거나, 호주머니에서 사진을 꺼내 보여준다거나, 주변의 여건 중 어떤 특징을 가리킨다거나, 상대방의 뺨을 후려친다거나, 상대방에게 키스를 퍼붓는 것과 같다. 텍스트 속에 메타포를 끼워 넣는 것은 마치 이탤릭체를 쓴다거나, 삽화를 넣는다거나, 괴상한 구두점이나 배치 방식을 사용하는 것과 같다.

이 모든 것들은 대화 상대자나 독자들에게 어떤 효과를 낳게 하는 방식이지 메시지를 전달하는 방식은 아니다. 그 방식들 중 어느 것에 대

9 D. Davidson, "What Metaphors Mean," in his *Inquires into Truth and Interpretation* (Oxford University Press, 1984), p. 262.[『진리와 해석에 관한 탐구』, 이윤일 옮김, 나남출판, 2011]

해서도 "도대체 당신이 말하려는 것이 정확히 무엇이요?"라고 응수하는 것은 적절하지 않다. 만일에 누구든지 무언가를 말하고자 했다면 즉 어떤 의미를 갖는 문장을 발언하고자 했다면, 아마도 그렇게 했을 것이다. 하지만 대신에 그 사람은 자신이 목적하는 바가 다른 수단에 의해 더 잘 달성될 것이라고 생각했던 것이다. 누군가가 낯익은 말을 낯선 방식으로 사용한다고 해서, 그것이 뺨 때리기나 키스, 사진이나 제스처, 얼굴 찡그리기 등과는 다르게, 반드시 의미를 갖는 말이 되는 것은 아니다. 그 말의 의미를 진술하려는 시도는 어떤 낯익은 (즉 문자적) 용법을 찾아내려는 시도로서, 가령 언어놀이 속에 이미 자리를 차지하고 있는 어떤 문장을 찾아내려는 시도이며, 또한 그 말이 바로 **그런 낯익은 용법**을 갖고 있다고 주장하려는 시도일 것이다. 그러나 메타포를 바꾸어 말할 수 없다는 점unparaphrasability은 그 어떠한 낯익은 문장도 그 사람의 목적에 적당치 않음을 말해준다.

한 언어놀이 속에서 고정된 자리가 없는 문장을 발언한다는 것은 실증주의자들이 제대로 말했듯이 참도 거짓도 아닌 어떤 것, 혹은 이언 해킹Ian Hacking의 용어를 빌리자면 "진리치 후보"truth-value candidate가 아닌 어떤 것을 발언하는 것이다. 왜냐하면 그것은 확증도 반증도 할 수 없으며, 찬성의 논변도 반대의 논변도 할 수 없는 그런 문장이기 때문이다. 우리는 그것을 음미하거나 내뱉을 수밖에 없다. 하지만 이 말은 그것이 얼마 후에라도 진리치 후보로 **변화될** 수 없다는 말은 아니다. 만약에 그것이 내뱉어지기보다 음미된다면, 그 문장은 되풀이될 것이며, 마음에 들게 되고, 널리 퍼질 것이다. 그러면 그것은 점차 습관화된 용법을 얻어 언어놀이 속에서 낯익은 자리를 차지하게 된다. 그렇게 됨으로써 그 문장은 메타포이기를 멈추게 된다. 달리 말해 그것은 우리 언어 중 대부분의 것이 그렇듯이 죽은 메타포가 되는 것이다. 그것은 문자적으로 참이거나 문자적으로 거짓인 또 하나의 문장에 불과하게 된다. 다시 말해서 우리 동료들이 행하는 대부분의 발언에 대해 우리가 별 생각 없이 대처하는 것과 마찬가지로, 동료들의 언어 행위에 대한 우리의 이론들이 그 발언에 대해 충분히 잘 대처하게 해주는 것이다.

메타포들이 의미를 갖지 않는다는 데이비슨의 주장은 철학자의 전형적인 말장난처럼 보일 수도 있지만, 그렇지 않다.[10] 그것은 언어를 하나의 매개물로 여기는 것을 멈추게 하려는 시도의 일부이다. 그리고 다시금 그 시도는 인간다움이 무엇인가에 관한 전통철학의 그림을 제거하기 위한 더 커다란 시도의 일부이다. 데이비슨의 논점이 갖는 중요성은 메타포에 대한 그의 취급 방식을 한편으로는 플라톤주의자나 실증주의자의 경우와, 다른 한편으로는 낭만주의자의 경우와 대비시켜 볼 때 아마도 가장 잘 드러날 것이다. 플라톤주의자와 실증주의자는 메타포에 대해 환원주의적 관점reductionist view을 공유하고 있다. 그들은 언어가 갖고 있는 한 가지 심각한 목적 곧 실재의 표상을 위해 메타포는 바꾸어 말할 수 있는 것이거나 그렇지 않으면 쓸모없는 것이라고 생각한다. 이와는 대조적으로 낭만주의자는 확장주의적 관점expansionist view을 표방한다. 낭만주의자는 메타포란 이상하고, 신비하고, 멋진 것이라고 생각한다. 낭만주의자들은 메타포를 "상상력"이라 불리는 신비스런 능

---

10 말장난이라는 추궁과 그 밖의 추궁에 대해서 데이비슨을 옹호하는 글은 나의 논문 "Unfamiliar Noises: Hesse and Davidson on Metaphor," *Proceedings of the Aristotelian Society,* supplementary vol. 61 (1987), pp. 283-296을 볼 것.

력에, 즉 그들이 자아의 한복판, 가슴 속 깊은 핵심에 놓여 있다고 상정하는 능력에 귀속시킨다. 플라톤주의자들과 실증주의자들은 메타포적인 것과 무관한 것처럼 보이는 데 비해, 낭만주의자들은 문자적인 것과 무관한 것처럼 보인다. 전자는 언어의 요점이 우리 바깥에 놓여 있는 숨겨진 실재를 표상하는 것이라고 생각하며, 후자는 언어의 목적이 우리 내부에 놓여 있는 숨겨진 실재를 표현하는 것이라고 생각한다.

그러므로 실증주의자가 보는 문화의 역사에서는 언어란 것을 물리적 세계의 윤곽을 중심으로 점차 모양을 잡아가는 것이라고 간주한다. 낭만주의자가 보는 문화의 역사에서는 언어를 자기의식에 점차 혼을 불어넣는 것이라고 여긴다. 반면에 니체가 보는 문화의 역사와 데이비슨의 언어철학에서는 언어를 우리가 지금 진화를 보듯이 끊임없이 낡은 형태를 죽이는, 그것도 고상한 목적을 달성하기 위해서가 아니라 맹목적으로 죽이는, 새로운 삶의 양식이라고 본다. 실증주의자는 갈릴레이가 하나의 발견을 이뤄냈다고—세계와 잘 부합하는 일에 필요한 낱말을, 아리스토텔레스가 간과했던 바로 그 낱말을 마침내 찾아냈다고—보는 데 비해, 데이비슨주의자는 갈릴레이를 볼 때 특정한 목적을 위해 이전의 어느 것보다도 더 잘 작동하는 도구와 용케도 마주쳤던 사람이라고 본다. 우리가 갈릴레이의 어휘로 무슨 일을 할 수 있는가를 일단 알게 된 다음에는, 아리스토텔레스의 어휘로 통상 이루어졌던 일에 대해 (토마스주의자들은 여전히 그렇게 해야 한다고 생각했지만) 아무도 많은 흥미를 갖지 않게 되었다.

마찬가지로, 낭만주의자는 예이츠가 과거에 누구도 갖지 못했던 것을 얻게 되었고, 오랫동안 표현되기를 고대해왔던 것을 표현해냈다고 보는 반면에, 데이비슨주의자는 예이츠를 볼 때 그 이전 세대 사람들이 썼던 시의 단순한 변형만이 아닌 그런 시들을 쓸 수 있게 해준 어떤 도구들과 용케도 마주쳤던 사람이라고 본다. 일단 예이츠의 시를 갖게 된 다음부터 우리는 로세티의 시를 읽는 흥미가 줄어들게 되었다. 혁명적이고 대담한 과학자들과 시인들에게 해당되는 일이 대담한 철학자들, 가령 헤겔이나 데이비슨처럼 전해 내려온 문제의 해결보다 해소解消, dissoultion에 관심을 갖고 있는 철학자들에게도 해당된다. 이렇게 보자면 철학의 방법을 증명에서 변증법으로 바꾼다거나, 진리 대응설을 제거시키는 등의 일은 "철학"이나 "진리"라고 불리는 이미 존재하는 어떤 단위체의 본질에 관한 모종의 발견이 아니다. 그것은 우리가 말하는 방식을 바꾸는 일이며, 그래서 우리가 행하길 원하는 바를 바꾸고 우리 자신에 대해 생각하는 바를 바꾸는 일이다.

그러나 실재-현상이라는 구별을 폐기한 니체의 관점에 따르면, 우리가 말하는 방식을 바꾼다는 것은 우리 스스로의 목적을 위해 우리 자신을 바꾸는 것이다. 니체와 더불어 신은 죽었다고 말하는 것은 우리가 더 이상 더 높은 목적에 봉사하지 않는다고 말하는 것이다. 발견을 자아 창조로 바꾼 니체의 대체는 점점 더 빛에 가까이 다가가는 인류의 그림을 서로가 서로를 짓뭉개는 굶주린 세대들의 그림으로 대체한다. 니체의 메타포를 문자 그대로 구현한 문화는 철학적 문제들이란 시적 문제들처럼 일시적이라는 점을, 서로 다른 세대들을 "인간성"humanity이라고 불리는 단일한 자연종으로 한데 묶어버리는 문제들이란 없다는 점을 당연하게 여기는 그런 문화일 것이다. 인간의 역사를 잇따라 일어나는 메타포들의 역사로 이해함으로써, 이제 우리는 새로운 낱말을 만드는

자이자 새로운 언어를 형성하는 자라는 포괄적인 의미에서의 시인poet
을 서로 다른 종족들의 선구자로 보게 될 것이다.

/

나는 이 마지막 논점을 2장과 3장에서 해럴드 블룸Harold Bloom의 "대담
한 시인"strong poet이란 용어로 더욱 발전시킬 것이다. 하지만 여기서 나
는 지금까지 내가 말해왔던 바의 핵심적인 주장, 즉 세계는 대안적인 메
타포들 가운데 어느 것을 선택할 아무런 규준도 제공해주지 않으며, 우
리는 단지 언어나 메타포들을 서로 비교할 수 있을 뿐이지 언어를 넘어
선 "사실"이라 불리는 것과 언어를 비교하는 것이 아니라는 주장으로
되돌아가 이 장의 논의를 마무리하고자 한다.

이 주장을 옹호하는 논변을 펴는 유일한 길은 굿맨, 퍼트넘, 데이비
슨 등과 같은 철학자들이 행했던 것을 행하는 일, 즉 "세계의 존재 방식"
이라든가 "사실에 부합함" 등과 같은 구절에 의미를 부여하려는 시도들
이 헛수고임을 보여주는 것이다. 그와 같은 노력은 쿤이나 헤시와 같은
과학철학자들의 저술에 의해 보충될 수 있다. 이 철학자들은, 자연이라
는 책은 수학의 언어로 쓰여 있다는 주장을 통해서는 왜 갈릴레이의 어
휘가 아리스토텔레스의 어휘보다 예측을 더 잘 할 수 있게 해준다는 사
실을 설명할 길이 없는지 그 까닭을 해명해준다.

언어철학자들과 과학철학자들에 의한 이런 종류의 논변은 지성사
가들의 저술을 배경으로 삼아서 이해해야 한다. 가령 한스 블루멘베르
크Hans Blumenberg와 같은 역사가는 신앙의 시대와 이성의 시대 간의 유

사점과 차이점을 추적하고자 했다.[11] 그러한 역사가들은 내가 앞서 언급한 논점을 제기했다. 즉 세계나 자아가 본래적 본성을 갖고 있다는 그 관념은 바로 세계란 신의 창조물이라는 관념의 잔여물, 바꿔 말해 세계란 무언가를 마음속에 갖고 있으며 자신의 프로젝트를 묘사하는 언어를 스스로 구사하는 누군가의 작품이라는 관념의 잔여물이라는 것이다. 오직 그와 같은 그림을 마음속에 갖고 있을 때에만, 달리 말해 우주란 그 자체가 하나의 인격체이거나 아니면 어떤 인격체에 의해 창조된 것이라는 그림을 갖고 있을 때에만, 우리는 세계가 "본래적 본성"을 갖고 있다는 관념에 의미를 부여할 수 있다. 본래적 본성이라는 그 구절의 현금가치는, 이런저런 목적을 위해 세계를 다루는 더 좋은 도구라는 점과는 반대되는 의미로, 어떤 어휘가 다른 어휘들에 비해 세계에 대한 더 좋은 표상이라는 점에 있을 터이기 때문이다.

언어가 표상이라는 관념을 떨쳐버리고 언어에 대해 철저한 비트겐슈타인주의자가 된다는 것은 곧 세계를 탈脫신격화하는 일이다. 오직 그렇게 할 때만 우리는 내가 앞에서 제기한 논변 즉 진리란 문장의 속성이고, 문장은 어휘의 존재에 의존적이며, 어휘는 인간에 의해 만들어지는 것이므로, 진리도 그렇듯 만들어지는 것이라는 논변을 충실히 받아들일 수가 있다. 왜냐하면 "세계"가 그 자체에 대한 선호되는 설명을 갖고 있는 인격체 같은 어떤 것이라서 우리가 그것에 대처해야 할 뿐 아니라 마땅히 그것을 존중해야 한다고 생각하는 한, 우리는 진리가 "저 바깥에 있다"는 "직관" 이외에는 진리에 대한 어떠한 철학적 설명도 주장

---

11 Hans Blumberg, *The Legitimacy of the Modern Age*, trans. Robert Wallace (Cambridge, Mass.: MIT Press, 1982)를 볼 것.

할 수 없게 될 것이기 때문이다. 그러한 직관은 "사실의 존중"과 "객관성"에 관한 전통적인 언어의 포기는 곧 교만*hybris*이라는 막연한 뜻을 담고 있다. 다시 말해 과학자 (혹은 철학자나 시인이나 **대단한 인물**) 등이 우리로 하여금 인간적인 것을 초월하는 영역과 접촉하게 해주는 성직자와 같은 기능을 갖고 있다고 여기지 않는 것은 위험한 일이며 신성모독과 같다고 말하는 것이다.

내가 제안하고 있는 견해에 따르자면, 하나의 "적합한" 철학적 교의가 우리의 직관을 위한 여지를 만들어내야 한다는 주장은 반동적인 슬로건이며, 관건이 되는 물음에 관해 선결문제 요구의 오류에 빠져 있다.[12] 왜냐하면 언어가 거기에 적합하게 될 필요가 있다는 어떠한 선先언어적prelinguistic 의식도 우리는 갖고 있지 않다는 것, 그리고 철학자들이 언어로 표출시켜야 할 의무가 있다는 사물의 모습이란 것도 아무런 심오한 의미가 없다는 것이 나의 견해에서는 본질적이기 때문이다. 그렇듯 선先언어적 의식이라고 묘사되는 것은 단지 조상들의 언어를 사용하며 그들이 만든 메타포의 시체들을 숭배하는 하나의 성향에 불과하다. 데리다가 "하이데거적인 향수병"이라고 이름 붙인 것에 우리가 빠져들지 않는다면, 우리는 우리의 "직관"을 상투적인 말투 이상의 것이라고, 특정한 용어들의 레퍼토리를 습관적으로 사용하는 것 이상의

---

12   이 준칙을 구체적인 사례에 적용한 경우에 대해서는, '주관성'에 대한 네이글(Thomas Nagel)의 견해와 '본래적 지향성'에 관한 설(John Searle)의 교의에서 찾아볼 수 있는 직관에의 호소에 대해 나의 논문 "Contemporary Philosophy of Mind"에서 전개된 논의를 참조할 것. 나 자신의 비판과 조화를 이루는, 양자에 대한 추가적인 비판에 대해서는 데닛의 다음 두 논문을 참조할 것. "Setting Off on the Right Foot" and "Evolution, Error, and Intentionality," in Dennett, *The Intentional Stance* (Cambridge, Mass.: MIT Press, 1987).

문제라고, 아직 대체되지 않은 낡은 도구 이상의 어떤 것이라고 간주하지는 않을 것이다.

블루멘베르크와 같은 역사가들이 말하는 이야기를 나는 다음과 같이 간추려 요약할 수 있다. 옛날 옛적에 우리는 눈에 보이는 세계를 넘어 있는 어떤 것을 숭배할 필요가 있다고 느꼈었다. 17세기부터 시작하여 우리는 신에 대한 사랑을 진리에 대한 사랑으로 대체하고자 했으며, 과학에 의해 묘사된 세계를 준準신적인 것quasi-divinity으로 취급했다. 18세기 말엽부터 시작하여 우리는 과학적 진리에 대한 사랑을 우리 자신에 대한 사랑으로 대체하고자 했으며, 우리 자신의 심오한 정신적이며 시적인 본성을 숭배하고 그것을 또 하나의 준準신적인 것으로 취급했다.

블루멘베르크, 니체, 프로이트, 데이비슨의 사유 노선이 공통적으로 제안하는 바는 우리가 더 이상 **어떤 것도** 숭배하지 않는 지점, 즉 우리가 **아무것도** 준準신적인 것이라고 간주하지 않으며 우리의 언어, 우리의 양심, 우리의 공동체 등 **모든 것을** 시간과 우연의 산물로 여기는 그러한 지점에 도달해가고 있다는 것이다. 그 지점에 이른다는 것은, 프로이트의 말을 빌리면, "우연이 우리 운명을 결정할 자격이 있다고 간주"하는 것이다. 다음 장에서 나는 프로이트, 니체, 블룸이 우리의 양심에 관해 행한 바는 곧 비트겐슈타인과 데이비슨이 우리의 언어에 관해 행한 것, 즉 그것의 순전한 우연성을 드러내는 것이었다고 주장할 것이다.

2장

자아의 우연성

이 장의 주제에 관해 막 집필을 시작했을 때, 나는 필립 라킨Philip Larkin 의 시를 우연히 마주쳤다. 그 시는 내가 말하려는 바를 꼭 집어내는 데 도움이 되었다. 시의 마지막 부분은 다음과 같다.

그리고 당신이 자기 마음의 길이만큼을 언제인가 걸어보았고
당신이 구사驅使하는 것이 마치 화물목록처럼 분명하고
다른 어떤 것도 당신에게는
　　존재한다고 생각되지 않을 텐데

그런데 무슨 소용일까요? 단지 잠시만
우리의 온갖 행동에 담겨 있는 눈먼 각인을
반쯤 알아보고 그 연원을 밝혀낸다는 것은
　　그러나 고백컨대

우리 죽음이 시작되는 그 풀빛 저녁에

바로 그것이 무엇이었는지 고백하는 건, 조금도 만족이 아니지요

왜냐면 그것이 한 사람에게 단 한 번만 오는 탓일 텐데

　이윽고 그 사람은 죽어가지요

이 시는 라킨이 인터뷰에서 밝혔듯이 죽어가는 것, 사라짐에 대한 두려움을 다루고 있다. 그러나 "사라짐에 대한 두려움"이란 것은 도움을 못 주는 표현이다. 비실존 자체에 대한 두려움이란 없으며, 다만 어떤 구체적인 상실에 대한 두려움만이 있을 뿐이다. "죽음"과 "무"無란 똑같이 반향되어 돌아오는, 똑같이 공허한 용어들이다. 그 둘 중 어느 것을 두려워한다는 말은 왜 그것들을 두려워해서는 안 되는가를 말하려고 한 에피쿠로스의 시도만큼이나 얼빠진 일이다. 에피쿠로스는 "내가 존재할 때 죽음은 존재하지 않으며, 죽음이 존재할 때 나는 존재하지 않는다."라고 말하면서 이쪽의 빈 것과 저쪽의 빈 것을 맞바꾼다. 왜냐하면 "나"란 낱말이 "죽음"이란 낱말처럼 텅 비어 있기 때문이다. 그러한 낱말들의 의미를 해명하려면, 문제의 '나'에 관해 상세한 내용을 채워야 하고, 존재하지 않게 될 것이 무엇인가를 정확히 적시해야 하며, 두려움을 구체화해야 한다.

　라킨의 시는 라킨이 두려워했던 바의 의미를 해명하는 한 가지 방식을 암시해준다. 그가 두려워하는 것은 그만의 특이한 화물목록, 즉 무엇이 가능하며 또 중요한가에 대한 그만의 개인적인 감각sense이 사라질 거라는 점이다. 그것이 바로 그의 '나'를 다른 모든 '나'와 다르게 해주는 것이다. 그러한 다름의 상실은 어느 시인, 어느 창안자, 무엇인가 새로

움을 창안하기를 바라는 어느 누구라도 두려워하는 일이라고 나는 생각한다. 무엇이 가능하며 또 중요한가라는 물음에 대해 어떤 참신한 답을 만들어내고자 자신의 삶을 바치고 있는 사람이라면 누구나 그와 같은 답이 사라지는 것을 두려워한다.

그러나 이것은 자신의 작품들이 없어지거나 무시되는 데 대한 두려움만을 뜻하는 것은 아니다. 왜냐하면 그 두려움은, 심지어 작품들이 보존되고 또 주목을 받는다고 할지라도, 그 속에서 빼어난 것을 아무도 찾아내지 못하리라는 두려움과 뒤섞여 있기 때문이다. 자신이 구사해 나가는 그 낱말들(혹은 모양이나, 정리定理나, 물리적 성질에 대한 모형 등)이 단지 재고품처럼 보이거나 진부한 방식으로 재배열될지도 모른다. 어떤 이는 언어에 대한 자신의 자국을 인상 깊게 새겨놓지 못하고, 오히려 일생을 이미 주조된 언어를 깎는 데 허송했을 수도 있다. 그래서 정말로 하나의 '나'를 전혀 갖지 못했을 수도 있다. 그 사람의 창안물과 그의 자아는 낯익은 형태들의 더 낫거나 더 못한 사례들에 불과할 것이다. 이것이 야말로 해럴드 블룸이 "영향력에 대한 대담한 시인의 불안"이라고 부르는 것, 즉 "자신이 단지 복사물이나 복제품에 불과하다는 것을 깨달을 때의 공포"이다.[1]

1 Harold Bloom, *The Anxiety of Influence* (Oxford University Press, 1973), p. 80.[『영향에 대한 불안』, 양석원 옮김, 문학과지성사, 2012] 또한 "시인은 누구나 다른 갑남을녀에 비해 (얼마만큼 '무의식적'이든 간에) 죽음에 대한 두려움에 더욱 강렬히 항거하는 일에서 시작한다"라는 블룸의 주장(p. 10)을 볼 것. 나는 블룸이 "시인"이란 용어를 운문 짓는 자라는 테두리를 넘어서, 내가 그 용어를 사용하듯이 광의적이며 포괄적인 의미로 확장시켜, 가령 프루스트와 나보코프, 뉴턴과 다윈, 헤겔과 하이데거 같은 이들을 모두 그 용어의 범주에 흔쾌히 포함시킬 것이라고 가정한다. 그런 사람들 역시도 대부분의 우리들보다 더욱 강렬하게 "죽음"에 항거하는, 다시 말해 창안을 못 해내는 일에 항거하는 인물로 간주되어야 할 것이다.

라킨의 시를 이렇게 읽는다면, 누군가의 온갖 "행동에 담겨 있는" "눈먼 각인"blind impress의 연원을 밝혀내는 데 성공했다는 것은 무엇을 말하는 것인가? 아마도 누구든 자기 자신에게 특유한 것—자신만의 고유한 화물목록과 다른 사람들의 화물목록 간의 차이—을 알아냈음을 뜻할 것이다. 만일 누군가가 이 깨달음을 종이 위에 (혹은 화폭이나 필름에) 써놓을 수 있다면, 달리 말해서 자기 자신의 특유성distinctiveness을 드러내기 위한 특유한 낱말이나 형식을 찾아낼 수 있다면, 그 사람은 자신이 복사물이나 복제품이 아니라는 점을 **입증해내게** 될 것이다. 그 사람은 여태껏 존재한 어느 시인만큼이나 대담할 수 있을 것인데, 이는 앞으로 가능할 어느 인간만큼이나 대담할 수 있다는 것을 의미한다. 그 사람은 죽는다는 것이 무엇인가를 정확히 알 수 있을 것이며, 따라서 자신이 무엇이 되는 데 성공했는가를 알 수 있을 것이기 때문이다.

그러나 라킨의 시에서 마지막 부분은 이러한 블룸식의 독해를 거부하는 듯이 보인다. 거기서 우리는 자신의 고유한 특유성의 연원을 밝히는 것이 "조금도 만족이 아니"라는 이야기를 듣게 된다. 이 말은 하나의 개별자가 되는 것이 (천재야말로 개별성의 전형적인 모범이라는 강한 의미에서의 개별자가 되는 것이) 조금도 만족이 아니라는 의미로 보인다. 라킨은 자신의 소명을 성공시키는 것이 죽어가는 "한 사람에게 단 한 번만 오는" 어떤 것을 종이 위에 써놓는 일에 불과할 것이라는 이유로, 자신의 소명을 낮춰 보는 쪽으로 마음이 끌리고 있다.

나는 "마음이 끌리고 있다"고 말했는데, 그 까닭은 어느 시인이라도 자신의 모든 행동들 즉 그의 예전 시구들에 담겨 있는 눈먼 각인의 연원을 밝히는 일의 성취를 하찮은 것이라고 진지하게 생각할 수 있을까 의심하기 때문이다. 낭만주의자들 이래로, 그리고 헤겔과 더불어 우리가 자기의식을 자아창조로 생각하기 시작한 이후로, 자신만의 특이성idiosyncrasy을 자기 작품의 결점이라고 진지하게 생각한 시인은 아무도 없었다. 그러나 이 시에서 라킨은, 우리들을 다른 사람의 복사물이나 복제품이 아닌 각자의 "나"로 형성시키는 특유의 우연성들인 눈먼 각인이란 것이 정말로 관건이 아닌 척하고 있다. 그는 한 사람에게 단 한 번으로 국한된 것이 아니라 모든 시대의 모든 사람에게 공통된 어떤 것을 찾아내지 못한다면, 우리가 만족한 채로 죽을 수 없다고 암시하고 있다. 그는 대담한 시인이 되는 것만으로 충분치 못한 것인 양, 바꿔 말해서 철학자가 되어야만, 혹은 불연속성을 드러내기보다는 연속성을 찾아낼 때에만 만족할 것 같은 태도를 보이고 있다.[2]

2 "비평가들은 가슴속 비밀스런 곳에서 연속성을 사랑하지만, 단지 연속성만으로 살아가는 사람은 시인이 될 수 없다."(Bloom, *Anxiety of Influence*, p. 78) 이 점에서 비평가는 철학자, 혹은 좀 더 정확히 말해서 하이데거와 데리다가 "형이상학자"라고 이름 붙인 자의 한 종(種)에 해당된다. 데리다가 말하듯이 형이상학이란 "중심화된 구조 (…) 근본적인 토대에 기반을 둔 놀이 개념, 그 자체는 놀이로부터 빠져나와 있는 근본적인 부동성 및 안정적인 확실성에 기초를 두고 구성된 놀이"의 추구이다(Derrida, *Writing and Difference* [Chicago: University of Chicago Press, 1978], p. 279[『글쓰기와 차이』, 남수인 옮김, 동문선, 2001]). 형이상학자들은 그 내부에서 불연속성이 발생될 공간을 제공해주는 그러한 연속성—가능성의 포괄적 조건—을 추구한다. 비평의 비밀스런 꿈은 미래의 어느 시인에게도 적합할 수 있고 또 당장 쓸 수 있는 정리 상자를 갖는 일이며, 쿤 이전의 과학철학자들에게 공공연한 희망은 어떠한 미래의 과학 혁명이라도 깨뜨릴 수 없는 "과학의 본성"에 대한 어떤 설명을 갖는 일이었다.
   블룸과 폴 드 만(블룸이 "해체주의 주식회사"라고 명명한 인물들은 말할 것도 없고) 사이에서 가장 중요한 차이점은, 드 만은 가능한 모든 시—과거, 현재, 미래—의 필요조건에 대한 감각을 철학이 제공했다고 생각한다는 점이다. "모든 진정한 시적 또는 비평적 행위는 무작위적이며 무의미한 죽음의 행위를 예행 연습하는 것이며, 다른 용어로 말하자면 그것은 언어의 문제에 속한다"는 드 만의 주장을 블룸이 거부한 일은 옳다고 생각된다(Bloom, *Agon* [Oxford University Press, 1982], p. 29). 블룸은 "언어의 문제"와 같은 철학적 관념이나 "무작위적이며 무의미한 죽음의 행위"와 같은 추상적인 것과는 아무런 교섭도 하지 않을 것이다.

나는 라킨의 시에 담긴 흥미와 강점은 시학과 철학 간의 싸움, 즉 한편으로 우연성을 인식하여 자아창조를 이루려는 노력과, 다른 한편으로 우연성을 초월함으로써 보편성을 성취하려는 노력 간의 긴장을 연상시켜준다는 점에 있다고 생각한다. 그와 똑같은 긴장이 헤겔의 시대 이래로, 특히 니체 이후의 철학에 널리 퍼져왔다.[3] 우리 시대의 중요한 철학자들은 낭만주의 시인들을 추종함으로써 플라톤과 결별하고자 했으며, 자유를 우연성에 대한 인식이라고 간주한 사람들이다. 그들은 역사성에 대한 헤겔의 고집을 그의 범신론적 관념론에서 떼어내려 한 철학자들이다. 그들은 전통적으로 발견자로 그려진 과학자보다는 대담한 시인 즉 창안자를 인류의 영웅으로 보는 니체의 견해를 수용한다. 더 일반적으로 말하면 그들은 개별적 실존이 갖는 순전한 우연성을 고집하기 위해, 철학을 관조觀照라고 여기는 태도, 즉 철학이란 삶을 한결같다고 보며 전체로서 파악하는 시도라고 여기는 어떠한 태도도 회피하

그는 이러한 것들이 "시에서 시로 이어지는 숨겨진 길을 알아내는 기술"로 정의되는 비평을 방해한다고 온당하게 생각하고 있다(*Anxiety of Influence*, p. 96). 유아에서 어른으로, 혹은 부모에서 자녀로 이어지는 숨겨진 길을 추적하는 프로이트의 경우처럼, 그러한 기술은 연속성의 추구, 심지어 프로이트 자신이 메타심리학을 통해 정립한 연속성에도 거의 의존하지 않는다.

3   블룸은, "만일 이 책의 주장이 맞는다면, 지난 3세기 동안 대부분의 시의 은밀한 주제는 영향에 대한 불안, 즉 자신이 행해야 할 어떤 고유한 일도 없다는 것에 대한 시인의 두려움이었다."라고 말한다(*Anxiety of Influence*, p. 148). 이 두려움은 창의적인 화가, 창의적인 물리학자, 그리고 창의적인 철학자에게도 공통된 것이라는 데 대해 블룸도 동의할 것이다. 5장에서 나는 헤겔의 『정신현상학』은 뒤늦음과 불안에 대한 철학의 시대를 개막한 책이자, 니체, 하이데거, 데리다에게 하나의 과제—낡고 동일한 변증법적 시소에 또다시 올라타는 것 이상의 어떤 존재가 되어야 하는 과제—를 부과한 책이었다고 제안한다. 철학의 **패턴**에 대해 헤겔이 갖고 있던 느낌은 니체가 "[창의적인 철학자의] 삶에 대한 역사의 해로움"이라고 불렀던 바로 그것이었다. 왜냐하면 그것은 니체와 마찬가지로 키르케고르에게도, 헤겔적인 자기의식이 주어졌기에 철학적 창조성 따위는 **이제** 더 이상 있을 수 없음을 암시했기 때문이다.

고자 했다.

따라서 그들은 라킨과 똑같이 괴상스럽지만 흥미로운 입장에 처하게 되었다. 라킨은, 니체 이전의 철학자들이 행하기를 바랐던 바와 비교해볼 때, 시인이 행할 수 있는 유일한 일이 불만족스럽다는 점에 대해 시를 쓴다. 비트겐슈타인과 하이데거 같은 니체 이후의 철학자들은 개별적인 것과 우연적인 것이 갖는 보편성과 필연성을 드러내기 위해 철학을 한다. 두 철학자는 플라톤이 시작한 철학과 시학의 싸움에 말려들게 되었으며, 둘 모두 철학이 시에 굴복할 수 있는 훌륭한 용어를 고안해내려고 노력함으로써 끝을 맺었다.

라킨의 시로 되돌아가 이 대비를 더 구체적으로 표현해보고자 한다. 오직 "한 사람에게 단 한 번" 적용되는 것이 **아니라** 모든 인간에게 적용되는 "눈먼 각인"을 발견하는 것이 더 큰 만족을 얻게 할 거라는 라킨의 제안을 검토해보자. 우선 그러한 각인의 발견이 인간 실존의 보편적 조건, 곧 거대한 연속성—인간 삶의 영원하며 초역사적인 맥락—을 찾아내는 것이라고 간주해보자. 이것은 옛날 한때 제사장들이 그렇게 해야 한다고 주장했던 것이다. 그다음에는 그리스 철학자들이, 그리고 그다음에는 경험주의 과학자들이, 또 그다음에는 독일 관념론자들이 똑같은 주장을 했다. 그들은 힘의 궁극적 장소, 실재의 본성, 경험 가능성의 조건 등을 우리에게 설명하고자 했다. 그렇게 함으로써 그들은 우리가 정말로 어떤 존재이며, 우리 것이 아닌 힘에 의해 강요되는 바가 무엇인가를 알려주고자 했다. 그들은 우리 **모두에게** 찍혀져 왔던 각인을 드러내고자 했다. 이 각인은 우연의 문제도, 단순한 우발성의 문제도 아니기 때문에 눈먼 각인일 수 없었다. 그것은 인간이 되기 위한 필연적이고, 본질적이며, 궁극적인 구성요소에 해당될 것이었다. 그것은 우리에게 하나의 목표, 유일하게 가능한 목표, 필연성에 대한 충분한 인식, 우리의 본질에 대한 자기의식을 제공해줄 것이었다.

이러한 보편적 각인과는 대조적으로 개별적 삶의 특수한 우연성들은 중요하지 않다는 주장으로 니체 이전 철학자들의 이야기는 이어진다. 시인의 오류는 특이성들과 우연성들 때문에 낱말들을 허비하는 일, 즉 본질적 실재보다는 부수적 현상을 말하는 데 있다. 단순히 시공간적인 위치, 단순히 우연적인 상황이 관건이라는 점을 인정하는 것은 우리를 한낱 죽어가는 동물의 차원으로 환원시키게 될 것이다. 그와는 반대로 우리가 필연적으로 살아가는 맥락을 이해하는 것은 정확히 우주 그 자체만큼이나 긴 마음을, 우주 그 자체의 목록을 복사한 화물목록을 갖게 해줄 것이다. 우리에게 있어 현존하는 것으로, 가능한 것으로, 중요한 것으로 간주되던 것이 **정말로** 가능하며 중요한 것이 될 것이다. 이 목록을 복사하고 나면, 인류에게 부과된 유일한 과업인 **진리를 아는 것**, 즉 "저 바깥에" 있는 것과 접촉하는 일을 성취하여 만족스럽게 죽을 수 있을 것이다. 더 이상 해야 할 바가 없기에 잃을까 두려워할 것도 없을 것이다. 누구든 진리와 일체가 될 것이며, 이러한 전통적 견해에 의하면 진리란 소멸되지 않을 터이므로 사라진다는 것은 큰 문제가 아니다. 사라져버리는 것은 단지 특유한 동물성에 불과하다. 시인은 진리에 관심이 없기에, 우리를 그렇듯 전형적인 인간적 과업에서 멀어지게 하고 그로 말미암아 우리의 품위를 저하시킬 뿐이다.

"진리를 안다"는 관념 자체를 몽땅 내던져버리자고 공공연히 제안한 최초의 인물은 니체였다. 진리를 "메타포들의 기동하는 군대"라고 본 그의 정의는, 언어라는 수단으로 "실재를 표상"한다는 관념 자체, 따라서 모든 인간의 삶에 대한 유일한 맥락을 발견한다는 그 관념이 마땅히 포기되어야 한다는 말과 같다. 그의 관점주의perspectivism는 알려져야 할 어떠한 화물목록도, 어떠한 확정적 길이도 우주가 갖고 있지 않다는 말과 같다. 일단 플라톤의 "참된 세계"라는 것이 단지 우화에 불과함을 우리가 깨닫고 나면, 우리는 죽음의 순간에 이르러 동물적 조건을 초월하는 것이 아니라, 자신의 용어로 스스로를 서술함으로써 자기 자신을 창안해내는 독특한 유형의 죽어가는 동물이 되는 데서 위안을 구할 것이라고 니체는 희망했다. 더 정확히 말하면, 자신의 마음을 구성함으로써 자신에게 소중한 유일한 부분을 창안해낸다는 것이다. 자신의 마음을 창안한다는 것은, 다른 사람들이 남겨놓은 언어에 의해 마음의 길이가 설정되기보다는 자신의 언어를 창안한다는 것이다.[4]

그러나 니체가 전통적인 진리 관념을 포기할 때, 우리의 존재를 지금의 우리로 만든 원인을 찾는다는 생각마저 포기한 것은 아니었다. 즉 한 개인이 자신의 모든 행동에 담긴 눈먼 각인의 연원을 추적할 수 있다는 관념마저 포기한 것은 아니었다. 그가 거부한 것은 다만 그러한 추적이 하나의 발견 과정이라는 관념일 뿐이다. 그의 견해에 따르면, 그와 같은 자기인식의 성취는 항시 저 바깥에 (혹은 이 안에) 있는 어떤 진리에 대한 앎에 이르는 것이 아니다. 오히려 그는 자기인식을 자아창조라고 보았다. 자기 자신에 대한 앎에 이르는 과정, 자신의 우연성과 대면

---

4 니체에 대한 나의 설명은 네하마스(Alexander Nehamas)의 창의적이며 통찰력 있는 저서 *Nietzsche: Life as Literature* (Cambridge, Mass.: Harvard University Press, 1985)[『니체: 문학으로서 삶』, 김종갑 옮김, 연암서가, 2013]에 대단히 많은 신세를 지고 있다.

하는 과정, 자신의 원인을 추적하는 과정은 새로운 언어를 창안하는 과정, 즉 무언가 참신한 메타포를 생각해내는 과정과 동일시된다. 왜냐하면 한 사람의 개별성에 대한 어떠한 **문자적**literal 서술도, 바꿔 말해서 그러한 목적을 위해 전승된 언어놀이를 어떻게 사용한다 해도 그것은 필연적으로 실패할 것이기 때문이다. 그 경우에는 누구든 그 특유성의 연원을 추적하지 못할 것이며, 결국에는 그것을 특유성으로 파악하지 못하고 다만 이미 식별된 어떤 것의 한 유형이나 복사물이나 복제품의 반복으로 간주하고 말 것이다. 시인이 되지 못한다는 것—따라서 니체에게 있어서 한 사람의 인간이 되지 못한다는 것—은 자기 자신에 대해 다른 어떤 이의 서술을 수용하는 것이며, 이전에 준비된 프로그램을 실행하는 것이고, 기껏해야 이전에 쓰인 시를 우아하게 변형하는 것이다. 그러므로 한 사람이 자신의 존재 원인을 추적하는 유일한 길은 자신의 원인에 관한 이야기를 새로운 언어로 말하는 데 있다.

이 말은 역설적으로 보일 텐데, 그 까닭은 우리가 **원인**이란 창안되는 것이 아니라 발견되는 것이라고 간주하기 때문이다. 우리는 **인과적** 이야기의 서술을 언어의 **문자적** 쓰임의 전형이라고 간주한다. 메타포나 언어적 참신성은, 단지 그러한 참신성을 완상玩賞하고 즐기는 데 그치지 않고 다른 것이 아니라 왜 하필 그와 같은 참신성이 발생되었는가를 설명하고자 할 때는, 자리를 잘못 잡은 것처럼 보이게 된다. 그러나 앞 장에서 주장했듯이 가령 쿤이 "혁명적 과학"이라고 부르는 것에 의해 산출되는 그런 유형의 이야기들처럼, 심지어 자연과학에서도 정말로 새로운 인과적 이야기들과 우리가 가끔씩 마주친다는 점을 기억하라. 심지어 과학에서도 메타포적 새서술은 천재성과 혁명적인 전진 도약을 드러내는 징표이다. 만일 우리가 쿤의 논점을 좇아갈 때, 데이비슨을 따라 문자적인 것과 메타포적인 것의 구분을 세계와 부합되는 낱말과 그렇지 못한 낱말 간의 구분이 아니라 낡은 언어와 새로운 언어 간의 구분이라고 생각한다면, 문제의 역설은 사라질 것이다. 또한 데이비슨을 따라 언어가 세계에 부합된다는 생각을 버린다면, 우리는 블룸과 니체의 주장 즉 예전에 사용된 적이 없던 방식으로 낱말들을 사용하는 사람인 대담한 창안자야말로 자신의 우연성을 가장 잘 음미할 수 있다는 주장의 요점을 간파하게 될 것이다. 그러한 사람이야말로 연속성을 찾는 역사가나 비평가 혹은 철학자보다도 더 분명하게, 자기의 부모나 자기가 속한 역사적 시대와 마찬가지로, 자신의 **언어**도 우연하다는 점을 간파할 수 있기 때문이다. 그러한 사람은 "진리란 메타포들의 기동하는 군대이다"는 주장의 힘을 만끽할 수 있을 것인데, 그 까닭은 순전히 스스로의 힘으로 어떤 관점이나 메타포를 깨고 나와 다른 관점이나 메타포로 옮겨갔기 때문이다.

오직 시인들만이 진정으로 우연성을 맛볼 수 있지 않을까 하고 니체는 추정했다. 필경 나머지 사람들은 정말로 단 하나의 참된 화물목록이 있으며, 인간 조건에 대한 유일한 참된 서술이 있고, 우리 삶에 대한 유일한 보편적 문맥이 있다고 주장하여 철학자로 남고 말 것이다. 우리들 범인凡人들은 대담한 시인들처럼 우연성을 인지하고 사용하기보다는 오히려 우연성에서 벗어나고자 삶을 허비하기 십상일 것이다. 그러므로 니체에게 있어서 대담한 시인과 나머지 인류를 구별하는 선線은, 플라톤이나 기독교가 인간과 동물을 구별하는 선에 부과했던 바에 필적할 도덕적 의의를 갖는다. 왜냐하면 비록 대담한 시인들도 여타의 모든 동물과 마찬가지로 자연의 힘이 내어놓은 인과적 산출물이긴 하지만, 그들은 예전에 결코 쓰인 바 없었던 낱말들로 스스로의 산출물에 대한 이야기를 말할 줄 아는 산출물이기 때문이다. 따라서 나약함과 대담함 사이에 놓인 선은, 한편으로는 친숙하고도 보편적인 언어를 사용하는 것과, 다른 한편으로는 비록 처음에는 낯설고 특이하더라도 자신의 모든 행동에 담긴 눈먼 각인을 손에 잡힐 수 있도록 해주는 언어를 제작하는 것 사이의 선이다. 천재성과 기행奇行을 구별해주는 모종의 행운에 힘입어, 운이 좋다면 그 언어는 다음 세대에게도 역시 불가결한 것으로 여겨질 것이다. 그래서 **다음 세대의** 행동에도 그 각인이 담겨 있게 될 것이다.

같은 논점을 달리 표현하자면, 서양의 철학적 전통은 시간과 현상과 특이한 의견의 세계를 타파하고 피안의 세계 즉 영속적인 진리의 세계로 나아가야만 인간의 삶이 승리의 삶이라고 생각한다. 반대로 니체는 건너가야 할 중요한 경계선은 초시간적 진리와 시간을 구별하는 선이 아니라, 오히려 낡은 것과 새로운 것을 구별하는 선이라고 생각한다. 그는 인간의 삶은 실존의 우연성에 대한 전승傳承된 서술을 벗어나서 새로운 서술을 찾아야만 승리의 삶이라고 생각한다. 이것은 진리에의 의지와 자기 극복에의 의지 간의 차이이다. 그것은 구원이란 곧 자기 자신보다 더 거대하고 더 영속적인 어떤 것과 접촉하는 일이라고 생각하는 방식과, 구원이란 니체가 서술하듯이 "'과거의 것들' 모두를 '내가 그렇게 하고자 했던 바'로 재창조하는 일"이라고 생각하는 방식´간의 차이이다.

개인적 삶의 드라마나 인류사 전체의 드라마는 이미 실존하는 어떤 목표가 성공적으로 달성되거나 비극적으로 좌절되는 그런 종류의 드라마가 아니다. 항구적인 외부의 실재도, 실패를 모르는 내적인 영감靈感의 원천도 그러한 드라마의 배경이 아니다. 그 대신에, 자신의 삶이나 자신이 속한 공동체의 삶을 드라마틱한 이야기로 본다는 것은 그것을 니체식의 자기 극복의 과정으로 여기는 일이다. 그러한 이야기의 전형은, 과거의 해당 부분을 "내가 그렇게 하고자 했던 바"라고 말할 수 있는 천재의 삶일 것이다. 왜냐하면 그 사람은 과거에는 결코 알지 못했던 그러한 과거를 서술하는 길을 찾아냈으며, 그래서 예전 사람들이 가능하리라고 꿈도 꾸지 못했던 자아를 찾아냈기 때문이다.

이러한 니체의 견해에 따르면 사고하고, 탐구하며, 스스로를 더 철저하게 다시 직조하려는 충동을 추동하는 것은 경이로움이 아니라 두려움이다. 부연하자면 그것은 블룸이 말한 "자신이 단지 복사물이나 복제품에 불과하다는 것을 깨달을 때의 공포"이다. 철학의 시발점이라고 아리스토텔레스가 믿었던 경이로움은 자기보다 더 거대하고, 강하며, 고상한 세계 속에 자신이 놓여 있다는 것을 깨달을 때의 경이로움이었다. 블룸이 말한 시인의 시발점인 두려움은 자신이 만든 바가 결코 없는 세계, 단지 전승된 세계 속에서 삶의 최후를 맞이할 거라는 두려움이다. 그러한 시인의 희망은 과거가 자신에게 행하고자 했던 바를 과거에 대해 성공적으로 행하는 것, 즉 자신의 온갖 행동에 맹목적으로 각인되어 있던 제반의 인과적 과정들을 포함한 과거 자체가 **자신의** 각인을 담도록 하는 일이다. 그러한 기획, 즉 과거에 대해 "내가 그렇게 하고자 했던 바"라고 말하는 기획에서의 성공이란 블룸이 말하듯 "자신을 탄생시키는 일"에서의 성공이다. 프로이트가 중요한 까닭은 한 사람의 어엿한 인간 존재가 된다는 것이 무엇인가에 대한 이처럼 니체적이며 블룸적인 의미를 우리가 수용하게 도와주고 또한 그것이 작동하게 도와주기 때문이다. 블룸은 프로이트를 가리켜 이렇게 말한 바 있다. "프로이트는 우리 시대의 신화를 만든 정신이었다는 점에서 프루스트보다도 훨씬 더 불가피한 인물이다. 그는 우리의 심리학자이자 우리의 제일가는 픽션 제작자였으며 그런 만큼 우리의 신학자이자 우리의 도덕철학자이기도 했다."[5] 양심을 추적하여 그 근원을 어린 시절 교육의 우연성에서 찾음으로써 자아에서 신적神的인 것을 탈각시키게 도움을 준 인간성의 탐구자로 프로이트를 볼 때라야, 우리는 그가 우리 문화에서 차지하는 역할을 비로소 이해할 수 있다.[6]

프로이트를 이렇게 본다는 것은 칸트를 배경에 놓고서 프로이트를 보는 것이다. 양심에 대한 칸트적 관념은 자아를 신적인 것으로 여긴다. 견고한 사실에 대한 과학적 지식이 우리 자신이 아닌 모종의 힘과의 접촉 지점이라는 발상을 칸트가 그랬듯이 일단 포기하고 나면, 칸트가 행했던 바를 행하는 것은 자연스러운 일이다. 즉 내부로 향함으로써, 그러한 접촉 지점을 우리의 도덕의식에서, 바꿔 말해 진리 추구가 아니라 옳음의 추구에서 찾으려고 하는 것이다. 칸트가 보기에 "우리 내부 깊은 곳에 있는" 옳음은 "저 바깥에 있는" 경험적 진리의 자리를 차지한다. 칸

---

5 Bloom, *Agon*, pp. 43–44. 또한 Harold Bloom, *Kabbalah and Criticism* (New York: Seabury Press, 1975), p. 112의 다음 구절을 볼 것. "인간의 본성에 관한, 그리고 관념에 관한 19세기와 20세기의 담론에서 많은 경우에, '사람' 대신에 '시'를 넣거나 '관념' 대신에 '시'를 넣어 대체시키면, 담론이 훨씬 더 분명하게 된다는 점은 참 재미있는 일이다. (…) 니체와 프로이트는 이렇듯 놀라운 대체의 주요한 사례라고 내게는 보인다."

6 나는 이 주장을 "Freud and Moral Reflection," in *Pragmatism's Freud*, ed. Joseph Smith and William Kerrigan (Baltimore: Johns Hopkins University Press, 1986)에서 더 확장시켰다.

트는 별들이 떠 있는 저 위의 하늘을 마음속에 있는 도덕률의 단순한 **상징**이 되게 하고자 갈망했는데, 이것은 현상계에 속하지 않으며, 시간과 우연의 산물도 아니고, 자연적·시공간적 원인의 결과도 아닌, 도덕적 자아의 무제약성, 숭고함, 무조건적 성격 등을 나타내기 위해 현상계에서 빌려온 임의적 메타포인 것이다.

이와 같은 칸트식의 전환은 낭만주의자들이 내면의 신성함을 도용盜用하는 무대를 마련하는 데 도움을 주었다. 하지만 칸트 자신은 그가 "공통된 도덕의식"이라 명명한 것이 아니라 특이한 시적 상상력을 자아의 중심으로 만들고자 하는 낭만주의적 시도에 대해 소스라치게 놀랐다. 그리하여 칸트의 시대 이래로 낭만주의와 도덕주의, 즉 개인의 자발성과 사적인 완성을 고집하는 쪽과 보편적으로 공유된 사회적 책임을 고집하는 쪽은 서로 앙숙이 되어왔다. 프로이트는 이 전쟁에 종지부를 찍게 해준다. 그는 도덕감을 탈脫보편화해서, 시인의 창안과 마찬가지로 그것을 특이한 것idiosyncratic으로 만든다. 따라서 그는 도덕의식이란 것이 역사적으로 조건 지어진 것이며, 정치의식이나 미의식과 마찬가지로 시간과 우연의 산물이라는 것을 보게 해준다.

프로이트는 내가 1장의 말미에서 그 일부를 인용한 바 있는 구절로 다빈치에 관한 자신의 에세이를 마감하는데, 그는 이렇게 말한다.

> 만일 우연이 우리 운명을 결정할 만큼 값진 것이 아니라고 누군가 생각한다면, 그것은 레오나르도 자신이 태양은 움직이지 않는다고 쓸 때 극복하고자 한 길, 즉 우주를 신성시하는 견해로 다시 퇴보하는 일이다. (…) 우리는 누구나 우리의 연원인 정자와 난자의 만남 그 이후로 우리 삶

과 관계된 모든 것이 사실은 우연에 불과하다는 점을 잊기 십상이다. (…) 우리 모두는 (햄릿의 구절을 연상시키는 레오나르도의 애매한 말로 하자면) "경험 속에 결코 들어오지 않는 헤아릴 수 없이 많은 원인들ragioni로 가득한" 자연을 여전히 존중하지 않고 있다.

인간 존재란 누구나 이와 같은 자연적 힘의 "원인들"이 경험 속에 발산하는 헤아릴 수 없이 많은 실험들 가운데 어느 하나에 대응된다.[7]

현대 문화의 상식적인 프로이트주의는 우리의 양심이 그러한 실험의 하나라고 보기 쉽게 해주며, 양심의 가책을 유년시절의 억압된 성적 충동들—경험 속에 결코 들어오지 않는 헤아릴 수 없이 많은 우연성들의 산물인 충동들—에 대한 죄의식의 부활과 동일시하게 해준다. 프로이트가 양심을 "유년기의 (…) 나르시스적인 완전성을 버리기를 원치 않는"[8] 사람들이 수립해놓은 자아 이상ego ideal이라고 최초로 서술하기 시작했을 때, 그것이 얼마나 충격적이었을까를 오늘날 우리가 다시 느끼기는 실로 어렵다. 만약 프로이트가 '양심의 소리란 부모와 사회의 목소리가 내재화된 것이다'라는 커다랗고, 추상적이며, 철학 같은 주장만을 했었더라면, 그는 충격을 주지 못했을 것이다. 그러한 주장은 이미 플라톤의 『국가』에서 트라시마코스에 의해 제안되었고, 나중에는 홉스와 같은 환원주의 저술가들에 의해 발전되었다. 프로이트에게서 새로운 것은 양심의 형성에 이르는 것들에 관한 **세세한 내용들**, 즉 어째서 매우 구

---

7 Standard Edition (S.E.), XI, 137. 나는 이 구절을 케리건(William Kerrigan) 덕택에 알게 되었다.
8 "On Narcissism," S.E., XIV, 94.

체적인 어떤 상황들과 어떤 사람들이 참을 수 없는 죄의식이나, 내적 불안이나, 끓어오르는 분노를 자극하는가에 대한 그의 설명이었다. 예컨대 잠복기에 대한 다음의 묘사를 생각해보라.

> 오이디푸스 콤플렉스의 파괴와 더불어 리비도libido의 퇴행적인 퇴화가 발생하고, 초자아는 유례없이 엄격하고도 불친절하게 되며, 자아는 초자아에 복종하여 양심의 가책, 동정심, 청결을 형성함에 있어서 강렬한 반작용을 내놓는다. (…) 그러나 여기에서도 역시 강박신경증은 오이디푸스 콤플렉스를 제거하는 통상적인 방법을 남용하고 있을 뿐이다.[9]

이 구절 및 프로이트가 "동정심의 나르시스적 연원"이라 명명한 것을 논의한 다른 구절들은,[10] 연민의 느낌이란 것은 인류의 다른 구성원들과 우리가 공유하고 있는 인간성의 공통된 핵을 동일시하는 일이 아니라, 매우 특정한 종류의 사람들과 매우 구체화된 변천 과정들에 매우 특정한 방식으로 얽히는 일이라는 생각을 갖게 한다. 그래서 그는 우리가 한 친구를 도울 때 어떻게 해서 끝없는 고통을 겪을 수 있으며, 끔찍하게 사랑한다고 생각하는 사람의 더 큰 고통을 어떤 방식으로 송두리째 망각할 수 있는지를 이해하게 해준다. 그는 어떻게 해서 한 사람이 부드러운 어머니이자 동시에 무자비한 강제수용소의 간수가 될 수 있으며, 혹은 공정하고도 절제력 있는 판사이자 동시에 차갑게 거절하는 아버지일 수 있는가를 설명하게 도와준다. 양심의 가책을 청결과 연합시킴

9   S.E., XX, 115.
10   예를 들어 S.E., XVII, 88.

으로써, 그리고 양자를 강박신경증뿐 아니라 (다른 곳에서 그렇게 하듯이) 종교적 충동과 연합시키고 또 철학적 체계를 구축하려는 욕망과 연합시킴으로써, 그는 고상한 것과 저질의 것, 본질적인 것과 부수적인 것, 중심적인 것과 주변적인 것 간의 모든 전통적인 구별을 파괴시켰다. 아무리 못해도 잠재적으로는 심적 기능들의 질서정연한 체계라야 마땅할 자아가 아니라, 오히려 우연성들의 조각으로 이루어진 자아를 그는 우리에게 남겨주었다.

프로이트는 우리가 왜 어떤 경우에는 잔인성을 한탄하지만 다른 경우에는 그것을 즐기는가를 밝혀준다. 그는 우리가 사랑할 수 있는 범위가 왜 사람이나 물건이나 관념의 매우 특정한 모양과 크기와 색깔에 국한되는지를 보여준다. 또 그는, 익히 알려진 어느 도덕이론에 비춰보더라도 훨씬 더 죄의식이 커야 할 사건들이 아니라, 왜 매우 구체적이며 이론상 사소한 특정 사건들에 우리의 죄의식이 발동하는지를 밝혀준다. 게다가 그는 도덕적 숙고를 위한 각자의 사적 어휘 구축의 장비를 우리들 각자에게 제공해준다. 왜냐하면 희랍인들과 기독교인들에게서 우리가 물려받은 덕목이나 악의 이름들과는 달리, "유년기", "사디즘", "강박증", "편집증" 등의 용어는 그것을 사용하는 각 개인에 따라 매우 구체적이며 매우 상이한 울림들을 갖고 있기 때문이다. 즉 그 용어들은 우리 자신들과 매우 구체적인 다른 사람들(가령 우리의 부모들) 간의 유사점과 차이점을, 현재 상황과 매우 구체적인 과거 상황 간의 유사점과 차이점을 생각나게 해준다. 그 용어들은 철학적 전통이 제공하는 도덕적 어휘보다 훨씬 더 미세하게 직조되고 훨씬 더 개인적인 사례에 맞추어진 우리 자신의 성장, 우리만의 특이한 도덕적 투쟁에 대해서 우리가 하나의 내러티브를 스케치하게 해준다.

　프로이트는 도덕적 숙고moral deliberation를 이해타산적 계산prudential calculation이 항상 그랬던 것처럼 지극히 정교한 것으로, 상세하고도 다양한 모양을 갖는 것으로 만들어버린다는 말로 이 논점을 요약할 수 있겠다. 그렇게 함으로써 그는 도덕적 죄의식과 실천적 경계심警戒心 간의 구분을 파괴하도록 도와주며, 그래서 이해타산성과 도덕성의 구분을 흐릿하게 만든다. 이와는 대조적으로 플라톤과 칸트의 도덕철학은 마치 현대 분석철학자들에 의해 전형적으로 이해된 "도덕철학"의 의미가 그렇듯이 이해타산성과 도덕성의 구분을 중심으로 이루어진다. 칸트는 우리를 두 부분으로 가르는데, "이성"이라 불리는 한 부분은 우리 모두에게 동일한 것이며, 다른 부분(경험적 감성과 욕망)은 맹목적이고 우연하며 특이한 각인들이다. 반면에 프로이트는 합리성을 어떤 우연성과 다른 우연성을 조정하는 메커니즘으로 취급한다. 그러나 그가 이성을 메커니즘으로 취급하는 것이 추상적인 철학적 환원주의나 "전도顚倒된 플라톤주의"에 그치는 것은 아니다. 프로이트는 홉스나 흄이 논하듯이 합리성을 추상적이고 단순하며 환원주의적인 방식으로 (플라톤의 이원론을 전도시킨다는 명분 아래 애초의 이원론을 존속시키는 방식으로) 논의하는 것이 아니라, 우리의 무의식적 전략들이 보여주는 뛰어난 정교함, 미묘함, 재치 등을 밝히는 데 주력한다. 그렇게 함으로써 그는 과학과 시, 천재성과 정신병, 그리고 더 중요하게는 도덕성과 이해타산성을 상이한 정신능력의 산물이 아니라 적응의 상이한 양태로 보게 해준다.

　따라서 프로이트는 어떠한 중심적인 정신능력이란 것도, "이성"이라 불리는 자아의 중심이란 것도 존재하지 않을 가능성을 진지하게 고려하도록 해준다. 그렇게 해서 그는 니체적인 실용주의와 관점주의를 우리가 진지하게 생각하도록 도와준다. 프로이트의 도덕심리학은 플라톤의 경우와는 근본적으로 다르며, 또한 전도된 플라톤주의라고 하이데거가 정당하게 비난했던 니체의 한 측면과도—즉 영혼에 대해 육신을, 머리에 대해 가슴을, 신비스러운 정신능력인 "이성"에 대해 마찬가지로 신비스러운 정신능력인 "의지"를 찬양하는 낭만주의적 시도와도—근본적으로 다른 자아 서술의 어휘를 제공해준다.

합리성에 대한 플라톤적이며 칸트적인 관념은, 만일 우리가 도덕적이려면 개별 행위를 일반 원칙에 견주어야 한다는 발상을 중심으로 하고 있다.[11] 프로이트는 우리가 개별 행위로 복귀할 필요성이 있다고, 즉 현재의 개별적인 상황과 대안이 과거의 개별적인 행위나 사건과 유사하거나 상이한지를 살펴보는 일이 필요하다고 제안한다. 그는 우리가 우리의 과거에서 어떤 중요하고 특이한 우연성들을 간파할 때라야 우리 자신들로부터 무언가 값진 것을 창조해낼 수 있을 거고, 우리가 존중할 만한 현재의 자아를 창안해낼 수 있을 거라고 생각한다. 그는 우리가 현재 행하고 있는 바, 혹은 행하고 있다고 생각하는 바를 해석할 때, 가령 그것을 특정한 권위자들에 대해 지난 시절의 우리가 내보이는 반작용-reaction이라고 해석하거나, 혹은 유년시절 우리에게 강요된 행동의 묶음이라고 해석하도록 가르쳐주었다. 그는 우리가 자아창조에서의 성공, 즉 특이한 과거의 틀에서 벗어나는 우리의 능력에 대한 특이한 내

11 최근의 분석철학 내에서 이 가정에 관한 의심에 대해서는 슈니윈드(J. B Schneewind)와 바이어(Annette Baier)의 저술을 볼 것. 또한 Jeffrey Stout, *Ethics After Babel* (Boston: Beacon Press, 1988)을 볼 것.

러티브들―말하자면 사례들의 역사―을 직조하는 일로써 우리 자신에 대해 자부심을 갖는다고 암시했다. 그래서 그는 보편적 기준에 따르지 못한 삶이 아니라, 그와 같은 과거의 틀에서 벗어나지 못한 삶을 우리가 비난한다는 암시를 준다.

이 논점을 달리 표현하자면 이렇다. 프로이트는 공적 영역과 사적 영역, 국가의 부분과 영혼의 부분, 사회 정의의 추구와 개인적 완성의 추구 등을 함께 다루려는 플라톤의 시도를 포기했다. 프로이트는 도덕주의에 대한 호소와 낭만주의에 대한 호소를 동등하게 존중했지만, 그 중 어느 것이 다른 것에 우선한다고 간주하거나 혹은 양자를 종합한다는 발상을 거절했다. 그는 자아창조의 사적 윤리와 상호조정의 공적 윤리를 날카롭게 구별했다. 그는 보편적으로 공유된 신념이나 욕망에 의해 제공되는 양자 간의 다리는 없다고 우리를 설득한다. 즉 우리가 인간이기 때문에 우리에게 속하며 **단순히 인간이라는** 이유로 우리와 동료 인간들을 결합하게 해주는 그러한 신념이나 욕망은 없다는 것이다.

프로이트의 설명에 따르면 우리가 지닌 의식상의 사적 목표는 그것을 파생시킨 무의식상의 강박관념과 공포증만큼이나 특이한 것이다. 프롬Erich Fromm과 마르쿠제Herbert Marcuse 등의 저술가들이 보여준 노력에도 불구하고, 프로이트의 도덕심리학은 사회적 목표, 즉 개인들의 목표와 대비되는 인간성의 목표를 정의하는 데 사용될 수가 없다. 프로이트를 선善이나, 올바름이나, 참된 행복에 대한 보편적 규준을 제공한 도덕철학자로 취급하여 그를 플라톤적인 틀 속에 넣도록 강요할 수 있는 길은 없다. 그를 활용할 수 있는 **유일한** 길은 우리로 하여금 보편성을 벗어나 구체성을 보게 하며, 필연적 진리나 제거 불가능한 신념을 발견하려는 시도에서 벗어나 개인적인 과거의 특이한 우연성이나 우리의 온 갖 행동에 담긴 눈먼 각인을 보게 해주는 그의 능력에 있다. 그는 대담한 시인을 인간 존재의 원형으로 보고자 하는 니체와 블룸의 시도에 부합하는 도덕심리학을 우리에게 제공해주었다.

/

그러나 프로이트의 도덕심리학은 그러한 시도에 부합되긴 하지만, 반드시 그러한 결과를 도출해내는 것은 아니다. 시인이야말로 인간 존재의 모형이라는 그 느낌을 공유한 사람에게는 프로이트가 해방적이요, 고무적이게 보일 것이다. 하지만 그 대신에 이타적이고, 자의식이 없으며, 상상력이 없고, 근엄하고, 정직하며, 의무에 충직한 인물을 인간 존재의 모형이라고 보는 칸트와 같은 사람을 생각해보라. 그러한 인물은 칸트의 저술에서 칭송된 인물로서, 플라톤이 말한 철학자와는 달리 특별히 정신이 예민하거나 지적 호기심을 지닌 인물도 아니며, 기독교적 성자聖者와는 달리 십자가에 못 박힌 예수에 대한 사랑을 위해 자기를 희생하는 피 끓는 인물도 아니다.

　칸트는 그와 같은 인물들을 위해 실천이성을 순수이성과 구별하고, 이성종교를 열광과 구별했다. 그러한 인물들을 위해 그는 도덕성을 포섭할 수 있는 유일한 정언명법定言命法이라는 아이디어를 창안했다. 왜냐하면 그러한 인물들의 영광이란 스스로가 무조건적인 의무를 지고 있다고, 즉 이해타산적 계산이나, 상상력의 투영이나, 메타포의 재서술 등에 의존하지 않고도 수행 가능한 의무를 지고 있다고 인식하는 것이라고 칸트는 생각했기 때문이다. 그래서 그는 바로 그러한 인물들에게 안전한 지성의 세계를 만들기 위해, 참신하고도 상상력 있는 도덕심리학을 발전시켰을 뿐 아니라 삶과 문화의 모든 측면을 포괄하는 메타포적 재서술을 발전시켰다. 그의 말로 하자면, 그는 신앙을 위한 여지를 만들고자 지식을 부정했다. 그들의 의무를 행함으로써 그들이 해야 할 모든 것을 행하는 인물들, 인간 존재의 모형에 해당되는 그런 인물들의 신앙을 위해서 말이다.

칸트와 니체 사이에서 반드시 선택을 해야 할 것으로 보이는 경우, 즉 인간이 된다는 것의 요점에 관해—적어도 그 범위 내에서는—반드시 결정을 해야 할 것으로 보이는 경우가 종종 있었다. 그러나 프로이트는 그러한 선택을 피하는 데 도움을 주는, 인간 존재를 보는 한 가지 방식을 제공해준다. 프로이트를 읽고 나면 우리는 블룸의 대담한 시인도, 칸트의 보편적 의무에 대한 충직한 이행자도 인간 존재의 모형이 아니라고 보게 될 것이다. 왜냐하면 프로이트는 인간 존재의 모형이라는 아이디어 자체를 피하기 때문이다. 그는 인간성이란 것을 본래적 본성, 즉 마땅히 계발될 혹은 미계발의 상태로 남겨질 일련의 본래적 힘들로 이루어진 하나의 자연종自然種이라고 보지 않는다. 프로이트는 칸트에게서 보이는 플라톤주의의 잔여와 니체의 전도된 플라톤주의 둘 다를 파괴함으로써, 우리로 하여금 니체의 초인과 칸트의 공통된 도덕의식을 수많은 적응 형태들 중 구체화된 두 가지 형태로, 즉 유년기 교육의 우연성에 대처하며 눈먼 각인과의 절충을 꾀하는 수많은 전략들 중 두 가지 전략으로 보게 해준다. 그 두 가지에 대해서는 할 말이 많다. 각각은 장점과 약점을 갖고 있다. 근엄한 사람들은 종종 오히려 아둔하다. 위대한 재치는 확실히 광기에 더 가깝다. 프로이트는 시인을 경외敬畏하지만, 시인은 유아적이라고 서술한다. 단지 도덕적인 사람을 프로이트는 권태롭게 여기지만, 그런 사람을 성숙하다고 서술한다. 그는 양자 중 어느 쪽에 더 열중하지 않으며, 우리에게 양자택일을 요구하지도 않는다. 그는 우리가 그러한 선택을 할 수 있는 어떤 정신능력을 갖고 있다고 생각하지 않는다.

프로이트는 양자 중 어느 쪽의 이해관계를 확보해줄 인간 본성론의 수립이 필요하다고 보지 않는다. 그는 양쪽의 유형에 속하는 사람들이 자원을 마음대로 활용할 때 최선을 행하는 것이라고 보지만, 어느 쪽도 다른 쪽에 비해 "더 참다운 인간"이라고 보지 않는다. "참다운 인간"이라는 관념을 영구히 포기한다는 것은 자아를 신격화된 세계의 대체물로 신격화하는 일, 내가 1장 말미에서 스케치한 칸트적 시도를 영구히 포기한다는 것이다. 그것은 필연성의 마지막 보루, 즉 우리 모두가 똑같은 정언명법, 똑같은 무조건적 주장을 대면하고 있다고 보는 마지막 시도를 제거하는 일이다. 니체와 프로이트를 한데 묶어주는 것은 바로 이러한 시도, 즉 우리의 삶이나 우리의 시를 엮어가는 데 있어서 눈먼 각인이 무가치한 것이 아니라고 보려는 시도이다.

그러나 도덕적인 사람을 근엄하지만 아둔하다고 보는 프로이트의 견해에 대한 나의 서술이 포착하지 못하는 한 가지 차이점이 니체와 프로이트 간에 존재한다. 만일 무턱대고 관례를 따르는 사람을 침상에 눕혀놓고서 그의 속내를 들여다본다면, 그가 표면상으로만 아둔하다는 것을 알게 될 거라고 프로이트는 밝혀준다. 프로이트에게서는 누구라도 철저한 바보일 수 없다. 왜냐하면 아둔한 무의식이란 없기 때문이다.

프로이트를 니체보다 더 유용하고 더 신빙성 있게 해주는 것은, 프로이트는 인간성의 거의 대부분을 죽어가는 동물의 처지로 폄하하지 않는다는 점이다. 무의식적 환상에 대한 프로이트의 설명은 각 개인의 삶—더 정확히 말하면, 언어 습득이 불가능할 정도로 고통에 빠지지도 않았고, 자기 서술을 만들어낼 여유가 없을 정도로 고되게 밥벌이에 허덕이지도 않는 각 개인의 삶[12]—을 어떻게 하면 한 편의 시로 볼 수 있는지 밝혀주기 때문이다. 프로이트는 각각의 삶이란 제 나름의 메타포로 맵시를 뽐내려는 시도라고 본다. 필립 리프Philip Rieff의 말처럼, "프로이트는 모든 이에게 창의적인 무의식을 제공함으로써 천재성을 민주화했다."[13] 똑같은 논점을 라이어널 트릴링Lionel Triling도 제기했는데, 그는 이렇게 말했다. 프로이트는 "시란 곧 마음의 구성에 고유한 것임을 밝혀주었다. 그는 마음이란 것이 그 대부분의 경향성에 있어서 시 짓기의 능력과 똑같은 것이라고 보았다."[14] 리오 버사니Leo Bersani는 리프와 트릴링의 논점을 확대하여 이렇게 말한다. "정신분석 이론은 환상이란 관념을 지극히 풍부한 문젯거리로 만들어서 예술과 삶의 구별을 더 이상 당

---

12   그와 같은 단서조항이 필요한 까닭에 대해서는 일레인 스캐리(Elaine Scarry)의 탁월한 저서 *The Body in Pain: The Making and Unmaking of the World* (Oxford University Press, 1985) 『고통받는 몸』, 메이 옮김, 오월의봄, 2018]를 볼 것. 이 책에서 스캐리는 묵언(默言)의 고통, 즉 고문자가 희생자에게서 언어를 박탈하고 그에 따라 인간적 제도들과의 연결을 차단함으로써 만들어내는 그런 종류의 고통을, 언어와 여가를 가짐으로써 주어지는 그러한 제도들에 참여할 능력과 대비시키고 있다. 스캐리는 고문자가 정말로 즐기는 것은 희생자를 모진 괴로움에 빠뜨리는 일이라기보다는 그의 **자존심을 짓밟는** 일이라고 지적한다. 모진 괴로움이란 것도 자존심 짓밟기의 다른 형태에 불과한 것이다. 나는 이 논점을 잔인성에 대한 나보코프와 오웰의 견해와 연관지어 7장 및 8장에서 더 발전시킨다.

13   Philip Rieff, *Freud: The Mind of the Moralist* (New York: Harper & Row, 1961), p. 36.

14   Lionel Trilling, *Beyond Culture* (New York: Harcourt Brace, 1965), p. 79.

연시할 수 없게 한다."[15]

트릴링을 좇아서 마음이 곧 시 짓기의 능력이라고 말하는 것은 다시금 철학으로 복귀하는 일, 타고난 인간 본성이라는 관념으로 복귀하는 일처럼 보일 것이다. 특히 고대 희랍 사람들이 "이성"에 부여했던 역할을 "상상력"이 맡게 되는 낭만주의적인 인간 본성론으로 복귀하는 것처럼 보일 것이다. 하지만 그렇지 않다. 낭만주의자들에게 "상상력"이란 우리 자신이 아닌 어떤 것과의 연계였으며, 우리가 마치 딴 세상에서 온 것처럼 여기에 있다는 증명이었다. 그것은 표현의 능력이었다. 그러나 우리들 비교적 여유로운 언어 사용자들—환상을 위한 장비와 시간을 갖춘 우리들—에게 공유된 것이라고 프로이트가 간주한 것은 메타포를 창안하는 능력이다.

내가 1장에서 요약했던 데이비슨의 메타포론에 의하면, 한 메타포가 창안될 때, 물론 그것은 이전에 존재했던 무엇을 **원인**으로 갖지만 그러나 이전에 존재했던 무엇을 **표현**하지는 않는다. 프로이트에게 있어서 그러한 원인은 피안의 세계에 대한 상기想起가 아니라, 초년 시절의 어떤 개별적인 인물이나 대상이나 낱말에 대해 강박관념을 야기하는 어떤 개별적인 카섹시스cathexis[정신적 에너지가 특정 인물, 사물, 관념에 쏠리는 것]이다. 모든 인간 존재가 의식적이든 무의식적이든 모종의 특이한 환상을 연기하고 있다고 봄으로써, 우리는 각 개인의 삶에서 (동물적인 부분과 대조되는) 뚜렷이 인간적인 부분이란, 삶에서 조우한 모든 개별적인 인물, 대상, 상황, 사건, 낱말을 상징적인 목적을 위해 사용하는 데 있다고

---

15 Leo Bersani, *Baudelaire and Freud* (Berkeley: University of California Press, 1977), p. 138.

볼 수 있게 된다. 이 과정은 그것들을 재서술하는 일이며, 그럼으로써 그 모두를 "내가 그렇게 하고자 했던 바"라고 말하는 일에 해당된다.

이런 관점에서 볼 때, 지식인(그러한 목적을 위해 낱말이나 시각적 혹은 음악적 형식을 사용하는 사람)이란 단지 특수한 경우에 불과하다. 다른 사람들이 배우자와 아이들, 직장 동료들, 장사 도구들, 사업 계좌들, 집에 쌓아둔 소유물들, 감상하는 음악들, 참가하거나 관람하는 스포츠들, 일터로갈 때 지나치는 나무들 등을 가지고 행하는 바를 지식인들은 기호와 소리로 행할 따름이다. 프로이트가 보여주었듯이, 낱말의 소리부터 잎사귀의 색깔이나 피부의 촉감에 이르기까지 어느 것이라도 한 인간 존재의 자기정체성 감각을 드라마화하고 구체화할 수가 있다. 왜냐하면 그러한 것들 중 어느 것이라도 철학자들이 우리 모두에게 보편적이고 공통적인 것들만이 해낼 수 있다거나 적어도 그래야 한다고 생각했던 그런 역할을 한 개인의 삶 속에서 해낼 수 있기 때문이다. 그러한 것들은 우리의 온갖 행동에 담겨 있는 눈먼 각인을 상징화할 수 있다. 그러한 것들로 이루어진 외견상 무작위한 어떤 묶음조차도 삶의 색조를 만들어낼 수 있다. 그러한 것들로 이루어진 어떤 묶음이라도 그것을 위해 삶을 헌신하고 바칠 만한 무조건적인 명령—기껏해야 한 사람에게만 이해될 수 있기 때문에 더욱 무조건적인 명령—을 구축할 수 있다.

이 논점을 달리 표현하자면, 메타포를 문자화하는literalizing[문자 그대로 받아들이는] 사회적 과정이 한 개인의 환상적 삶 속에서 되풀이된다고 말할 수 있다. 다른 사람들이 이해하지 못하는 인기 없는 메타포, 즉 다른 사람들이 그 쓰임새를 찾아낼 수 없는 말하기 방식이나 행위 방식을 중심으로 어떤 것이 맴돌 때, 우리는 그것을 "시"나 "철학"이 아니라 "환상"fantasy이라고 부른다. 그러나 프로이트는 초점이 없거나, 우스꽝스럽거나, 사회적으로 수치스러워 보이는 어떤 것이라도, 자기가 누구인가에 대한 개인의 느낌과 그의 온갖 행동에 담겨 있는 눈먼 각인을 자기 방식으로 추적함에 있어서 그것이 얼마나 중요한 요소가 될 수 있는지를 보여준다. 거꾸로, 어떤 사적인 강박관념이 우리가 그 쓰임새를 **찾아낼 수 있는** 메타포를 산출하면, 우리는 그것을 괴짜나 도착倒錯이 아니라 천재성이라고 말한다. 천재성과 환상의 차이는 세계의 저 바깥이나 자아의 깊은 곳에 존재하는 보편적·선행적 실재와 결부된 각인들과 그렇지 않은 각인들 간의 차이가 아니다. 오히려 그것은 어떤 역사적 상황의 우연성이나, 특정한 시기에 특정한 공동체가 우연히 갖게 된 개별적인 필요성 등으로 인하여 다른 사람들에게 우연히 인기를 누리게 된 특이성들 간의 차이이다.

요컨대 시적, 예술적, 철학적, 과학적, 정치적 진보란 사적인 강박관념이 공적인 필요에 딱 들어맞게 된 우연의 일치에서 연유한다. 대담한 시, 상식적인 도덕성, 혁명적인 도덕성, 정상 과학, 혁명적인 과학, 그리고 단지 한 사람에게만 이해될 수 있는 환상 등은 모두, 프로이트적인 관점에서 보면, 눈먼 각인을 다루는 상이한 방식들이다. 더 정확히 말해서, 한 개인에게 특유한 각인들이나 아니면 역사적 조건 속의 한 공동체 구성원들에게 공통된 각인들과 같이, 상이한 눈먼 각인들을 다루는 상이한 방식들이다. 그러한 전략들 중 어느 것도 인간의 본성을 더 잘 표현해준다는 의미에서 다른 쪽보다 특권적이지 않다. 마치 펜이 백정의 칼보다 더 진정한 도구가 아니며, 잡종의 난초가 야생의 장미보다 더 못한 꽃이 아닌 것과 마찬가지로, 그중 어느 전략도 다른 쪽보다 더 인간적이거나 덜 인간적이지 않다.

프로이트의 논점이 지닌 진가를 인정한다는 것은 윌리엄 제임스가 "인간 존재에 깃든 특정한 맹목성"이라고 불렀던 것을 극복하는 일이 될 것이다. 그러한 맹목성에 대해 제임스가 예로 들고 있는 것은 애팔래 치아 산맥을 여행할 때 겪은 일에 대한 자신의 반응이었다. 제임스는 숲을 난도질한 곳에 조성된 진흙투성이의 정원과 통나무 오두막과 돼지 우리들로 이루어진 개척지를 보고 이렇게 말한다. "숲은 파괴되어 없어 졌다. 그런데 그것이 사라짐으로써 '개선된' 바는 자연의 아름다움을 잃 게 된 대가로 얻는 인공적 우아함이라곤 조금도 없는 처참한 폐허였다." 그러나 제임스는 그 통나무 오두막에서 나온 한 농부가, "저 산골짜기에 있는 초원지 중 하나를 개간하지 않으면 우리는 여기서 행복하지 못할 겁니다."라고 그에게 말했을 때, 다음과 같은 사실을 깨닫게 되었다.

나는 상황의 전체적인 내적 의미를 놓치고 있었다. 나에게 그 개척지들은 오로지 숲을 발가벗기는 것으로만 보였기 때문에, 억센 팔과 충직한 도끼로 그것을 만든 사람들에게 그 개척지가 아무런 다른 이야기도 못 해줄 거라고 생각해버렸던 것이다. 그러나 **그 사람들**이 처참한 그루터기 를 바라볼 때 마음속에 떠올리는 것은 개인적인 승리였다. (…) 요컨대 내 게는 단지 망막에 비친 볼썽사나운 그림이었던 그 개척지는 그들에게는 도덕적 기억을 떠올리게 하는 상징이었으며, 의무와 투쟁과 성공을 담은 승리의 노래를 부르고 있는 것이었다.

마치 그 사람들이 만일 케임브리지 옥내에서 나의 낯선 학문생활을 엿 보았다면 틀림없이 나의 속마음을 알 길이 없었을 것과 마찬가지로, 나

는 그들의 특유한 속마음에 대해서 까막눈이었다.[16]

나는 프로이트가 예컨대 성적 도착, 혹독한 잔인성, 익살스런 강박감, 광적인 망상 등의 사건들에 담긴 "특유의 속마음"을 보게 함으로써, 유난히 다루기 힘든 맹목성의 사례들을 극복할 수 있도록 도움을 주어, 제임스의 논점을 더 상세히 밝혀주었다고 본다. 프로이트는 그러한 것들을 성도착자나, 사디스트나, 정신병자의 사적인 시詩, 즉 우리 자신의 삶처럼 풍부하게 직조되며 "도덕적 기억들을 떠올리게 하는" 사적인 시로 보게 해준다. 프로이트는 도덕철학이 극단적이며, 비인간적이고, 부자연스럽다고 묘사한 것들을 우리 자신의 활동과 연속적인 것으로 보게 해준다. 그러나 이 점이 중요한 논점인데, 그는 그것을 전통철학의 방식으로, 환원주의의 방식으로 행하지 않는다. 그는 예술이 **실제로** 승화昇華이고, 철학적 체계 구축은 **단지** 편집증이며, 종교란 **단지** 엄한 아버지에 대한 혼동된 기억이라고 말하지 않는다. 그는 인간의 삶이란 **단지** 리비도의 에너지가 끊임없이 새 물길을 형성하는 것이라고 말하고 있지 않다. 그는 어떤 것을 판이하게 다른 무엇과 견주어 "단지" 혹은 "실제로"라고 말하며 실재/현상의 구별을 제기하는 일에는 관심이 없다. 그는 다른 모든 재서술들 옆에 놓일 것들에 대한 또 하나의 재서술, 또 하나의 어휘, 그가 생각하기에 쓰임새가 있고 그 결과 문자화될 가능성이 있는 또 하나의 메타포를 제공하고자 할 뿐이다.

---

16 "On a Certain Blindness in Human Beings," in William James, *Talks to Teachers on Psychology*, eds. Frederick Burkhardt and Fredson Bowers (Cambridge, Mass.: Harvard University Press, 1983), p. 134.

프로이트에게 철학적 견해를 부여할 수 있다면, 그는 제임스만큼이나 실용주의자이며 니체만큼이나 관점주의자라고 말할 수 있을 것이다. 혹은 프루스트만큼이나 모더니스트라고 말할 수도 있을 것이다.[17] 왜냐하면 19세기 말엽부터 재서술이라는 활동을 예전에 간주해왔던 것보다 훨씬 더 가볍게 간주하는 일이 가능해졌기 때문이다. 어느 서술이 맞는 것인가를 묻지 않고서 동일한 사건에 대한 여러 개의 서술들을 요술 부리듯 바꾸는 일이 가능해졌다. 그래서 재서술을 본질 발견의 주장이 아니라 하나의 도구라고 보는 일이 가능하게 되었다. 그렇게 함으로써 새로운 어휘란 다른 모든 어휘들을 대체시켜야 할 것, 혹은 실재를 표상하는 주장을 담은 것이 아니라, 단지 또 하나의 어휘, 또 하나의 인간적 프로젝트, 어떤 개인이 선택한 메타포에 불과하다고 보는 일이 가능하게 되었다. 프로이트의 메타포들이 더 이른 어느 시기에 선택되고, 사용되며, 문자화될 수 있었을 것 같지는 않다. 그러나 거꾸로 프로이트의 메타포들이 없었더라면 니체나, 제임스나, 비트겐슈타인이나, 하이데거의 메타포들에 지금 우리가 하듯이 그렇게 쉽게 동화할 수 있었을 것으로 보이지 않으며, 프루스트를 그렇듯 완상玩賞하고 즐길 수 있었을 것으로 보이지 않는다. 이 시기의 모든 인물들은 서로 손잡고서 영향을 주고 있다. 그들은 서로 다른 쪽의 메타포를 살찌운다. 그들의 메

---

17 Bloom, *Agon*, p. 23의 다음 구절을 볼 것. "이제 서구 사회는 확실한 종교도, 확실한 철학도 없으며, 또 그런 것들을 결코 다시 얻지도 못할 것이기 때문에, 나는 '문예 문화'라는 말로써 지금의 서구 사회를 뜻한다. 또한 정신분석학은 그 실용적인 종교와 철학으로 인해 문예 문화의 한 부분이기 때문에, 머지않아 우리는 프로이트주의냐 **아니면** 프루스트주의냐의 양자택일에 대해 말하게 될 것이다." 5장에서 나는 도덕적 본보기로서 프루스트의 역할에 대해 논의한다.

타포들은 상대방의 것들을 기쁘게 해준다. 이것은 한층 더 분명한 자기의식을 향해 나아가는 세계정신의 행진이라고, 혹은 인간 정신의 길이가 점차 우주의 길이와 맞먹게 되기에 이르렀다고 서술하고 싶은 유혹을 일으키는 그런 종류의 현상이다. 하지만 그러한 묘사는 내가 서술해왔던 저 인물들을 연결시켜주는 유희성과 아이러니의 정신을 저버리게할 것이다.

이러한 유희성이야말로 재서술의 힘, 즉 새롭고도 다른 것을 가능하게 하며 또 중요하게 만드는 언어의 힘을 음미하는 그들의 공유된 능력의 산물이며, 그러한 음미는 '유일하게 올바른 서술'의 추구가 아니라 대안적인 서술들의 레퍼토리를 늘리는 것을 목표로 삼을 때에만 가능하게 된다. 그와 같은 목표의 전환은 세계와 자아 양자가 탈신격화될 경우에만 가능하다. 양자가 탈신격화된다고 말하는 것은 세계나 자아가 우리에게 더 이상 무언가를 말해주는 것이 아니라고, 마치 라이벌 시인처럼 그 자체의 언어를 갖고 있는 것이 아니라고 생각한다는 말이다. 양자는 사람을 닮은 것도 아니요, 표현되기를 원하지도 않으며, 특정한 방식으로 표상되기를 원하지도 않는다.

하지만 세계와 자아는 우리를 압도하는 힘, 가령 우리를 죽일 만한힘을 갖고 있다. 세계는 맹목적이고도 불명료하게 우리를 으스러뜨릴수 있다. 말없는 절망과 강렬한 심적 고통은 우리로 하여금 스스로를 손상시키게 할 수 있다. 그러나 그와 같은 힘은 우리가 그 언어를 채용하고 또 변용시켜 제 것으로 전유할 수 있는, 그래서 위협하는 힘과 우리가 동일하게 되고 그것을 더 강력한 우리의 자아에 복속하게 만들 수 있는 그런 종류의 힘이 아니다. 이 후자의 전략은 단지 다른 사람들, 가령 부모, 신, 시적 선구자 등과의 관계에 대처할 때에만 적합한 것이다. 왜냐하면 세계에 대한 우리의 관계, 적나라한 힘이나 생생한 고통에 대한 우리의 관계는, 사람들에 대한 우리의 관계와는 다른 종류의 것이기 때문이다. 비인간적인 것, 비언어적인 것과 대면하게 될 때 우리는 더 이상 전유하기나 변용하기를 통해 우연성과 고통을 극복할 수 있는 능력은 없으며, 단지 우연성과 고통을 **인지할** 능력을 가질 따름이다. 예로부터 있어 왔던 철학과 시의 싸움에서 시에게 안겨질 최종 승리—발견의 메타포에 대한 자아창조의 메타포의 최종 승리—는 바로 그러한 것이 우리가 갖기를 바랄 수 있는, 세계에 대한 유일한 힘이라는 생각과 타협하는 일로 이루어질 것이다. 왜냐하면 그것이야말로 단지 힘과 고통만이 아니라, 진리가 "저 바깥에서" 발견된다는 발상의 최종적인 포기 선언에 해당될 터이므로.

/

시가 철학에 대해 공적이고도 공공연한 승리를 거둔 문화, 필연성의 인식이 아니라 우연성의 인식이 자유에 대한 납득할 만한 정의定義가 되는 문화에서는, 라킨의 시는 전혀 효과가 없다고 지적하고 싶을지 모른다. 유한성에는 아무런 비애감pathos도 없게 될 것이기에 말이다. 그러나 아마도 그와 같은 문화란 있을 수가 없다. 그러한 비애감은 어쩌면 없앨 수 없는 것이다. 마치 철인왕의 통치나 국가의 소멸을 상상하기 어려운 것과 마찬가지로 왕성한 니체적 유희성에 의해 지배되는 문화를 상상하기란 어려운 노릇이다. 또한 자신의 삶이 완성되었다고 느끼는 한 인간, 자신이 원했던 모든 것을 성취했기에 행복하게 죽는 인간을 상상하기도 똑같이 어려운 일이다.

이것은 심지어 블룸의 대담한 시인에게도 마찬가지다. 우리가 "문자 그대로의" 불변의 사실이라는 항구적 배경을 뒤로 하고서 스스로를 변함없는 전체로 보려는 철학적 이념을 벗어던지고, 그 대신에 스스로를 우리 자신의 용어로 보려는 이념, 즉 과거를 가리켜 "내가 그렇게 하고자 했던 바"라고 말함으로써 그것을 되찾으려는 이념으로 대체시킨다고 할지라도, 항상 그러한 소망은 결과가 아니라 하나의 프로젝트, 완성하기에는 인생이 충분히 길지 못할 하나의 프로젝트라는 점은 진실로 남을 것이다.

죽음에 대한 대담한 시인의 두려움은 곧 미완성에 대한 두려움인데, 이것은 세계와 과거를 재서술하려는 어떠한 프로젝트도, 또 각자의 특이한 메타포를 부과함으로써 자아창조를 하려는 어떠한 프로젝트도, 주변적이며 기생적이라는 점을 면할 수 없다는 사실과 상관관계에 놓여 있다. 메타포들은 낡은 낱말들을 낯선 방식으로 사용하는 것이지만, 그러한 용법은 이미 친숙한 방식으로 사용 중인 다른 낡은 낱말들을 배경으로 해야만 가능한 것이다. "전적으로 메타포"인 언어는 아무런 쓰임새가 없는 언어일 것이며, 따라서 언어가 아니라 단지 웅얼거림에 불과하다. 왜냐하면 언어란 표상이나 표현의 매개물이 아니라고 우리가 동의한다고 해도, 언어는 의사소통의 매개물, 사회적 교섭의 도구, 한 사람을 다른 인간 존재와 묶어주는 방식으로 남을 것이기 때문이다.

시인을 신격화하려는 니체의 시도에 이렇듯 교정이 요구된다는 점, 즉 대담한 시인이라도 다른 사람들에게 이렇듯 의존적이라는 점은 블룸에 의해 다음과 같이 요약되고 있다.

> 슬픈 사실이지만 시란 것들은 현전, 통일성, 형태, 의미 등을 **갖지 않는다**. (…) 그렇다면 시는 무엇을 소유하고 창조하는가? 슬프게도 시는 아무것도 **갖지** 않으며, 아무것도 **창조하지** 않는다. 시의 현전이란 하나의 약속이요, 소망의 대상이 되는 것들의 한 부분이며, 보이지 않는 것들에 대한 증거이다. 시의 통일성이란 독자의 선의善意 속에 담겨 있다. (…) 시의 의미란 단지 또 한 편의 시가 존재하거나 **존재했다는** 것 그뿐이다.[18]

이 구절에서 블룸은 니체가 진리를 탈신격화하고 프로이트가 양심을 탈신격화한 것과 동일한 방식으로, 시를 탈신격화하고 있으며, 그렇게 함으로써 시인을 탈신격화하고 있다. 그는 프로이트가 도덕주의에 대해 행했던 바를 낭만주의에 대해 행하고 있다. 이러한 탈신격화의 전략은 매양 한 가지인데, 그것은 형식적이고 통일적이며 현재적이고 자족적인 실체, 즉 변함없는 전체라고 보일 수 있는 어떤 것을 대신해서 그 자리를 우연한 관계들로 이루어진 직조물, 즉 과거와 미래를 오가도록 펼쳐진 그물망으로 대체하는 전략이다. 심지어 가장 대담한 시인이라도 선행자들에게 기생적이며, 자신의 작은 일부만을 탄생시킬 수 있듯이, 그는 미래의 모든 낯선 이들이 베푸는 친절에 의존적이라는 점을 블룸은 상기시켜준다.

이것은 사적 언어란 없다는 비트겐슈타인의 논점, 즉 하나의 낱말

---

18 Bloom, *Kabbalah and Criticism*, p. 122.

이나 시를 비언어적인 어떤 의미—이미 사용된 낱말들이나 이미 쓰인 시들이 아닌 어떤 것—와 대치시켜서는 그것에 의미를 부여할 수 없다는 논변을 상기시키는 일에 해당된다.[19] 비트겐슈타인을 부연해 말하자면, 재치 넘치는 어떠한 메타포라도 따분하고 평범한 수많은 이야기를 그 토양으로 삼고 있는 것과 똑같은 이유로, 어떠한 시라도 수많은 문화 속의 배경을 전제로 한다. 글로 쓰인 시에서 '시로서의 삶'으로 옮겨오게 될 경우, 전적으로 니체적인 삶, 즉 반작용하는 삶이 아니라 순수한 행위로만 이루어진 삶은 있을 수가 없다고 누군가 말할지 모른다. 재서

---

19 "마치 우리가 (성적으로든 다른 방식으로든) 단순히 한 사람이 아니라 그녀 혹은 그의 가족 로맨스 전체를 포용하듯이, 우리는 한 시인이 시인으로서 갖는 그 혹은 그녀의 가족 로맨스 전체를 읽지 않고서 결코 시인을 읽을 수 없다. 관건은 환원이며, 어떻게 그것을 최대한 회피하느냐이다. 수사학적 비평, 아리스토텔레스적 비평, 현상학적 비평, 구조주의적 비평은 모두 이미지나 관념, 주어진 사물이나 음소로 환원한다. 도덕적 비평이나 다른 노골적인 철학적 비평 혹은 심리학적 비평도 모두 경쟁적인 개념들로 환원한다. 우리는—만일 환원한다면—다른 시로 환원한다. **한 편의 시의 의미는 또 다른 시가 될 수 있을 뿐이다.**"(Bloom, *The Anxiety of Influence*, p. 94; 강조는 추가된 것임) 또한 p. 70을 참조하고, p. 43의 다음 구절과 비교해볼 것. "한 편의 시를 그 자체로 이루어진 단위체로 '이해'하려는 실패한 기획을 이제는 포기하자. 그 대신에 어느 시라도 그것은 시인이 선행하는 시 혹은 시 일반을 **한 명의 시인으로서** 고의적으로 오독한 해석이라고 읽는 법을 배우도록 하자."

블룸의 반(反)환원주의와 비트겐슈타인, 데이비슨, 데리다 등이 기꺼이 바라는 것 즉 의미란 텍스트 바깥의 어떤 것과의 관계가 아니라 다른 텍스트와의 관계로 구성된다는 점 사이에는 유사점이 있다. 셀라스(Wilfrid Sellars)가 말한 '소여의 신화'와 마찬가지로 사적 언어라는 관념은 낱말이 다른 낱말들에 의지하지 않고도 의미를 가질 거라는 희망에서 연유한다. 또 그 희망은 사르트르에 의해 진단된 더 커다란 희망, 즉 자족적인 즉자존재(*être-en-soi*)가 되기를 바라는 희망에서 연유한다. 반(反)유대인주의자를 "인정사정없는 돌멩이, 사나운 급류, 파괴적인 벼락같이 되기를 원하는 자, 요컨대 인간 이외의 것이 되기를 원하는 자"라고 보는 사르트르의 서술("Portrait of the Anti-Semite", in *Existentialism from Dostoevsky to Sarte*, ed. Walter Kaufmann [New York: New American Library, 1975], p. 345)은 차라투스트라에 대한 비평이며, 블룸이 "환원주의" 비평이라 부른 것에 대한 비평이자, 하이데거와 데리다가 "형이상학"이라 부른 것에 대한 비평이다.

술되지 않은 과거에 기생적이지 않으며, 아직 태어나지 않은 세대들의 자비심에 의존하지 않는 삶은 없다고 말이다. 가장 대담한 시인의 주장이라 할지라도 키츠John Keats가 말했던 바와 같이 그는 "영국의 시인들 가운데 있을 것이며", 블룸이 얘기한 방식처럼 "그들 가운데에서" 평가될 것이라는 주장보다 더 대담한 주장은 없을 것이다. 그래서 미래의 시인들은 마치 키츠가 그의 선행자들에게서 나왔듯이 그의 호주머니에서 나올 것이다. 마찬가지로, 초인의 주장이라 할지라도 그가 과거와 다른 점이 비록 주변적이며 사소한 것이긴 하겠지만 그럼에도 불구하고 미래에 영향을 끼칠 것이라는 주장, 즉 과거의 작은 부분에 대한 그의 메타포적 재서술이 미래의 문자적 진리 목록에 포함될 것이라는 주장보다 더 대담한 주장은 없을 것이다.

요컨대 나는 라킨이 제기한 유한성의 비애감을 이해하는 최선의 길은, 그것을 철학이 성취하길 원했던 바—특이성 없고, 초시간적이며, 보편적인 무엇—를 이루지 못한 실패로 해석하는 것이 아니라, 어떤 시점에서 사람은 다른 삶을 살아가며 다른 시를 써갈 사람들의 선의를 신뢰해야 한다는 깨달음으로 해석하는 것이라고 제안한다. 나보코프는 그의 걸작 『창백한 불꽃』Pale Fire 을 "인간의 삶이란 난해한 미완성 시에 붙인 주석 같은 것"이란 구절을 중심으로 구성했다. 그 구절은 각 개인의 삶이란 정교하고 특이한 환상의 작업 과정이라는 프로이트의 주장을 요약해주는 동시에, 그러한 작업 과정은 죽음이 훼방을 놓을 때까지도 완성되지 못한다는 점을 일깨워준다. 그러한 작업 과정이 완성되지 못하는 까닭은 완성되어야 할 것이 아무것도 없기 때문이며, 다시 직조되어야 할 관계들의 그물망만이, 즉 시간이 갈수록 날마다 길어져가는 그물망만이 존재할 뿐이기 때문이다.

　그러나 만일 니체의 전도된 플라톤주의를 피한다면, 바꿔 말해서 관조의 삶에 대해 플라톤이 그렇게 생각했듯이 자아창조의 삶이 완성될 수 있으며 자율적일 수 있다는 니체의 제안을 피한다면, 우리는 각 개인의 삶이 언제나 미완성이지만 때때로 영웅적이며 다시 짜여가는 그러한 그물망이라는 생각에 만족할 수 있게 될 것이다. 그렇게 되면 우리는 자신이 복사물이나 복제품이 아니라는 점을 **입증해내려는** 대담한 시인의 의식적인 갈망을 단지 모든 사람이 갖고 있는 무의식적 갈망의 특별한 형태에 불과한 것으로 볼 것이다. 우연이 자신에게 가져다준 눈먼 각인과 타협하려는 갈망, 비록 주변적일지라도 자신의 용어로 그 각인을 재서술함으로써 스스로 자아를 만들려는 그러한 갈망 말이다.

3장

자유주의 공동체의 우연성

누구든 내가 1장에서 말했듯이 진리란 "저 바깥에 있는" 것이 아니라고 말하는 사람은 상대주의자 혹은 비합리주의자로 의심받게 될 것이다. 누구든 내가 2장에서 그랬듯이 도덕성과 이해타산성 간의 구분에 의문을 제기하는 사람은 비도덕적이라고 의심받게 될 것이다. 그러한 의심을 떨쳐버리기 위해서 나는 절대주의와 상대주의, 합리성과 비합리성, 도덕성과 편의성expediency 간의 구분이란 진부하며 서투른 도구들, 즉 우리가 대체시키기 위해 노력해야 할 어휘의 찌꺼기들이라고 논변해야 할 필요가 있다. 하지만 "논변"이란 말은 어폐가 있다. 왜냐하면 지적 진보란 채택된 메타포들이 문자화되는 것이라고 보는 나의 설명에 의하면, 어떤 것에 대한 자신의 재서술에 제기된 반론을 물리치는 일은 대체로 다른 것들을 재서술하는 일, 즉 자신이 선호하는 메타포들의 범위를 확대시켜서 반론을 우회하는 일일 터이기 때문이다. 그래서 나의 전략은 반론자의 비판에 맞대응하여 반론자가 선택한 무기와 싸움터를 인정하는 일이 아니라 오히려 그러한 반론을 이루는 어휘가 형편없는 것으로 보이도록 만들고, 그렇게 함으로써 주제를 바꿔버리는 일이 될 것이다.

이 장에서 나는 내가 방금 거론한 구분을 보존하는 어휘보다는 그 구분을 회피하는 도덕적·정치적 어휘가 자유주의 사회의 제도와 문화에 더 잘 봉사할 것이라고 주장하겠다. 계몽주의적 합리주의의 어휘는 자유민주주의 사회의 초창기에는 극히 중요한 것이었으나, 이제는 민주사회의 유지와 발전에 걸림돌이 되었다는 점을 밝히고자 할 것이다. 그러한 목적을 위해서는 진리, 합리성, 도덕적 의무 같은 관념을 중심으로 하는 어휘가 아니라 오히려 앞의 두 장에서 내가 윤곽을 제시한 어휘, 즉 메타포와 자아창조라는 관념을 중심으로 하는 어휘가 더 적절하다고 주장할 것이다.

그렇지만 나는 내가 스케치했던 언어에 대한 데이비슨-비트겐슈타인식의 설명과 양심 및 자아에 대한 니체-프로이트식의 설명이 "민주주의의 철학적 정초"를 제공한다고 말하려는 것은 아니다. 계몽주의적 합리주의의 어휘가 사라질 때 "철학적 정초"라는 관념도 사라질 것이기 때문이다. 그러한 설명들은 민주주의의 근거를 제공하는 것은 아니지만, 민주주의의 관행과 목표를 재서술할 수 있도록 해준다. 이하에서 나는 자유주의 사회의 희망을 합리주의와 보편주의가 아닌 방식으로, 즉 그러한 낡은 서술들보다 그 희망의 구현을 더 촉진시킬 새로운 방식으로 재구성하고자 노력할 것이다. 그러나 현행의 제도와 관행에 대해 어떤 재서술을 제시한다는 것은 그것의 적들에 반대하여 옹호론을 펴는 일은 아니다. 그것은 집의 버팀대를 세운다거나 집 주변에 바리케이드를 세우는 일이 아니라, 마치 집의 가구들을 바꾸는 내부 수리와 더 흡사한 일이다.

정초foundation를 추구하는 일과 재서술redescription을 시도하는 일 사이의 차이는 낡은 형태의 문화와 자유주의 문화 사이의 차이를 상징한다. 그 이념대로 따르자면, 자유주의 문화란 철두철미하게 계몽되고 세속화된 문화일 것이기 때문이다. 자유주의 문화는 신격화된 세계나 신격화된 자아 등 신적인 것의 자국이라곤 하나도 남지 않은 문화일 것이다. 그러한 문화에는 인간들이 책임져야 할 어떤 비인간적인 힘이 존재한다는 관념이 들어설 여지라곤 없을 것이다. 그 문화는 신성하다는 관념뿐 아니라 "진리에의 헌신"이나 "영혼의 가장 심오한 요구의 성취"라는 관념도 폐기하거나 철저하게 재해석해버릴 것이다. 내가 앞의 두 장에서 서술한 탈신격화의 과정은 유한하고, 죽게 마련이며, 우연하게 존재하는 인간들이 그들의 삶의 의미를 역시 유한하고, 죽게 마련이며, 우연하게 존재하는 다른 인간들 이외의 그 어떤 것에서 도출할 수 있다는 발상이 더 이상 아무 쓸모도 없음을 깨닫게 될 때 그 절정에 다다를 것이다. 그러한 문화에서는 "상대주의"에 대한 경고들, 사회제도들이 근대에 들어와서 점점 더 "합리적"으로 되었는가에 대한 논란들, 자유주의 사회의 목표가 "객관적인 도덕적 가치"를 지녔는가에 대한 의문들 따위는 다만 괴상한 것으로 보일 것이다.

/

나의 견해가 자유주의 사회에 잘 적용되리라는 내 주장의 신빙성을 보이기 위해서, 인간의 완전성이라는 목적론적 개념에 반대하는 이사야 벌린의 "소극적 자유"negative liberty에 대한 옹호론과 나의 견해 간의 유사점을 언급해두고자 한다. 내가 1장에서 그랬듯이 벌린은 그의 저서 『자유의 두 개념』Two Concepts of Liberty에서 어휘, 관행, 가치 등에 대해 조각그림 맞추기 퍼즐식의 접근법을 우리가 포기해야 할 필요가 있다고 역설한다. 벌린의 용어로 말하자면, 우리는 "사람들이 믿어왔던 모든 적극적 가치들이 결국에는 서로 양립 가능하며 어쩌면 서로를 수반한다는 확신"을 포기할 필요가 있다.[1] 우리 스스로를 자연이 설계한 최고봉이 아니라 단지 자연의 여러 실험들 가운데 하나로 생각해야 한다는 프로이트의 주장을 내가 강조한 것은 (미국의 민주주의를 서술하기 위해 "실험"이란 용어를 제퍼슨이나 듀이가 활용한 것과 마찬가지로) "삶 속의 실험"이라는 J. S. 밀의 구절을 벌린이 활용한 것과 공명한다. 2장에서 나는 벌린이 "[우리의] 인간성을 둘로 쪼개는 일, 즉 초월적이며 지배적인 통제자와 훈육되고 복속되어야 할 경험적인 욕망과 정념의 다발로 쪼개는 일"[2]이라고 불렀던 바를 행하고자 하는 플라톤-칸트적 시도를 통렬히 비난했다.

벌린은 다음과 같이 말한 조지프 슘페터의 글을 인용하면서 자신의 에세이를 마감하고 있다. "자신의 확신이 단지 상대적 타당성만 갖고 있음을 깨닫고 있지만, 그 점에 굴하지 않고 그것을 지켜가는 일이야말로 문명인을 야만인과 구별시켜준다." 이에 대해 벌린은 이렇게 논평한다. "이것 이상의 어떤 것을 요구하는 일은 아마도 뿌리 깊고 치유 불가능한 형이상학적 욕구일 것이다. 하지만 그 욕구가 자신의 실천을 결정

---

1 Isaiah Berlin, *Four Essays on Liberty* (Oxford University Press, 1969), p. 167.[『이사야 벌린의 자유론』, 박동천 옮김, 아카넷, 2014]
2 Ibid., p. 134.

하게 허용하는 일은 뿌리 깊기는 마찬가지이지만 그보다 훨씬 위험한 도덕적·정치적 미성숙의 징후이다."[3] 내가 전개해온 말투로 바꾸자면 상대적 타당성을 지켜가는 일이야말로 문명인의 징표라는 슘페터의 주장은, 금세기 자유주의 사회는 자신들의 가장 큰 희망을 진술하는 어휘의 우연성─그들 자신의 양심의 우연성─을 깨달으면서도 그러한 양심에 여전히 충실하게 남아 있는 사람들을 점점 더 많이 배출했다는 주장으로 번역된다. 예를 들어 니체, 윌리엄 제임스, 프로이트, 프루스트, 비트겐슈타인 등과 같은 인물들은 내가 말했듯이 "자유를 우연성에 대한 인식"으로 간주한 사람들이다. 이 장에서 나는 그와 같은 인식이야말로 자유주의 사회 구성원의 주된 덕목이라고 주장하며, 그러한 사회의 문화는 우리의 "뿌리 깊은 형이상학적 욕구"를 치유하는 것을 목표로 삼아야 한다고 주장할 것이다.

상대주의라는 비난이 나의 관점에서는 어떻게 보이는가를 밝히기 위해, 자유주의 전통에 대한 날카로운 현대 비평가인 마이클 샌델이 벌린의 에세이를 논평한 글에 대해 논의해보자. 샌델은 벌린이 "상대주의자의 궁지에 빠져들게 될 만큼 아주 위험할 정도로 근접해가고 있다"라고 말한다. 샌델은 이렇게 묻는다.

만일 어떤 이의 확신이 단지 상대적으로만 타당하다면, 왜 그 점에 굴하지 않고 그것을 지켜가는가? 벌린이 상정하듯 그렇게 비극적으로 형성된 도덕의 세계에서는 자유의 이념이, 가치들은 궁극적으로 통약불가능

---

3 Ibid., p. 172.

하다는 경쟁 이념에 덜 복속되는가? 만일 그렇다면, 그것의 특권적 지위는 무엇으로 이루어질 수 있는가? 게다가 만일 자유란 것이 도덕적으로 특권적 지위를 갖지 않는다면, 만일 그것이 단지 많은 가치들 가운데 하나에 불과하다면, 자유주의에 대해서는 뭐라고 말할 수 있겠는가?[4]

이러한 물음들을 제기할 때 샌델은 계몽주의적 합리주의의 어휘를 당연시하고 있다. 나아가 그는 슘페터와 벌린이 그러한 어휘를 그들 스스로도 활용하고 있다는 사실을 약점으로 이용하고 있으며, 그렇게 해서 그들의 견해가 정합적이지 못하다는 것을 밝히려 하고 있다. 샌델의 물음을 좀 더 상세히 들여다보는 것이 "상대주의"와 "도덕적 특권" 등의 용어를 유용하게 여기는 사람들의 견해를 분명하게 해줄 것이다. 따라서 그렇게 하는 것은 슘페터와 벌린과 내가 찬사를 보내는 인물들의 마음 상태를 특징짓는 데 있어서 왜 "단지 상대적으로만 타당하다"라는 용어를 사용하지 않는 편이 더 나은가를 밝히는 데 도움을 줄 것이다.

확신이 단지 "상대적으로만 타당하다"고 말하는 것은, 무차별적으로 아무 사람이나 모든 사람이 아니라 특정한 다른 신념을 견지하는 사람들에게만 그 확신이 정당화될 수 있음을 뜻하는 것처럼 보일 것이다.

---

4 "Introduction" to Michael Sandel, ed., *Liberalism and its Critics* (New York: New York University Press, 1984), p. 8. 이 논평은 샌델 자신의 태도보다는 벌린에 대한 표준적인 반론을 샌델이 설명한 것이다. 다른 곳에서 나는 샌델 자신의 견해를 조금 더 상세히 논의했으며, 그의 저서 *Liberalism and the Limits of Justice* (Cambridge University Press, 1982)[『정의의 한계』, 이양수 옮김, 멜론, 2012]에서 샌델이 제기한 롤스에 대한 일부 반론을 논박하고자 했다. 나의 논문 "The Priority of Democracy to Philosophy," in *The Virginia Statute for Religious Freedom*, ed. Merrill D. Peterson and Robert C. Vaughan (Cambridge University Press, 1988) [『철학에 대한 민주주의의 우선성』, 강은교 외 옮김, 전기가오리, 2017] 참조.

그러나 만일 이것이 그런 의미였다면, 그 용어는 대비시키는 아무런 힘도 갖지 못할 것이다. **절대적으로** 타당하다는 진술에는 흥미로운 것은 하나도 없을 것이기 때문이다. 절대적 타당성이란 일상의 상투적인 문구나 기초적인 수학적 진리 따위와 같은 것—논쟁거리도 아니요, 자기가 누구이며 무엇을 위해 사는가에 대한 느낌의 중심을 차지하는 것도 아니어서 아무도 시비의 대상으로 삼으려 하지 않을 종류의 신념—에 국한되고 말 것이다. 한 사람의 자기 이미지에서 중심을 차지하는 모든 신념이 그렇듯 **중심적인** 까닭은 그 신념이 있는지 혹은 없는지가 좋은 사람과 나쁜 사람, 멀리 하고 싶은 사람과 그렇지 않은 사람을 가르는 규준으로 쓰이기 때문이다. **누구에게나** 정당화되는 확신은 전혀 흥미롭지 않다. 그러한 확신을 유지하기 위해서 "굴하지 않는 용기"가 요구되지도 않을 것이다.

그러므로 우리는 "단지 상대적으로만 타당한 신념"이라는 용어를, 타락하지 않은 모든 사람들—즉 타고난 진리추구 능력이라 여겨지는 이성이나, 타고난 올바름 탐지장치로 여겨지는 양심이 사악한 정념과 통속적 미신과 저열한 편견을 극복하기에 충분히 강한 모든 사람들—에게 정당화될 수 있는 진술과 대비되는 것이라고 보아야 할 것이다. "절대적 타당성"이라는 관념은, 자아가 신적인 것과 공유하는 부분과 동물적인 것과 공유하는 부분으로 아주 잘 구분되어 있다는 가정을 전제하는 경우 이외에는 아무런 의미도 갖지 못한다. 그러나 만일 이성과 정념, 혹은 이성과 의지 간의 이 대립을 받아들인다면, 우리 자유주의자들은 스스로에 반대하며 선결문제 요구의 오류에 빠지게 될 것이다. 사람을 이성과 정념으로 나누지 **말라**는 프로이트와 벌린의 견해에 동의하는 우리들은 "합리적 이유가 있는 확신"과 "합리적 이유reason가 아니라 원인cause에 의해 초래된 확신" 간의 전통적인 구별을 폐기하거나, 혹은 적어도 그 사용을 제한해야 할 필요가 있다.

그 사용을 제한하는 최선의 길은 설득의 합리적 형태와 비합리적 형태 간의 대립을 언어 행위에서 일어나는 흥미롭고도 중요한 전환에는 적용하려 들지 말고 하나의 언어놀이 내부로 국한시키는 일이다. 만일 우리가 1장의 핵심 주장, 즉 최종적으로 관건이 되는 것은 신념의 변화가 아니라 어휘의 변화이며, 진리치를 부여하는 일이 아니라 진리치 후보를 변화시키는 일이라는 주장을 수용한다면, 그렇게 제한된 합리성restricted rationality의 관념이야말로 우리가 스스로에게 허용할 수 있는 전부일 것이다. 한 언어놀이 내부에서, 즉 무엇이 가능하며 중요한가에 대한 일련의 동의로 이루어진 테두리 안에서, 우리는 한편으로 신념을 갖게 하는 합리적 이유와 다른 한편으로 이치에 맞지 않는 신념을 갖게 하는 원인을 유용하게 구별해낼 수 있다. 우리는 그런 구별을 할 때 소크라테스적인 대화와 최면적인 암시의 차이처럼 명약관화한 차이에서부터 출발한다. 그러고서 좀 더 애매한 사례들, 가령 세뇌, 미디어의 과대선전, 마르크스주의자들이 "허위의식"이라 부르는 것 등을 다룸으로써 그 구별을 확고히 해나간다. 확신컨대 설득과 강요 간에 명백한 경계선을 그을 수는 없으며, 따라서 변화된 신념의 원인이자 이유이기도 한 것과 "순전히" 원인인 것 간에 명확한 경계선을 그을 수도 없다. 그러나 그 구분은 대부분의 구분들보다 덜 애매모호하다.

하지만 우리가 어떻게 해서 한 어휘에서 다른 어휘로, 주도적인 이 메타포에서 주도적인 저 메타포로 옮겨가는가를 묻게 되면, 이유와 원인 간의 구분은 효용성을 잃게 된다. 낡은 언어로 말하며 변화를 원치 않는 사람들, 낡은 언어로 말하는 것을 합리성과 도덕성의 품질보증서로 여기는 사람들은 새로운 메타포에 대한 호소, 가령 급진주의자나, 젊은 세대나, 아방가르드들이 행하고 있는 새로운 언어놀이를 모조리 **비합리적인** 것으로 간주할 것이다. 새로운 방식으로 말하기가 인기 있는 까닭을 "유행"이나 "반란의 요구"나 "퇴폐"의 문제로 보게 될 것이다. 사람들이 왜 그런 방식으로 말하는가에 관한 물음은 대화의 한계선 이하에 해당되는 것, 즉 심리학자나 혹은 필요하다면 경찰이 담당해야 할 일로 취급될 것이다. 그와는 반대로 새로운 언어를 사용하고자 애쓰는 사람들, 새로운 메타포를 문자화하려는 사람들의 관점에서는 낡은 언어에 집착하려는 사람들이야말로 비합리적으로 보일 것이다. 즉 정념, 편견, 미신, 과거 집착 따위의 희생자로 말이다. 양측의 철학자들은 도덕 심리학이나 인식론이나 언어철학 등을 발전시켜서 이와 같이 대조되는 이유/원인 간의 구분을 더 부채질하게 도와줄 수 있으며, 그 이론들은 상대편을 나쁜 쪽으로 내몰게 될 것이다.

현재 우리가 사용 중이며 특정한 역사적 조건 속에 놓여 있는 일시적인 어휘 바깥에는 이 어휘를 판단하기 위한 아무런 입지standpoint도 존재하지 않는다는 주장을 수용한다는 것은, 특정한 진술을 믿게 해주는 언어 내부의 합리적 이유들이 있다는 발상은 물론이고 특정한 언어 사용을 정당화해주는 합리적 이유들이 있다는 발상도 포기하는 일이다. 이것은, "합리적"이라는 말이 어휘들에 대해 중립적임을 뜻하는 한, 지적인 진보나 정치적인 진보가 합리적이라는 발상을 포기하는 일에 해당된다. 그렇지만 유럽 역사에서 일어난 위대한 지적, 도덕적 진보들—

기독교, 갈릴레이의 과학, 계몽주의, 낭만주의 등등—이 모두 운 좋은 일시적 비합리성이었다고 말하는 것은 터무니없을 것이기 때문에, 합리/비합리의 구분은 과거에 그렇게 보였던 것보다 덜 유용하다는 점을 교훈으로 도출해야 할 것이다. 개인에게 그렇듯이 공동체에 대해서도 그와 같은 진보는 낡은 낱말을 전제로 논변하는 문제일 뿐 아니라 새로운 낱말을 사용하는 문제임을 우리가 일단 깨닫고 나면, 우리는 "합리성", "규준", "논변", "정초", "절대성" 따위의 관념을 중심으로 한 비판적 어휘가 낡은 것과 새로운 것 사이의 관계를 서술하는 데에는 지극히 부적절하다는 것을 깨닫게 된다.

데이비슨은, 비합리성에 관한 프로이트의 설명을 논하는 논문의 결론부에서 다음과 같은 점을 강조하고 있다. 즉 "합리성의 절대적 규준"이란 관념을 포기하고 "합리적"이란 용어를 "내적 정합성"과 흡사한 것을 의미하는 용어로 사용할 때, 만일 그 용어의 적용 범위에 제한을 두지 않는다면, 우리가 칭찬하고 싶은 많은 것들을 "비합리적"이라고 불러야 할 처지에 빠질 것이라고 말이다. 특히 우리는 데이비슨이 말하듯이 "우리가 높이 평가하며, 심지어는 합리성 자체의 본질이요 자유의 원천이라고 생각해온 자기비판과 자기개선이라는 형식"조차도 "비합리적"이라고 서술해야 할 처지에 놓일 것이다. 데이비슨은 그 논점을 다음과 같이 말하고 있다.

내가 마음속에 두고 있는 것은 특별한 종류의 2차적 욕구나 가치이며, 그것이 일으키는 행위이다. 이것은 어떤 사람이 자신의 욕구 중 일부에 대해 긍정적 혹은 부정적 판단을 내리고, 이 욕구를 변화시키고자 행위할 때 생겨난다. 변화를 받는 욕구의 관점에서 보면, 변화에는 아무런 이유도 없다. 왜냐하면 그 이유는 별개의 원천에서 유래하며, 변화를 받는 요구와 부분적으로 상반되는 어떤 고려에 근거를 두고 있기 때문이다. 행위자는 자신의 습관과 성격을 변화시키는 이유를 갖고 있지만, 그러한 이유는 변화를 겪는 견해나 가치의 내용과 견주어볼 때 필연적으로 외재적인 가치의 영역에서 유래하는 것이다. 그러므로 변화의 원인은 그것이 일으키는 변화에 대해서 이유일 수는 없다. 비합리성을 설명할 수 없는 이론은 자기비판과 자기개선에서 우리들이 행하는 건전한 노력과 이따금씩의 성공도 설명할 수 없는 이론일 것이다.[5]

만일 자기비판과 자기개선이 주요한 최상위 수준의 욕구들, **참된** 자아의 욕구들, 우리 인간성에 중심적인 욕구들로 이루어진 개념체계 내에서 항상 발생한다면, 데이비슨은 물론 틀리게 될 것이다. 왜냐하면 그때에는 1차적 수준의 욕구와 2차적 수준의 욕구 간의 경합을 그러한 최상위 수준의 욕구들이 중재하고 또 합리화할 것이기 때문이다. 그러나 데이비슨은 그와 같은 최상위 수준의 욕구들이란 너무 추상적이고 공허한 것이어서 중재할 아무런 힘도 갖지 못한다고 가정하고 있는데(최상위 수준의 욕구들은 "나는 선하고 싶다", "나는 합리적이고 싶다", "나는 진리를 알고 싶다" 등으로 정형화된다), 나는 그 가정이 옳다고 생각한다. 무엇을 "선"이나 "합리성"이나 "진리"로 **간주**할 것이냐가 1차적 수준의 욕구와 2차적 수준의 욕구 간의 경합에 의해 결정될 것이므로, 선의를 향한 상위 수준의

---

5 Donald Davidson, "Paradoxes of Irrationality," in *Philosophical Essays on Freud*, ed. Richard Wollheim and James Hopkins (Cambridge University Press, 1982), p. 305.

간절한 항변은 그러한 경합에 개입할 능력이 없다.

만일 데이비슨이 옳다면 벌린과 슘페터에 반대하여 통상 제기되는 가정은 잘못된 것이다. 그러므로 우리는 "만일 자유란 것이 도덕적으로 특권적 지위를 갖지 않는다면, 만일 그것이 단지 많은 가치들 가운데 하나에 불과하다면, 자유주의에 대해서는 뭐라고 말할 수 있겠는가?"와 같은 물음을 제기하게 해주는 최상위의 개념체계가 존재한다는 가정을 할 수 없을 것이다. 우리는 자유주의자들이 역사의 우연성을 뛰어넘어 근대 자유주의 국가가 시민들에게 제공하는 개인의 자유를 단순히 또 하나의 가치라고 여길 수 있어야 한다고 가정할 수가 없다. 또한 그러한 자유를 다른 후보 가치들―가령 한때 나치들이 독일인들에게 제공했던 국가의 목적에 대한 의미, 혹은 종교전쟁을 고취시켰던 신의 의지에 부합하는 의미 등―과 나란히 자리매김하고, 그러고서 "이성"을 사용해 다양한 후보들을 면밀히 조사하여 그중 어느 것이 "도덕적으로 특권적인가"를 발견해내는 것이 합리적인 일이라고 가정할 수도 없다. 우리가 올라설 수 있는 어떤 입지가 존재한다는 가정만이 "만일 어떤 이의 확신이 단지 상대적으로만 타당하다면, 왜 그 점에 굴하지 않고 그것을 지켜가는가?"라는 물음에 의미를 부여한다.

그와는 반대로 새로운 메타포들이 신념을 변화시키는 이유가 아니라 원인이라는 데이비슨의 주장과, 새로운 메타포들이 지적 진보를 가능케 했다는 헤시Mary Hesse의 주장을 받아들인다면, "상대적으로만 타당하다"는 슘페터의 구절도 또 "상대주의자의 곤경"이라는 관념도 부적절한 것으로 보이게 될 것이다. 가령 신이 존재하지 않는다고 생각하는 사람에게는 신에 대한 불경죄가 없는 것처럼, 데이비슨과 헤시의 주장을 받아들인 사람에게는 "상대주의자의 곤경"과 같은 것은 없다. 왜냐하면 우리에게 책임을 지우는 더 상위의 입지, 그것의 계율을 범하여 우리가 죄를 짓게 되는 더 상위의 입지란 존재하지 않을 것이기 때문이다. 어느 가치가 도덕적 특권을 갖는가를 살펴보기 위해 경쟁적 가치들을 면밀히 조사하는 그런 활동은 성립될 수 없다. 왜냐하면 우리가 채용해왔던 언어, 문화, 제도, 관행을 뛰어넘어 이 모든 것을 다른 것들과 동등하게 볼 수 있는 길은 없기 때문이다. 데이비슨이 말하듯이, "언어를 말한다는 것은 (…) 사람이 사고 능력은 유지하면서도 잃어버릴 수 있는 그런 특질이 아니다. 그러므로 누군가가 일시적으로 자신의 개념체계에서 탈피하여 여러 개념체계들을 비교할 수 있는 유리한 위치를 차지할 가능성은 없다."[6] 혹은, 같은 논점을 하이데거식으로 말하자면, "언어가 인간을 통해 말하며" 언어는 역사의 경과에 따라 변화하므로, 따라서 인간 존재는 자신의 역사성을 탈피할 수가 없다. 그들이 기껏 할 수 있는 것이라곤 다음에 올 시대의 단초를 만들기 위해 자신의 시대 내에 있는 긴장들을 조작하는 일뿐이다.

그러나 만일 샌델의 물음에 전제되어 있는 것들이 옳다면, 데이비슨과 하이데거는 물론 틀리게 된다. 그 경우 데이비슨적이며 비트겐슈타인적인 언어철학—언어란 참된 세계나 참된 자아의 참된 모습을 점차 획득해가는 매개물이 아니라 역사적 우연성이라는 설명—은 선결문제 요구의 오류를 범하게 된다. 만일 우리가 샌델의 물음을 수용한다면, 그와 같은 언어철학 대신에 이성의 후견인 역을 하며, 도덕성/이해타산

6 Davidson, *Inquiries into Truth and Interpretation*, p. 185.

성의 구분을 유지하고, 따라서 샌델의 물음을 의미 있게 해주는 언어철학과 인식론과 도덕심리학을 요청해야 할 것이다. 그렇게 되면 우리는 언어를 보는 다른 방식, 즉 언어를 저 바깥의 세계(혹은, 적어도 자아의 심층, 즉 낮은 수준의 갈등을 판결하는 영속적이고, 초역사적이며, 최상위 수준의 욕구들이 발견되는 곳)에 있는 진리를 발견하기 위한 매개물로 취급하는 방식을 원하게 될 것이다. 우리는 주관/객관, 도식/내용의 탐구 모형, 데이비슨과 하이데거가 진부한 것이라고 묘사한 그 모형을 다시 정비하기를 원하게 될 것이다.

그런데 "그걸 어떻게 아는가?"라고 묻는 것이 항상 적절하다고 보는 전통적인 견해와, "왜 그런 방식으로 말하는가?"라고 묻는 것이 때로는 우리가 할 수 있는 전부라고 보는 그런 견해 사이의 교착상태를 해소할 길은 과연 있는가? 그런 국면에 철학이 발을 들여 놓으면서 그 쟁점을 판결할 중립적인 근거를 발견해낼 수 있을 것이라고 말한다면, 하나의 학문분야로서의 철학은 스스로를 우스꽝스럽게 만들고 말 것이다. 그런 일은 철학자들이 모종의 중립적인 근거를 찾아내는 데 성공했던 것과 같은 종류의 일이 아니다. 철학자들은 그러한 교착상태를 깨뜨릴 **단 한 가지의** 방식이나, 뒤로 물러나서 전체를 조망하기에 적절한 단 하나의 입지라는 것은 존재하지 않는다고 인정하는 편이 더 나을 것이다. 오히려 대화 주제들이 다양한 만큼 교착상태를 깨뜨리는 방법들도 다양하다. 우리는 인간성에 관한 상이한 패러다임들, 가령 시인과 대비되는 관조자, 아니면 우연을 자신의 운명을 결정할 가치가 있는 것으로 수용하는 사람과 대비되는 경건한 사람 등을 통해 그 쟁점에 접근할 수 있다. 혹은 친절함의 윤리라는 관점에서 접근하여, 만일 우리 모두가 "절대적 타당성"에 관한 염려를 그만두면 과연 잔인성과 불의가 감소할 것인가를 묻거나, 아니면 반대로 그러한 염려만이 강자로부터 약자를 굴하지 않고 옹호하기에 충분할 만큼 과연 우리의 성격을 확고하게 견지해주는가를 물을 수도 있다. 혹은, 내 생각으로는 헛된 일로 보이지만, 인류학의 견지에서 접근하여 과연 "문화적 보편성"이 있는가를 묻거나, 심리학의 견지에서 접근하여 과연 심리적 보편성이 있는가를 물을 수도 있을 것이다. 이렇듯 그 입지들이 부지기수로 다양하고, 그 쟁점에 관해 엄청나게 많은 옆길의 방식들로 자신의 논적을 앞질러 나가고자 노력하기 때문에, 실천적인 문제에서는 어떠한 교착상태도 결코 있을 수가 없다.

만일 특정 주제와 특정 언어놀이가 금기시된다면, 바꿔 말해 한 사회 내에 일반적인 합의가 있어서 특정 물음은 **항상** 의미가 있고, 특정 물음이 다른 물음에 우선하고, 토론의 고정된 질서가 있고, 옆길로 앞질러 가기가 허용되지 않는다면, 우리는 인위적이고 이론적인 교착상태와는 대비되는 현실적이고 실천적인 교착상태만을 갖게 될 것이다. 그러한 것이야말로 자유주의자들이 회피하고자 하는 종류의 사회요, "논리"가 지배하고 "레토릭"은 불법화된 사회일 것이다. 자유주의 사회의 이념에서 중심적인 것은 행위가 아닌 말, 힘이 아닌 설득이 유지되는 한, 무슨 일이든 허용된다는 것이다. 성서가 가르치듯이 '진리'는 위대하며 영원하리라는 이유 때문에, 혹은 밀턴John Milton의 제안처럼 '진리'는 자유롭고도 개방된 만남에서 항상 승리할 것이라는 이유 때문에, 이러한 개방적 태도가 방해를 받아서는 안 된다. 개방적 태도는 그 자체를 위해 육성되어야 한다. **자유주의 사회란 그렇듯 자유롭고도 개방된 만남의 결과가**

무엇이든 간에 그것을 "참"true이라고 부르는 데 만족하는 사회이다. 이것이
바로 자유주의 사회에 "철학적 정초"를 제공하려는 노력이 그릇된 기여
를 하는 이유이다. 왜냐하면 그러한 정초를 제공하려는 노력은, 낡은 어
휘와 새로운 어휘 간의 만남보다 선행하며 그 만남에서 얻게 되는 결과
보다 우선시되는, 주제와 논변에서의 어떤 자연적 질서를 전제하고 있
기 때문이다.

　이 마지막 논점은 앞에서 내가 제기한 더 큰 주장, 즉 자유주의 문
화는 정초들의 묶음이 아니라 개선된 자기서술을 필요로 한다는 주장
으로 되돌아가게 해준다. 자유주의 문화가 그러한 정초를 꼭 가져야 한
다는 발상은 계몽주의적 과학주의의 산물이었으며, 그것은 또한 비인
간적인 어떤 권위에 의해 떠맡겨진 인간적 프로젝트를 가져야 한다는
종교적 요구의 잔존물이었다. 18세기의 자유주의 정치사상이 스스로를
당대에 가장 유망한 문화적 발전 즉 자연과학과 연합시키고자 한 것은
자연스런 일이었다. 그러나 불행하게도 계몽주의는 성직자로서의 과학
자라는 그림, 즉 "논리적", "방법적", "객관적"이 됨으로써 비인간적 진
리와 접촉을 이뤄낼 수 있는 사람이라는 그림을 중심으로 그 정치적 레
토릭의 많은 부분을 직조했다.[7] 이것은 그 당시에는 유용한 방책이었지
만, 오늘날에는 덜 유용하다. 왜냐하면 첫째로, 과학은 더 이상 문화에
서 가장 흥미롭거나 유망하거나 고무적인 영역이 아니기 때문이다. 둘

7　이 논점에 대한 상론은 나의 논문 "Science as Solidarity," in *The Rhetoric of the Human Sciences*, ed. John S. Nelson et al. (Madison: University of Wisconsin Press, 1987), pp. 38-52와 "Pragmatism Without Method," in Sidney Hook: *Philosopher of Democracy and Humanism*, ed. Paul Kurtz (Buffalo: Prometheus Books, 1983), pp. 259-273을 볼 것.

째로, 과학자들에 관한 그러한 그림이 과학의 실제 성취와 무관하다는 것, 즉 "과학적 방법"이라 불리는 것을 추출해내려는 노력이 부질없다는 것을 과학사가들이 분명히 해주었기 때문이다. 18세기 말엽 이후로 과학은 수천 배나 성장했으며 그럼으로써 그것 없이는 결코 실현될 수 없었던 정치적 목표의 실현을 가능케 해주었지만, 그럼에도 불구하고 과학은 문화적 삶의 배경으로 물러났다. 이러한 퇴조는 다양한 과학이 수행되는 데 필요한 다양한 언어를 마스터하는 어려움이 증가한 데서 주로 기인한다. 그러한 현상은 개탄할 일이 아니라 오히려 대처해가야 할 일이다. 우리는 문화의 최전선을 **이루는** 영역들, 즉 젊은이들의 상상력을 자극하는 영역들, 말하자면 예술과 유토피아 정치로 관심을 전환함으로써 그렇게 할 수 있다.

　1장의 서두에서 나는, 프랑스 혁명과 낭만주의 운동은 언어적 혁신의 역할을 역사에서 점차 높이 평가하기에 이른 시대를 개막했다고 말했다. 그러한 평가는, 막연하며 오해의 소지가 있지만 함축적이며 영감이 풍부한 생각, 즉 진리는 발견되는 것이 아니라 만들어진다는 생각으로 요약된다. 또한 나는 문예와 정치야말로 동시대 지성인들이 수단이 아니라 목적을 염려한다면 눈여겨보아야 할 영역들이라고 말했다. 이제 나는 이 영역들이야말로 거기에서 우리가 자유주의 사회의 헌장을 찾아내야 할 분야라는 소결론을 덧붙일 수 있게 되었다. 우리는 계몽주의의 희망처럼 문화 전체가 "합리화"되거나 "과학화"되는 것이 아니라, 문화 전체가 "시적인 것"poeticized이 될 수 있으리라는 희망으로 자유주의를 재서술해야 한다. 바꿔 말해서 모든 사람들이 "정념"이나 환상을 "이성"으로 대신할 것이라는 희망을, 각 개인들의 특이한 환상들이 성취될 기회가 동등해질 것이라는 희망으로 대체할 필요가 있다.

내 견해로는, 이상적인 자유주의 정치 형태는 전사戰士, 성직자, 현자賢者, 또는 진리를 추구하는 "논리적"이고 "객관적"인 과학자가 아니라 블룸의 "대담한 시인"을 그 문화적 영웅으로 삼는다. 그러한 문화는 벌린에 대한 샌델의 물음이 전제하는 것들을 소중히 여기는 계몽주의의 어휘를 그만두게 될 것이다. 그러한 문화는 "상대주의"와 "비합리주의"라 불리는 망령에 더 이상 시달리지 않게 될 것이다. 그러한 문화는 문화적 생활양식이 그것의 철학적 정초보다 더 강하지 않다고 가정하지도 않을 것이다. 오히려 그러한 문화는 철학적 정초라는 발상을 폐기해버릴 것이다. 그러한 문화는 자유주의 사회를 정당화하는 문제란 단지 사회 구성 방식에 대한 다른 시도들—과거의 시도들과 유토피아 주창자들이 꿈꾸는 시도들—과의 역사적 비교를 통해 판가름될 문제라고 간주할 것이다.

그러한 정당화로 충분하다는 생각은 어휘들, 심지어 우리가 가장 진지하게 간주하는 낱말들도 포함하고 있는 모든 어휘들, 즉 우리의 자기서술에 가장 본질적인 어휘들조차도 인간의 창안물이며 시, 유토피아 사회, 과학이론, 미래 세대 등과 같은 다른 인간적 가공품들을 창안하기 위한 도구라는 비트겐슈타인의 주장에서 그 귀결을 도출해내는 일이다. 실로 그것은 그러한 생각을 중심으로 자유주의의 레토릭을 구축하는 일이다. 이것은 나치나 마르크스주의자와 같은 자유주의의 적들이 논변의 막다른 벽에 몰려서 논박될 수 있으며, 자유주의의 자유에는 그들의 가치관이 갖지 못한 "도덕적 특권"이 있다고 그들이 인정하도록 몰아붙임으로써 자유주의가 정당화될 수 있다는 발상을 포기하는 것을 의미한다. 내가 권장해온 견해에서 보자면 그런 방식으로 반대자를 논변의 막다른 벽에 몰아붙이려는 어떠한 시도도 그가 내몰린 막다른 벽이 또 하나의 어휘, 달리 말해서 사물을 서술하는 또 하나의 방식이라고 보이게 될 때 실패하고 만다. 그때 그 막다른 벽은 단지 그려진 배경, 인간이 만든 또 하나의 작품, 또 하나의 문화적 무대장치로 드러나게 된다. 시적인 문화poeticized culture는 그려진 벽들의 뒤에 있는 진정한 벽, 단지 문화적 가공품으로 이루어진 주춧돌과는 대조되는 진리의 진정한 초석을 우리가 발견한다고 주장하지 않을 것이다. 시적인 문화는 **모든** 초석이 그와 같은 가공품이라고 평가함으로써 예전보다 훨씬 더 다양하고 복합적인 색조를 가진 가공품들을 창안하는 일을 그 문화의 목표로 삼을 것이다.

요컨대 벌린의 입장이 "상대주의적"이라는 주장을 따져본 나의 논의에서 내가 도출하고자 하는 교훈은, 그 혐의는 대답되지 말아야 하며 오히려 회피되어야 한다는 것이다. 우리는 마치 "존스가 당신의 친구가 될 만하다고 당신은 어떻게 **아는가?**"나 "예이츠는 중요한 시인이며, 헤겔은 중요한 철학자이고, 갈릴레이는 중요한 과학자라는 것을 당신은 어떻게 **아는가?**"와 같은 물음을 싹 무시하는 것과 마찬가지로, "자유가 사회 조직 방식의 주요한 목표라는 것을 당신은 어떻게 **아는가?**"와 같은 물음을 싹 무시해버리는 법을 배워야 한다. 우리는 사회제도에 대한 헌신이란 친구나 영웅을 선택하는 것과 마찬가지로, 일반적으로 받아들여지는 낯익은 전제들에 의거해 정당화될 문제가 아니며 또 임의적인 것도 아니라고 보아야 한다.[8] 그러한 선택은 규준에 의거해 이루어지지 않는다. 그러한 선택은 아무런 전제도 없는 비판적 반성에 의해서 선행될 수 없으며, 특정한 언어와 특정한 역사적 맥락 바깥에서 수행될 수도 없다.

　내가 "우리는 이런 일을 해야 한다"거나 "우리는 저런 일을 할 수 없다"고 말할 때, 나는 물론 어떤 중립적인 관점에서 말하고 있는 것은 아니다. 나는 벌린을 편들어 말하고 있으며, 몇 가지 철학적 덤불들을 치워버림으로써 벌린의 입장을 위한 밑작업 일꾼underlaborer으로 봉사하고자 애쓰고 있다. 이 "밑작업 일꾼"이란 메타포를 창안했던 로크John Locke가 질료형상론과 입자론 사이에서 중립적일 수 없었던 것과 마찬가지로, 이만큼 중대한 정치적 문제에 관해서는 나도 더 이상 중립적일 수 없으며, 철학도 더 이상 중립적일 수 없다. 그러나 이 맥락에서 내가 중립성은 본질적 요구사항이 아니라고 말할 때, 나는 이것을 중립적인 철학적 관점에서 말하고 있는 것은 아니다. 과거의 철학자들이 중립성을 추구한 것은 잘못이었음을 최근에 데이비슨의 언어철학이나 쿤의 과학철학이 증명했다고 주장함으로써 내가 자유주의의 정초를 수립하고 있는 것도 아니다. 내가 말하고자 하는 바는 쿤, 데이비슨, 비트겐슈타인, 듀이 등이 낯익은 현상들에 대한 재서술을 제공해준다는 것이며, 전반적으로 볼 때 이러한 재서술은 대안적인 정치 제도와 이론에 대한 벌린

8　나는 인지적인 것과 비인지적인 것 간의 구분을 부활시키자고 제안할 생각이 없다. 더구나 사회제도에 대한 헌신을 후자의 범주에 부과하자고 제안할 생각도 없다. 나는 데이비슨과 더불어 (실증주의자에게는 "인지적 지위"의 징표인) 참과 거짓의 구분이 "지구는 태양의 주위를 돈다"와 같은 진술에 적용되듯이, "예이츠는 위대한 시인이다"와 "민주주의는 독재보다 더 낫다"는 진술에도 적용 가능하다고 본다. 내가 앞에서 열거한 "…을 당신은 어떻게 **아는가?**"라는 형태의 물음에 대한 나의 논점은 그러한 문제에 대한 의심을 침묵시킬 실천적인 방도란 없다는 것뿐이다. 그러한 물음을 캐묻는 사람들은 도덕적 중요성을 지닌 문제라면 결코 아무도 가질 것 같지 않은 인식론적 입장을 추구하고 있다.

의 서술방식을 지지해준다는 것이다. 이 철학자들은 정치적 자유주의에 대한 재서술을 제공하는 데 도움을 주지만, 정치적 자유주의 또한 그 철학자들의 활동에 대한 재서술—철학적 탐구를 이끄는 자연적 질서란 없다는 것을 우리가 알게 해주는 재서술—을 제공하는 데 도움을 준다. 우리에게 언어에 대해서, 신념과 지식에 대해서, 인간임에 대해서, 마지막으로 사회에 대해서 올바로 접근하는 길을 우선적으로 제공해주는 것은 아무것도 없다. "제1철학" 같은 것은 없으며 형이상학도, 언어철학도, 과학철학도 제1철학이 아니다. 그러나, 마지막으로 재론하지만, 철학 자체에 관한 그러한 주장 역시도 동일한 이유 때문에, 즉 지난날의 필요에 부응했던 어휘의 찌꺼기를 치워버리고 현대 자유주의 문화에 고유한 어휘를 제공하려는 동일한 이유 때문에 만들어진 또 다른 용어상의 제안일 뿐이다.

어휘와 도구의 유사성에 관한 비트겐슈타인의 유비類比를 다시 한 번 언급함으로써 나는 철학적 중립성에 대한 이러한 포기 선언을 아마도 정치적 자유주의의 관심사에 더 잘 들어맞게 만들 수 있을 것이다. 1장에서 나는 이렇게 말했다. 어휘와 도구의 비교에서 문젯거리는 도구의 경우에는 새로운 도구를 디자인한 사람이 그 도구가 무엇에 유용하며 왜 그가 그것을 원하는지를 통상 미리 설명할 수 있으나, 그와는 대조적으로 새로운 형태의 문화적 삶 즉 새로운 어휘를 창안하는 경우에는 오직 소급적으로만 그 유용성이 설명될 수 있다고 말이다. 그것을 어떻게 사용할 것인가를 곰곰이 궁리 중일 때에는 기독교나, 뉴턴주의나, 낭만주의 운동이나, 정치적 자유주의를 우리는 하나의 도구로 볼 수가 없다. 왜냐하면 그것이 수단으로 쓰일 명확하게 정식화된 목적이 아직 없기 때문이다. 그러나 일단 이러한 운동들의 어휘를 우리가 어떻게 사용할 것인가를 궁리하여 정하고 나면, 특정한 메타포들을 문자화한 것이 최근에 발생된 모든 좋은 일을 어떻게 가능하게 했는가를 밝혀주기 때문에 우리는 진보의 이야기를 말할 수 있다. 게다가 우리는 이제 이 모든 좋은 일을 더 일반적인 좋은 일, 즉 그 운동이 봉사하고 있는 전반적인 목적의 특정한 사례들로 볼 수가 있다. 이 마지막 과정이 바로 철학에 대한 헤겔의 정의, 즉 "당신의 시대[當代]를 사상 속에 담는 것"이었다. 나는 이 정의가 의미하는 바를 이렇게 이해한다. "당신이 가장 흔쾌히 동의하며, 어떤 것에도 굴하지 않고 당신과 동일시하는, 당신의 시대에 특징적인 모든 것에 대한 서술, 즉 당신의 시대에 이르기까지의 역사적 발전들이 수단으로 쓰이는 바로 그 목적을 서술하는 데 봉사할 어떤 서술을 찾아내는 일"이라고 말이다.

이와 같은 "철학"의 의미에 따르면, 헤겔의 말처럼 "철학은 삶의 한 양식이 낡게 되었을 때라야 비로소 그 잿빛 위에 잿빛을 덧칠한다." 기독교는 그 목적이 잔인성의 완화란 것을 알지 못했으며, 뉴턴은 그의 목적이 근대적 테크놀로지란 것을 알지 못했고, 낭만주의 시인들은 그들의 목적이 정치적 자유주의 문화에 적합한 윤리의식의 발전을 위한 기여란 것을 알지 못했다. 그러나 지금의 **우리는** 이러한 것들을 안다. 왜냐하면 나중에 온 우리는 실제로 진보를 만든 자들은 할 수 없었던 일, 즉 진보에 관한 이야기를 말할 수 있기 때문이다. 우리는 진보를 만든 사람들을 발견자가 아니라 도구의 창안자로 볼 수 있다. 왜냐하면 우리는 그 도구를 사용한 결과가 낳은 산물에 대해 명확한 의미를 갖고 있기 때문이다. 그 산물이란 바로 **우리들**이요, 달리 말하자면 우리의 양심, 우리의 문화, 우리의 삶의 양식이다. 우리를 가능케 했던 사람들은 그들이 가능케 했던 바가 무엇인지 직시하지 못했으며, 따라서 그들의 노력이 수단으로 쓰이는 그 목적을 서술할 수도 없었다. 그러나 **우리는** 그렇게 할 수 있다.

이제 이 논점을 정치적 자유주의와 계몽주의적 합리주의 간의 관계라는 특정한 사례에 적용해보자. 이 관계는 호르크하이머와 아도르노의 공저 『계몽의 변증법』*Dialectic of Enlightenment*의 핵심 주제였다. 그들은 계몽주의에 의해 해방된 여러 힘들이 계몽주의 자체의 확신을 손상시켰다고 (내 생각에는 정확히) 지적했다. 지난 두 세기 동안 계몽주의 관념들이 승리를 누리는 과정에서, 그 두 사람이 계몽주의의 "해체적 합리성"dissolvant rationality이라고 불렀던 것이 18세기가 당연시했던 "합리성"이란 관념과 "인간 본성"이란 관념을 손상시켰다. 그들은 자유주의가 이제 철학적 정초를 잃고서 지적으로 파산해버렸으며, 자유주의 사회는 사회적 결속력을 잃고서 도덕적으로 파산해버렸다고 결론지었다.

하지만 그 추론은 잘못된 것이다. 호르크하이머와 아도르노는 역사적 발전을 시작한 사람들이 자기네들의 기획을 서술한 용어가 그 기획을 올바로 서술해주는 용어terms로 남아 있다고 가정하고 나서는, 그 말투terminology를 해소하는 일이 그러한 발전의 결과가 지속적으로 존재할 권리나 가능성을 박탈하는 일이라고 추론했다. 그러나 결코 이런 경우란 거의 없다. 그와는 반대로, 새로운 형태의 문화적 삶을 창설한 사람들에 의해 사용된 용어들은 대개 그들이 대체시키길 갈망하는 문화의 어휘에서 빌려온 것들로 이루어졌을 것이다. 새로운 형태가 낡은 것이 되어버렸을 때, 즉 그 자체가 아방가르드의 공격 목표가 되었을 때,

그때라야 비로소 그 문화의 말투는 형태를 갖추기 시작한다. 원숙한 문화가 자문화와 타문화를 부당하게 비교하는 말투, 자문화를 옹호하고 변호하는 말투는 그 문화를 탄생시키는 데 사용되었던 그 용어들과 같지 않을 것이다.

호르크하이머와 아도르노는 그들이 지배자들에 의한 언어적 통치의 도구라고 보았던 사회의 철학적 정초가 계몽주의적 회의론에 의해 손상되어버린 방식에 대해 경탄할 만한 설명을 해준다. 그들은 이렇게 말한다.

> 궁극적으로 계몽주의는 [사회적 통합의] 상징들뿐 아니라 그 계승자인 보편적 개념들마저도 소모해버렸으며, 그래서 형이상학의 잔존물을 하나도 남기지 못했다. (…) 개념들이 계몽주의를 맞이하게 된 그 상황은 마치 사적 수단만을 지닌 사람들이 거대한 산업 트러스트를 맞이하게 된 것과 흡사한데, 그것은 아무도 안전하다고 느낄 수 없는 상황이다.[9]

이와 같은 해소를 견뎌내지 못했던 구분들 가운데에는 "절대적 타당성 대 상대적 타당성"과 "이해타산성에 대비되는 도덕성"이 포함되어 있다. 호르크하이머와 아도르노가 말하고 있듯이, 계몽주의의 정신은 "아무리 특별한 이론적 견해도 단지 하나의 신념에 불과하다고, 그래서 심지어는 영혼이나 진리 그리고 실로 계몽주의 그 자체도 정령숭배적인

---

9 Max Horkheimer and Theodor W. Adorno, *Dialectic of Enlightenment*, trans. John Cumming (New York: Seabury Press, 1972), p. 23.[『계몽의 변증법』, 김유동 옮김, 문학과지성사, 2001]

마술이 되어버릴 만큼의 파괴적인 비판에 굴복하도록" 명령했다.[10] 이 논점을 나의 말투로 바꾸자면, 아무리 특별한 이론적 견해도 단지 또 하나의 어휘, 또 하나의 서술, 또 하나의 말하기 방식에 불과하다고 보이기에 이르렀다는 것이다.

호르크하이머와 아도르노는 이 과정 속에서 문명이 살아남지 못할 것 같다고 생각했으며, 리쾨르Paul Ricœur가 "의심의 해석학"이라고 적절하게 명명했던 일, 즉 어떤 새로운 이론적 제안이 현상 유지를 위한 또 하나의 변명이 될 것인가를 끊임없이 지켜보는 일 말고는 도움이 될 만한 어떤 제안도 할 수 없었다. 그들은, "만일 진보의 파괴적 측면에 대한 숙고가 진보의 적들에게만 내맡겨져 있다면, 맹목적으로 실용화된 사유는 지양시키는 힘을 잃게 될 것이며 이에 따라 진리에 대한 관계도 상실하고 말 것이다"라고 말했다.[11] 그러나 그들은 진보의 친구들에게는 아무런 제안도 하지 못했다. 그들은 합리성의 해체적 성격과 계몽주의의 자기파괴적 성격에 대한 이해를 십분 활용하고 또 포함할 수 있는 문화에 대한 유토피아적 비전을 갖고 있지 않았다. "실용화된 사유"가 어떻게 해서 맹목성을 멈추고 안목이 트이게 될 것인가를 그들은 밝히고자 노력하지 않았다.

그러나 다른 여러 저술가들—계몽주의적 합리주의는 배제하지만 계몽주의적 자유주의는 보유하길 원했던 사람들—은 바로 그러한 일을 했다. 존 듀이, 마이클 오크숏Michael Oakeshott, 존 롤스 등은 모두 자유주의의 "철학적 정초"로 쓰이게 될 초역사적이며 "절대적으로 타당한"

10   Ibid., p. 11.
11   Ibid., p. xiii.

개념이라는 아이디어를 손상시키는 데 도움을 주었다. 하지만 그들 각자는 이런 손상이야말로 자유주의 제도들을 강화시키는 길이라고 생각했다. 만일 그와 같은 정초를 통해 자유주의 제도들이 스스로를 옹호해야 할 필요성에서 해방된다면 그 제도들은 훨씬 더 나아질 것이라고, 바꿔 말해서 "자유의 특권적 지위는 무엇으로 이루어졌는가?"와 같은 물음에 대답하지 않음으로 해서 훨씬 더 나아질 것이라고 그들은 주장했다. 그 세 철학자들은 우리의 관행에 대한 순환적 정당화, 즉 우리 문화의 다른 특징을 언급함으로써 우리 문화의 한 특징을 좋게 보이도록 하는 정당화, 혹은 우리 자신의 기준에 의거하여 다른 문화를 부당하게 우리 문화와 비교하는 것이야말로 우리가 얻게 될 유일한 정당화라고 흔쾌히 인정할 것이다. 내가 제안하려는 점은 그와 같은 저술가들을 계몽주의의 자기취소적이며 자기성취적인 승리로 보자는 것이다. 그들의 실용주의는 비록 계몽주의적 합리주의에 의해서만 (좋은 변증법적 방식을 통해) 가능할 수 있었지만, 이제는 계몽주의적 합리주의와는 정반대되는 것이다. 그들의 실용주의는 원숙한 (탈과학적, 탈철학적) 계몽주의적 자유주의의 어휘로 쓰일 수 있다.

이 세 저술가들의 입장을 상기시키는 구절을 하나씩 인용해보자. 듀이는 다음과 같이 말할 때 철학에 대한 헤겔의 정의를 뒤따르고 있다.

궁극적 실재를 다룬다는 구실로 철학이 사회적 전통들에 묻혀 있는 귀중한 가치들을 점유해왔다는 점을 깨닫게 되면, 그리고 철학이 사회적 목적들의 충돌에서 비롯되며 또 전승된 제도와 거기에 양립되지 않는 현재의 경향 간의 갈등에서 비롯된다는 점을 깨닫게 되면, 장차 철학이 해야 할 과제란 당대의 사회적·도덕적 투쟁에 대한 사람들의 아이디어를 명료하게 하는 것임을 알게 될 것이다.[12]

그의 듀이 강연에서 롤스는 다음과 같이 말할 때 벌린과 듀이를 공히 뒤따르고 있다.

정의의 개념을 정당화하는 것은 그것이 우리에게 주어진 어떤 선행하는 질서에 대해 참이기 때문이 아니다. 오히려 우리 자신에 대한 우리의 깊은 이해와 열망에 그것이 부합되기 때문이며, 다시 말해 공적인 삶에 담겨진 우리의 역사와 전통을 고려할 때 그것이야말로 우리에게 가장 합당한 교의라는 우리의 깨달음에 그것이 부합되기 때문이다.[13]

끝으로 오크숏은, 듀이도 똑같이 그렇게 썼을 것 같은 한 문장에서 이렇게 말하고 있다.

도덕성이란 일반적 원리들의 체계도 아니며 규칙들의 규약도 아니라, 단지 토착어일 뿐이다. 그것으로부터 일반적 원리들이나 규칙들이 유도될 것이다. 그러나 (다른 언어와 마찬가지로) 그것은 문법학자의 창안물이 아니라, 화자話者들에 의해 만들어진다. 도덕교육에서 학습되어야 할 것은 가

---

12 John Dewey, *Reconstruction in Philosophy* (Boston: Beacon Press, 1948), p. 26.[『철학의 재구성』, 이유선 옮김, 아카넷, 2010]
13 John Rawls, "Kantian Constructivism in Moral Theory," *Journal of Philosophy* 77 (1980), p. 519.

령 좋은 행위란 공정하게 행하는 것 혹은 자비롭게 행하는 것이라고 증명하는 정리定理도 아니요, "항상 진실만을 말한다"와 같은 규칙도 아니라, 그러한 언어를 지성적으로 말하는 방법이다. (…) 그것은 행위에 관한 판단을 정식화하거나 이른바 도덕적 문제를 해결하는 어떤 장치가 아니라, 그것을 통해 우리가 생각하고, 선택하고, 행동하고, 발언하는 하나의 관행이다.[14]

오크숏에게서 따온 이 인용문은 내가 왜 도덕성과 이해타산성의 구분이나 "도덕"이라는 용어 자체가 더 이상 매우 유용한 것이 아니라고 생각하는지를 설명할 디딤판을 제공해준다. 나의 논변은 익히 알려진 반反칸트적 주장으로서, 위 인용문에서 오크숏도 전제하고 있는 것인데, "도덕의 원리들"(정언명법, 공리주의 원리 등)은 도덕적이며 정치적인 숙고를 거친 모든 범위의 제도, 관행, 어휘에 암묵적으로 의지하고 그것들을 통합해야만 요점을 갖게 된다는 것이다. 도덕의 원리들은 그러한 관행들에 대한 정당화가 아니라 그러한 관행들을 상기시키는 것이요, 축약해놓은 것이다. 그러한 관행들의 습득을 위해 도덕의 원리들은 기껏해야 교육적인 도움을 줄 뿐이다. 이 논점은 헤겔뿐 아니라 애넷 바이어Annette Baier, 스탠리 피시Stanley Fish, 제프리 스타우트Jeffrey Stout, 찰스 테일러Charles Taylor, 버나드 윌리엄스Bernard Williams 등과 같은 전통적인 도덕철학 및 법철학에 대한 최근의 비판자들에게도 공통된 논점이다.[15]

---

14 Michael Oakeshott, *Of Human Conduct* (Oxford: Oxford University Press, 1975), pp. 78-79.
15 이 점은 물론 마르크스나 마르크스주의자들에게서도 친숙한 논점이다. 하지만 불행히

만일 이 논점을 수용한다면 자연스럽게도 다음과 같은 의문을 제기하게 될 것이다. "도덕성과 이해타산성 간의 고전적인 칸트적 대비는 확실히 원리에 대한 호소와 편의성에 대한 호소 간의 대비로 이루어졌으므로, 만일 '도덕의 원리'란 관념을 우리가 폐기한다면 과연 '도덕성'이란 용어를 보유할 의의가 있겠는가?"

헤겔을 따라 오크숏은 이런 대답을 제안하고 있다. 우리가 도덕성을 우리 자신의 신적인 부분의 목소리라고 생각하는 것을 멈추고 그 대신에 그것을 공동체의 구성원이자 공통의 언어를 말하는 화자인 우리 자신들의 목소리라고 생각할 수 있을 때라야 우리는 비로소 "도덕성"이란 관념을 보유할 수 있다고 말이다. 우리가 도덕성과 이해타산성 간의 구분을 무조건적인 것에 대한 호소와 조건적인 것에 대한 호소 간의 차이로 생각하는 것이 아니라, 공동체의 이익에 대한 호소와 우리 자신의 아마도 갈등을 일으키는 사적인 이익에 대한 호소 간의 차이라고 생각한다면 우리는 그 구분을 지켜갈 수 있다. 이러한 전환이 중요한 까닭은 그것이 "우리 사회는 도덕적 사회인가?"라는 물음을 묻는 것을 불가능하게 하기 때문이다. 그것은 나와 내 공동체의 관계와 마찬가지로 내 공동체가 소속된 어떤 커다란 것이 있다는 생각을, 즉 본래적 본성을 지닌 "인간성"이라 불리는 더 커다란 공동체가 존재한다는 생각을 불가능하게 한다. 이러한 전환은 오크숏이 **우니베르시타스***universitas*[보편성]에 반대

도 그들에게서는 "이데올로기"와 "이데올로기"를 벗어난 (마르크스주의자 자신의) 사고 형태 간의 애매한 구분으로 인해 그 논점이 왜곡된다. "이데올로기"란 관념의 무용성에 대해서는 Raymond Geuss, *The Idea of a Critical Theory* (Cambridge: Cambridge University Press, 1981)[『비판이론의 이념』, 신중섭, 윤평중 옮김, 서광사, 2006] 참조.

되는 의미로 **소키에타스**_societas_[사회성]라고 명명한 것, 즉 공동의 목표에 의해 통일되어 있는 동료 영혼들의 그룹으로 인식된 사회가 아니라 상호 보호의 목적 아래 협력하는 괴짜들의 그룹으로 인식된 사회에 더 적합한 것이다.

오크숏의 대답은 월프리드 셀라스의 논제와 우연히도 일치하는데, 셀라스는 도덕성이란 그가 "우리 의식"we-intentions이라 명명한 것과 관련된 문제라고, 달리 말해서 "부도덕한 행위"의 핵심 의미는 "**우리는** 그렇게 하지 않는 행위"라고 주장한다.¹⁶ 이 설명에 의하면 부도덕한 행위란 만일 그런 행위가 저질러진다면 오직 짐승들에 의해서나 혹은 다른 가문, 종족, 문화, 시대에 속하는 사람들에 의해서만 저질러질 그런 종류의 행위이다. 만일 우리들 가운데 누군가에 의해 반복적으로 그런 행위가 저질러진다면, 그 사람은 더 이상 우리 가운데 한 사람이 아니다. 그 사람은 추방된 자이며, 비록 한때는 그렇게 보였을지라도 더 이상 우리의 언어로 말하는 자가 아니다. 헤겔의 설명과 마찬가지로 셀라스의 설명에 의하면 도덕철학은 "무슨 규칙들이 나의 행위를 지배하는가?"와 같은 물음에 대한 대답이 아니라 오히려 "'우리'는 누구이고, 어떻게 해서 지금의 우리에 이르게 되었으며, 우리는 무엇이 될 수 있는가?"와 같은 물음에 대한 대답의 형태를 취한다. 달리 말해서 도덕철학은 일반적 원리를 추구하는 형태가 아니라 오히려 역사적 서사와 유토피아적 사변의 형태를 취한다.

도덕성을 일련의 관행들, 즉 **우리의** 관행들로 보려는 이와 같은 오

---

16 Willfrid Sellars, _Science and Metaphysics_ (London: Routledge & Kegan Paul, 1968), 6장과 7장을 볼 것. 이 논점에 대해서는 9장에서 재론할 것이다.

크숏-셀라스적 방식은 한편으로 도덕성을 우리 영혼의 신적인 부분의 목소리로 개념화하는 방식과, 다른 한편으로 도덕성을 우연한 인간적 가공품이요, 시간과 기회에 따라 영고성쇠가 갈려 왔으며, 자연의 여러 "실험들" 가운데 하나인 공동체의 목소리로 개념화하는 방식 간의 차이를 생생히 느끼게 해준다. 이는 우리 사회를 묶어주는 접착제의 성격이 "도덕적"인가 아니면 "이해타산적"인가를 묻는 물음으로 논점을 옮겨가려 할 때, 왜 도덕성과 이해타산성 간의 구분이 무너지고 마는지 그 까닭을 분명히 밝혀준다. 그 구분은 오직 개인들에게만 의미가 있다. 그 구분은 "인간성"이란 것이 역사가 이제껏 펼쳐 보였던 다양한 생활양식들을 뛰어넘는 어떤 고차원적 본성을 가질 경우에만 사회들에 대해서도 의미가 있게 될 것이다. 그러나 도덕성의 요구가 곧 언어의 요구라면, 그리고 언어가 세계나 자아의 참모습을 포착하려는 시도라기보는 오히려 역사적 우연성이라면, "자신의 도덕적 확신을 위해 굴하지 않고 버틴다"는 것은 스스로를 그러한 우연성과 동일시하는 일이다.

이제 이 논점을 앞에서 내가 제시한 주장, 즉 자유주의 사회의 영웅이란 대담한 시인과 유토피아적 혁명가라는 주장과 함께 병합하여 피력해보고자 한다. 만일 그런 시인이나 혁명가가 "소외된 자"라고 여겨진다면, 그렇게 종합하는 일은 역설적으로 보일 것이며, 뻔히 실패할 일로 보일 것이다. 하지만 만일 "소외"란 용어에 대한 최근의 많은 용법 뒤에 숨겨진 한 가지 가정을 지워버린다면, 그러한 역설은 사라지기 시작한다. 그 가정이란 소외된 자는 인위적이며 비인간적인 사회적 제약에 반대하여 인간성의 이름으로 저항하는 자라는 관념이다. 이 관념을 대신해서 우리는 시인과 혁명가란 자기 이미지에 충실하지 못한 사회의 측면들에 반대하여 사회 자체의 이름으로 저항하는 자라는 관념을 제시할 수 있다.

이렇게 대체시킨다면 그것은 혁명가와 개혁론자 간의 차이를 무시해버리는 것처럼 보이게 된다. 하지만 우리는 **이상적인** 자유주의 사회란 양자 간의 차이가 **실제로** 무시되는 사회라고 정의할 수 있다. 자유주의 사회란 힘이 아니라 설득에 의해서, 혁명이 아니라 개혁에 의해서, 그리고 새로운 관행을 암시하는 제안들과 현재의 언어적 관행들 간의 자유롭고도 개방된 만남에 의해서 그 이념이 달성될 수 있는 사회이다. 하지만 이것은 이상적인 자유주의 사회란 자유 이외에는 어떠한 목적도 갖지 않는 사회라고 말하는 것이며, 그러한 만남이 어떻게 이뤄지는지 살펴보고 그 결과를 따르려는 열망 이외에는 어떠한 목표도 갖지 않는 사회라고 말하는 것이다. 이상적인 자유주의 사회는 시인과 혁명가의 삶을 더 용이하게 만드는 것 이외에는 아무런 목적이 없다(다만 그들은 행위가 아니라 오직 말로써 다른 사람들의 삶을 더 어렵게 만들 뿐임을 유념해야 한다). 이상적인 자유주의 사회는 대담한 시인과 혁명가가 영웅으로 여겨지는 사회인데, 왜냐하면 그 사회는 신의 의지나 인간 본성에 근접한다는 이유 때문이 아니라 과거에 어떤 시인과 혁명가가 새로운 언어로 말했기 때문에 지금의 그 사회가 되었고, 지금의 그 도덕성을 갖고 있으며, 지금의 그 언어로 말하고 있음을 인지하고 있기 때문이다.

자신의 언어, 자신의 양심, 자신의 도덕성, 그리고 자신의 최고의 희망이 우연한 산물이라고 보며, 한때 우연하게 산출된 메타포가 문자화된 것이라고 보는 일이야말로 그러한 이상적인 자유주의 사회의 시민에게 적합한 자기정체성을 채용하는 일이다. 그것이 바로 그러한 이상적인 사회의 이상적인 시민이 그 사회의 창립자나 수호자들을 시인들이라고 여기는 이유이며, 그들을 세계나 인간성에 관한 진리를 발견했거나 그런 진리를 분명하게 가시화한 사람들로 여기지 않는 이유이다. 그러한 시민 자신이 시인일 수도 있고 아닐 수도 있으며, 자신만의 특이한 환상에 대한 자기 고유의 메타포를 찾을 수도 있고 그렇지 못할 수도 있으며, 그러한 환상을 의식적으로 만들 수도 있고 그렇지 않을 수도 있다. 하지만 그 시민은, 사회의 창립자이자 개혁자들 즉 자신의 언어와 도덕성의 입법가들이 자기네들의 환상에 들어맞는 낱말을 혹은 사회가 막연히 느꼈던 요구에 답해준 메타포를 우연히 찾아낸 사람들이라고 볼 만큼 충분히 상식을 갖춘 프로이트의 추종자일 것이다. 그 시민은, 자신의 사회가 구현하기를 바랐던 덕목을 가장 명확히 구체화한 인물은 학술적인 예술가나 통상적인 과학자가 아니라 혁명적인 예술가나 혁명적인 과학자라고 당연하게 간주할 만큼 충분히 상식을 갖춘 블룸의 추종자일 것이다.

/

요컨대 내가 말하는 자유주의 유토피아의 시민들은 그들이 지닌 도덕적 숙고의 언어, 따라서 그들의 양심의 언어와 그들의 공동체의 언어가 우연하다는 감각을 갖고 있는 사람들이다. 그들은 자유주의 아이러니스트들liberal ironists일 것이며, 슘페터가 제시한 문명의 규준에 부합하는 사람들로서, 헌신과 그 헌신이 갖는 우연성의 감각을 결합시키는 사람들일 것이다. 이제 나는 많은 면에서 동의하지만 내 견해와는 서로 정반대로 생각을 달리하는 두 철학자의 견해를 나의 견해와 비교함으로써, 자유주의 아이러니스트란 인물을 더 첨예한 쟁점으로 끌어들여 이 장을 마감하고자 한다. 그 차이를 거칠게 표현하자면, 미셸 푸코는 자유주의자이기를 꺼리는 아이러니스트인 반면에, 위르겐 하버마스는 아이러니스트이기를 꺼리는 자유주의자이다.

푸코와 하버마스는 벌린과 마찬가지로 자아의 핵심 구성요소를 분리시켜 다루려는 전통적인 플라톤적이며 칸트적인 시도들을 비판한다. 두 사람 모두 니체를 결정적으로 중요한 인물로 본다. 푸코는 니체가 초역사적인 관점에 서서 무시간적 근원을 찾아내려는 그러한 시도를 회피하게끔 가르쳤다고, 바꿔 말해서 우연성들로 이뤄진 계보학적 내러티브로 만족하게끔 가르쳤다고 생각한다.[17] 또한 푸코가 보기에 니체는 자유주의를 이중적으로 살펴볼 것을 가르쳤는데, 그것은 정치적 민주주의가 가져온 새로운 자유의 이면을 살펴보는 것과 더불어 민주적 사회가 강요해온 새로운 형태의 속박을 간파하는 것을 말한다.

그러나 푸코가 니체를 영감을 주는 인물로 간주한 반면에, 하버마스는 니체가 전통적 합리주의를 "주관 중심의 이성"이라고 비판한 점에는 동의를 하면서도, 니체가 우리를 막다른 골목으로 안내한다고 본다. 하버마스는 니체야말로 인간 "해방"을 위한다는 목적에서 이루어진 철학, 즉 하버마스가 "주관성의 철학"이라고 부른 것의 파산을 분명하게 한 인물로 생각한다(거칠게 말해서, 주관성의 철학이란 우리 자신의 핵심에서 도

---

17 푸코의 논문 "Nietzche, Genealogy, History," in his *Language, Counter-Memory, Practice: Selected Essays and Interviews*, ed. Donald F. Bouchard (Ithaca, N.Y.: Cornell University Press, 1977), 특히 pp. 146, 152-153을 볼 것.

덕적 의무를 짜내려는 시도, 즉 타인에 대한 책임의 원천을 역사적 우연성과 사회화의 우발성을 넘어서 우리 내부외 깊은 곳에서 찾아내려는 시도이다). 하버마스가 말하듯이, 니체와 더불어, "근대성에 대한 비판[즉 전근대 사회에서 발견되는 사회적 응집력과 같은 것의 상실에 대처하려는 시도][18]은 해방이란 내용 없이도 비로소 가능하게 되었다."[19] 하버마스는 해방의 시도에 대한 이 거부야말로 하이데거, 아도르노, 데리다, 그리고 푸코에 대한 니체의 유산이며, 그것은 철학적 반성이 진보적 희망에 대해 잘해야 무관하고 최악의 경우 적대적이게 만든다는 점에서 파멸적인 유산이라고 간주한다. 하버마스는 이 사상가들―그들 자신의 아이러니에 잡아먹힌 이론가들―이 주관성의 철학에 대한 일종의 귀류법을 구성한다고 생각한다.

　니체에 대한 하버마스 자신의 응답은 "주관성의 철학"을 "상호주관성의 철학"으로 대체시킴으로써, 즉 칸트와 니체가 공유한 "주관 중심의 낡은 '이성' 개념"을 하버마스가 "의사소통적 이성"이라 불렀던 것으로 대체시킴으로써, 우리의 종교적·형이상학적 전통에 대한 니체의 공격을 무력화하려는 시도로 나타난다. 여기서 하버마스는 셀라스와 똑같은 응수를 하고 있다. 즉 두 철학자는 이성을 인간 자아에 내장된 구성요소가 아니라 사회적 규범의 내면화로 보려 한다. 하버마스는 칸트가 희망했던 것과 마찬가지 방식으로 민주적 제도들에 대한 "근거설

18　Jürgen Habermas, *The Philosophical Discourse of Modernity*, trans. Frederick Lawrence (Cambridge, Mass.: MIT Press, 1987), p. 139[『현대성의 철학적 담론』, 이진우 옮김, 문예출판사, 1994]를 볼 것. "18세기가 막을 내린 이래로 근대성의 담론은 비록 늘 새로운 제목을 붙였지만 단 한 가지 테마를 지녀왔다. 그것은 사회적 결속력의 약화와 사유화 및 분열이다. 요컨대 그것은 종교의 통합력에 맞먹는 무엇이 필요하다는 요구를 불러온, 일방적으로 합리화된 일상적 실천의 부정적 변형들이다."

19　Ibid., p. 94.

정"을 하고자 한다. 게다가 하버마스는 한층 더 세계시민적이며 민주적인 사회를 이루어갈 방패로서 "인간 존엄성에 대한 존경"이란 관념 대신에 "지배 없는 의사소통"이란 관념을 제시함으로써 그 과업을 더 잘 수행하고자 한다.

하버마스, 듀이, 벌린 등이 펼쳐 보이는 그러한 시도들—민주적인 사회가 필요로 하는 것에 호응하는 철학을 수립하려는 시도들—에 대한 푸코의 응답은 그러한 사회의 결점, 즉 민주사회가 자아창조나 사적인 프로젝트를 위한 여지를 허용하지 **않는다**는 점을 지적하는 것이다. 하버마스와 셀라스처럼 푸코도 자아란 사회의 창조물이라는 미드G. H. Mead의 견해를 수용한다. 하지만 그들과는 달리, 푸코는 근대 자유주의 사회에 의해 형성된 자아들이 그 이전의 사회들에 의해 창조된 자아들보다 더 낫다는 점을 인정할 태세가 되어 있지 않다. 푸코 저술의 많은 부분들—내가 볼 때에는 가장 귀중한 부분들—은, 자유주의 사회에 특징적인 문화 변용의 패턴들이 더 오래된 전근대 사회들은 꿈도 꾸지 못했던 일종의 속박이 되어 어떻게 그 성원들에게 강요되는가를 밝히는 일로 이루어져 있다. 하지만 니체가 "노예 도덕"의 원한감정이 고통의 감소에 의해 보상되리라고 보지 않았던 것과 마찬가지로, 푸코는 이러한 속박이 고통의 감소에 의해 보상되리라고 보지 않는다.

내가 푸코에 동의하지 않는다는 것은 그러한 고통의 감소가 그와 같은 속박에 대해 실제로 보상을 한다는 주장에 해당된다. 권력이 우리의 현대적 주관성을 어떻게 형성해왔는가에 대한 푸코의 설명은 "주관적 본성의 성애화와 내면화가 자유와 표현에서 성취해낸 모든 측면들까지도 걸러내고 만다"[20]는 하버마스의 견해에 나는 동의한다. 더 중요한 것으로서 나는 현대 자유주의 사회가 이미 그 자체를 개선할, 즉 푸코가 보고 있는 위험들을 완화시킬 수 있는 제도들을 포함하고 있다고 생각한다. 실제로 서구의 사회·정치적 사상은 그에 필요한 최종의 **개념적** 혁명을 이루었다는 것이 나의 짐작이다.[21] 정부는 국민들의 사적인 삶을 방임하는 일과 고통을 막아주는 일 사이에서 최적의 균형을 유지해야 한다는 J. S. 밀의 제안은 더 이상 사족이 필요 없는 말처럼 보인다. 누가 고통을 당하게끔 제도가 만들어져 있는가를 찾아내는 일은 자유로운 언론, 자유로운 대학, 그리고 깨어 있는 여론의 몫으로 남겨질 수 있다. 가령 『제르미날』 『흑인 소년』 『위건 부두로 가는 길』 『1984』 같은 책과 마찬가지로 『광기의 역사』 『감시와 처벌』 등과 같은 책에 의한 깨어 있는 여론의 몫으로 말이다.

하지만 푸코는 마르크스나 니체와 더불어 우리가 개혁에 착수하기에는 너무나 멀리 가버렸다는 확신, 달리 말해서 격변이 필요하다는 확신, 그리고 우리가 수용했던 사회화로 인해 심지어 지금의 사회에 대한

---

20 Habermas, *The Philosophical Discourse of Modernity*, p. 292. 하버마스의 불평은 왈저(Michael Walzer)와 테일러(Charles Taylor)의 불평을 반향하고 있다. *Foucault: A Critical Reader*, ed. David Couzens Hoy (Oxford: Blackwell, 1986)에 수록된 그들의 논문을 볼 것. 나도 비슷한 불평을 나의 논문 "Moral Identity and Private Autonomy," in *Foucault*, ed. François Ewald (Paris: Editions du Seuil, 1989)에서 하고 있다.

21 물론 이 말은 이 세계가 필요로 하는 최종의 **정치적** 혁명을 이루었다는 말은 아니다. 가령 남아프리카, 파라과이, 알바니아 등과 같은 나라들에서 격렬한 혁명 없이도 잔인성이 감소되리라고 상상하기는 어려운 노릇이다. 오히려 그러한 나라들에서는 사회이론에 기여하는 일종의 반성적 통찰력이 아니라, (COSATU의 지도자들이나 77헌장의 서명자들이 보여주는) 있는 그대로의 용기가 적절한 덕목이다. 그와 같은 곳에서는 푸코가 그토록 잘 보여준 "가면 벗기기"와 같은 종류의 비판은 부적절한 일이 된다. 왜냐하면 그곳에서는 권력이 적나라하게 활개치고 있으며 아무도 환상 속에 빠져 있지 않기 때문이다.

대안조차 제안할 수 없을 정도로 우리의 상상력과 의지가 매우 제한적이라는 확신을 공유하고 있다.[22] 그는 내가 그렇게 해왔듯이 "우리 자유주의자들"이라고 표현하기는커녕 자기가 **어떤 형태든** "우리"의 일원이라고 말하기를 꺼려했다. 그는 이렇게 말했다.

> 나는 어떤 형태의 "우리"에도, 바꿔 말해서 그들의 합의, 그들의 가치, 그들의 전통이 한 사상의 뼈대를 구성하며 그 사상이 타당하게 될 조건을 정의하는 그러한 "우리" 중 어느 것에도 호소하지 않는다. 그러나 문제는 자신이 깨달은 원리들과 자신이 수용하는 가치들을 주장하기 위해서 과연 스스로를 "우리" 가운데 위치시키는 것이 현실적으로 적절한가를 결정하는 일이요, 혹은 그 물음을 정교히 함으로써 장차 "우리"를 형성할 가능성이 오히려 필요치 않은지를 결정하는 일이다.[23]

실로 그것은 문젯거리이다. 그러나 나는 새로운 "우리"를 형성할 필요성이 과연 있는가에 대해서는 푸코와 견해를 달리한다. 내가 동의할 수 없는 주요한 점은 "우리 자유주의자들"이 충분히 좋은가 혹은 그렇지 않은가에 관한 것이다.[24]

---

22 푸코는 한 인터뷰에서 이렇게 말한 적이 있다. "다른 시스템을 상상하는 것은 현재의 시스템에 대한 우리의 참여를 확대하는 것이라고 나는 생각한다."(*Language, Counter-Memory, Practice*, p. 230)

23 *The Foucault Reader*, ed. Paul Rabinow (New York: Pantheon, 1984), p. 385. 인용문은 래비노(Paul Rabinow)와의 대화에서 따온 것이다.

24 새로운 "우리"를 구성하는 것은 실로 올바른 물음을 물을 때 비롯된다는 푸코의 견해에 나는 동의한다. 17세기 지식인들의 공동체는 "'자연적인' 운동 이상의 다른 어떤 것이 있는가?"라는 갈릴레이의 물음으로 구성되었다. 또 다른 공동체는 "부르주아의 집행위원회 이상

푸코는 자신의 저서들이 자유주의 개혁론자의 정치 문화로 동화될 수 있다는 나의 제안을 고맙게 여기지 않을 것이다. 내 생각에는 푸코의 반발들 중에서 바로 그 부분을 설명해줄 것은, 그가 비록 미드, 셀라스, 하버마스에 동의하여 자아 즉 인간 주체가 문화 변용에 의해 만들어질 따름이라고 인정함에도 불구하고, 문화 변용에 의해 추하게 일그러진 인간 존재의 내면에 있는 심오한 어떤 것을 푸코가 여전히 생각하고 있다는 점이다. 이 주장에 대한 한 가지 증거는, 푸코는 (내가 4장에서 주장할 것이지만) "억압받는 자들의 언어"와 같은 것이 존재하지 않음을 인정하기를 확실히 꺼려한다는 것이다. 이따금씩 그는 자신이 정신병자들을 "위해서" 말하고 있다거나, 혹은 자신의 저술이 "기능주의와 시스템 이론의 범위 내에 존재하지만 숨겨져 있는 역사적 지식의 덩어리들, (…) 예속된 지식들"을 드러낸다고 암시한다.[25]

앞서 인용된 "우리"에 관한 구절을 포함해서 푸코의 많은 구절들은 버나드 야크Bernard Yack가 "총체적 혁명에 대한 동경"이자 "우리의 자율

인 국가가 있는가?"라는 마르크스의 물음으로 구성되었다. 그러나 새로운 공동체를 형성한다는 것은 정치적 혁명과 마찬가지로 그 자체가 목적은 아니다. 반면에 현재의 "우리"를 확장하는 것은 자기창안과 더불어 아이러니스트인 자유주의자가 그 자체를 목적으로 간주해야 할 두 가지 프로젝트 가운데 하나이다. (하지만 물론 "그 자체를 목적으로"라고 말할 때, 자유주의 아이러니스트는 단지 "비순환적인 논변에 근거해서 옹호할 수 있다고 상상할 수 없는 프로젝트"를 의미할 따름이다.)

25 Michel Foucault, *Power/Knowledge: Selected Interviews and Other Writings 1972-77*, ed. Colin Gordon (Brighton: Harvester Press, 1980), p. 82. 하버마스는 이 구절에 대해 논평하고 있다(*The Philosophical Discourse of Modernity*, pp. 279-280). 나는 그 구절이 "그 자신이 세운 이론의 근본 가정들과 조화될 수 있는 방식으로 자신의 계보학을 여타의 모든 인간과학들로부터 추출해냄으로써" 자기지시적 난점들을 회피하려는 푸코의 시도를 구체화한 것이라는 점에 대해서 하버마스와 의견을 같이한다. 그 시도가 실패했다는 점에 대해서도 나는 하버마스에 동의한다.

성이 우리의 제도들 속에 구현되기를 요구하는 것"이라고 부른 것을 예시하고 있다.[26] 내 생각으로는 자유민주주의의 시민들에게 사적인 삶의 영역으로 남겨져야 할 부분이 바로 그와 같은 종류의 동경이다. 니체, 데리다, 푸코와 같은 자기창조적인 아이러니스트들이 찾고 있는 자율성은 사회제도 속에서는 영영 구현**될 수가** 없는 종류의 것이다. 자율성이란 모든 인간 존재의 내면에 내장되어 있으며, 사회가 인간들에 대한 억압을 중지하면 방출될 수 있는 그러한 무엇이 아니다. 자율성이란 특정의 구체적인 인간들이 자아창조를 통해 얻고자 희망하는 것이요, 오로지 소수만이 실제로 얻게 되는 무엇이다. 자율적이고자 하는 욕구는, 비록 푸코 자신은 그런 용어로 말하기를 꺼려하지만 그도 역시 공유하고 있는 욕구인, 잔인성과 고통을 회피하고자 하는 자유주의자의 욕구와는 무관한 것이다.

대부분의 아이러니스트들은, (내가 5장에서 주장하듯이) 프루스트가 그렇게 했으며 니체와 하이데거가 그렇게 했어야 했던 것처럼, 그러한 동경을 사적인 영역으로 제한한다. 하지만 푸코는 사적인 영역만으로 만족하지 않았다. 반대로 하버마스는 사적인 영역이 자신의 목적과는 무관한 것처럼 그것을 무시하고 있다. 이 책에서 옹호될 절충안은 다음과 같은 격언에 해당될 것이다. 잔인성의 회피보다 더 중요한 사회적 목표

---

26 Bernard Yack, *The Longing for Total Revolution: Philosophic Sources of Social Discontent from Rousseau to Marx and Nietzsche* (Princeton, N.J.: Princeton University press, 1986), p. 385. 사회가 부정적으로 변형시킨 참된 인간적인 어떤 것이라는 아이디어는 자아의 일부를 자연 바깥의 것으로 보려는 칸트의 시도를 경유하여 루소로부터 나왔다는 자신의 주장에 대해 야크는 매우 신빙성 있는 사례를 제시해준다. 자아에 대한 미드의 견해와 마찬가지로 셀라스가 의무와 박애 간의 구분을 자연화한 것은, "사회"를 **본래적으로** 인간성을 파괴하는 것으로 보려는 (현대의 급진주의에 전형적인) 유혹의 뿌리를 뽑아내는 데 도움을 준다.

가 존재한다고 생각하도록 당신을 유도할 정치적 태도에 빠져드는 것을 막기 위해서, 진정성과 순수성을 향한 니체-사르트르-푸코적 시도를 **사적인 것으로 만들라.**

이렇듯 푸코의 시도에 대해 내가 이견을 갖고 있는 많은 이유들은 그가 자유주의자가 아닌 아이러니스트라는 점에 있다. 또한 아이러니스트가 아닌 자유주의자가 되려는 하버마스의 시도에 대해 내가 견해를 달리한다는 점은, 자유주의 유토피아는 **시적인** 문화라는 나의 주장을 그가 얼마나 철저히 혐오할 것인가를 깨닫는 사람에게는 명백할 것이다. 하버마스는 내가 메타포, 개념적 참신성, 자아창조 등을 심미화하여 말하는 것을, 언어의 "문제해결 기능"에 대조되는 "언어의 세계현시 world-disclosing 기능"이라고 그가 명명한 것에 사로잡힌 불행한 선입견이라고 볼 것이다. 그는 하이데거와 푸코 같은 신新니체주의자들에게서 발견되는 언어의 세계현시 기능을 고양시키려는 태도를 불신한다. 하버마스는 카스토리아디스Cornelius Castoriadis가 그의 저서 『사회의 상상적 제도』The Imaginary Institution of Society에서 이 기능을 불러오려는 시도에 대해서도 마찬가지로 의심스럽게 여긴다.[27]

하버마스는 "과학과 기술, 법과 도덕, 경제학, 정치학 등의 구체화

---

27 가령 "사회 자체의 상상적인 근원을 사회 외부에 투영시켜서 감추지 않으며, 사회 자체가 스스로를 제도화하는 사회임을 공공연히 알고 있는 그런 사회의 자기투명성"이라는 카스토리아디스의 아이디어를 하버마스가 어떻게 취급하는가를 볼 것(The Philosophical Discourse of Modernity, p. 318). 하버마스는 나와 카스토리아디스 둘 다 '생의 철학'에 탐닉했다고 비판한다. 이 혐의는 거칠게 말해서 우리 둘 다 합리화보다는 시화(詩化)를 원한다는 것을 의미한다. 카스토리아디스에 대한 (분명히 더 공감적인) 나 자신의 견해에 대해서는 나의 논문 "Unger, Castoriadis and the Romance of a National Future," *Northwestern University Law Review*, 1988, pp. 335-351을 볼 것.

된 언어들은 (⋯) 메타포적인 용법이 갖는 활력에 의존한다"는 쿤의 논점을 기꺼이 인정하고자 한다.[28] 그러나 그는 내가 "과학과 도덕, 경제와 정치는 예술 및 철학과 **똑같은 방식으로** 언어창조적 돌출 과정에 내맡겨져 있다"고 제안할 때 내가 너무 지나쳤다고, 위험할 정도로 심했다고 생각한다.[29] 하버마스는 세계현시가 항상 세계내적인 관행을 배경으로 그 "타당성"이 검사되기를 원한다. 그는 새로운 세계에 대한 자극적이며 낭만적인 현시들에 의해 전복될 수 없는 "전문가 문화"의 테두리 내에서만 수행되는 **논증적** 관행들이 거기에 있기를 원한다. 그는 듀이가 "규약의 껍질"이라 불렀던 것의 질식 효과(가령 "문화 영역들" 간에 그어진 전통적인 구분이 초래할 수 있는 질식 효과)보다도 오히려 히틀러나 마오쩌둥이 했던 것처럼 이미 확립된 제도들이 "낭만적" 방식으로 전복되는 것을 더 두려워한다. 하버마스는 푸코가 두려워하는 것 즉 "전문가 문화"가 "생명권력"을 행사하게 되는 것을 두려워하는 것보다, 제도들 속에 반영된 그들 자신의 자율성을 보기를 원하는 푸코와 같은 사람들을 더 두려워한다.[30]

하지만 위의 두 가지 두려움에 대한 하버마스의 응답은 동일하다. 그는 만일 공적인 제도와 정책상의 변화를 결정하는 일이 "지배 없는 의

---

28 Habermas, *The Philosophical Discourse of Modernity*, p. 209.

29 Ibid., p. 206. 인용문은 나의 논문 "Deconstruction and Circumvention," *Critical Inquiry* 11 (1984), pp. 1-23의 골자에 대한 하버마스의 설명 중 일부이다. 그 설명에 의하면 내가 "실용주의의 냉철한 통찰"을 "언어적 전회를 거친 생의 철학의 니체적인 파토스(pathos)"로 흐려지게 했다는 것이다.

30 하지만 하버마스는 그가 "생활세계의 식민지화"라고 진단했던 전자와 같은 종류의 위험을 결코 망각한 것은 아니다. (그의 저서 *Theory of Communicative Action*, vol. 2, pp. 391-396[『의사소통행위이론』, 장춘익 옮김, 나남출판, 2006]을 볼 것.)

사소통"의 과정을 통해 이루어진다면 양측에서 오는 위험을 모두 피할 수 있다고 생각한다. 이것은 사회제도들 속에서 잔인성의 영구화를 피하는 유일한 길은 교육의 질, 언론의 자유, 교육의 기회, 정치적 영향력 행사의 기회 등을 극대화하는 일이라는 전통적인 자유주의자의 주장을 모양 좋게 재서술한 것처럼 내게는 보인다. 그러므로 일종의 합리주의를 재건하려는 하버마스의 시도와, 문화가 시적인 것이 되어야 한다는 나의 권고 사이의 차이는 정치적인 의견의 불일치로 나타나지 않는다. 우리는 전통적인 민주적 제도들의 가치에 관해서나, 그러한 제도들에 필요한 개선의 유형에 관해서나, 무엇을 "지배로부터의 자유"로 간주할 것인가에 관해서는 이견이 없다. 우리들 간의 차이는 **다만** 민주사회가 가져야 할 자기 이미지, 민주사회가 자신의 희망을 표현함에 있어서 사용해야 할 레토릭에 상관된 것일 **따름이다**. 푸코와 나의 정치적 차이점과는 달리, 하버마스와 나의 차이점은 종종 쓰이는 말처럼 "단지 철학적" 차이이다.

하버마스는 계몽주의의 보편주의와 모종의 합리주의로 자기 이미지를 구현하는 것이 민주사회에 본질적이라고 생각한다. 그는 "의사소통적 이성"에 대한 자신의 설명이 합리주의를 업데이트하는 한 가지 방식이라고 생각한다. 나는 보편주의든 합리주의든 그것을 업데이트하기를 원치 않으며, 오히려 양자를 해소시키고 그것들을 다른 어떤 것으로 대체시키고자 한다. 그러므로 나는 "주관 중심의 이성"에 대해 "의사소통적 이성"을 하버마스가 대체시킨 것은 내가 이제껏 권고해왔던 똑같은 논점을 제기해주기는 하지만 오도적인 방식이라고 본다. 즉 내가 보기에 자유주의 사회란 왜곡되지 않은 의사소통의 결과가 무엇이든 간에, 어떤 견해가 자유롭고도 개방된 만남에서 승리하든 간에, 그것을 "참"(혹은 "옳음", 혹은 "정의")이라고 부르는 데 만족하는 사회이다. 이런 식의 대체는 곧 인간 주체와 인식 대상 사이에 상정되는 예정된 조화라는 이미지를 폐기하는 것이며, 따라서 전통적인 인식론적-형이상학적 문제들을 폐기하는 것이다.

하버마스는 그러한 문제들 가운데 대부분을 기꺼이 폐기하고자 한다. 그러나 심지어 그렇게 하고 난 다음에도, 여전히 그는 왜곡되지 않은 의사소통의 과정이 수렴적이라고 보기를 고집하며, 그러한 수렴이 바로 그와 같은 의사소통의 "합리성"에 대한 보장이라고 보기를 고집한다. 나와 하버마스 간의 나머지 차이점은, 그의 보편주의는 초역사적 근거설정을 그와 같은 수렴으로 대체시키도록 하는 반면에, 언어의 우연성에 대한 나의 고집은 그와 같은 수렴이 보증해줄 거라는 "보편타당성"이라는 아이디어 자체를 의심하게 해준다는 점이다. 하버마스는 **상상의 초점** *foci imaginarii*을 향해 수렴하는 점근적 접근법에 관한 (헤겔과 퍼스에 공통된) 전통적인 이야기를 보존하길 원한다. 그 이야기를 나는 다원성과 더불어 살아가면서 보편타당성의 요구를 중지하길 점점 더 열망하는 이야기로 대체시키기를 원한다. 나는 자유롭게 합의에 도달하는 것을 (가령 원자의 운동이나 사람들의 행동에 대한 예측과 통제, 생활 기회의 동등화, 잔인성의 축소 등과 같은) 공동의 목적을 어떻게 달성할 것인가에 대한 합의라고 보기를 원하지만, 나는 그와 같은 공동의 목적이 사적인 목적의 원초적 다양성에 대해, 개인의 삶이 지닌 원초적으로 시적인 성격에 대해, 그리고 우리 사회제도의 이면에 있는 "우리 의식"의 순전히 시적인 기초에 대해 점점 더 확대되는 감각을 배경으로 한 것이길 원한다.

보편주의를 포기하는 것이야말로 하버마스가 불신하는 아이러니스트들, 즉 니체, 하이데거, 데리다의 주장을 온당하게 대우하는 나의 방식이다. 하버마스는 이러한 사상가들을 공공의 필요라는 관점에서 바라본다. **공적인** 철학자로 볼 때 그들은 기껏해야 쓸모없거나 최악의 경우 위험스럽다는 하버마스의 견해에 대해 나도 동의한다. 그러나 나는 정체성에 대한 아이러니스트의 **사적인** 감각을 자유주의의 희망과 조화시키고자 할 때 그들과 그들을 닮은 다른 이들이 수행할 수 있는 역할에 대해 그 중요성을 강조하고자 한다. 하지만 문제의 관건은 조화이지 종합은 아니다. 내가 말하는 "시적인" 문화란 개인이 자신의 유한성을 다루는 사적인 방식과 다른 인간 존재들에 대해 갖는 의무감을 통합시키려는 시도를 포기한 문화이다.

하지만 하버마스에게는 자아를 이렇듯 구획 짓는 것, 누군가의 궁극적 어휘를 두 개의 독립된 부분으로 이렇듯 구분하는 것 자체가 반론 가능한 점이다. 그에게는 그러한 구획 짓기가 곧 비합리주의에 대한 양보, "이성이 아닌 다른 것"의 권리를 인정하려는 시도처럼 보인다. 하지만 나의 견해에서는 이성과 그 밖의 것(예컨대 정념, 니체의 힘에의 의지, 하이데거의 '존재') 사이에 있다고 추정되는 대립이란, "이성"이 치료하며 조화시키고 통일시키는 힘이라는 관념 즉 인류 연대성의 근원을 가리킨다는 관념을 우리가 포기할 때 폐기될 수 있는 대립이다. 만일 그와 같은 근원이 존재하지 않는다면, 또 만일 인류의 연대라는 관념이 그저 운 좋게도 우연히 생긴 근대의 창안물이라면, 우리는 "주관 중심의 이성"이라는 관념을 대체시킬 "의사소통적 이성"이란 관념을 더 이상 필요로 하지 않을 것이다. 우리는 종교를 대체시킬 철학적 설명을, 즉 과거 한

때 신에 의해 행해진 치료하며 통일시키는 일을 수행해줄 어떤 힘에 대한 철학적 설명을 필요로 하지 않는다.

나는 초역사적 근거 혹은 역사종말적 수렴에 대한 종교적 설명이나 철학적 설명 둘 모두를, 자유주의 제도와 관습의 발생에 관한 역사적 내러티브로 대체시키고자 한다. 즉 잔인성을 감소시키고, 피지배자들의 동의에 의해 정부 수립이 가능하며, 지배 없는 의사소통을 가능한 한 많이 허락하는 그런 제도와 관습의 발생에 관한 내러티브로 말이다. 그러한 내러티브는 실재에 대한 대응으로서의 진리 관념이, 자유롭고도 개방된 만남의 과정에서 믿어지게 된 것으로서의 진리 관념으로 점차 대체되어갈 조건들을 분명히 해줄 것이다. 그와 같이 인식론에서 정치로의 전환shift from epistemology to politics—"이성"과 실재 간의 관계에 대한 설명에서 인간의 탐구는 무엇을 위한 것인가에 대한 우리의 감각을 정치적 자유가 어떻게 변화시켰는지에 대한 설명으로의 전환—은 바로 듀이는 기꺼이 그렇게 하고자 했지만 하버마스는 그렇게 하기를 망설이는 그러한 전환이다. 하버마스는 여전히 **보편타당성의 초월적 계기는 흩어진 모든 지역성을 파열시킨다.** (…) 요청된 타당성은 사실로서 확립된 관행의 사회적 통용과는 구별되지만, 현존하는 합의의 토대로 봉사한다"고 고집하길 원한다. 내가 "언어의 우연성"이라고 명명한 것이 그 신빙성을 박탈해버린 것, 그리고 내가 말하는 자유주의 유토피아의 시적인 문화가 더 이상 행하지 않을 것이 바로 보편타당성에 대한 이런 주장이다. 그 대신에 그러한 문화는 다음과 같이 말한 듀이의 견해에 동의할 것이다. "상상력이 선善의 주요한 도구이며 (…) 예술이 도덕성보다 더 도덕적이다. 왜냐하면 도덕성은 현상 유지를 신성화한 것이거나 혹은 그렇게 되려는 경향을 갖고 있기 때문이다. (…) 인간성에 대한 도덕적 예언가들은 비록 그들이 자유시나 우화로써 말하긴 했지만 항상 시인들이었다."[31]

---

31 John Dewey, *Art as Experience* (New York: Capricorn Books, 1958), p. 348.[『경험으로서 예술』, 박철홍 옮김, 나남출판, 2016]

Ⅱ부

아이러니즘과 이론

4장

사적 아이러니와 자유주의의 희망

모든 사람은 그들의 행위, 그들의 신념, 그들의 인생을 정당화하기 위해 채용하는 일련의 낱말들words을 갖고 있다. 그것들은 친구들에 대한 칭찬, 적들에 대한 욕설, 장기적인 프로젝트, 가장 심오한 자기의심, 그리고 가장 고결한 희망을 담는 낱말들이다. 그것들은 우리가 때로는 앞을 내다보면서 때로는 뒤를 돌아보면서 우리의 삶에 대한 이야기를 말하는 낱말들이다. 나는 그러한 낱말들을 "마지막 어휘"final vocabulary라고 부르겠다.

그것이 "마지막"이라는 것은, 만일 그러한 낱말들의 값어치에 대해 의심이 주어진다면 그 낱말들의 사용자는 의존할 수 있는 비순환적인 논변을 전혀 갖지 못한다는 뜻이다. 그 낱말들은 사용자가 언어와 더불어 있는 한 끝까지 함께하는 것이며, 그것들 너머에는 오직 어찌할 수 없는 수동성 혹은 힘에의 호소만 있을 따름이다. 마지막 어휘의 비교적 작은 부분은 "참", "선", "옳음", "아름다움" 등과 같은 엷고도 유연하며 어디에나 있는 용어들로 이루어져 있다. 더 큰 부분은 "그리스도", "잉글

랜드", "전문적 기준", "품위", "친절", "혁명", "교회", "진보적", "엄밀한", "창의적" 등과 같이 더 두텁고 더 완고하며 더 편협한 용어들을 포함하고 있다. 더 편협한 용어들이 마지막 어휘의 대부분을 차지한다.

　나는 "아이러니스트"ironist를 다음 세 가지 조건을 충족하는 사람으로 정의할 것이다. (1) 그는 자신이 현재 사용하는 마지막 어휘에 대해 근본적이고도 지속적인 의심을 갖는다. 왜냐하면 그는 다른 어휘들에 의해서, 즉 자신이 마주친 사람들이나 책들을 통해 마지막이라고 간주된 그런 어휘들에 의해서 각인되어왔기 때문이다. (2) 그는 자신의 현재 어휘로 구성된 논변은 이와 같은 의심을 떠맡을 수도 해소할 수도 없다는 점을 깨닫고 있다. (3) 자신의 상황에 대해 철학함에 있어서, 그는 자신의 어휘가 다른 어휘들보다 실재에 더 가깝다고, 달리 말해서 자신의 어휘가 자기 자신이 아닌 어떤 힘과 접촉하고 있다고 생각하지 않는다. 철학을 하고자 하는 아이러니스트는 어휘들 간의 선택이란, 중립적이며 보편적인 메타어휘의 테두리 내에서 이루어지지 않으며 현상에서 실재로 가려는 투쟁적인 노력에 의해서도 이루어지지 않고, 오히려 낡은 것과 결별하고 새로운 것과 놀이함으로써 이루어진다고 본다.

　이런 유형의 사람들을 내가 "아이러니스트"라고 부르는 까닭은, 어떤 것이라도 재서술에 의해 좋게도 나쁘게도 보이도록 만들어질 수 있다는 그들의 깨달음과, 마지막 어휘들 사이에서 선택의 규준을 만들고자 하는 시도의 포기가 그들을 사르트르가 "준準안정상태"meta-stable라고 불렀던 입장에 처하게 하기 때문이다. 부연하자면, 그들은 스스로를 서술한 용어들이 변화하기 마련이라는 점을 항상 의식하고 있으며, 자신들의 마지막 어휘들, 따라서 그들 스스로의 우연성과 취약성을 항상

의식하고 있기 때문에 자기 자신을 결코 진지하게 간주할 수 없는 것이다. 그런 사람들은 자연히 이 책의 처음 두 장에서 전개된 생각의 길을 걷게 된다. 만일 그들이 동시에 자유주의자라면, 달리 말해서 (주디스 슈클라의 정의를 따른다면) "잔인성이야말로 우리가 행하는 가장 나쁜 짓"이라고 보는 그런 사람들이라고 한다면, 그들은 자연히 3장에서 제안된 견해들을 따를 것이다.

아이러니의 반대는 상식이다. 왜냐하면 상식이야말로 중요한 모든 것을 아무런 자의식도 없이 자신과 주변 사람에게 습관화된 마지막 어휘로 서술하는 사람들의 표어이기 때문이다. 상식적이라는 것은, 그처럼 습관화된 마지막 어휘로 구성된 진술들이 대안적인 마지막 어휘를 채용한 사람들의 신념과 행위와 삶을 서술하고 판단하는 데 충분하다고 당연시하는 것이다. 상식에 자부심을 갖는 사람들은 이 책의 1부에서 전개된 일련의 생각들이 혐오스럽다고 볼 것이다.

상식이 도전을 받게 되면, 그것을 고수하려는 자들은 우선 그들에게 익숙한 언어놀이의 규칙을 일반화하고 명시화하여 반응한다(고대 그리스의 일부 소피스트들이 그렇게 했으며 아리스토텔레스가 그의 윤리적 저술에서 그렇게 했듯이). 그러나 만일 낡은 어휘로 구성된 어떤 상투적인 말투platitude도 그 논변의 도전에 응하는 데 충분치 못하게 되면, 대답해야 할 필요성 때문에 상투적인 말투를 넘어서려는 태세를 낳게 된다. 바로 그 지점에서 대화는 소크라테스적 대화가 될 것이다. 이제 "X란 무엇인가?"라는 물음은, 단순히 X라는 성질의 모범적인 사례들을 보여주는 것만으로는 대답될 수 없는 그런 방식으로 제기된다. 그래서 하나의 정의定義, 하나의 본질이 요구되기에 이른다.

그와 같은 소크라테스적 요구를 한다고 해서 내가 뜻하는 의미의 아이러니스트가 되는 것은 물론 아니다. 그것은 내가 하이데거로부터 차용한 용어의 의미로 "형이상학자"가 되는 것에 불과하다. 이런 의미에서 형이상학자란 "(가령 정의, 과학, 지식, 존재, 신앙, 도덕, 철학 등의) 본래적 성질은 무엇인가?"라는 물음을 액면 그대로 수용한 사람이다. 그는 자신의 마지막 어휘 속에 어떤 용어가 존재한다는 것이 곧 그 용어가 진정한 본질을 **가진** 어떤 것을 지시한다는 것을 보장한다고 가정한다. 주어진 마지막 어휘의 쓰임새를 압축해놓은 상투적인 말투들을 의심하지 않는다는 점에서, 특히 수많은 일시적 현상들의 배후에서 발견될 단일한 영속적 실재가 존재한다고 말하는 상투적인 말투를 의심하지 않는다는 점에서, 형이상학자는 여전히 상식에 매달려 있다. 그는 재서술을 행한 것이 아니라 오히려 다른 낡은 서술들의 도움을 받아 낡은 서술을 분석하고 있다.

그와는 대조적으로 아이러니스트는 유명론자이며 역사주의자이다. 그는 아무것도 본래적 성질, 진정한 본질을 갖고 있지 않다고 생각한다. 그래서 그는 당대의 마지막 어휘 속에서 "정당하다", "과학적이다", "합리적이다" 같은 용어가 등장한다고 해서 정의, 과학, 합리성의 본질에 관한 소크라테스적 탐구가 자기 시대의 언어놀이를 훌쩍 뛰어넘게 해줄 이유는 없다고 생각한다. 아이러니스트는 자신이 애초에 그릇된 무리에 빠져들었을 가능성, 그릇된 언어놀이를 배웠을 가능성을 염려하는 데 시간을 보낸다. 그는 자신에게 언어를 줌으로써 그를 인간으로 만든 사회화 과정이 혹시나 그릇된 언어를 준 것은 아니었을까, 그래서 자신을 그릇된 종류의 인간으로 만들지 않았을까 염려한다. 하지만 그는 그릇됨의 규준을 제시하지 못한다. 그래서 자신의 상황을 철학적인 용어로 상세히 밝히도록 추궁받으면 받을수록, 그는 "세계관", "관점", "변증법", "개념체계", "역사적 시대", "언어놀이", "재서술", "어휘", "아이러니" 등과 같은 용어를 끊임없이 사용함으로써 자신의 뿌리 없음을 스스로 더욱더 상기하게 된다.

형이상학자는 그런 종류의 이야기를 "상대주의적"이라고 부르면서, 문제의 관건은 어떤 언어가 사용되는가가 아니라 무엇이 **진리**인가라고 고집한다. 형이상학자들은 인간이란 그 본성상 알고자 하는 존재라고 생각한다. 형이상학자들이 이렇게 생각하는 것은, 그들이 물려받은 어휘와 그들이 품고 있는 상식이 인간과 "실재" 간의 관계라는 앎의 그림을 제공해주고, 우리가 그러한 관계 속에 들어가야 할 필요와 의무를 갖고 있다는 관념을 제공해주기 때문이다. 또한 그들의 어휘와 상식은 우리가 제대로 묻기만 한다면, 무엇이 우리의 마지막 어휘가 되어야 하는가를 결정하도록 "실재"가 도와줄 거라고 일러준다. 그래서 형이상학자들은 저 바깥의 세계에 진정한 본질이 있고, 이를 발견하는 것이 우리의 의무이며, 이 본질은 형이상학자들의 발견을 도와준다고 믿는다. 형이상학자들은 어떠한 것이라도 재서술에 의해 좋게도 나쁘게도 보이도록 만들어질 수 있다는 점을 믿지 않는다. 혹시 그들이 이 점을 믿는다고 해도, 그들은 이 사실을 한탄하며 그러한 유혹을 견뎌내도록 실재가 도와줄 거라는 생각에 매달린다.

이와는 대조적으로 아이러니스트들은 마지막 어휘를 추구하는 것이 그 어휘와 구별되는 다른 어떤 것을 올바로 파악하는 길이라고는 (조금도) 생각하지 않는다. 그들은 담론적 사고의 요점이 "실재", "진정한 본

질", "객관적 관점", "언어와 실재의 대응" 따위의 개념들에 의해 해명될
수 있다는 의미에서 **앎**에 있다고 여기지 않는다. 그들은 담론적 사고의
요점이 어떤 것을 정확하게 표상하는 어휘 즉 투명한 매개물을 발견하
는 데 있다고도 생각하지 않는다. 아이러니스트들에게 "마지막 어휘"란
것은 "모든 의심을 잠재우는 것" 혹은 "궁극성, 적합성, 최적성에 대한
우리의 규준을 만족시키는 것"을 의미하지 않는다. 그들은 반성이란 것
이 규준에 의해 좌우된다고 생각하지도 않는다. 그들의 견해에 의하면
규준이란 것은 현재 사용 중인 마지막 어휘의 용어들을 맥락에 따라 정
의한 상투적인 말투 이상의 것이 결코 아니다. 아이러니스트들은 우리
의 언어를 그 밖의 어떤 것과 비교하기 위해 우리가 언어 바깥으로 나갈
수 없다는 점에 대해 데이비슨의 견해에 동의하며, 그와 같은 언어의 우
연성과 역사성에 대해서는 하이데거의 견해에 동의한다.

형이상학자와 아이러니스트 간의 이 같은 차이점은 책에 대한 태
도상의 차이로 이어진다. 형이상학자들은 도서관이 여러 학문분야에
따라 분류되어 지식의 상이한 대상에 대응한다고 본다. 아이러니스트
들은 도서관이 여러 전통에 따라 분류되어 각 전통의 구성원이 자신이
읽어온 저술가들의 어휘를 부분적으로 채용하고 부분적으로 변용한다
고 본다. 아이러니스트들은 시적인 재능을 지닌 모든 사람들과 재서술
에 뛰어난 능력을 가진 모든 창의적인 인물들, 가령 피타고라스, 플라
톤, 밀턴, 뉴턴, 괴테, 칸트, 키르케고르, 보들레르, 다윈, 프로이트의 저
술들을 똑같이 변증법적 맷돌을 통과하는 곡물로 간주한다. 이와는 대
조적으로 형이상학자들은 이러한 사람들 중 누가 시인이고, 누가 철학
자이며, 누가 과학자인가를 분명히 하는 일부터 시작하길 원한다. 형이

상학자들은 장르를 올바로 파악하는 일, 달리 말해서 이미 결정된 어떤 틀에 의거해서 텍스트를 질서지우는 일이 필수적이라고 생각한다. 그틀이란, 그것이 어떤 일을 하든 간에, 지식을 주장하는 것과 우리의 관심을 끄는 다른 무엇을 주장하는 것 사이에 적어도 명확한 구분선을 긋는 틀을 말한다. 반면에 아이러니스트는 자신이 읽은 책들을 **어떠한 틀로도** 요리하는 것을 가급적 피하고자 한다(비록 아이러니한 체념으로 그렇게 할 수밖에 없다는 것을 깨닫긴 하지만).

형이상학자에게 있어서 플라톤-칸트를 잇는 표준적인 흐름으로 정의되는 "철학"이란, 아주 일반적이며 중요한 어떤 것에 관해 알고자 하는 시도이다. 아이러니스트에게 있어서 그렇게 정의된 "철학"이란 과거에 이미 채택된 마지막 어휘, 즉 현상/실재의 구분을 중심으로 삼는 특정 어휘를 적용하고 발전시키기 위한 시도이다. 재론하지만, 그들 양자 사이의 쟁점은 우리 언어의 우연성에 관한 것이다. 바꿔 말해서 우리 문화의 상식이 플라톤이나 칸트와 공유하는 것은 과연 세계의 존재 방식에 대한 폭로인가, 아니면 단순히 시공간의 일정한 지점을 차지했던 사람들이 행한 담론의 자국인가에 관한 것이다. 형이상학자는 우리의 전통은 스스로가 풀 수 없는 문제를 하나도 제기하지 않는다고 가정한다. 바꿔 말해서 형이상학자는 아이러니스트가 두려워하는 "그리스", "서구", "부르주아" 등의 어휘야말로 우리를 보편적인 어떤 것에 인도해줄 도구라고 가정한다. 형이상학자는 플라톤의 상기론, 특히 그 이론이 키르케고르에 의해 재진술된 형태에 동의하는데, 그에 따르면 우리는 우리 내부에 진리를 갖고 있으며 올바른 마지막 어휘를 듣는 경우 그걸 알아차리게 해줄 내장된 규준을 갖고 있다는 것이다. 이 이론의 현금가치는 우리 당대의 마지막 어휘가 올바른 것에 충분히 근접한 것이어서 우리로 하여금 올바른 것에 수렴하도록 해준다는 점을, 즉 올바른 결론이 도출될 전제를 구성하도록 해준다는 점을 말해주는 데 있다. 형이상학자는 우리가 비록 모든 대답을 갖지는 못했을지라도 이미 올바른 대답을 위한 규준은 확보했다고 생각한다. 그래서 그는 "올바른"right이란 용어가 단지 "우리처럼 말하는 사람들에게 합당하다"를 의미하지 않고, 그보다 더 강력한 의미인 "진정한 본질을 파악한다"는 의미를 지닌다고 생각한다.

아이러니스트에게 마지막 어휘의 추구는 수렴으로 운명 지어진 것이 아니다. 그에게는 가령 "모든 인간은 본성상 알기를 원한다"나 "진리는 인간의 정신으로부터 독립적이다"와 같은 문장은 단지 국지적인 마지막 어휘, 즉 서구의 상식을 설파하기 위해 사용되는 상투적인 말투에 불과하다. 그는 자신의 마지막 어휘에 그와 같은 발상을 포함하지 않기 때문에 아이러니스트인 것이다. 현재 사용하고 있는 것보다 더 나은 마지막 어휘를 모색할 때 아이러니스트가 자신이 행하는 바에 대해 서술하는 방식은, 발견하기가 아니라 만들기라는 메타포에 의해, 이미 주어진 바에 대한 수렴이 아니라 다양화와 참신성이라는 메타포에 의해 특징지어진다. 아이러니스트는 마지막 어휘란 것이 이미 정식화된 규준에 따른 근면한 탐구의 결과가 아니라 시적인 성취라고 생각한다.

형이상학자들은 우리가 이미 "올바른" 마지막 어휘를 많이 보유하고 있으며 단지 그것이 함축하는 바를 생각할 필요가 있다고 믿기 때문에, 철학적 탐구란 이러한 어휘의 용어들에 대해 맥락상의 정의를 제공해주는 다양한 상투적인 말투들 간의 관계를 간파하는 문제라고 생각한다. 그래서 그들은 용어들의 쓰임새를 정제하거나 명료화하는 일을 그리한 싱투적인 말투들을 (혹은 그들이 선호하는 표현에 따르면 그러한 직관들을) 명쾌한 체계로 엮어내는 문제라고 생각한다. 이는 두 가지 결과를 낳는다. 첫째, 형이상학자들은 그러한 어휘 중에서 가령 "진리", "선", "인격", "대상" 등과 같은 낱말들, 즉 더 엷고 더 유연하며 더 널리 퍼져 있는 항목들에 집중하는 경향이 있다. 용어가 더 엷으면 엷을수록 더 많은 상투적인 말투들이 그것을 채용하기 때문이다. 둘째, 형이상학자들은 철학적 탐구의 패러다임을 논리적 논증이라고 간주한다. 바꿔 말해서 어휘들을 비교하며 대비시키는 일이 아니라 명제들 간의 추론적 관계를 간파하는 일이 철학적 탐구로 여겨진다.

형이상학자의 전형적인 전략은 두 가지 상투적인 말투 간의, 직관적으로 그럴듯한 두 가지 명제 간의 명백한 모순을 간파하고 그 모순을 해결할 어떤 구분을 제안하는 것이다. 그리고 나서 형이상학자들은 애초의 구분이 갖고 있던 긴장을 풀어낼, 철학이론이라는 연합된 구분들의 그물망 속에 그 구분을 끼워 넣는 데로 나아간다. 이런 종류의 이론 구성 방식은 재판관들이 까다로운 사례를 판결할 때, 그리고 신학자들이 까다로운 텍스트를 해석할 때 사용하는 방법과 동일한 것이다. 그러한 활동이야말로 합리성에 대한 형이상학자의 패러다임이다. 형이상학자는 철학이론들이 수렴해간다고 본다. 즉 진리나 인간성 따위의 본성에 관한 일련의 발견들이 실재의 모습에 점점 더 접근해간다고 보며, 문화 전반이 실재에 대한 정확한 표상에 더 가까이 다가간다고 본다.

그러나 아이러니스트는 그러한 철학이론들의 연쇄적 흐름, 즉 참신한 구분들의 상호 연쇄적 패턴들은 낡은 어휘에 대한 새로운 어휘의 점진적이며 눈에 띄지 않게 진행되는 대체 과정이라고 본다. 그는 형이상학자가 "직관"intuition이라 부르는 것을 "상투적인 말투"platitude라고 부른다. 그는 우리가 어떤 낡은 상투적인 말투(가령 "생물 종의 수는 고정되어 있다"거나, "인간은 신적인 기운을 가지고 있기 때문에 동물과 다르다"거나, "흑인은 백인이 존중해야 할 아무런 권리도 없다" 등과 같은 말투)를 버릴 때, 하나의 사실을 발견한 것이 아니라 하나의 변화를 만들어냈다고 말하기를 바란다. 아이러니스트는 일련의 "위대한 철학자들"과 그들의 사상이 사회적 배경과 상호작용하는 것을 관찰할 때, 유럽인들의 언어 관행들과 여타 관행들에서 일어나는 일련의 변화를 본다. 형이상학자는 근대 유럽인들이 사물들의 실체를 발견하는 일에서 특히 능숙했다고 보는 반면에, 아이러니스트는 근대 유럽인들이 자기 이미지를 변화시키는 일에서, 즉 스스로를 재창조하는 일에서 특히 신속했다고 본다.

형이상학자는 논란이 되는 견해에 대해서는 논증—비교적 논란거리가 되지 않을 전제에서 시작하는 논증—을 제시할 막중한 지적 의무가 있다고 생각한다. 아이러니스트는 그와 같은 논리적 논증이 논증으로서는 매우 훌륭하며 설명을 위한 장치로서는 유용하지만, 결국 사람들로 하여금 스스로의 관행을 변화시키게 하는 방식으로서는 썩 훌륭하지 못하다고 생각한다. 아이러니스트가 선호하는 논변의 형태는 설득의 단위를 명제가 아니라 어휘로 삼는다는 점에서 변증법적이다. 그의 방법은 추론이 아니라 재서술이다. 아이러니스트는 사람들이 새로운 말투를 채용하고 기존 말투를 확장시키도록 격려하려는 희망을 갖고서, 신조어를 만들어 다양한 영역에 걸친 대상이나 사건을 재서술하는 것을 전문으로 한다. 아이러니스트는 아주 새로운 낱말을 도입하는 경우는 말할 것도 없고, 낡은 낱말을 써서 새로운 의미를 부여하는 일을 마무리하는 시점에 이르러서는 사람늘이 더 이상 낡은 낱말로 구성된 물음을 묻지 않기를 희망한다. 그래서 아이러니스트는 논리를 변증법에 보조적인 것으로 보는 반면에, 형이상학자는 변증법을 논리의 조잡한 대용물인 일종의 레토릭으로 본다.

/

나는 "변증법"dialectic이란 단지 명제에서 명제를 추론하는 것이 아니라 어휘들을 서로 대결시키는 것, 그래서 추론을 재서술로 일정 부분 대체하는 것이라고 정의해왔다. 나는 변증법이라는 헤겔의 말을 일부러 사용했는데 그 까닭은 헤겔의 『정신현상학』이야말로 플라톤-칸트를 잇는 전통의 종언을 시작하는 것임과 아울러 아이러니스트가 행할 튼튼한 재서술 가능성의 활용 능력을 보여준 패러다임이었다고 생각하기 때문이다. 이 견해에 의하면 헤겔의 이른바 변증법적 방법이란 논증적인 절차나 주관과 객관을 통일시키는 방식이 아니라 단순히 하나의 문예 기법, 즉 한 용어에서 다른 용어로 매끄럽고도 재빠르게 옮겨감으로써 놀라운 형태전환gestalt switches을 산출하는 기법이다.

　헤겔은 낡은 상투어들을 유지하고 그것들이 정합적인 것이 되도록 도움을 줄 구분을 만드는 대신에, 낡은 상투어들을 진술했던 어휘를 끊임없이 변화시켰다. 그는 철학적 이론들을 구성하고 그것들을 옹호하는 논변을 펼치는 대신에, 끊임없이 전환되는 어휘들로 논증을 회피했으며 그렇게 함으로써 논의의 주제를 변경했다. 그는, 비록 이론상으로는 아닐지언정, 실천에 있어서는 사물을 새롭게 만든다는 관념을 위해 진리에 도달한다는 관념을 폐기해버렸다. 그의 선행자들에 대한 헤겔의 비판은 그들의 명제가 거짓이라는 것이 아니라 그들의 언어가 진부하다는 것이었다. 이런 종류의 비판을 창안함으로써 청년 헤겔은 플라톤-칸트를 잇는 흐름을 박차고 나와서 니체, 하이데거, 데리다로 이어지는 아이러니스트 철학의 전통을 시작했다. 이들은 자신들이 성취한 바를 진리와의 관계에 의해서가 아니라, 선행자들과의 관계에 의해서 규정하는 그런 철학자들이다.

내가 "변증법"이라고 불러왔던 것을 가리키는 훨씬 더 최신식의 이름은 "문예비평"literary criticism일 것이다. 헤겔의 시대에는 연극, 시, 소설 등은 이미 알려진 것을 생생하게 해주는 것이라고 간주하는 일, 즉 문학이 인식에 보조적이요, 미가 진리에 보조적이라고 간주하는 일이 여전히 가능했다. 장년 헤겔은 예술은 그렇지 못하지만 "철학"은 인식적이기 때문에 철학이 예술보다 우위에 있는 학문분야라고 간주했다. 실제로 그는 이제 그 자신의 절대적 관념론의 형태로 성숙된 이 학문분야가, 마치 예술이 종교를 진부한 것으로 만들었듯이, 예술을 진부하게 만들 수 있으며 또 그렇게 될 거라고 생각했다. 그러나 정말로 아이러니컬하고도 변증법적이게도, 철학 속에 아이러니스트 전통을 수립함으로써 헤겔이 실제로 행한 일은 철학을 탈인식적이며 탈형이상학적으로 만드는 데 도움을 준 것이었다. 그는 철학을 문예 장르로 변화시키는 데 기여했다.[1] 청년 헤겔이 실천했던 것은 장년 헤겔이 이론화했던 진리로의

---

1 이런 관점에서 볼 때 분석철학과 현상학 양자는 공히 헤겔 이전의 보다 칸트적인 사고방식으로 후퇴한 것, 바꿔 말해서 철학을 (의식, 언어 등) 매개물의 "가능성의 조건"을 연구하는

수렴 가능성을 손상시켰다. 장년 헤겔에 대한 위대한 주석가들은 하이네나 키르케고르와 같은 저술가들인데, 그들은 우리가 지금 블레이크, 프로이트, D. H. 로렌스, 오웰 등을 취급하는 방식으로 헤겔을 취급한 사람들이다.

우리 아이러니스트들은 이 인물들을 진리에 대한 익명의 통로가 아니라 특정한 마지막 어휘의 축약형이요, 그 어휘의 사용자에게 전형적인 신념과 욕망의 축약형으로 취급한다. 장년 헤겔은 그러한 어휘에 해당하는 하나의 이름이 되었으며, 키르케고르와 니체는 또 다른 어휘들의 이름이 되었다. 만일 그러한 인물들이 실제로 살았던 삶이 그들을 주목하게 한 책이나 용어와는 별로 관련이 없다고 누군가가 말한다면, 우리는 그 말을 아예 무시할 것이다. 우리는 그러한 인물들의 이름을 그들 각자가 쓴 책 속의 영웅들의 이름으로 취급한다. 우리는 스위프트와 격렬한 분노*sæva indignatio*를, 헤겔과 절대정신을, 니체와 차라투스트라를, 마르셀 프루스트와 서술자인 마르셀을, 트릴링과 『자유주의적 상상력』을 구별하는 일로 골치 아파하지 않는다. 우리는 이 저술가들이 그들 자신의 자기 이미지에 부응한 삶을 살았는가를 신경 쓰지 않는다.[2] 우리가 알고자 하는 것은 과연 그와 같은 이미지들을 채용할 것인가, 우리 스스로를 전면적이든 부분적이든 과연 그와 같은 인물들의 이미지

것으로 만듦으로써 내가 "형이상학"이라고 부르고 있는 것을 지키려는 시도들이다.

2 네하마스(Alexander Nehamas)가 그의 저서 『니체』(*Nietzsche: Life as Literature*, p. 234)에서 자신은 "[니체의 책들을] 썼던 비참한 작은 인물"에 관심을 갖지 않는다고 말하는 부분을 볼 것. 오히려 그가 관심 갖는 것은 (p. 8) 니체가 "독단적인 전통에 빠져들지 않으면서도 적극적인 견해를 제공하려는 철학자인 동시에 문예의 등장인물인 하나의 예술품으로 그 자신을 창조하려는 노력"이다. 내가 제안하고 있는 견해에 의하면, 니체는 헤겔이 무의식적으로 행했던 바를 의식적으로 행한 최초의 철학자일 것이다.

로 재창조할 것인가이다. 우리는 그러한 인물들이 꾸며낸 어휘들을 실험함으로써 이 물음에 대답해갈 것이다. 우리는 우리 자신, 우리의 상황, 우리의 과거를 그러한 용어로 재서술하는 한편, 다른 인물들의 어휘를 사용한 다른 재서술과 그 결과를 비교한다. 우리 아이러니스트들은 이러한 지속적인 재서술을 거쳐 우리 자신을 위해 우리가 할 수 있는 최선의 자아를 만들기를 희망한다.

그와 같은 비교, 그와 같은 인물들 간의 대결이야말로 오늘날 "문예비평"이라는 용어로 포괄되는 어떤 것의 주요한 활동이다. 영향력이 큰 비평가들, 가령 아널드Matthew Arnold, 페이터Walter Pater, 리비스F. R. Leavis, 엘리엇T. S. Eliot, 윌슨Edmund Wilson, 트릴링Lionel Trilling, 커모드Frank Kermode, 블룸Harold Bloom 등과 같은 인물처럼 새로운 정전正典, canon의 규범들을 제안한 그런 유형의 비평가들은 책들의 참된 의미를 설명하는 일에 종사하는 것도 아니며, 책들의 "문학적 가치"라 불리는 어떤 것을 평가하는 일에 종사하는 것도 아니다. 오히려 그들은 책들을 다른 책들의 맥락 속에, 인물들을 다른 인물들의 맥락 속에 자리매김하는 데 시간을 보내고 있다. 이러한 자리매김은 우리가 새로운 친구나 적을 오래된 친구들이나 적들의 맥락 속에 자리매김하는 것과 똑같은 방식으로 이루어진다. 그렇게 하는 과정에서 우리는 옛 사람들과 새 사람들 모두에 대한 우리의 의견을 수정한다. 이와 동시에 우리는 우리 자신의 마지막 어휘를 수정함으로써 우리 자신의 도덕적 정체성을 수정한다. 보편적인 도덕 원리가 형이상학자들에게 해주리라고 기대되는 것을, 문예비평이 아이러니스트들에게 해준다.

우리 아이러니스트들에게는 또 다른 마지막 어휘 이외에는 그 무

엇이라 할지라도 마지막 어휘에 대한 비평일 수 없다. 다시 말해 재-
재-재서술을 제외하곤 재서술에 답할 수 있는 것이란 없다. 어휘들을
넘어선 어떤 것도 어휘들 사이에서 선택의 규준이 될 수 없기 때문에,
비평이란 이러한 그림을 바라보는 것이며 따라서 그림과 실물을 비교
하는 것이 아니다. 인물들만이 또 다른 인물들의 비평에, 문화들만이 또
다른 문화들의 비평에 기여할 수 있다. 왜냐하면 인물과 문화는 우리들
에게 육화된 어휘이기 때문이다. 그래서 우리 자신들이 설정한 인물이
나 우리 자신들의 문화에 대한 우리의 의심은 오로지 우리의 교제 범위
acquaintance를 확대하는 일을 통해서만 해소되거나 완화될 수 있다. 그렇
게 하는 가장 손쉬운 길은 책을 읽는 것이며, 그래서 아이러니스트들은
실제로 살아 있는 사람들을 자리매김하기보다는 책들을 자리매김하는
데에 더 많은 시간을 보낸다. 아이러니스트들은 혹시라도 자신의 이웃
사람들만 알게 됨으로써 자신을 길러온 어휘에 고착되는 일을 두려워
한다. 그래서 그들은 (알키비아데스, 쥘리엥 소렐 같은) 낯선 사람들, (카라마조
프 가문, 커소번 가문 같은) 낯선 가문들, (튜턴족의 기사들, 수단 남부의 누어족, 송대
의 관료사회 같은) 낯선 공동체와 친숙해지려고 노력한다.

아이러니스트들은 문예비평가들을 읽으며 그들을 도덕적 조언자
로 간주하는데, 그 까닭은 그러한 비평가들이 유난히 넓은 교제 범위를
가지고 있기 때문이다. 문예비평가들이 도덕적 조언자인 까닭은 그들
이 도덕적 진리에 대해 특별한 접근통로를 갖고 있기 때문이 아니라, 그
들이 멀리 돌아다녔기 때문이다. 그들은 많은 책을 읽었으며, 따라서 어
떤 단일한 책의 어휘에 붙잡히지 않을 더 좋은 위치에 있다. 특히 아이
러니스트들은 그러한 비평가들이 헤겔이 아주 잘 해냈던 바와 같은 변

증법의 곡예를 수행하게끔 도와줄 거라고 희망한다. 바꿔 말해서 얼핏 보면 정반대인 책들을 모종의 종합을 통해 지속적으로 찬양할 수 있도록 비평가들이 도와줄 거라고 아이러니스트들은 희망한다. 우리는 블레이크와 아널드, 니체와 밀, 마르크스와 보들레르, 트로츠키와 엘리엇, 나보코프와 오웰 등으로 짝을 이룬 인물들을 동시에 찬양할 수 있기를 바라 마지않는다. 그래서 그러한 인물들의 책들을 한자리에 놓고서 어떻게 하면 아름다운 모자이크를 만들 수 있는가를 어느 비평가가 보여주기를 희망한다. 우리는 비평가들이 정전正典의 규범을 확대하는 방식으로, 그래서 가능한 한 풍부하고도 다양하게 일련의 고전적 텍스트들을 제시하는 방식으로 그러한 인물들을 재서술할 수 있기를 바란다. 이렇듯 정전의 규범을 확대시키는 과제는, 아이러니스트에게 있어서, 도덕철학자들이 개별 사례에 공통으로 수용된 도덕적 직관을 공통으로 수용된 일반적인 도덕 원리와 평형을 이루게 하려는 시도를 대신하게 된다.[3]

　　금세기가 진행되면서 "문예비평"이란 용어가 점점 더 넓게 확장되었던 것은 익히 알려진 사실이다. 그 용어는 원래 (가끔씩은 시각예술을 포함하기도 했지만) 연극, 시, 소설에 대한 비교와 평가를 의미했다. 그리고 나서 그 용어는 과거의 비평(가령 드라이든, 셸리, 아널드, 엘리엇 등의 운문뿐 아니라

3　나는 여기서 "반성적 평형"(reflective equilibrium)에 대한 롤스의 관념을 차용하고 있다. 혹자는 문예비평이란 명제와 명제 사이가 아니라 저술가와 저술가 사이에서 그러한 평형을 산출하려는 시도라고 말할 수도 있겠다. "분석철학"과 "대륙철학" 간의 차이점을 표현하는 가장 쉬운 방법 중 하나는 전자는 명제들을 거래하는 반면에 후자는 고유 명칭들을 거래한다고 말하는 것이다. 대륙철학이 "문예이론"이라는 형태로 영미의 문학부에서 그 모습을 드러냈을 때, 이것은 새로운 방법이나 접근법의 발견이 아니라 단지 평형이 모색되었던 사람들의 영역에 몇몇의 이름들이 (철학자들의 이름들이) 추가된 것에 불과했다.

산문)을 포함하도록 확장되었다. 그러고 나서는 곧장 과거의 비평가들과 그들의 비평 어휘를 수록했던 책들과, 현재의 비평가들과 그들의 비평 어휘를 수록한 책으로 확장되었다. 이것은 신학, 철학, 사회이론, 개혁적인 정치 프로그램, 혁명적인 선언 등으로 그 용어를 확장한다는 것을 의미했다. 요컨대 그것은 한 사람의 마지막 어휘의 후보가 될 성싶은 모든 책으로 문예비평이란 용어를 확장한다는 것을 의미했다.

일단 문예비평의 영역이 그토록 넓게 확장되자, 그것을 **문예**비평이라고 부르는 취지는 물론 점점 더 적어졌다. 그러나 우연히 일어난 역사적 이유들로 인해, 지식인들이 학문적 전문성을 추구한다는 명목 아래 대학에서 일자리를 차지하는 방식과 연관되었기 때문에, 그 이름이 굳어져버렸다. 그래서 "문예비평"이란 용어를 "문화비평" 따위의 용어로 변경시키는 대신에, 문예비평가들이 비평하는 모든 것을 포섭하도록 우리는 "문예"literature라는 용어를 확장시켰다. 클라크T. J. Clarke가 1930년대와 1940년대 뉴욕의 "트로츠키-엘리엇적" 문화라고 불렀던 것에 속한 문예비평가는 엘리엇의 『황무지』, 말로의 『희망』, 드라이저의 『미국의 비극』뿐 아니라 트로츠키의 『배반당한 혁명』, 프로이트의 『꿈의 해석』 등을 읽었으리라고 기대되었다. 현재의 오웰-블룸적 문화 속에서 문예비평가는 나보코프의 『롤리타』, 쿤데라의 『웃음과 망각의 책』뿐 아니라 솔제니친의 『수용소 군도』, 비트겐슈타인의 『철학적 탐구』, 푸코의 『말과 사물』 등을 읽었으리라고 기대된다. 이제 "문예"란 용어는 도덕적 연관성을 상당히 가졌다고 보이는, 즉 무엇이 가능하며 중요한가에 대한 느낌을 변경시킬 만큼 상당한 도덕적 연관성을 가졌다고 보이는 모든 종류의 책을 망라하게 되었다. 이 용어의 적용은 어떤 책에

"문학적 특질"이 있고 없음과는 아무런 관련도 없다. 그러한 특질을 추적하거나 해설하기보다는 오히려 이제 비평가는 도덕적 본보기와 도덕적 조언자로 이루어진 정전의 규범에 대한 수정을 제안함으로써, 그리고 그러한 규범 내부의 긴장들이 완화될 수 있거나 필요하다면 첨예화될 수 있는 방도들을 제안함으로써, 도덕적 반성을 촉진시킬 것으로 기대된다.

/

민주주의 지식인 문화 내에서 문예비평의 현저한 성장―한때 종교, 과학, 철학에 의해 (차례대로) 주장되었던 문화적 역할을 문예비평이 수행한다는 단지 반쯤 의식된 가정―은 지식인 가운데 형이상학자에 비해 아이러니스트의 비율이 증가하는 것과 궤를 같이한다. 이것은 지식인과 대중 사이의 간극을 더욱 넓혀놓았다. 그 까닭은 형이상학이 근대 자유주의 사회의 대중적 레토릭 속에 직조되어 있기 때문이다. 도덕적인 것과 "순전히" 미적인 것 간의 구분도 마찬가지인데, 그 구분은 문화 내에서 "문예"를 종속적인 지위로 강등시키고 소설과 시는 도덕적 반성과 무관하다는 암시를 주는 데 자주 사용된다. 간추려 말해서 우리 사회의 레토릭은 내가 자유주의 문화에 걸림돌이 되었다고 (3장의 서두에서) 주장했던 대립들 대부분을 당연하게 받아들이고 있다.

이런 상황은 아이러니스트 지식인들에게 "무책임성"의 혐의를 두는 쪽으로 진행되기에 이르렀다. 그러한 혐의의 일부는 문외한들, 그들이 남에게 경고하는 책조차 읽지 않았으며 자신의 전통적인 역할을 단지 본능적으로 옹호하고 있는 사람들에게서 나온 것이다. 그러한 문외한들 중에는 종교적 근본주의자들, "과학적"이라는 것이 최고의 지적 덕목이 아니라는 제안에 감정이 상한 과학자들, 그리고 합리성은 밀과 칸트에 의해 제시된 바와 같은 일반적인 도덕 원리의 전개를 요구한다는 신조를 갖고 있는 철학자들 등이 포함된다. 그러나 아이러니스트 지식인들에 대한 "무책임성"의 혐의는 자신들이 말하고 있는 바를 잘 알고 있으며, 그들의 견해가 존중되어 마땅한 그러한 저술가들에 의해서도 제기되었다. 내가 이미 암시했듯이 이러한 저술가들 가운데 가장 중요한 인물은 하버마스인데, 그는 (가령 아도르노나 푸코와 같이) 자유주의 사회의 사회적 희망에 등을 돌린 것처럼 보이는 계몽의 비판자들에 반대하여 지속적이며, 상세하고, 용의주도하게 논구된 논쟁을 퍼부었다. 하버마스의 견해에 의하면, 헤겔(그리고 마르크스)은 상호주관적인 의사소통의 철학을 발전시키려 하지 않고 오히려 "주관성"의 철학 즉 자기반성의 철학에 고착되는 그릇된 길을 택했다.

3장에서 이미 말했듯이 나는 하버마스의 견해에 맞서 아이러니즘 ironism을 옹호하며, 문예비평이야말로 주도적인 지적 학문분야라고 간주하는 습관을 옹호하고자 한다. 나의 옹호론은 사적인 영역과 공적인 영역 간에 확고한 구분을 만드는 일의 성공 여부에 달려 있다. 하버마스는 헤겔에서부터 푸코와 데리다를 관통하는 아이러니스트적 사유 노선을 사회적 희망에 대해 파괴적이라고 보는 반면에, 나는 아이러니스트적 사유 노선은 공적인 삶과 정치적 물음에 대체로 무관하다고 본다. 헤겔, 니체, 데리다, 푸코 등과 같은 아이러니스트 이론가들은 사적인 자기 이미지를 형성하려는 우리의 시도에는 매우 소중하지만, 정치의 영역으로 온다면 별로 쓸모가 없는 것처럼 내게는 보인다. 하버마스는 철학의 과제는 종교적 신앙을 대체할 모종의 사회적 접착제를 제공하는 것이요, "보편성"과 "합리성"에 대한 계몽주의의 이야기를 그러한 접착제의 최선의 후보로 간주해야 한다고 가정한다. 그래서 그는 계몽주의와 합리성의 이념에 대한 그와 같은 종류의 비판은 자유주의 사회 구성원들 간의 유대를 해소시키는 것이라고 본다. 그는 내가 앞 장들에서 니체를 칭송한 이유인 맥락주의와 관점주의를 무책임한 주관주의라고 생각한다.

하버마스는 마르크스주의자들 및 그가 비판하는 많은 이들과 더불어 철학적 견해의 진정한 의미는 정치적 함축으로 구성되어 있다는 가정, 그리고 단순히 "문예적인" 저술가에 대비되는 철학적인 저술가를 판단하는 준거의 궁극적인 틀은 정치적인 것이라는 그러한 가정을 공유하고 있다. 하버마스가 작업 중인 전통에서 정치철학이 중심적이라는 것은 마치 분석철학의 전통에서 언어철학이 중심적인 것과 마찬가지로 분명하다. 그러나 내가 3장에서 말했듯이 철학을 "핵심 문제들"이나 사회적 기능을 지닌 하나의 "학문분야"라고 간주하는 것을 피하는 편이 더 나을 것이다. 또한 철학적 반성이 자연적 출발점을 갖고 있다는 발상, 그래서 그 하위 영역 중 하나가 정당화를 위한 모종의 자연적 질서에 따라 다른 것들보다 우위에 있다는 발상을 피하는 편이 더 나을 것이다. 왜냐하면 내가 제안해온 아이러니스트적 견해에 의하면, 신념이나 욕망을 정당화하는 "자연적" 질서 같은 것은 없기 때문이다. 게다가 논리와 레토릭, 철학과 문학, 타인의 마음을 변화시키는 합리적 방법과 비합리적 방법 간의 구분을 사용할 수 있는 경우도 그리 많지 않기 때문이다.[4] 만일 자아에 중심이 없다면, 이미 존재하는 신념과 욕망의 그물망 속에 신념과 욕망의 새로운 후보를 기워 넣어 직조하는 상이한 방식들만이 있을 따름이다. 그 영역에서 유일하게 중요한 정치적 구분은 힘의 사용과 설득의 사용 간의 구분뿐이다.

하버마스와 더불어 단순히 "문예적인" 철학 개념을 의심하는 형이상학자들은 자유주의의 정치적 자유는 보편적으로 인간적인 것에 관한 모종의 합의를 필요로 한다고 생각한다. 자유주의자인 우리 아이러니스트들은 그러한 정치적 자유는 그것 자체가 바람직하다는 것 이상의 더 기본적인 어떠한 주제에 대한 합의도 요구하지 않는다고 생각한다. 우리의 관점에서 보면 자유주의 정치에서 관건이 되는 모든 것은, 내가 3장에서 말했듯이, 자유로운 토론의 결과가 무엇이건 간에 그것을 "참" 혹은 "선"이라고 부를 것이라는 널리 공유된 확신뿐이다. 바꿔 말해서 우리가 정치적 자유를 돌본다면, 진리와 선은 스스로를 돌볼 것이라는 확신이다.

여기서 "자유로운 토론"이란 "이데올로기로부터 자유롭다"는 것을 뜻하지 않고, 오히려 언론, 사법, 선거, 대학 등이 자유로우며, 사회적 유동성이 빈번하고 신속하며, 문자 해독이 보편화되고, 고급 교육이 공통적이며, 평화와 부가 우리로 하여금 다양한 사람들의 말을 듣고 그들

---

4 이와 같은 신념과 욕망의 그물망이 대다수의 사람들에게 거의 동일한 경우라면, "이성에의 호소"나 "논리에의 호소"에 대해 말하는 것이 유용할 일이 되는데, 왜냐하면 이것은 단순히 널리 공유된 공통의 근거에 호소함을 의미할 뿐이며 사람들에게 그러한 근거 중 일부를 형성하는 명제들을 상기시킬 뿐이기 때문이다. 더 일반적으로 말해서 모든 전통적인 형이상학적 구분은 그것을 사회화함으로써, 즉 그것을 자연종 간의 구분이 아니라 우연히 존재하는 관행의 묶음이나 그러한 관행 내에서 채용된 전략 간의 구분이라고 취급함으로써, 사회적으로 받아들여질 수 있는 아이러니스트적 의미를 부여받을 수 있다.

이 말한 바를 생각하는 데 필요한 여가를 가능하게 해줄 때 진행되는 그런 종류의 토론이다. 진리에 대한 우리의 규준에 주어질 수 있는 유일한 일반적인 설명은 "왜곡되지 않은 의사소통"[5]을 가리키는 설명뿐이라는 퍼스적인 주장을 나는 하버마스와 공유한다. 그렇지만 나는 무엇을 "왜곡되지 않은" 것으로 간주할지에 대해서는 "민주적인 정치제도와 이 제도를 기능시키기 위한 조건이 마련될 때 얻을 수 있는 그런 종류의 것"을 제외하고는 말할 것이 많다고 생각하지 않는다.[6]

앞 장에서 서술된 이상적인 자유주의 사회를 묶어주는 사회적 접착제는 모든 사람이 자신의 능력을 최대한 발휘할 수 있는 자아창조의 기회를 갖도록 하는 것이 사회 조직 방식의 요점이라는 합의, 그리고 그러한 목표는 평화와 부 이외에도 표준적인 "부르주아적 자유"를 필요로 한다는 합의를 거의 넘지 않는 것으로 이루어진다. 이 확신은 보편적으로 공유된 인간의 목적, 인간의 권리, 합리성의 본질, '인간'을 위한 '선' 등에 관한 어떤 견해에 근거하지 않는다. 그것은 다음과 같은 역사적 사실 이상의 더 심오한 어떤 것에도 근거하지 않는 확신이다. 즉 부르주아 자유주의 사회제도와 같은 보호가 없다면, 사람들이 사적인 구제를 성

---

5 이 말은 "진리"란 것이 "탐구의 끝에서 믿어질 것"으로 정의될 수 있다는 말은 아니다. 그와 같은 퍼스적인 교의에 대한 비판에 대해서는 Michael Williams, "Coherence, Justification and Truth," *Review of Metaphysics* 34 (1980), pp. 243-272와 나의 논문 "Pragmatism, Davidson and Truth," in Ernest Lepore, ed. *Truth and Interpretation: Perspectives on the Philosophy of Donald Davidson*, pp. 333-355의 2절을 볼 것.

6 반면에 이데올로기 비판이 철학에서 중심적이라고 보는 하버마스와 그의 견해에 동의하는 사람들은, 말할 것이 아주 많다고 생각한다. 문제는 "이데올로기"라는 낱말에 과연 흥미로운 어떤 의미, 즉 "나쁜 아이디어" 이상의 어떤 의미를 부여할 수 있다고 생각하느냐 아니냐에 달려 있다.

취하고, 사적인 자기 이미지를 창조하며, 우연히 마주치는 새로운 사람들과 책들에 비추어 자신의 신념과 욕망의 그물망을 다시 직조하기가 어려울 것이라는 역사적 사실이다. 그와 같은 이상적인 사회에서 공적인 쟁점에 대한 토론은 다음 두 가지 문제를 놓고 전개될 것이다. (1) 평화, 부, 자유라는 목표 중 어느 하나가 다른 것을 위해 희생되어야 할 것이 요구되는 상황에 이를 경우, 어떻게 균형을 잡을 것인가. (2) 어떻게 하면 자아창조를 위한 기회를 평등하게 하면서도 사람들로 하여금 자신들의 기회를 활용하거나 방치하게 내버려둘 것인가.

이것이야말로 자유주의 사회가 필요로 하는 사회적 접착제의 모든 것이라는 제안은 두 가지 주된 반론에 부딪히게 된다. 첫째는 실천적인 문제로서, 이 접착제는 결코 충분히 두텁지 못하다는 반론, 즉 민주사회의 공적인 삶에 대한 (널리 행해지는) 형이상학적 레토릭은 자유로운 제도의 지속을 위해 필수적이라는 반론이다. 둘째는 자유주의 아이러니스트가 된다는 것이 심리적으로 불가능하다는 반론, 즉 "잔인성이야말로 우리가 행하는 가장 나쁜 짓"이라고 보는 사람이 그와 동시에 모든 인간 존재가 공통으로 갖고 있는 바에 관해서는 아무런 형이상학적 신념도 보유하지 않는 사람이 된다는 것은 불가능하다는 반론이다.

첫 번째 반론은 만일 우리의 공적인 레토릭에서 아이러니즘이 형이상학을 대체한다면 무슨 일이 발생할 것인가에 대한 예측이다. 두 번째 반론은 내가 옹호하는 공적/사적 영역 간의 구분이 잘 작동하지 않을 것이라는 의견, 즉 아무도 자신을 사적인 자아창조자와 공적인 자유주의자로 나눌 수 없으며 동일한 사람이 어떤 순간에는 니체이면서 다른 순간에는 J. S. 밀이 될 수 없다는 의견이다.

나는 두 번째 반론에 집중하기 위해 첫 번째 반론을 아주 빨리 짚고 넘어가겠다. 첫 번째 반론은 공적인 영역 전반에 걸쳐 아이러니스트의 발상들이 유포되고, 도덕성과 합리성과 인간 본성에 대한 반反형이상학적이고 반反본질주의적인 견해가 일반적으로 채용되면 자유주의 사회를 약화시키고 해소시킬 거라는 예측에 해당된다. 이 예측이 맞을 가능성도 있지만, 그것이 틀리다고 생각할 적어도 한 가지 훌륭한 이유가 있다. 그것은 종교적 신앙이 퇴조한 것과 비교한 유추이다. 종교적 신앙이 퇴조한 것 그리고 특히 사후死後의 보상이라는 관념을 진지하게 받아들이는 사람들의 능력이 퇴조한 것은 자유주의 사회들을 약화시키지 않았고, 오히려 그 사회들을 강화시켰다. 18세기와 19세기의 많은 사람들은 정반대로 예측했다. 그들은 도덕심과 사회적 접착제를 제공하기 위해서는 천국에 대한 희망이 필수적이라고, 바꿔 말해서 가령 법정에서 무신론자가 진실만을 말하겠다고 맹세하는 것은 의미가 없다고 생각했다. 그러나 곧 밝혀졌듯이 미래의 보상을 위해 고통을 감내하려는 열망은 개인적 보상에서 사회적 보상으로, 천국에 대한 희망에서 후손에 대한 희망으로 전환될 수 있었다.[7]

이러한 전환에 의해 자유주의가 강화되었다고 하는 이유는 다음과 같다. 불멸의 영혼에 대한 믿음은 과학적 발견들에 의해서나 자연과학에 보조를 맞추려는 철학자들의 시도에 의해서 시달림을 받게 된 반면에, 과학적 혹은 철학적 의견의 어떠한 변경이 근대 자유주의 사회를 특징짓는 사회적 희망—단지 우리의 후손뿐 아니라 모든 이의 후손을 위

---

7 한스 블루멘베르크(Hans Blumenberg)는 이러한 전환이야말로 근대적 사고와 근대적 사회의 발전에서 중심적인 일이라고 간주하며 그에 관한 좋은 사례들을 제공해준다.

해 삶이 결국 더 자유롭고, 덜 잔인하며, 더 여가가 많고, 재화와 경험이 더 풍부해질 것이라는 희망—을 손상시킬 수 있을 것인가는 분명하지 않다는 것이다. 만일 이러한 희망에 의해 삶의 의미를 부여받는 어떤 사람에게, 철학자들이 진정한 본질과 객관적 진리와 초역사적인 인간 본성의 존재에 대해 점점 더 아이러니해지고 있다고 말해준다고 해도, 어떤 해를 끼치기는커녕 별로 흥미를 유발시키지도 못할 것이다. 자유주의 사회가 철학적 신념에 의해 결속되어 있다는 발상은 내게는 우스꽝스럽게 보인다. 사회를 결속시키는 것은 공통의 어휘와 공통의 희망이다. 공통의 어휘는 대체로 공통의 희망에 기생하고 있다. 공통의 어휘의 주요한 기능은 현재의 희생을 보상하는 미래의 결과에 대해 이야기를 들려주는 것이기 때문이다.

근대의 문예적이며 세속적인 사회들은 무덤 너머의 구원에 관한 시나리오와 대조되는, 상당히 구체적이고 낙관적이며 신빙성 있는 **정치적** 시나리오에 의존한다. 사회적 희망을 계속 유지하기 위해서는 사회의 성원들이 스스로에게 어떻게 상황이 나아질 것인가에 대해 어떤 이야기를 말할 수 있어야 하며, 이 이야기를 실현하는 데 이겨내기 힘든 장애물은 없다고 볼 수 있어야 한다. 사회적 희망을 갖는 일이 최근 들어 더 어려운 일이 되었다면 그것은 관리들이 반역죄를 저질렀기 때문이 아니라, 제2차 세계대전의 종언 이후에 일어난 사태의 진전이 이런 종류의 신빙성 있는 이야기를 말하는 일을 더 어려운 일로 만들어왔기 때문이다. 냉소적이며 꿈쩍하지도 않는 소비에트 제국, 살아남은 민주사회의 끊임없는 근시안적 시야와 탐욕, 그리고 남반구 지역에서 폭발적으로 증가하는 굶주리는 인구 등은 1930년대 우리 부모들이 당면

했던 문제들—파시즘과 실업—은 대체로 통제 가능한 것이었다고 보게 해버린다. 인간 평등에 대한 사회민주주의의 표준 시나리오, 바꿔 말해서 금세기로의 전환기에 조부모들이 썼던 시나리오를 최신판으로 고쳐 쓰려는 사람들은 별로 성공을 거두지 못하고 있다. 우리가 올바른 이론적 접착제—개인주의적이며 다원주의적인 사회에서 광범위한 동의를 끌어낼 수 있는 철학—를 찾아내지 못해서 야기되었다고 형이상학적으로 경도된 사회 사상가들이 믿고 있는 문제들은, 내 생각에는, 일련의 역사적 우연성들에 의해 야기된 것이다. 그러한 우연성들은 지난 수백 년간의 유럽과 미국의 역사를—즉 공적인 희망과 사적인 아이러니즘이 증대되었던 세기들을—곤궁과 독재와 혼란으로 둘러싸인 시간 속의 외딴 섬처럼 보게 해준다. 오웰이 말했듯이, "민주적 전망은 철조망 속에서 끝장난 것처럼 보인다."

　나는 8장에서 오웰에 관해 논의할 때 사회적 희망의 상실에 대한 이 논점을 재론할 것이다. 지금 이 맥락에서 나는 단순히 "형이상학이 없다는 것은 정치적으로 위험한가?"라는 공적인 물음을 "아이러니즘은 인류의 연대감과 양립 가능한가?"라는 사적인 물음으로부터 떼어놓고자 노력할 따름이다. 그렇게 하기 위해서는 (청년들을 사회화하는) 공적인 레토릭이 여전히 형이상학적인 것으로 남아 있는 현재의 자유주의 문화 속에서 유명론과 역사주의가 보이고 있는 모습과, 공적인 레토릭이 유명론자와 역사주의자에게서 차용되는 어떤 미래 속에서 유명론과 역사주의가 보이게 될 모습을 구별해보는 일이 도움을 줄 것이다. 우리는 유명론과 역사주의는 고급문화 지식인의 배타적인 속성이고, 대중은 그들 자신의 마지막 어휘에 관해 그렇듯 심드렁할 수 없다고 가정하는 경향이 있다. 그러나 과거 어느 때에는 무신론 역시 지식인의 배타적인 속성이었음을 기억하라.

이상적인 자유주의 사회에서는 비非지식인은 그렇지 않을지라도 지식인은 여전히 아이러니스트일 것이다. 하지만 비지식인도 상식적으로 유명론자이자 역사주의자일 것이다. 그래서 그들은 자기네들이 부딪히게 될 우연성에 대해 아무런 특별한 의심도 느끼지 않은 채, 스스로가 철두철미하게 우연적이라고 여길 것이다. 그들은 책벌레가 아닐 것이며, 문예비평가를 도덕적 조언자로 간주하지도 않을 것이다. 그러나 그들은 부유한 민주사회에서 점점 더 많은 사람이 상식적인 무신론자가 되었듯이, 상식적인 비非형이상학자일 것이다. 마치 16세기의 평균적인 기독교도들이 "당신은 왜 기독교도인가?"라는 물음에 대해 대답할 필요를 느끼지 않았던 것처럼, 혹은 오늘날 대부분의 사람들이 "당신은 구원을 받았는가?"라는 물음에 대해 대답할 필요를 느끼지 않는 것처럼, 이상적인 자유주의 사회의 비지식인은 "당신은 **왜** 자유주의자인가? 당신은 왜 낯선 사람이 모욕당하는 일에 대해 **염려**하는가?"와 같은 물음에 대답할 필요를 느끼지 않을 것이다.[8] 그러한 사람은 인류의 연대에 대한 자신의 느낌을 정당화할 필요가 없을 것이다. 왜냐하면 그는 그와 같은 종류의 신념에 대해 정당화를 요구하고 또 획득하는 그런 식의 언어놀이를 하도록 길러지지 않았기 때문이다. 그의 문화는 문화의 공적인 레토릭에 관한 의심이, 정의定義와 원리를 요청하는 소크라테스적인 요구와 짝을 이루는 문화가 아니라, 구체적인 대안과 프로그램을

---

8 니체는 경멸과 함께 "민주주의는 기독교를 자연화한 것이다"라고 말했다(*Will to Power*, no. 215). 그 경멸을 빼버린다면, 그는 아주 옳게 보았다.

요청하는 듀이적인 요구와 짝을 이루는 문화이다. 내가 보기에 그러한 문화는 우리 자신의 친숙하고도 여전히 형이상학적인 자유주의 문화와 마찬가지로—그 이상은 아닐지라도—속속들이 자기비판적일 수 있으며, 인간의 평등에 철저히 헌신할 수 있다.

그러나 공적인 레토릭이 유명론적이며 역사주의적인 자유주의 문화가 가능하며 또한 바람직하다는 내 생각이 설령 옳을지라도, 나는 공적인 레토릭이 **아이러니스트적인** 문화가 가능하며 또 그렇게 되어야 한다는 주장으로 나아갈 수는 없다. 자신의 사회화 과정에 대해 끊임없이 의구심을 갖게 하는 그런 방식으로 청년들을 사회화하는 문화를 나는 상상할 수가 없다. 아이러니는 본래 사적인 문제로 보인다. 내가 정의한 바에 의하면, 아이러니스트는 자신이 물려받은 마지막 어휘와 자신이 스스로 창안하려는 마지막 어휘 간의 대비가 없이는 살아갈 수 없다. 아이러니는 본질적으로 분개하는 것은 아닐지라도 적어도 무언가에 대해 반발하는 것이다. 아이러니스트는 의심해야 할 어떤 것, 꺼려하는 어떤 것을 가져야만 한다.

/

이 논점은 나로 하여금 앞에서 열거한 반론들 중 두 번째 것으로 옮겨가게 해주며, 그래서 아이러니스트에게는 자유주의자가 되기에는 부적절한 무엇이 있으므로, 사적 관심사와 공적 관심사 사이의 단순한 분리는 그러한 긴장을 극복하는 데 충분치 못하다는 발상을 다루게 해준다.

혹자는 사회 조직은 인간 평등을 목표로 한다는 관념과, 인간 존재는 단순히 육화된 어휘라는 관념 사이에는 적어도 명백한 긴장이 있다고 말함으로써 이 주장을 그럴듯하게 만들 수도 있다. 우리 모두가 잔인성을 감소시키고 인간 존재들을 고통에 대한 책임의 측면에서 평등하게 대우할 막중한 의무를 지고 있다는 관념은, 인간 존재들의 내면에는 그들이 말하는 언어와는 전혀 무관하게 존경과 보호를 받을 만한 무엇이 있다는 것을 당연하게 간주하는 것처럼 보인다. 그 관념은 어떤 비언어적인 능력, 즉 고통을 느낄 수 있는 능력이야말로 중요한 것이며, 반면에 어휘들 간의 차이는 훨씬 덜 중요하다고 암시해준다.

진정한 본질을 얻게 해줄 이론에 대한 탐구라는 의미에서의 형이상학은, 인간 존재가 신념과 욕망의 중심 없는 그물망 이상의 무엇이라는 주장이 의미를 갖도록 노력한다. 그러한 주장이 자유주의에 필수적이라고 많은 사람이 생각하는 이유는, 만일 인간들이 정말로 문장 태도sentential attitude 이상의 것이 아니라고 한다면, 달리 말해서 역사적으로 조건화된 어휘 속에 담긴 문장들을 사용하는 어떤 태도나 경향성의 유무에 지나지 않는다고 한다면, 인간 본성뿐 아니라 인류의 **연대**도 괴상하며 의심스러운 관념으로 보이기 시작할 것이라는 점에 있다. 왜냐하면 가능한 모든 어휘를 지닌 연대는 불가능할 것으로 보이기 때문이다. 형이상학자들은 모종의 공통된 원초적 어휘ur-vocabulary가 존재하지 않는다면, 우리는 마지막 어휘가 우리 것과는 판이하게 다른 사람들에게 잔인하지 않을 아무런 "이유"도 갖지 못한다고 말한다. 인간 본성에 관한 모종의 교의가 없이 보편주의 윤리를 진술한다는 것을 상상하기 어렵다는 바로 그 이유 때문에, 보편주의 윤리는 아이러니즘과 양립되지 않는 것처럼 보인다. 진정한 본질에 대한 그러한 호소는 아이러니즘과는 정반대인 것이다.

그래서 더 큰 개방성과 자아창조를 위한 더 많은 여지의 확보야말로 아이러니스트들이 사회에 제기하는 표준적인 요구라는 사실은, 그러한 요구가 (보통 사람에게는 아무런 의미도 주지 않는) 일종의 아이러니한 이론적 메타언어를 말할 자유에 불과해 보인다는 사실과 균형을 이루게 된다. 우리는 한편으로 보들레르와 나보코프를 위해 더 많은 자유와 더 많은 열린 공간을 절실히 필요로 하지만, 다른 한편으로 오웰이 필요로 했던 종류의 것, 예컨대 탄광의 밑바닥에 더 많은 신선한 공기를 주는 것, 혹은 당黨이 프롤레타리아의 배후에서 손을 떼게 하는 것 등에 대해서는 전혀 생각하지도 않는 아이러니스트의 모습을 어렵지 않게 상상할 수 있다. 아이러니즘과 자유주의의 연계성은 매우 느슨하고, 형이상학과 자유주의의 연계성은 상당히 단단하다는 이러한 느낌이야말로 사람들이 철학에서의 아이러니즘과 문학에서의 심미주의를 "엘리트주의"로 여겨 불신하게 만드는 것이다.

이것이 바로 "시사적 쓰레기"를 경멸하고 "심미적 기쁨"을 목표로 한다고 주장하는 나보코프와 같은 저술가들이 도덕적으로 의심스럽고 아마도 정치적으로 위험한 것처럼 보이는 이유이다. 니체나 하이데거와 같은 아이러니스트 철학자들도, 나치에 의해 그들이 이용된 점을 우리가 잊는다고 할지라도, 종종 마찬가지로 보이게 된다. 이와는 대조적으로, 스스로를 "마르크스주의 정권"이라고 자처하는 악당들에 의해 저질러진 마르크스주의 활용, 종교재판에 의해 저질러진 기독교 활용, 인정머리 없는 그래드그라인드Gradgrind[디킨스의 소설 『어려운 시절』의 등장인물로, 물질적인 것에만 관심을 두는 몰인정한 속물]의 공리주의 활용 등에 대해 우리가 유념한다고 할지라도, 우리는 마르크스주의, 기독교, 공리주의를 존경 없이는 언급할 수 없다. 그것들이 인간의 자유를 위해 제각기 봉사하던 때가 있었기 때문이다. 하지만 아이러니즘이 과연 그렇게 했던가는 분명하지가 않다.

아이러니스트는 전형적인 근대의 지식인이며, 그에게 자신의 소외감을 상세히 표출할 자유를 주는 유일한 사회는 자유주의 사회뿐이다. 그래서 아이러니스트는 자연히 반反자유주의자라고 추론되기 십상이다. 방다Julien Benda로부터 스노C. P. Snow에 이르는 많은 사람들은 아이러니즘과 반자유주의의 연계성이 거의 자명한 것이라고 생각했다. 오늘날 많은 사람들은 동시대 아이러니스트의 표어 중 하나인 "해체"의 냄새를 풍기는 것은 곧 도덕적 책임성의 결여를 나타내는 좋은 징표라고 당연하게 간주한다. 그들은 도덕적으로 신뢰할 만한 지식인의 징표는 자의식적이지 않고 직설적이며 투명한 산문이라고 가정한다. 그것은 자기창조적인 아이러니스트라면 아무도 쓰고 싶어 하지 않을 그런 종류의 산문이다.

비록 이러한 추론들 중 일부는 오류일지도 모르며 이러한 가정들 중 일부는 근거 없는 것일지도 모르지만, 그럼에도 아이러니즘에 제기되는 의심에는 무언가 옳은 것이 있다. 내가 정의한 바에 따르면, 아이러니즘은 재서술의 힘을 인식한 결과로 도출된다. 하지만 대부분의 사람들은 재서술되기를 원치 않는다. 그들이 원하는 것은 자기 자신의 용어로, 즉 자신의 현재 모습 그대로 그리고 자신이 말하는 그대로 진지하게 받아들여지는 것이다. 아이러니스트는 그런 사람들에게 당신이 말하고 있는 언어는 자신이나 동료 아이러니스트의 손아귀에 놓여 있다고 이야기한다. 그러한 주장에는 잠재적으로 매우 잔인한 무엇이 담겨 있다. 왜냐하면 사람들에게 오래도록 지속되는 고통을 야기하는 최선의 방식은 그 사람들에게 가장 중요해 보이는 것을 시시하고 진부하며 무력하게 만들어버림으로써 굴욕을 주는 것이기 때문이다.[9] 한 어린 아이가 소중히 여기는 소지품, 즉 다른 아이들과 자신을 약간이나마 다르게 만들어주는 여러 환상을 직조하게 하는 사소한 물건이 "쓰레기"라고 재서술되고 내버려질 경우에 과연 무슨 일이 벌어질까를 생각해보라. 혹은 그러한 소지품이 더 부유한 아이의 소지품과 비교되어 형편없게 보이게 되는 그런 경우에 과연 무슨 일이 벌어질까를 생각해보라. 원시적인 문화가 더 발전된 문화에 의해 정복될 때도 그와 같은 일이 벌어질 수 있다. 똑같은 종류의 일이 지식인들 앞에 서는 비지식인들에게도 간혹 벌어진다. 하지만 이 모든 일들은 오웰의 소설 『1984』의 주인공 윈스턴 스미스가 체포되었을 때 벌어졌던 일에 비하면 아주 약화된 형태에 불과하다. 즉 고문자들은 스미스의 문진文鎭을 부숴버렸고 줄리아의 복부를 주먹으로 쳤으며, 그래서 스미스로 하여금 그 자신의 용어가 아니라 오브라이언의 용어로 스스로를 서술하도록 만드는 과정을 주도해나갔다. 재서술을 행하는 아이러니스트는 한 사람의 마지막 어휘를 위협함으로써, 즉 자기 자신의 용어로 스스로에게 의미를 부여하는 능력을 위협함으로써, 그 사람의 자아와 그 사람의 세계가 시시하고 진부하며

9 Judith Shklar, *Ordinary Vices* (Cambridge, Mass.: Harvard University Press, 1984), p. 37 [『일상의 악덕』, 사공일 옮김, 나남출판, 2011]에서 슈클라가 굴욕에 대해 논의한 것과, 스캐리 (Ellen Scarry)가 『고통받는 몸』(*The Body in Pain*)의 1장에서 고문자들에 의한 굴욕의 사용에 대해 논의한 것을 볼 것.

무력하다는 암시를 준다. 재서술은 종종 굴욕을 안겨준다.

그러나 재서술과 그것이 가져올 수 있는 굴욕의 가능성은 형이상학과 비교해볼 때 아이러니즘에 더 밀접히 연관된 것이 아니라는 점을 주목하라. 형이상학자도 재서술을 한다. 단지 상상력의 이름이 아니라 이성의 이름으로 재서술을 행할 뿐이다. 재서술이란 아이러니스트의 특별한 징표가 아니라 지식인의 태생적인 특성이다. 그런데 왜 아이러니스트들은 **특별한** 분개를 불러일으키는 것일까? 우리는 형이상학자가 전형적으로 논증에 의해 자신의 재서술을 지탱한다는 사실에서 힌트를 얻을 수 있다. 아이러니스트가 그 과정을 재서술하여 말하듯이, 형이상학자는 자신의 재서술을 논증이란 덮개 아래에 숨긴다. 그러나 재서술과 마찬가지로 논증도 자유주의나 반자유주의에 대해 중립적인 것이기 때문에, 이것 자체가 문제를 해결하지는 못한다. 아마도 유의미한 차이점은 다음과 같을 것이다. 즉 자신의 재서술을 지지하기 위해 논증을 제시한다는 것은 청중에게 당신은 새로 프로그램되고 있는 것이 아니라 **계발되고** 있다고, 즉 '진리'는 이미 당신 안에 있었으며 단지 환한 곳으로 끌어내올 필요만 있었다고 말해주는 것에 해당된다는 것이다. 청자의 진정한 자아, 혹은 화자와 청자가 공유하는 공통된 공적 세계의 진정한 본성을 드러내주는 것으로 제시되는 재서술은, 재서술되고 있는 사람이 스스로의 힘을 감소시키는 것이 아니라 오히려 힘을 얻고 있음을 암시해준다. 이 암시는, 청자가 갖고 있던 예전의 그릇된 자기서술이 세계, 육신, 악마, 그의 교사들, 혹은 그를 억압하는 사회에 의해서 그에게 부과되었던 것이라는 또 다른 암시와 결합된다면, 한층 더 고취된다. 가령 기독교나 마르크스주의로 전향한 사람은, 재서술되는 것이 그의 진정한 자아나 진정한 이익을 드러내주는 일에 해당된다고 느끼게 된다. 그리하여 그는 그러한 재서술을 수용하는 일이야말로 과거에 자신을 억압해왔던 그 어떠한 것들보다도 더 강한 힘과 동맹을 굳게 다지는 일이라고 믿게 된다.

요컨대 형이상학자는 재서술과 권력 간에 모종의 연계성이 있으며, 올바른 재서술이 우리를 자유롭게 해줄 수 있다고 생각한다. 아이러니스트는 그와 유사한 어떠한 보증도 제공하지 않는다. 자유의 기회는 단지 이따금씩만 우리의 자기 재서술에 의해 영향을 받는 역사적 우연성에 달려 있다고 아이러니스트는 말해야 한다. 아이러니스트는 형이상학자가 알고 있다고 주장하는 것과 비견할 만큼 막대하게 큰 힘을 전혀 알지 못한다. 아이러니스트가 자신의 재서술이 더 낫다고 주장할 때, 아이러니스트는 형이상학자가 "실재와 더 잘 대응된다"고 설명할 때 부여하는 그와 같이 듬직한 무게를 "더 낫다"는 용어에 부여할 수가 없다.

그러므로 나는 아이러니스트가 비난받는 까닭은 굴욕을 주는 성향 때문이 아니라 힘을 부여해줄 수 없기 때문이라고 결론짓는다. 아이러니스트가 자유주의자가 되지 못할 이유는 전혀 없지만, 아이러니스트는 자유주의 형이상학자가 간혹 그렇게 되어야 한다고 주장하는 의미에서의 "진보적"이고 "역동적"인 자유주의자는 될 수 없다. 왜냐하면 그는 형이상학자가 제공하는 것과 같은 종류의 사회적 희망을 제공할 수 없기 때문이다. 그는 당신 자신이나 당신의 상황에 대한 그의 재서술을 채용하는 것이 당신에게 군림했던 힘들을 더 잘 정복하게 해준다고 주장할 수 없다. 그의 설명에 따르면 그러한 능력은 진리가 우리 편이 되게 한다든가 "역사의 운동"을 감지한다든가 하는 문제가 아니라 무기와 행운에 달린 문제이다.

그렇다면 자유주의 아이러니스트와 자유주의 형이상학자 간에는 두 가지 차이점이 존재한다. 첫째는 재서술이 자유주의를 위해 무엇을 할 수 있는가에 관한 그들의 이해와 관련된 것이며, 둘째는 공적인 희망과 사적인 아이러니의 연관성에 관한 그들의 이해와 관련된 것이다. 첫 번째 차이점은 다음과 같다. 즉 아이러니스트는 자유주의자의 목적에 기여하는 **유일한** 재서술이 "무엇이 굴욕을 주는가?"라는 물음에 답하는 것뿐이라고 생각하지만, 형이상학자는 "왜 내가 굴욕을 피해야 하는가?"라는 물음에 대해서도 답하기를 원한다는 점이다. 자유주의 형이상학자는 **친절해지기를 소망하는 우리의 바람**이 어떤 논증에 의해 뒷받침되기를 원한다. 자기 재서술을 수반하는 그러한 논증은 어떤 공통된 인간 본질, 즉 굴욕을 당할 수 있는 우리의 공유된 능력 이상의 어떤 본질을 부각시킨다. 자유주의 아이러니스트는 단지 **친절해질 기회들**, 타인들에게 굴욕을 주는 것을 피할 기회들이 재서술에 의해 확장되기를 원할 뿐이다. 그는 굴욕에 대한 공통된 감수성의 인식이야말로 필요한 **유일한** 사회적 유대라고 생각한다. 형이상학자는 다른 인간 존재들이 지닌 도덕적으로 유의미한 특징은 가령 합리성, 신, 진리, 혹은 역사 등과 같이 공유된 더 큰 힘에 대한 그들의 관계에 있다고 간주한다. 반면에 아이러니스트는 도덕적으로 유의미한 인격체의 정의, 즉 도덕적 주체의 정의는 "굴욕받을 가능성이 있는 어떤 것"이라고 간주한다. 인류의 연대성에 대한 아이러니스트의 느낌은 공동의 소유나 공유된 힘이 아니라 공동의 위험에 대한 느낌에 기초하고 있다.

그렇다면 내가 앞에서 지적한 논점, 즉 사람들은 자기 자신의 용어로 서술되기를 원한다는 논점은 어떻게 되는가? 내가 이미 제안했듯이 자유주의 아이러니스트는 사적인 목적을 위한 재서술과 공적인 목적을 위한 재서술을 구분할 필요가 있다고 말함으로써 이 논점에 답한다. 나의 사적인 목적을 위해서, 나는 당신이나 다른 모든 이를 당신의 실제적 혹은 잠재적 고통에 대한 나의 태도와는 무관한 용어로 재서술할 수 있다. 나의 사적인 목적은, 그리고 나의 마지막 어휘 중에서 나의 공적인 행위와 무관한 부분은, 당신이 전혀 개의할 바가 아니다. 그러나 내가 자유주의자인 한, 나의 마지막 어휘 중에서 나의 공적인 행위와 관련된 부분은, 나의 행위로 인해 다른 사람들이 굴욕받을 수 있는 온갖 다양한 방식들에 대해서 내가 자각하고 있을 것을 요구한다. 그러므로 자유주의 아이러니스트는 단지 자신의 계발만을 위해서가 아니라 다른 마지막 어휘를 사용하는 사람들의 실제적이며 잠재적인 굴욕을 이해하기 위해서, 상상력을 동원하여 다른 마지막 어휘를 가능한 한 많이 익힐 필요가 있다.

　　반면에 자유주의 형이상학자는 공적/사적 구분에 의해 중간이 나누어지지 않으며 단지 잡동사니patchwork가 아닌, 내적이며 유기적인 구조를 지닌 마지막 어휘를 원한다. 누구나 자신의 용어들이 받아들여지길 원한다는 점을 인식하는 일은 우리로 하여금 그러한 용어들의 최소 공통분모를 찾아내는 일에 헌신하게 한다고, 즉 공적인 목적과 사적인 목적 모두를 위해, 자기 규정과 타인과의 관계 모두를 위해 적합할 어떤 단일한 서술을 찾아내는 일에 헌신하게 한다고 자유주의 형이상학자는 생각한다. 그는 내적 인간과 외적 인간이 하나가 되기를, 그래서 아이러니가 더 이상 필요하지 않기를 소크라테스와 더불어 기도한다. 그는 영혼의 부분과 국가의 부분이 대응되며, 영혼에서 본질적인 것과 부수적인 것을 구분하는 일이 국가에서 정의와 불의를 구분하는 데 도움을 줄 거라고 플라톤과 더불어 믿는 경향이 있다. 그러한 메타포들은 자유주의 형이상학자의 신념을 표현해준다. 그것은 자유주의에 대한 형이상학적인 공적 레토릭이야말로 타인들과 공유하는 인간성을 말해주는 부분, 달리 말해서 연대를 가능케 해주는 부분이기 때문에, 자유주의자들 각자의 마지막 어휘에서 그러한 형이상학적 레토릭이 핵심적으로 남아 있어야 한다는 신념이다.[10]

그러나 한 사람의 마지막 어휘에서 중심적이고 공유되며 의무적인 부분과 주변적이고 특이하며 선택적인 부분을 구분하는 일이야말로 아이러니스트가 거부하는 것이다. 아이러니스트가 생각하기에 자신을 나머지 인류와 묶어주는 것은 공통의 언어가 아니라 **단지** 고통에 대한 감수성이며, 특히 짐승들이 인간과 공유하지 못하는 특별한 종류의 고통인 굴욕에 대한 감수성이다. 아이러니스트의 개념에 의하면 인류의 연대는 공통의 진리나 공통의 목표를 공유하는 문제가 아니라 공통의 이기적인 희망, 즉 자신의 세계―그것을 둘러싸고 자신의 마지막 어휘를 직조해가는 사소한 것들의 세계―가 파괴되지 않을 거라는 희망을 공유하는 문제이다. 자신의 환상fantasy은 물론이고 다른 사람들의 환상에

---

10 가령 하버마스는 "도덕적 관점"이 "보편적"이며 "단지 근대 서구 사회의 평균적인 중산층 남성의 도덕적 직관을 표현한 것만은 아니라는 것"을 보여줄 "담화진리론"을 통해서 계몽주의적 합리주의의 어떤 부분을 구제하고자 한다(Peter Dews, ed., *Autonomy and Solidarity: Interviews with Jürgen Habermas* [London: Verso, 1986]). 아이러니스트에게는, 근대 서구 사회의 등장 이전에는 아무도 그러한 직관을 갖고 있지 않았다는 사실은 과연 그러한 직관을 공유해야 하는가라는 물음과는 아무런 관계도 없는 것이다.

도 적극 참여하는 것이 바람직하다고 말해주는 어떤 낱말들을 충분히 중첩되게 누구나 갖고 있다면, 각자의 마지막 어휘가 달라도 공적인 목적을 이루는 데는 문제가 되지 않는다. 그러나 그와 같이 중첩되는 낱말들, 가령 "친절", "품위", "존엄" 등과 같은 낱말들은 모든 인간 존재들이 자신의 본성에 대한 반성을 통해 도달할 수 있는 하나의 어휘를 형성하지는 못한다. 그러한 반성은 고통의 가능성에 대한 고양된 인식 이외에는 어떠한 것도 산출하지 못할 것이다. 그러한 반성은 고통을 **보살펴야 할 이유**를 산출하지 못할 것이다. 자유주의 아이러니스트에게 중요한 것은 그러한 이유의 발견이 아니라 고통이 발생할 때 반드시 그 고통에 **주목하도록** 하는 일이다. 그의 희망은 전혀 다른 마지막 어휘를 가진 누군가에게 굴욕을 줄 가능성에 직면했을 때 자신의 마지막 어휘로 인해 제한받지 않는 것이다.

자유주의 형이상학자였다면 특별한 도덕적 동기(합리성, 신에 대한 사랑, 진리에 대한 사랑 등)를 통해 이루고자 했을 일을, 자유주의 아이러니스트는 상상력을 동원해 동일시하는 재주skill를 통해 이루고자 한다. 자유주의 아이러니스트는 다른 사람들의 실제적이며 잠재적인 굴욕을 (성, 인종, 종족, 마지막 어휘 등의 차이에 구애됨이 없이) 예상하고 또 예방하기 바라는 자신의 능력이 그 자신의 다른 어느 부분보다도 더 실재적이고 중심적이며 "본질적으로 인간적인" 부분이라고 보지 않는다. 그러기는커녕 그는 그것을 마치 미분방정식을 만드는 능력처럼, 인류의 역사에서 비교적 나중에 등장했으며 지금도 여전히 국지적인 현상으로 남아 있는 하나의 능력이자 소망이라고 여긴다. 그것은 지난 300년간의 유럽과 미국에 주로 연관된 것이다. 그것은 어떤 구체적인 역사적 상황 속에 구현된 힘 이상의 더 커다란 어떠한 힘과도 연관되지 않는다. 가령 그것은 부유한 유럽과 미국의 민주주의가 그들의 관습을 세계의 다른 곳에 전파한 힘이며, 과거에는 특정한 우연성들에 의해 확대되었다가 최근에는 특정한 우연성들에 의해 축소되어온 힘이다.

자유주의 형이상학자는 훌륭한 자유주의자는 특정한 주요 명제가 진리임을 알아야 한다고 생각하지만, 자유주의 아이러니스트는 훌륭한 자유주의자는 특정한 종류의 노하우를 갖고 있어야 한다고 생각한다. 자유주의 형이상학자는 자유주의 지식인 문화가 이론을 중심으로 한다고 간주하지만, 자유주의 아이러니스트는 그것이 문예(고풍스러운 협의의 의미에서의 문예, 즉 연극, 시, 그리고 특히 소설)를 중심으로 한다고 간주한다. 자유주의 형이상학자는 지식인의 과제란 커다란 주제에 관한 어떤 참된 명제들로써 자유주의를 지지하고 옹호하는 일이라고 생각하지만, 자유주의 아이러니스트는 지식인의 과제란 개인이나 공동체가 자신의 환상과 자신의 삶에서 중심으로 삼고 있는 사소한 것들의 다양한 유형을 인지하고 서술하는 우리의 재주를 늘리는 일이라고 생각한다. 아이러니스트는 형이상학에서 근본적인 낱말들, 그리고 특히 자유민주주의의 공적인 레토릭에서 근본적인 낱말들을 단지 또 하나의 텍스트, 단지 또 한 벌의 사소한 인간적인 것들이라고 간주한다. 그러한 낱말들을 중심으로 살아간다는 것이 어떤 것인가를 이해하는 아이러니스트의 능력은, 그리스도나 빅브라더에 대한 사랑을 중심으로 살아간다는 것이 어떤 것인가를 간파하는 아이러니스트의 능력과 다르지 않다. 아이러니스트의 자유주의는 그러한 특정 낱말들에 대한 아이러니스트의 헌신으로 이루어지는 것이 아니라, 서로 다른 수많은 낱말 묶음들의 기능을 간파하는 아이러니스트의 능력으로 이루어진다.

이와 같은 구분들은 왜 아이러니스트 철학이 자유와 평등을 위해 많은 것을 행하지 않았으며 또 앞으로도 그렇지 않을 것인가를 설명해 준다. 그러나 그러한 구분들은 또한 왜 "문예"(고풍스러운 협의의 의미에서의 문예)가 민족지ethnography나 저널리즘과 마찬가지로 많은 것을 행하고 있는가를 설명해준다. 내가 앞에서 말했듯이 고통은 비언어적인 것이다. 그것은 우리 인간 존재들이 우리를 언어 사용자가 아닌 짐승들과 한데 묶도록 하는 것이다. 그러므로 잔인성의 희생자들, 즉 고통을 겪고 있는 사람들은 언어라고 할 만한 것을 거의 가지고 있지 않다. 이것이 바로 "억압받는 자의 목소리"나 "희생자들의 언어"와 같은 것이 존재하지 않는 이유이다. 희생자들이 한때 사용했던 언어는 더 이상 작동하지 않으며, 그들은 새로운 낱말을 만들어낼 수 없을 만큼 너무나 많은 고초를 겪고 있다. 그래서 희생자들의 상황을 언어로 표현하는 일은 그들을 위하는 누군가 다른 사람에 의해 행해져야 할 몫이다. 자유주의 소설가, 시인, 혹은 저널리스트는 그런 일을 잘한다. 반면에 자유주의 이론가들은 통상 그렇지 못하다.

철학에서의 아이러니즘이 자유주의에 큰 도움이 되지 않았다는 의심은 꽤나 맞는 것이지만, 그 까닭이 아이러니스트 철학이 본래 잔인하기 때문인 것은 아니다. 그 까닭은 철학이 특정한 일—가령 "왜 잔인해서는 안 되는가?"나 "왜 친절해야만 하는가?"와 같은 물음들에 답하는 일—을 해야만 한다는 자유주의자들의 기대 때문이며, 이 과업을 거절하는 어떠한 철학도 틀림없이 냉정하다고 느끼기 때문이다. 그러나 그러한 기대는 형이상학적 양육養育의 결과이다. 우리가 그러한 기대를 제거할 수 있다면, 자유주의자들은 아이러니스트 철학이 할 수 없으며 스스로 할 수 없다고 정의한 일을 하라고 요구하지 않게 될 것이다.

형이상학자가 이론을 사회적 희망에, 문예를 사적 완성에 각각 연합시킨 것이 자유주의 아이러니스트의 문화에서는 거꾸로 바뀌게 된다. 자유주의 형이상학자의 문화에서는 수많은 사적인 현상들의 배후를 관통하는 단 하나의 일반적인 공통의 실재를 담당했던 학문분야들, 가령 신학, 과학, 철학 등은 인간 존재들을 하나로 묶어주며 따라서 잔인성을 제거하는 데 도움을 줄 거라고 기대되었다. 반면에 자유주의 아이러니스트의 문화에서 그 일을 담당하는 것은 사적이며 특이한 것들에 대한 두터운 서술thick description을 전문으로 하는 학문분야들이다. 특히 우리의 언어로 말하지 않는 사람들의 고통을 민감하게 느끼도록 해주는 소설과 민족지는, 공통의 인간 본성에 대한 증명이 해내야 할 것으로 여겨졌던 그러한 일을 해야 한다. 연대는 그것을 듣게 되면 우리 모두가 깨닫는 원초적 언어의 형태로 이미 기다리고 있는 것을 발견하는 일이 아니라, 사소한 조각들로부터 구성되어야만 하는 일이다.

거꾸로 말하면 우리의 점증하는 아이러니스트 문화에서 철학은 사회적 임무를 위해서가 아니라 사적 완성의 추구를 위해서 한층 더 중요해지고 있다. 다음 두 장에서 나는 아이러니스트 철학자들은 사적인 철학자들이라고, 즉 유명론적인 것과 역사주의적인 것의 아이러니를 심화시키는 데 관심을 갖는 철학자들이라고 주장할 것이다. 그들의 저술은 공적인 목적에는 부적절하며, 자유주의자다운 자유주의자에게는 전혀 쓸모가 없다. 7장과 8장에서 나는 소설가들이 사회적으로 유용한 일을 해낼 수 있는 방식에 관한 여러 사례들을 제시할 것이다. 소설가들은 우리가 주목하지 않았던 영역에서 잔인성이 벌어지는 사실에 대해서만이 아니라 우리 자신 안에서 비롯되는 잔인성의 발생에 대해서도 주목할 수 있도록 우리를 도와준다.

5장

자아창조와 동화同化:
프루스트, 니체, 하이데거

우리 아이러니스트에게 이론이란 인류의 연대보다는 사적 완성을 위한 수단이 되었다고 하는 나의 주장을 설명하기 위해서, 나는 아이러니스트 이론의 몇 가지 패러다임을 논하고자 한다. 여기서 논의될 인물들은 청년 헤겔, 니체, 하이데거, 데리다 등이다. 나는 "철학자"라는 표현 대신 "이론가"theorist라는 말을 사용할 것이다. 왜냐하면 "이론"이라는 말의 어원은 내가 원하는 의미를 함축하면서도 동시에 내가 원하지 않는 의미 내용을 피할 수 있게 해주기 때문이다. 내가 논하게 될 인물들은 플라톤이 인정한 의미의 "지혜" 같은 것이 있다고 생각하지 않는다. 그래서 "지혜를 사랑하는 사람"을 뜻하는 철학자라는 용어는 부적절해 보인다. 그러나 이론, 곧 테오리아theoria라는 말은 충분한 거리를 두고 넓은 범위의 영역을 조망한다는 것을 암시하고 있다. 바로 이것이 내가 논의하고자 하는 사람들이 하고 있는 일이다. 이들은 모두 하이데거가 "서양의 형이상학 전통"이라고 부른 것, 즉 내가 "플라톤-칸트적 정전正典, canon"이라고 불러온 것으로부터 물러서서 그것을 넓게 조망하는 데 정통한 사람들이다.

그 정전에 포함되는 항목들, 즉 위대한 형이상학자들의 저작들은 모든 것을 변치 않는 것으로 바라보고 그것을 전체로 보려는 고전적인 시도이다. 형이상학자들은 높은 곳에서 바라보면 예상치 못한 통일성이 명백하게 드러나게 될 거라고 희망하면서 현상의 다양성을 넘어서려 한다. 이들이 말하는 통일성이란 **실재하는** 어떤 것, 즉 현상의 배후에 있으면서 그 현상을 만들어내는 어떤 것이 어렴풋이 감지되어왔다는 것을 나타내는 징표이다. 이와는 대조적으로 내가 논하고자 하는 아이러니스트의 정전은 그런 높은 곳에 오르려 하는 형이상학자들의 시도를 되돌아보고 그런 다양한 시도의 근저에 놓여 있는 통일성을 바라보고자 하는 일련의 시도이다. 아이러니스트 이론가는 수직으로 내려다보는 형이상학자의 메타포를 신뢰하지 않는다. 그는 수평축을 따라 과거를 되돌아보는 역사주의적 메타포로 그것을 대체한다. 그러나 그가 되돌아보는 대상은 일반적인 사물이 아니라 매우 특별한 책을 쓰는 매우 특별한 유형의 사람이다. 아이러니스트 이론의 주제는 형이상학 이론이다. 아이러니스트 이론가가 볼 때, 초역사적 지혜에 대한 믿음과 사랑의 이야기는 단지 개별적인 철학자의 마지막 어휘가 아니라 모든 의미에서 최종적인 마지막 어휘를 찾으려는 연속적인 시도들의 이야기이다. 여기서 최종적인 마지막 어휘란 단지 특이한 역사적 산물에 불과한 것이 아니라 탐구와 역사가 수렴하는 지점이자 그 이상의 탐구와 역사를 불필요한 것으로 만드는 최후의 어휘를 말한다.

아이러니스트 이론의 목표는 그와 같은 형이상학적 충동, 즉 이론화하려는 충동을 이해하고 그럼으로써 그 충동으로부터 완전히 자유롭게 되는 것이다. 따라서 아이러니스트 이론은 선행자들을 이론화하게 몰아간 것이 무엇이었는지를 알아내자마자 치워버려야 할 사다리이다.[1] 아이러니스트 이론가가 결코 원하지도 필요로 하지도 않는 것은 아이러니즘의 이론이다. 그는 자기 자신이나 동료 아이러니스트에게 방법, 강령, 이유 등을 제공하는 일에 종사하지 않는다. 그는 단지 모든 아이러니스트가 하는 일을 똑같이 하고 있다. 즉 자율성autonomy을 시도하고 있다. 그는 계승된 우연성에서 벗어나 자기 자신의 우연성을 만들고, 낡은 마지막 어휘에서 벗어나 온전히 자기 자신의 것이 될 마지막 어휘를 만들어내려 한다. 아이러니스트의 일반적인 특징은 자신보다 큰 어떤 것에 의해서 마지막 어휘에 관한 자신의 의심이 해소되기를 바라지 않는다는 것이다. 이것은 의심을 해소하기 위한 아이러니스트의 규준, 곧 사적 완성의 규준이 그 자신이 아닌 다른 어떤 힘에 동화affiliation되는 것이 아니라 자율적으로 되는 것에 있음을 의미한다. 모든

---

1 1962년 강의 「시간과 존재」를 다음과 같은 말로 끝맺고 있는 노년의 하이데거는 아이러니스트 이론화의 모토를 제공하고 있다. "형이상학을 극복하려는 의도에서조차 형이상학적 고려가 여전히 만연해 있다. 따라서 우리의 과제는 모든 극복의 시도를 중단하고 형이상학을 그 자체로 놓아두는 것이다."(*On Time and Being*, trans. Joan Stambaugh [New York: Harper & Row, 1972], p. 24) 하이데거는 머지않아 데리다의 저작에서 현실화될 가능성을 분명히 자각하고 있다. 이 가능성이란 하이데거 자신이 니체를 그렇게 다루었던 것과 같이, 그 자신 또한 내던져져야 하는 사다리의 또 한 단계(마지막 단계)로 다루어질 수 있으리라는 것이다. 이런 인식의 한 예로서 그의 저작이 헤겔의 연속선상에 있다는 "프랑스적인" 생각을 거부한 점, 그리고 "하이데거의 철학"이 존재한다는 것에 대한 그의 부정을 들 수 있다("Summary of a Seminar", ibid., p. 48). 또한 눈짓과 몸짓(Winke und Gebärden)을 뜻하는 말이 **개념**으로서, 즉 그 자신 이외의 어떤 것을 파악하기 위한 도구(기호와 암호, Zeichen und Chiffren)로서 해석되는 위험에 대해 서술한 글 "A Dialogue on Language Between a Japanese and an Inquirer"의 구절을 참조하기 바란다(*On the Way to Language*, trans. Peter Hertz [New York: Harper & Row, 1971], pp. 24-27).[『언어로의 도상에서』, 신상희 옮김, 나남출판, 2012]

아이러니스트가 성공의 정도를 가늠할 수 있는 것은 오직 과거에 대해서이다. 과거에 따라 사는 것이 아니라 과거를 자신의 용어로 재서술함으로써 비로소 아이러니스트는 과거에 대해 "내가 그렇게 하고자 했던 바"라고 말할 수 있게 되는 것이다.

아이러니스트의 일반적인 과제는 콜리지Samuel Taylor Coleridge가 위대하고 독창적인 시인에게 권고한 것, 즉 후대의 사람들이 그를 판단할 근거가 될 취미taste를 창조하는 것이다. 그러나 아이러니스트가 마음에 품고 있는 판단자는 자기 자신이다. 그는 자신의 용어로 자신의 삶을 요약할 수 있기를 원한다. 완성된 삶이란 그 자신의 최종적인 마지막 어휘가 최소한 진실로 온전히 **자신의 것**이었다는 확신 속에서 마감되는 삶일 것이다. 아이러니스트 **이론가**를 통상적인 아이러니스트와 구별해주는 특징적인 차이는 단지 그의 과거가 다소 협소하게 한정된 특정한 문예 전통, 간단히 말해 플라톤-칸트의 정전正典과 그 정전에 대한 주석으로 이루어져 있다는 것이다. 그가 찾고 있는 것은 정전이 자신에게 미치고 있던 힘을 무력하게 해줄 그 정전에 대한 재서술이다. 바꿔 말해 그 정전을 구성하고 있는 책들을 독해함으로써 주술을 깨뜨리는 것이다. (형이상학적이며 약간은 오도적인 말로 표현하자면, 아이러니스트는 철학의 비밀스럽고 참되며 마술적인 이름을 찾아내서 철학을 자신의 주인이 아닌 하인으로 만들길 원하는 것이다.) 아이러니스트 이론가가 아이러니스트 문화와 맺는 관계는, 형이상학자가 형이상학적 문화와 맺는 관계와는 달리, 구체적인 것과 추상적인 것의 관계도 아니며 특별한 사례와 일반적 문제의 관계도 아니다. 그것은 그가 어떤 구체적인 것에 대해서 아이러니한 태도를 갖는가의 문제, 즉 어떤 항목이 그에게 유의미한 과거를 구성하는가의 문제일 뿐이다. 아이러니스트에게 있어서 과거란 것은, 아이러니화할 수 없는 어휘 혹은 재서술을 통해 대체할 수 없는 어휘 같은 것이 존재할지도 모른다고 암시해온 책들이다. 아이러니스트 이론가는 바로 그런 책들, 바로 그 특정한 문예 장르에 정통한 문예비평가로 간주될 수 있다.

/

우리의 점증하는 아이러니스트 문화에서 특히 두 인물이 콜리지가 서술한 것과 같은 완성을 성취한 사람으로서 자주 인용된다. 그들은 바로 프루스트와 니체이다. 알렉산더 네하마스Alexander Nehamas는 니체에 관한 최근의 저작에서 이 두 인물을 함께 다루고 있다. 그들은 계승된 우연성을 자신이 만든 우연성으로 대체하는 일에 일생을 바쳤다는 사실뿐 아니라 자신이 바로 그런 일을 하고 있음을 서술하고 있다는 점에서도 공통점이 있다고 네하마스는 지적한다. 그들은 자아창조의 과정 그자체는 완전히 의식적일 수 없는 우연성의 문제임을 자각하고 있었다. 그럼에도 그들은 자유와 결정론의 관계를 둘러싼 형이상학자의 물음에 시달리지 않았다. 프루스트와 니체는 전형적인 비非형이상학자이다. 왜냐하면 그들은 우주를 어떻게 볼 것이냐가 아니라 자신을 어떻게 볼 것이냐에 대해서만 관심을 쏟았기 때문이다. 그러나 프루스트가 형이상학을 단순히 또 하나의 삶의 양식으로 간주한 반면, 니체는 형이상학에 깊이 사로잡혀 있었다. 니체는 비형이상학자였을 뿐 아니라 반反형이상학적 이론가였다.

    네하마스는 프루스트의 화자가 다음과 같은 것을 믿는다고 말하는 구절을 인용하고 있다.

> (…) 예술작품을 제작할 때 우리는 결코 자유롭지 못하다. 우리는 예술작
> 품을 만들 방법을 선택하지 않는다. 그 방법은 이미 존재한다. 따라서 그
> 방법이 필연적이면서도 감추어져 있는 이상, 우리는 그것이 자연의 법칙
> 일 경우에 우리가 마땅히 해야 할 일, 말하자면 그것을 발견해내는 일을
> 하지 않을 수 없다.

네하마스는 다음과 같이 주석을 달고 있다.

> 그러나 [프루스트가] "우리의 참된 삶의 발견"이라고 명쾌하게 서술한 이
> 발견은 그것을 서술하고 구성하는 예술작품의 창조 과정을 통해서만 이
> 루어질 수 있는 것이다. 그리고 발견과 창조 사이의 애매한 관계는 니체
> 자신의 견해와 정확히 일치하며, 실제로 존재하는 자신이 될 수 있다는
> 생각 자체에 놓여 있는 긴장감도 완벽하게 잡아내고 있다.[2]

니체가 이 구절에 부여하고 있는 의미에서 "실제로 존재하는 자신"who
one actually is이라는 것은 "실제로 언제나 존재했던 자신"who one actually was
all the time을 의미하는 것이 아니라, "자기 자신에 대한 판단을 종결짓게
할 취미를 창조하는 과정에서 자기 자신이 된 자신"을 의미한다. 그러나
"종결짓다"라는 말은 오해의 소지가 있다. 그것은 운명 지워진 안식처

---

2   Alexander Nehamas, *Nietzsche: Life as Literature*, p. 188.

를 암시한다. 하지만 자신의 원인cause을 재서술함으로써 그 원인을 자각해가는 과정은 죽을 때까지 계속 진행될 수밖에 없다. 임종 시에 이루어지는 자기 자신에 대한 최종적인 재서술조차 원인을 갖게 되겠지만 그 원인에 대해서는 재서술할 시간이 없을 것이다. 그것은 자신이 발견할 시간이 남아 있지 않은 자연의 법칙에 의해 좌우될 것이다(그러나 그를 높이 평가하는 대담한 비평가가 언젠가 그것을 우연히 발견할 가능성은 남아 있다).

사르트르 같은 형이상학자는 완성을 추구하는 아이러니스트의 태도를 "무용한 정열"futile passion이라고 서술할 것이다. 그러나 프루스트나 니체 같은 아이러니스트는 그런 문구가 핵심 문제를 선취하고 있다고 생각할 것이다. 무용함이라는 주제는 우리가 시간, 우연, 그리고 자신에 대한 재서술을 넘어서는 더 강력한 어떤 것을 발견함으로써 그런 것들을 극복하려고 노력하는 경우에만 발생한다. 그러나 프루스트와 니체에게는 자신에 대한 재서술보다 더 강력하거나 중요한 것은 **아무것도 없다**. 그들은 시간과 우연을 극복하려 하기보다는 사용하려 한다. 그들은 결단력, 완성, 자율성이라고 간주되는 것이 사람이 갑자기 죽거나 미치게 될 때 벌어질 일과 항상 상관관계에 놓여 있음을 잘 알고 있다. 그러나 이런 상대성이 무용함을 함의하는 것은 아니다. 왜냐하면 아이러니스트가 발견해내고자 하는 커다란 비밀 같은 것도 없으며, 죽거나 노쇠하게 될 때까지 발견하지 못할 대단한 비밀이란 것도 없기 때문이다. 오직 재서술됨으로써 재배열되는 사소하고 덧없는 것들이 있을 뿐이다. 만일 아이러니스트가 장수하면서 분별력을 계속 유지한다면, 재배열되는 소재가 많아지고 따라서 상이한 재서술들이 늘어나게 되겠지만, 거기에는 결코 올바른 서술이란 존재하지 않을 것이다. 왜냐하면 비록 철두철미한 아이러니스트가 "더 나은 재서술"이란 개념을 사용할 수 있다고 하더라도, 그는 그 용어의 적용 규준을 가지고 있지 않으며 따라서 "올바른 서술"이란 개념을 사용할 수 없기 때문이다. 그래서 그는 즉자존재être-en-soi가 되는 데 실패했다고 해서 무용하다고는 생각하지 않는다. 오히려 아이러니스트가 즉자존재이기를 결코 원하지 않는다는 사실, 혹은 최소한 즉자존재이기를 원하지 않길 원한다는 사실이 바로 그를 형이상학자로부터 분리시켜주는 것이다.

프루스트와 니체 사이에 존재하는 이런 유사성에도 불구하고 그들에게는 결정적인 차이점이 있고 이 차이점이 나의 의도에서는 핵심적이다. 프루스트의 기획은 정치와는 거의 관련이 없다. 나보코프와 마찬가지로 그는 당대의 공적인 이슈를 지역적 색채를 내기 위해서만 사용한다. 이와는 대조적으로 니체는 종종 마치 그가 사회적 사명이라도 있는 듯이, 마치 공적인 행위에 대해 적절한 관점이라도 가진 듯이, 즉 독특한 반反자유주의적 관점을 가진 듯이 말하고 있다. 그러나 하이데거의 경우에서와 같이, 이 반자유주의는 우발적이고 특이한 것으로 보인다. 왜냐하면 니체와 하이데거가 모범을 보이고 있는 종류의 자아창조는 사회 정책의 문제와는 특별한 관련이 없어 보이기 때문이다. 나는 이 두 사람을 프루스트와 비교하는 것이 상황을 명료하게 하고 내가 4장 끝부분에서 제기한 주장, 즉 아이러니스트의 마지막 어휘는 서로 특별한 관련이 없는 거대한 사적인 부문과 작은 공적인 부문으로 나뉠 수 있고 또 나뉘어야 한다는 주장을 보강하는 데 도움을 줄 것으로 생각한다.

프루스트와 니체의 차이점을 개괄하는 최초의 대략적인 방법으로써 다음과 같은 점을 주목해볼 수 있다. 즉 프루스트는 그가 몸소 만났던 실제 살아 있는 사람들에 대해 반응하고 그들을 재서술함으로써 자기 자신이 되었던 반면에, 니체는 그가 책 속에서 만났던 사람들에 대해 반응하고 그들을 재서술했다는 점이다. 이 두 사람은 그들에 대한 서술을 제공했던 사람들에 대해 내러티브narrative를 씀으로써 자기 자신을 창조하기를 원했다. 바꿔 말해 그들은 타율적 서술의 원천을 재서술함으로써 자율적으로 되고자 했다. 그러나 니체의 내러티브, 즉『우상의 황혼』에서 「어떻게 '참된 세계'가 우화가 되었는가」라는 장에 요약된 내러티브는 사람들을 서술하는 것이 아니라 오히려 어휘들을 서술하고 있으며 몇몇 유명한 이름은 그 어휘들의 축약형으로 사용되고 있다.

그렇지만 사람과 어휘 간의 차이점은 단지 피상적인 것일 뿐이다. 중요한 것은 프루스트가 만났던 사람들, 바꿔 말해 프루스트에 대해 서술했던 사람들이자 프루스트가 자신의 소설 속에서 재서술했던 사람들, 즉 부모, 하인, 친지, 동료 학생, 공작 부인, 편집자, 연인 등으로 이루어진 컬렉션collection은 단지 프루스트가 우연히 마주쳤던 사람들의 모음집일 뿐이라는 점이다. 이와는 대조적으로 니체가 논하고 있는 어휘들은 변증법적으로 연관되어 있으며 서로 내적인 관계를 맺고 있다. 그 어휘들은 우연한 컬렉션이 아니라, 프리드리히 니체가 아닌 그보다 훨씬 더 큰 누군가의 삶을 서술하는 데 이용되는 변증법적 연쇄이다. 니체가 이 큰 인물에게 가장 빈번하게 부여하는 이름은 "유럽"이다. 니체의 삶과는 달리, '유럽'의 삶에서 우연은 개입하지 않는다. 청년 헤겔의『정신현상학』그리고 하이데거의 '존재'의 '역사'에서와 같이, 내러티브 속에서 우연성이 등장할 여지는 존재하지 않는다.

'유럽', '정신', '존재'는 우연성의 단순한 집적도 아니고 우연한 만남의 산물도 아니다. 바꿔 말해 프루스트가 그 자신이 그렇게 존재한다고 알고 있었던 그와 같은 종류의 것이 아니다. 이처럼 자신-보다-큰 영웅의 발명은 그 영웅의 생애를 통해 자신의 논점을 규정한다는 면에서 헤겔, 니체, 하이데거를 프루스트와 떼어놓으며, 그들을 소설가보다는 **이론가**로 만든다. 여기서 이론가란 작은 어떤 것을 구성하기보다는 커다란 어떤 것을 바라보는 사람이다. 비록 그들이 형이상학자가 아니고 진정한 아이러니스트라 하더라도, 이 세 저술가는 아직은 완전한 유명론자는 아니다. 왜냐하면 이들은 사소한 것들을 배열하는 데 만족하지 않기 때문이다. 이들은 또한 거대한 것을 서술하기를 원한다.

이것이 바로 이들의 내러티브를 『잃어버린 시간을 찾아서』와 떼어놓는 것이다. 프루스트의 소설은 작고, 서로 생기를 불어넣는 우연성들의 그물망이다. 화자는 그와 똑같은 마들렌을 결코 맛볼 수 없을 것이다. 다시 가난해진 게르망트 공작은 베르뒤랭 부인과 반드시 결혼할 필요는 없었다. 그는 다른 상속녀를 찾았을 수도 있었다. 그런 우연성들은 회고를 통해서만 의미를 얻으며, 재서술이 일어날 때마다 다른 의미를 갖게 된다. 그러나 아이러니스트 이론의 내러티브 속에서 플라톤은 성 바울에, 기독교는 계몽주의에 길을 **내주어야만 한다**. 칸트 다음에는 헤겔이, 헤겔 다음에는 마르크스가 **나와야만 한다**. 이것이 왜 아이러니스트 이론이 믿을 수 없는 것이며, 쉽사리 자기 기만적인 것으로 되는지를 설명해주는 이유이다. 이것이 바로 새롭게 등장한 이론가가 그보다 앞선 이론가들을 위장한 형이상학자라고 비난하게 되는 한 가지 이유이다.

아이러니스트 이론은 형식상 내러티브여야 한다. 왜냐하면 아이러니스트의 유명론과 역사주의는 아이러니스트로 하여금 자신의 작업을 진정한 본질에 대한 관계를 확립하는 것으로 생각하길 허용하지 않기 때문이다. 바꿔 말해 그는 단지 과거에 대한 관계를 확립할 수 있을 뿐이다. 그러나 다른 아이러니스트 저술의 형태와는 달리, 그리고 특히 프루스트를 그 전형으로 삼을 수 있는 아이러니스트 소설과는 달리, 아이러니스트 이론이 갖는 과거에 대한 관계는 저자의 특이한 과거에 대한 관계가 아니라 더 큰 과거, 즉 종족과 민족과 문화의 과거에 대한 관계이다. 이것은 우연적 현실의 잡다한 컬렉션에 대한 관계가 아니라 가능성의 영역, 즉 삶-보다-큰 영웅이 자신의 길로 나아감에 따라 점차 가능성을 소진해가는 그런 영역에 대한 관계이다. 운 좋은 우연의 일치를 통해서 화자가 태어날 시기에 딱 맞추어 문화는 가능성의 전 영역을 두루 거치고 종착점에 도달하게 되는 것이다.

내가 아이러니스트 이론화의 전형으로 사용하고자 하는 인물들, 즉 『정신현상학』을 쓴 헤겔, 『우상의 황혼』을 쓴 니체, 「휴머니즘 서한」을 쓴 하이데거는 공통적으로 어떤 것(운명을 가질 정도로 충분히 큰 어떤 것, 즉 역사, 서양인, 형이상학 등)이 그 가능성을 소진했다고 생각한다. 따라서 모든 것이 이제 새로워져야 한다. 그들은 그들 자신을 새롭게 하는 것에만 관심을 가진 것이 아니다. 그들은 그와 같은 거대한 것도 새롭게 하고자 한다. 그들 자신의 자율성은 그와 같은 커다란 새로움에서 파생되어 나올 것이다. 그들은 아름다움과 새로움만이 아니라 말로 표현할 수 없는 숭고함을 원하며, 단순히 재배열과 재서술을 통해 다시 포착되는 과거가 아니라 과거와는 통약불가능한 어떤 것을 원한다. 그들은 말로 표현할 수 있는 상대적인 재배열의 아름다움만이 아니라 말로 표현할 수 없는 전적인 타자Wholly Other의 절대적 숭고함을 원하며 총체적 혁명Total Revolution을 원한다.[3] 그들은 과거가 스스로를 서술해온 모든 방법과 통약불가능한 방식으로 자신들의 과거를 바라보는 방법을 원한다. 이와는 대조적으로 아이러니스트 소설가는 통약불가능성에는 관심이 없다. 그들은 단순한 차이에 만족할 뿐이다. 사적인 자율성은 과거에 일어나지 않은 방식으로 자신의 과거를 재서술함으로써 획득될 수 있다. 사적인 자율성은 아이러니스트 이론이 요구하는 묵시론적 새로움을 필요로 하지 않는다. 이론가가 아닌 아이러니스트는 과거에 대한 자신의 재서술이 그의 계승자의 재서술을 위한 밑알이 될 것이라는 생각에 개의치 않을 것이다. 계승자에 대한 그의 태도는 "그들에게 행운이 있기를 빈다"는 식의 태도일 뿐이다. 그러나 아이러니스트 이론가는 어떤 계승자도 상상할 수 없다. 왜냐하면 그는 새로운 시대의 예언자이며 새로운 시대에는 과거에 사용된 어떤 용어도 적용될 수 없기 때문이다.

나는 4장의 후반부에서 아이러니스트 자유주의자는 권력이 아니라 완성에만 관심을 가지고 있다고 말했다. 그러나 아이러니스트 이론가는 여전히 매우 큰 어떤 인물과의 밀접한 관계에서 나오는 권력을 원한다. 이것이 아이러니스트 이론가가 자유주의자가 되기 힘든 이유이다. 니체의 초인은 헤겔의 세계정신과 하이데거의 존재와 더불어 그리스도에게 속한 이중성을 공유하고 있다. 즉 사람 자체가 동시에 말로 표현할 수 없는 측면에서 신 자체이기도 한 것이다. 성육화Incarnation에 관한 기독교적 교의는 헤겔이 자신의 기획을 설명할 때 필수적인 것이었으며, 니체가 자신을 반그리스도로 상상하기 시작했을 때 다시 등장한

---

3 Bernard Yack, *The Longing for Total Revolution*, 특히 3부를 참조할 것.

다. 또한 예수회 수련 수사 출신인 하이데거가 존재를 무한하게 온화하며 동시에 전적인 타자라고 서술하기 시작했을 때 그 교의는 다시 나타난다.

프루스트 역시 권력에 관심이 있었다. 그러나 그는 육신의 몸을 입고 나타나거나 찬미의 대상이 될, 그 자신보다 큰 누군가를 찾는 데는 관심이 없었다. 그가 원한 것은 유한한 권력의 유한성을 분명히 함으로써 그 권력에서 벗어나는 것이었다. 그는 권력을 돕거나 다른 사람의 힘을 강하게 하는 입장에 서기를 원치 않았다. 단지 그가 만난 사람들에 의해 제공된 그 자신에 대한 서술로부터 자신을 해방시키고자 했을 뿐이다. 그는 다른 사람이 알고 있다고 생각하는 그런 사람이 되고 싶어 하지 않았으며, 다른 사람의 관점에서 찍힌 사진틀 안에 동결된 채 있고 싶어 하지도 않았다. 사르트르의 표현을 빌리면, 그는 타자의 눈에 의해 (예를 들어 생루의 "강한 시선", 샤를뤼스의 "불가사의한 응시" 등에 의해) 사물로 변하는 것을 두려워했다.[4] 그가 그런 사람들로부터 자유로워지는 방법, 즉 자율적으로 되는 방법은 그를 서술했던 사람들을 다시 서술하는 것이었다. 그는 다양한 다수의 관점에서, 그리고 특히 시간상 서로 다른 다수의 입장에서 그들을 묘사했고 그렇게 함으로써 그들 중 누구도 특권적 관점을 가지고 있지 못하다는 사실을 명료화했다. 프루스트는 다른 사람들이 어째서 특권적 위치에 있는 사람들이 아니라 단순히 우연적 위치에 놓인 동료들인지를 자신에게 설명함으로써 자율적으로 되었다. 프루스트 자신이 자신을 향한 그들의 태도의 산물이었던 것과 마찬

---

4 *Remembrance of Things Past*, trans. Charles Scott-Moncrief (New York: Random House, 1934), vol. 1, pp. 571, 576. [『잃어버린 시간을 찾아서』, 김희영 옮김, 민음사]

가지로, 프루스트는 그들이 그들을 향한 다른 사람들의 태도의 산물로 존재한다고 재서술했다.

자신의 생애와 소설이 끝날 무렵, 프루스트는 시간이 사람들에게 어떤 일을 했는지 보여줌으로써 자신이 자신의 시간과 더불어 무엇을 했는지 보여주었다. 그는 책을 썼고, 그럼으로써 그 책의 저자인 자신을 창조해냈다. 이것은 다른 사람들이 예상하거나 상상할 수조차 없었던 일이다. 그는 젊었을 때 다른 사람들이 자신에 대해 권위자가 될 것을 두려워했던 만큼이나 그가 아는 사람들에 대해 권위자가 되었다. 이러한 업적은 그로 하여금 권위라는 개념 자체를 버리도록 했으며, 그와 더불어 그 자신이나 다른 사람을 특권적으로 서술할 수 있는 관점이 존재한다는 생각 자체를 버리도록 했다. 이것은 그로 하여금 더 우월한 권력에 동화된다는 모든 생각을 떨쳐버릴 수 있게 했다. 이런 동화同化야말로 샤를뤼스가 젊은 마르셀을 처음 만났을 때 제안했던 것이며, 형이상학자들이 전통적으로 그들의 독자에게 제안해온 것이다. 이는 모방자로 하여금 전능의 화신이 된 것처럼 느끼게 하기 위해 고안된 것이다.

프루스트는 그가 만난 권위 있는 인물들을 우연적 상황의 산물로 봄으로써 그들을 시간 속의 인물로 만들고 유한한 존재로 만들었다. 니체와 마찬가지로 그는 그 자신에 관한 선행적인 진리, 다른 사람이 감지할지도 모를 참된 본질이 있을 수도 있다는 두려움을 없애버렸다. 그러나 프루스트는 그의 젊은 시절의 권위 있는 인물들에게는 감추어져 있었던 진리를 안다는 주장을 하지 않고도 그런 일을 할 수 있었다. 그는 스스로 권위를 내세우지 않으면서도 권위의 정체를 폭로했으며, 권력자의 야망을 공유하지 않고서도 그 정체를 폭로할 수 있었다. 그는 권위 있는 인물들이 "진정으로" 어떤 인물이었는지 간파함으로써가 아니라, 그들이 이전과는 다른 사람이 되어가는 것을 관찰함으로써, 그리고 그들과 대비되는 다른 권위 있는 인물들이 제공한 용어로 그들이 재서술될 경우 어떻게 보이는지를 살펴봄으로써 권위 있는 인물들을 유한한 존재로 만들었다. 이 모든 유한화의 결과는 프루스트로 하여금 자신의 유한성에 대해 부끄러움을 느끼지 않도록 했다. 그는 우연성을 인정함으로써 우연성을 정복했으며, 그래서 그가 직면한 우연성이 단순한 우연성 이상의 것일지도 모른다는 두려움에서 스스로 벗어났다. 그는 다른 사람들을 그의 판단자에서 고통받는 동료로 돌려놓았으며, 그래서 그 자신을 판단하는 데 사용할 취미를 만들어내는 데 성공했다.

프루스트나 청년 헤겔과 마찬가지로 니체는 재서술에 있어서 자신의 숙련된 능력, 즉 동일한 상황에 대해 정반대의 서술 사이를 오가는 자신의 능력을 즐겼다. 이 세 사람은 모두 실제로 관점을 이동시키고 연속적인 대답들 속에서 물음을 변화시키면서, 한 가지 물음의 두 가지 측면을 다루는 데서 숙련된 능력을 가지고 있었다. 이들은 시간이 가져오는 변화를 즐겼다. 니체는 "인간"에 대한 전제로서 전면에 내세워져 온 모든 것은 "근본적으로 **극히 제한된** 시기의 인간에 대한 증언에 불과하다"[5]는 사실을 보여주기를 좋아했다. 더 일반적으로 말해서 그는 어떤 것에 대한 모든 서술이 역사적으로 조건 지워진 특정 상황의 필요와 관련되어 있다는 것을 보여주기를 좋아했다. 니체와 청년 헤겔은 과거의 위대한 철학자들을 유한화하기 위해 이러한 기법technique을 채택했

---

5 Nietzsche, *Human, All Too Human*, 2.[『인간적인, 너무나 인간적인』, 김미기 옮김, 책세상, 2001, 2002]

다. 이 과거의 위대한 철학자들은 위대한 재서술자들로서, 철학을 계속하려는 아이러니스트가 그들의 아류로 남기보다 그들과 동등한 위치에 서려면, 스스로를 재서술함으로써 그들을 넘어서야 한다.

그러나 소설가가 아니라 이론가에 의해 채택될 때, 이런 유한화의 전략은 명백한 문제를 드러낸다. 헤겔의 주석가들은 이 문제를 "역사의 종언"이라는 구절로 요약한다. 만일 혹자가 선행자들에 대한 자신만의 독창성으로 스스로를 규정하고 선행자들이 서로에 대해 재서술했던 것보다 더 철저하고 급진적으로 그들을 재서술할 수 있는 자신의 능력에 대해 자부심을 갖는다면, 그는 결국 다음과 같은 질문을 시작하게 될 것이다. "누가 **나를** 재서술할 것인가?" 이론가는 **재배열하기**보다는 **바라보기**를, 조작하기보다는 능가하기를 원하기 때문에, 소위 자기지시self-reference의 문제를 염려하지 않을 수 없다. 이 문제는 재서술에 있어서 자신의 전례 없는 성공을 자신의 이론을 통해 설명하는 문제이다. 그는 이제 가능성의 영역이 소진되었기 때문에 그 누구도 그가 다른 모든 사람을 능가한 방식으로 그를 능가할 수는 없다는 것을 분명히 하고자 한다. 말하자면 사유가 진행될 수 있는 데까지 진행되었기 때문에 상승의 발판이 될 만한 변증법적 공간은 이제 남아 있지 않은 것이다. "어떻게 해서 나는 재서술이 내게서 종결된다고 주장할 수 있는가? 왜 나는 그렇게 생각해야 하는가?" 하는 물음은 "내가 어떻게 나의 책을 끝낼 수 있는가?"라는 물음으로 생각될 수도 있다. 『정신현상학』은 애매한 주석으로 끝난다. 그 마지막 줄은 무한히 긴 미래를 열어주는 것으로 해석될 수도 있고, 완결된 이야기를 되돌아보는 것으로 해석될 수도 있다. 그러나 악명 높게도 헤겔 후기 저작의 마지막 주석은 다음과 같다. "따라서 독일은 최고의 국가가 되었다. 그리고 역사는 종언에 이르렀다."[6]

키르케고르는 만일 헤겔이 『논리의 학』의 서문에 "이것은 전적으로 사고 실험이다"라는 구절을 썼다면, 그는 지금까지 살았던 사상가 중에 가장 위대한 사람이 되었을 것이라고 말했다.[7] 그런 언급은 헤겔이 다른 모든 사람의 유한성뿐 아니라 자기 자신의 유한성에 대해서도 잘 알고 있음을 보여주었을 것이다. 그것은 자율성을 획득하고자 하는 헤겔의 시도를 사적인 것으로 만들고, 더 큰 어떤 것에 자신을 동화시키려는 생각을 거부하게 했을 것이다. 헤겔은 키르케고르가 "간접적인 의사전달"이라고 부른 것을 통해서, 즉 주장을 앞세우기보다는 아이러니한 몸짓을 통해서 자신의 유한성을 본인이 잘 의식하고 있음을 보여주고자 했기 때문에, 헤겔이 독일을 계승할 국가에 대한 숙고를 고의로 하지 않았고, 자신을 계승할 철학자를 생각하지도 않았다고 믿는 것은 비록 증거에 의해 정당화되지는 않더라도 관용할 수 있는 일이자 즐거운 일이 될 것이다. 헤겔이 더 이상 아무것도 이루어질 수 없다는 오만한 가정을 하기보다는 그가 자신의 선행자들에게 했던 일을 그의 계승자들이 그에게 하게끔 유인하기 위해 고의로 미래를 비워두었다고 생각하는 것 또한 멋진 일이다. 그러나 헤겔을 이렇게 생각할 수 있다고 하더라도, 그 자신의 유한성에 대한 인식을 드러내는 동시에 그것을 어떻게

---

6 피히테와 셸링에 대한 헤겔의 지양(Aufhebung), 그리고 이제 자신이 절대자임을 인식한 정신이 "그 목표에 도달했다"는 주장과 더불어, 『역사철학강의』는 『정신현상학』의 시작으로 끝난다.

7 월터 로리(Walter Lowrie)의 키르케고르에 대한 주석에서 인용된 키르케고르의 *Journal*(페이지를 밝히지 않았음), *Concluding Unscientific Postscript*, trans. David Swenson and Walter Lowrie (Princeton, N.J.: Princeton University Press, 1968), p. 558.

유한하게 만들 것인가 하는 문제, 즉 헤겔에 대한 키르케고르의 요구를 어떻게 충족시킬 것이냐 하는 것이 **바로** 아이러니스트 이론의 문제이다. 이것은 권위를 주장하지 않으면서 어떻게 권위를 극복할 것인가의 문제이다. 이 문제는 현상과 실재, 시간과 영원, 언어와 비언어적인 것 사이의 간극을 메우려고 할 때 형이상학자가 갖게 되는 문제에 비견되는 아이러니스트 이론가의 문제이다.

　프루스트와 같은 비非이론가에게는 그런 문제가 없다. 『되찾은 시간』의 화자는 "누가 나를 재서술할 것인가?"와 같은 문제로 불안해하지 않을 것이다. 산사나무 속에 서 있는 질베르트, 게르망트 성당에 있는 창문의 색깔, "게르망트"라는 이름의 소리, 두 번의 산책, 변화하는 첨탑 등과 같은 사소한 것들에서 나오는 패턴으로 이루어진 자신의 삶의 사건들을 자신의 질서 안에서 제시하는 것만으로 그의 일은 완수되기 때문이다. 그는 이런 패턴이 그가 일찍 죽거나 늦게 죽는다면 달라질 수도 있음을 알고 있다. 왜냐하면 그의 질서에 들어맞게 될 사소한 것들이 더 많거나 더 적어질 것이기 때문이다. 그러나 이런 것은 문제가 되지 않는다. 프루스트에게는 지양aufgehoben되는 것을 회피할 방법이 문제되지 않기 때문이다. 사실상 잡다한 것에 형태를 부여함으로써 이루어지는 아름다움이란 덧없기 그지없다. 새로운 요소가 그 잡다한 것에 부가될 경우 아름다움은 거의 파괴되는 것으로 보이기 때문이다. 아름다움은 틀을 필요로 한다. 그리고 죽음이 그 틀을 제공할 것이다.

　이와는 대조적으로 숭고sublimity란 덧없는 것도 아니고, 상대적이거나 반작용적이거나 유한하지도 않다. 아이러니스트 소설가와 달리, 아이러니스트 이론가들은 아름다움만이 아니라 숭고를 위해 끊임없는 시도를 한다. 이것이 아이러니스트 이론가가 현상의 패턴을 추구하기보다는 하나의 거대한 숨겨진 실재, 즉 그가 구체화시킨 "유럽", "역사", "존재"라고 불리는 그 자신보다 큰 어떤 인물의 실존을 암시하면서 끊임없이 형이상학으로 다시 빠져들려 하는 이유를 설명해준다. 숭고는 다양한 것의 종합이 아니다. 따라서 그것은 일시적인 우연한 만남을 재서술함으로써 얻어질 수가 없다. 숭고를 추구하는 시도는 단순히 사소하고 우연적인 현실성의 패턴이 아니라 **가능성**의 전 영역의 패턴을 알아내려는 시도이다. 칸트 이래로 숭고에 대한 형이상학적 시도는 "모든 가능한 X의 필요조건"을 정식화하려는 시도의 형태를 취했다. 철학자들이 이런 초월론적 시도를 할 때, 그들은 프루스트가 성취한 사적인 자율성이나 사적인 완성보다 더 큰 도박을 시작한다.

이론상 니체는 이런 칸트적 놀이를 하고 있지는 않다. 그러나 실제로는 그가 다르게 보기보다는 더 깊이 본다고 주장하는 한, 단순히 반작용적이기보다는 자유롭게 되기를 원한다고 주장하는 한, 그는 자신의 관점주의와 유명론을 위배하고 있는 것이다. 그는 자신의 역사주의가 이런 배반 행위로부터 자신을 구원해줄 것으로 생각했지만, 그렇지 못했다. 왜냐하면 그가 갈망하고 있는 것은 역사적 숭고이기 때문이다. 즉 그가 원하는 것은 과거와의 모든 관계를 단절한 미래, 그래서 오직 부정을 통해서만 과거에 대한 철학자의 재서술과 결합할 수 있는 미래이기 때문이다. 플라톤과 칸트가 신중하게 시간의 바깥에서 이런 숭고함에 도달한 반면, 니체와 하이데거는 이런 묘책을 사용할 수는 없었다. 그들은 시간 안에 머물러야 했으면서도, 결정적인 사건에 의해서 자신들이 그 외의 모든 시간으로부터 분리된 것처럼 생각해야 했다.

역사적 숭고에 대한 이런 추구, 즉 주관과 객관 사이의 간극의 종결, 초인의 출현, 형이상학의 종말과 같은 사건에 근접하기 위한 추구는 헤겔, 니체, 하이데거로 하여금 자신들이 "최후의 철학자"의 역할을 하고 있다는 환상을 갖게 했다. 이런 입장에 서고자 하는 시도는 그 자신의 용어가 아니고서는 자신에 대한 재서술을 불가능하게 하는 어떤 것을 쓰고자 하는 시도이며, 자신이 다른 사람이 만드는 아름다운 패턴 속의 한 요소가 되는 것을, 즉 또 하나의 사소한 사물이 되는 것을 불가능하게 하는 어떤 것을 쓰고자 하는 시도이다. 숭고를 위한 시도는 단지 자신을 판정할 취미를 창조하려는 시도가 아니라, 다른 사람이 다른 취미를 가지고 자신을 판정하는 것을 불가능하게 하려는 시도이다. 프루스트는 자신이 다른 사람이 만드는 아름다운 패턴 속의 한 요소로서 이용될 수 있으리라는 생각에 무척 만족했을 것이다. 발자크나 생시몽 같은 자신의 선행자들 중 한 사람이 자신을 위해 맡았던 역할을 자신의 계승자들을 위해 맡을 수 있으리라는 생각은 프루스트를 기쁘게 했을 것이다. 그러나 이런 생각은 니체와 같은 아이러니스트 이론가로서는 때때로 도저히 참아낼 수 없는 것이다.

니체의 "관점주의"perspectivism 옹호와 "반작용성"reactiveness 비판을 대조시켜보자. 자신의 선행자들을 상대화하고 역사화하는 경우로 국한해본다면, 니체는 그들을 기꺼이 역사적 사건이나 사회적 조건, 그들의 선행자들 등에 대한 관계망으로 재서술했다. 이런 순간에 그는 자아가 실체가 아니라는 자신의 확신에 충실했으며, "실체"라는 총체적 관념, 즉 어떤 것이 진정한 본질과 그 자신에 대한 특권적 관점을 가지고 있기 때문에 관점에 따라 달라질 수 없다고 보는 총체적 관념을 버려야 한다는 자신의 확신에 충실했다. 그러나 다른 순간, 즉 과거의 자극에 대한 특이한 반작용의 묶음으로서가 아니라 **순수한** 자아창조로서, 순수한 자발성으로서 존재할 초인을 상상했을 때, 그는 자신의 관점주의에 관한 모든 것을 망각하고 있다. 그가 지금까지 존재했던 어떤 것과도 다르게, 어떻게 하면 놀랍고 상이한 방식으로 존재할 수 있는지를 설명하기 시작할 때, 그는 마치 인간의 자아가 "힘에의 의지"라고 불리는 어떤 것의 저장소인 양 말하고 있는 것이다. 초인은 그런 것에 대한 굉장한 저장소를 가지고 있고, 니체 역시 그럴 것이다. 관점주의자인 니체는 아름다운 패턴을 바라보기 위해서 자신이 물려받은 관점perspective을 되돌아볼 수 있게 해주는 관점을 찾는 데 관심이 있었다. 네하마스가 그를 모델로 삼았듯이 그런 니체는 프루스트에게 모델이 될 수 있었다. 달리 말해 그는 자신의 책의 저자로서 그 자신을 창조해낸 것으로 볼 수 있다. 그러나 힘에의 의지에 관한 이론가로서의 니체, 즉 하이데거가 "최후의 형이상학자"라고 공격한 니체는 하이데거 못지않게 모든 관점을 넘어서는 데 관심을 가지고 있었다. 니체는 아름다움만이 아니라 숭고를 원하고 있는 것이다.

프루스트가 자신이 우연히 만났던 사람들을 생각했던 것과 같은 방식으로, 니체가 위대한 죽은 철학자들의 정전正典에 대해 생각할 수 있었다면, 그는 이론가가 되려고 하지도 않았을 것이고, 숭고를 위해 노력하지도 않았을 것이며, 하이데거의 비판에서 벗어나 키르케고르나 네하마스의 기대에 부응하며 살았을 것이다. 그는 기독교 없는 키르케고르가 되었을 것이다. 즉 키르케고르가 말한 "심미적인"이란 용어를 쓰자면, 그는 자기의식적으로 "심미적인" 인물로 남아 있었을 것이다.

만일 니체가 자신의 관점주의와 반본질주의에 충실했다면, 헤겔이 걸려든 유혹을 피할 수 있었을 것이다. 그 유혹이란 일단 자신의 선행자를 일반 개념 아래에 포섭시킬 방법을 발견해내면, 그들에 대한 재서술을 발견하는 것 이상의 일을 했다고 생각하게 되는 유혹이다. 다시 말해 자기 자신의 자아창조라는 의도에 유용한 것으로 드러나는 재서술 이상의 일을 했다고 여기게 되는 것이다. 선행자와 자기 자신을 분명히 구분할 방법, 혹은 선행자가 했던 것과는 전혀 다른 일을 할 수 있는 방법을 발견해냈다고 결론짓는 것은, 하이데거의 말을 빌리면 "형이상학으로 역행"하는 것이다. 왜냐하면 그것은 자신의 선행자에게 적용되었던 어떤 서술도 자신에게는 적용되지 않는다고, 즉 자신과 그들 사이에는 심연이 가로놓여져 있다고 주장하는 셈이기 때문이다. 그것은 마치 자신의 선행자에 대한 재서술이 자신이 아닌 어떤 힘, 말하자면 대문자로 표기되는 '존재', '진리', '역사', '절대지', '힘에의 의지' 등에 접촉하게 하는 듯이 행동하는 것이다. 이것이 하이데거가 니체를 "전도된 플라톤주의자"라고 불렀을 때 말하고자 했던 요점이다. 즉 플라톤으로 하여금 "존재"를 사물화하도록 한 것은 거대한 인물에 동화되어야 한다는 충동이었으며, 이와 동일한 충동이 니체로 하여금 "생성"과 "힘"에 동화되려고 노력하도록 만들었다는 것이다.

프루스트는 그런 유혹에 빠지지 않았다. 생애의 말년에 그는 자신이 시간의 축을 따라 뒤를 돌아본다고, 즉 색깔, 소리, 사물, 사람에 대해 자신이 최근에 서술했던 관점에서 유래한 지점으로 그런 것들이 흘러들어가는 것을 바라보고 있다고 생각했다. 그는 자신이 그런 시간적 사건들의 연속을 위에서 내려다본다고 생각하지 않았다. 즉 자신이 관점주의적 서술 양식에서 비非관점주의적 서술 양식의 단계로 올라갔다고 생각하지 않았다. 이론theoria은 그가 야심을 가지고 추구한 것이 아니었다. 그는 관점주의가 참된 이론인지를 걱정할 필요가 없는 관점주의자였다. 프루스트의 사례에서 내가 이끌어내는 교훈은 권위 있는 인물의 상대성과 우연성에 대한 인식을 표현하는 데에는 이론보다는 소설이 더 안전한 매체라는 것이다. 왜냐하면 소설은 대체로 사람을 다루며, 사람은 일반 개념이나 마지막 어휘와는 달리, 매우 분명하게 시간에 결합되어 있고 우연성의 그물망에 걸려 있는 존재이기 때문이다. 소설 속 등장인물들은 나이를 먹고 죽기 때문에, 즉 그들은 그들이 등장하는 책의 유한성을 분명히 공유하고 있기 때문에, 우리가 그들에 대해 어떤 태도를 취한다고 해서 **가능한** 모든 유형의 사람들에 대한 어떤 태도를 취한다는 생각이 들지는 않는다. 이와는 대조적으로 개념을 다루는 책은 헤겔과 니체 같은 역사주의자들에 의해 서술될 때조차도, 어떻게 마지막 어휘들이 우연한 짝짓기에 의해, 사람과 사람 간의 우연한 충돌에 의해 발생하게 되었는지 보여줌으로써 마지막 어휘의 유래에 대한 계보학적 설명을 하기보다는 영원한 대상들 간의 영원한 관계를 서술하는 것으로 보인다.[8]

/

8 물론 등장인물들이 단순히 일반성들을 대변하고 있는 토마스 만의 『파우스트 박사』와 같은 소설도 있다. 소설이라는 형식을 통해서 우연성이 반드시 지각된다고 보장할 수는 없다. 소설을 통해서 우연성에 대한 지각을 멀리하기가 단지 좀 더 어려울 뿐이다.

프루스트와 니체를 이런 식으로 대조시킴으로써 하이데거가 해결하고자 했던 핵심 문제를 드러낼 수 있다. 그 문제란 바로 다음과 같다. 즉 형이상학이란 것이 미래에 다시 서술하는 것이 가능하지 않을 과거에 대한 재서술을 발견하려는 연속적인 시도들이라면, 우리는 어떻게 우리 스스로 형이상학자가 되지 않으면서 형이상학에 관한 역사적 이야기를 쓸 수 있을까? 우리는 어떻게 헤겔이 했던 것처럼 스스로를 우스꽝스럽게 만들지 않으면서 우리 자신과 더불어 끝나는 역사적 이야기를 말할 수 있을까? 어떻게 자기 자신의 이야기를 배제시키는 숭고를 주장하지 않으면서도 사람보다는 개념에 관한 이야기를 쓰는 이론가가 될 수 있을까?

비록 니체가 "새로운 시대", "새로운 길", "새로운 영혼", "새로운 인간"에 관해 많은 이야기를 하고 있긴 하지만, 과거에 의해 설정된 한계를 폭파시키려는 그의 열망은 때때로 헤겔의 겸연쩍은 실패에 대한 그의 애처로운 인식에 의해, 더 일반적으로는 삶에 대한 지나친 역사적 의식은 불리하다는 그의 느낌에 의해 완화되고 있다. 니체는 자기 자신을 창조하길 원하는 사람은 지나치게 아폴론적인 태도를 취할 수 없다는 것을 깨닫고 있다. 특히 자신을 창조하고자 하는 사람은 위에서 내려다보면서 가능성의 전 영역을 조사해본다는 칸트식의 시도를 모방할 수 없다. 왜냐하면 고정되어 있고 변화하지 않는 "가능성의 영역"이란 개념은 자신의 노력에 의해서 그 영역을 넓혀간다는 생각, 즉 미리 정해진 도식 안에서 자신의 자리를 정하는 것이 아니라 그 도식 자체를 변화시킨다는 생각과 결합하기 어렵기 때문이다. 아이러니스트 이론가는 한편으로 자신이 남아 있는 최후의 가능성을 현실화시켰다고 말하는 것과, 다른 한편으로 자신이 단지 새로운 현실성뿐 아니라 새로운 가능성을 창조해냈다고 말하는 것 사이에서 딜레마에 빠진다. 이론은 그에게 전자를 말할 것을 요구하고, 자아창조는 그에게 후자를 말할 것을 요구한다.

니체를 이 두 요구 사이의 긴장 속에서 연구함으로써 혼란스럽긴 하지만 배울 점을 찾을 수 있다. 니체는 끝없는 유머감각을 통해서 자신을 세계사적인 인물로 보려고 노력하기도 하지만, 그런 야망이 지금은 다소 시대에 뒤진 것이라는 깨달음을 통해서 완전히 새로운 욕망을 가지려고도 한다. 이 두 노력 사이에 긴장이 유지되고 있다. 하이데거는 유머감각은 없지만, 그럼에도 이런 긴장에 대해 더 많은 것을 우리에게 말해줄 수 있는 인물이다. 그는 내가 위에서 말한 딜레마에 대해 헤겔이나 니체보다 훨씬 더 자의식적이었으며 분명한 태도를 취했다. 그리고 실제로 그 딜레마에 사로잡혀 있었다. 1930년대를 거치면서 이런 딜레마의 해결이 점차 하이데거의 중심적인 관심사가 되었다고 말하는 것은 과장이 아니다.

1920년대 중반까지만 해도 하이데거는 어떻게 하면 아이러니스트 이론가가 될 수 있느냐 하는 자신의 문제를 별다른 자의식 없이 더 큰 어떤 것("현존재")에 투사할 수 있었다. 자신이 스스로를 창조하지 않았다는 사실을 (심오한 "존재론적" 의미의) "죄책감"guilt과 동일시함으로써 말이다. "현존재는 그 자체로 빚을 지고 있다"라고 그는 우리에게 말한다. 왜냐하면 현존재는 "양심의 부름"에 의해서 끊임없이 쫓기고 있기 때문이다. 양심의 부름은 현존재가 그 자신의 섬뜩함Unheimlichkeit에 의해서 "쫓기고" 있음을 상기시키는데, 섬뜩함은 "비록 일상적으로는 은폐되어 있지만 세계-내-존재의 근본 양식이다."⁹ 본래성authenticity은 그런 섬뜩함을 인식함으로써 얻어진다. 이것은 자신이 "던져져" 있다는 것을 깨닫는 사람에 의해서만, 즉 자신이 과거에 대해 "내가 그렇게 하고자 했던 바"라고 말할 수 없다는 (최소한 **아직은** 말할 수 없다는) 것을 깨닫는 사람에 의해서만 성취된다.

전기와 후기 하이데거에게 있어서 우리 자신의 존재란 우리가 참여하는 실천이며, 특히 우리가 사용하는 언어, 즉 마지막 어휘이다. 왜냐하면 그런 어휘는 우리가 가능한 기획으로 취할 수 있는 것을 결정하기 때문이다. 따라서 현존재가 유죄라고 말하는 것은 현존재가 다른 사람의 언어를 말한다고, 그래서 자신이 만들지 않은 세계 속에서 살아간다고 말하는 것이다. 그 세계는 바로 그런 이유에서 현존재의 고향*Heim*이 아니다. 현존재가 유죄라고 말하는 것은 현존재의 마지막 어휘가 사람들에 의해 우연하게 말해지는 언어이기 때문이다. 현존재는 그런 언어 속에 던져져 있으며 그런 말을 사용하는 사람으로 성장해간다. 대부분의 사람들은 이런 일에 관해 죄책감을 느끼지 않을 것이다. 그러나 헤

<hr />

9 "현존재는 그 자체로 빚을 지고 있다"라는 구절에 대해서는 *Sein und Zeit*, 15th ed. (Tübingen: Max Niemeyer, 1979), p. 285[『존재와 시간』, 이기상 옮김, 까치, 1998] 참조. "섬뜩함은 비록 일상적으로는 은폐되어 있지만 세계-내-존재의 근본 양식이다"라는 구절은 p. 277 참조. "양심의 부름"은 p. 274 참조(이것은 후기 하이데거에서 '존재의 소리'로 다시 나타난다). 맥쿼리(John Macquarrie)와 로빈슨(Edward Robinson)의 번역서(*Being and Time* [New York: Harper & Raw, 1962])의 페이지는 각각 331, 322, 319이다. 『존재와 시간』의 이 부분들에 관한 훌륭한 논의는 John Richardson, *Existential Epistemology* (Oxford: Oxford University Press, 1986), pp. 128-135 참조. 리처드슨은 다음과 같이 말한다(p. 132). "완전한 자아창조의 불가능성, 우리가 결코 '우리 자신의 원인'이 될 수 없다는 이런 느낌은 하이데거가 '죄책감'이라고 부르고 있는 최초의 무성[無性, Nichtigkeit―우리를 죄인으로 만드는 결여에 대한 하이데거의 용어]이다."

겔, 프루스트, 하이데거와 같은 특별한 재능과 야망을 겸비한 사람들은 죄책감을 **느낀다.** 따라서 "하이데거가 '현존재'라는 말로 의미한 것이 무엇인가?"라는 질문에 대한 가장 간단한 대답은 "하이데거 자신과 같은 사람들", 즉 자신이 자기 자신의 창조물이 아니라는 생각을 참아내지 못하는 사람들이다. 이들은 블레이크가 "나는 하나의 체계를 창조해내야만 한다. 그렇지 않다면, 나는 다른 인간의 노예가 되지 않을 수 없을 것이다"라고 절규했을 때, 그 요점을 즉각적으로 알아차리는 사람들이다.[10] 더 정확하게 표현하자면, 그런 사람들은 **"본래적인 현존재"**이다. 즉 자신이 현존재임을 알고 있는 현존재이며, 자신이 지극히 **우연하게** 거기에 존재한다는 것을 알고 있고, 또 그렇게 말하는 현존재이다.

하이데거는 『존재와 시간』을 집필할 때 자신이 초월론적 기획을 수행하고 있다는 것, 즉 단순한 "존재적" 상태의 가능성에 대한 "존재론적" 조건의 정확한 목록을 제시하는 일을 하고 있다는 것을 진지하게 생각한 것으로 보인다. 그는 지식인이 아닌 사람들의 일상적인 마음 상태와 생활 계획이 전혀 다른 열망과 기획을 가진 하이데거 자신이나 블레이크 같은 사람들의 능력에 "근거하고" 있다는 것을 진정으로 믿은 것처럼 보인다. (예를 들어 그는 정색을 하고서, 앞서 규정한 "죄책감"은 예컨대 금전적 빚을 갚지 않는 데서 느끼는 죄의식의 가능성의 조건이라고 우리에게 말한다.) 『순수이성비판』을 통해서 인간 인식의 제약 조건을 분별했던 칸트가 그 책이 서술될 수 있었던 "초월론적 관점"을 가정하는 일이 어떻게 가능했는지에 관해서는 결코 물음을 던져본 적이 없는 것과 마찬가지로, 당시의 하

---

10 *Jerusalem*, plate 10, line 20. 다음 줄은 다음과 같다. "나는 추리하거나 비교하지 않을 것이다. 나의 일은 창조하는 것이다."

이데거는 결코 방법론적인 자기지시의 문제에 눈을 돌리지 않았다. 그는 자신이 만들어내고자 했던 "존재론"의 결론이 어떻게 가능했는지에 관해서는 결코 물음을 던지지 않았다.

하이데거가 초기에 자의식을 결여하고 있었다는 사실을 언급할 때, 나는 하이데거의 (내적으로 일관성이 없고 급히 썼으나 탁월한 독창성을 가진) 초기 저작을 평가절하하려는 것은 아니다. 어쨌든 하이데거는 자기 자신의 독특한 정신적 상황을 인간 존재의 본질로 간주한 최초의 철학자는 아니다. (이런 태도를 취한 철학자 중 최초의 분명한 사례는 여전히 영향력을 발휘하고 있는 최초의 서양 철학자인 플라톤이다.) 오히려 나는 다음과 같은 점을 지적하고자 한다. 하이데거에게는 1930년대를 거치면서 "현존재", "존재론", "현상학"이라는 말을 사용하기를 중지하고, 다양하고 친숙한 감정과 상황의 "가능성의 조건"에 관해 말하기를 중단할 뚜렷한 이유가 있었다는 것이다. 그는 그의 주제가 "모든 인간이 심층적으로는 진정으로 그렇게 존재한다"는 식의 어떤 것인 양 말하기를 중단하고, 그를 진정으로 괴롭힌 것이 무엇인지에 관해 말하기를 시작할 분명한 이유를 가지고 있었다. 그를 괴롭힌 것은 과거의 개별적인 철학자들에 대한 그 자신의 개별적이고 사적인 부채負債였으며, 그들의 어휘가 자신을 노예로 만들지도 모른다는 것에 대한 두려움이었고, 자신이 스스로를 창조하는 일에 성공하지 못할지도 모른다는 것에 대한 공포였다.

그가 니체에 빠져들기 시작하면서부터 (니체는 『존재와 시간』에 거의 등장하지 않는다) 죽을 때까지, 하이데거는 다음과 같은 물음에 전념했다. "내가 어떻게 또 하나의 형이상학자, 또 하나의 플라톤 주석가이기를 피할 수 있는가?" 그가 이 물음에 제시한 첫 번째 대답은 "현상학적 존재론"의 관점에서 쓰려고 했던 것을 "존재의 역사"로 바꾸는 것이었다. 즉 새로운 "존재 이해"*Seinsverständnis*를 구현함으로써 그들 자신을 창조했고 그 뒤로 이어지는 세계의 시대들을 창조해낸 수십 명의 사상가들의 역사를 쓰고자 하는 것이었다. 이들 사상가들은 그리스적인 현상–실재의 구분에 바탕을 둔 모종의 형태를 불러냈다는 점에서 모두 형이상학자들이다. 이들은 모두 예전부터 자신을 기다리고 있었던 어떤 것('실재')에 자신이 접근해가고 있다고 생각했다. 심지어 니체조차도 (하이데거가 그에 대해 일관되게 말하는 바와 같이) 힘에의 의지를 궁극적인 실재로 여기는 이론가라는 점에서 형이상학자였다. 하지만 니체는 "최후의 형이상학자"로 간주되는데 이는 그가 마지막으로 남아 있는 플라톤에 대한 변형을 완수했기 때문이다. 즉 니체는 플라톤을 전도시킴으로써 플라톤이 '현상'과 동일시했던 것을 가지고 '실재'를 구성했다.[11]

---

11 하버마스는 "현상학적 존재론"으로부터 "존재의 역사"로의 전환을 하이데거가 나치에 연루됨으로써 나오게 된 결과라고 생각한다. 『현대성의 철학적 담론』(*The Philosophical Discourse of Modernity*)에서 하버마스는 다음과 같이 말하고 있다. "나는 하이데거가 국가 사회주의 운동을 일시적으로나마 인정함으로써 후기의 시간화된 근원철학으로 나아가는 길을 발견할 수 있게 되었다는 의혹을 가지고 있다. 하이데거는 1935년에도 국가 사회주의 운동의 내적인 진리와 위대함에 대해 증언하고 있었다."(p. 155) 이어서 하버마스는 나치 운동이 당시 하이데거에게 "우뚝 솟은 존재론의 위치로 승격된 승화된 역사 위에서 움직이는 운동이었다. 따라서 존재의 역사라는 개념이 탄생했다."(p. 159)고 지적하며, 하이데거는 자신이 나치 운동의 본질을 바로 보지 못한 점에 대해 비난해주길 원했다고 말하고 있다. 그러나 하이데거가 존재의 역사에 대해 1930년대 말과 1940년대에 했던 많은 이야기가 "현상학의 기본 문제"라는 1927년의 강의에서 이미 틀이 잡혀 있었으며, 만일 『존재와 시간』이 완성되었다면 아마도 그 책의 2부를 이루었을 것이다. 설사 나치가 권력을 얻지 못하고 하이데거가 히틀러의 막후인물이 되는 꿈을 꾸지 않았다고 하더라도, 나는 하이데거의 "전회"가 일어났을 거라고 생각한다.

1920년대에는 나타나지 **않는** 존재 역사의 한 가지 중요한 특징은 그 역사가 니체와 더불어 "그 가능성을 소진했다"는 주장이다. 따라서 나의 직감은 "우뚝 솟은 존재론의 위치로 승

과거에 대한 이러한 재서술, 특히 니체에 대한 재서술은—서구를 플라톤주의가 전도되고 힘에의 의지로서 종말을 고한 장소라고 재서술함으로써—하이데거로 하여금 자신을 새로운 종류의 사상가로 묘사하도록 했다. 그는 형이상학자도 아이러니스트도 되고자 하지 않았으며 양자의 장점을 결합시키고자 했다. 하이데거는 데리다가 그에게서 끌어내 대중화시킨 "형이상학"이라는 용어에 경멸적인 의미를 부여하는 데 대부분의 시간을 보냈다. 내가 이 책에서 채택하고 있는 것도 바로 이런 의미이다. 그러나 그는 또한 아이러니스트들의 심미주의적이며 실용주의적인 경박한 심성에 경멸을 보내는 데 많은 시간을 할애했다. 그는 아이러니스트들을 위대한 형이상학자의 진지함, 즉 존재에 대한 특별한 관계를 결여하고 있는 딜레탕트적인 수다꾼으로 생각했다. 슈바르츠발트의 시골 출신으로서 그는 북부 독일의 코즈모폴리턴적인 관료들에 대한 뿌리 깊은 혐오감을 가지고 있었다. 철학자로서 그는 아이러니스트 지식인(그중 많은 사람이 유대인이었다)의 등장을 자신이 "세계

격된 승화된 역사"의 중요한 세부항목이 하이데거가 "나치 제복을 입고 역사를 어떻게 볼 것인가?"라고 물었을 당시에 확정된 것이 아니라, "역사는 나를 니체의 또 한 사람의 제자로 볼 것인가?"라고 물었을 당시에 확정된 것이라는 점이다. 하이데거가 자신의 나치즘에 대한 변명을 찾아낼 필요가 있었다는 점, 그리고 자신이 말하게 될 이야기 속에 (전혀 설득력 없는) 자기변명을 짜 넣었다는 점을 지적한 것은 하버마스가 옳다. 그러나 내 생각에는 설사 그가 자신을 위해 변명할 말이 훨씬 적었을지라도 그것은 어쨌든 그가 썼을 만한 이야기이다.

하이데거의 사상과 그의 나치즘의 관계에 대한 일반적인 물음에 관해서 나는 20세기의 가장 독창적인 사상가 중 한 사람이 우연하게도 매우 고약한 인물이 되었다는 것 이외에 더 말해야 할 것이 있으리라고 생각하지 않는다. 그는 자신의 야망을 위해서 유대인 동료를 배반할 수 있었던 사람이었다. 그리고 그는 자신이 했던 일을 그럭저럭 잊을 수도 있었던 사람이었다. 그러나 만일 우리가 내가 2장에서 제시한 것처럼 자아를 중심이 없는 것으로 바라본다면, 우리는 지식인과 도덕적 덕목의 관계, 그리고 저자가 쓴 책과 그의 삶의 다른 부분이 맺는 관계가 우연적인 것이라는 점을 발견할 준비가 되어 있을 것이다.

상의 시대"라고 부른바, 그 시대의 사조가 퇴행해가는 증상으로 보았다. 그는 우리 시대의 아이러니스트 문화, 즉 프루스트와 프로이트를 중심인물로 하는 고급문화를 단순히 탈형이상학적 허무주의의 사유 없는 자기만족으로 생각했다. 그래서 그는 형이상학자도 심미주의자도 되지 않는 길을 찾고자 했다. 그는 형이상학을 (프루스트와 프로이트가 했던 것처럼) 단지 털어버리기보다는 진실되고 운명적인 유럽의 숙명으로 보고자 했다. 그러나 그는 또한 형이상학, 따라서 유럽이 이제는 지나가버렸다고 주장하고 싶어 했다. 왜냐하면 이제 플라톤이 완전히 전도되었기에 형이상학은 그 가능성을 소진했기 때문이다.

하이데거에게 있어서 이 과제는 마지막 어휘를 "괄호로 묶으면서도" 동시에 그 마지막 어휘 안에서 어떻게 활동을 하느냐 하는 과제로 나타난다. 즉 마지막 어휘로 하여금 그 우연성을 스스로 드러내게 하면서도 동시에 그 어휘가 가지는 마지막이라는 심각성을 어떻게 유지하느냐 하는 문제이다. 그는 자기 스스로를 끊임없이 해체하면서도 끊임없이 자기 자신을 심각하게 여기는 어휘를 구성하고자 했다. 헤겔과 니체의 역사주의적 관점주의는 이런 문제의 방향으로 나아갔다. 그러나 헤겔은 마치 절대지가 바로 앞에 있는 듯이 말함으로써, 그리고 마치 언어가 주관과 객관의 최종적인 종합이 대체할 수도 있는 "매개물"에 불과한 듯이 말함으로써 문제를 회피하고 있다. 니체 역시 초인이 **어떠한** 어휘도 없이 살아갈 거라고 암시함으로써 문제를 교묘하게 피해가고 있다. 니체는 차라투스트라의 우화 속에서 (낙타를 계승한) 사자를 계승하는 어린아이가 어떤 특정한 언어를 말하는 데서 오는 단점을 하나도 갖지 않고 사유의 모든 장점을 갖게 될 거라는 모호한 암시를 하고 있다.

하이데거는 그의 명성에 걸맞게 문제를 회피하지 않았다. 하이데거는 위급할 때 언어로 형언할 수 없는 것이 있다는 입장에 찬성하여 유명론을 포기하지 않았다. 그 대신 그는 아이러니스트의 시대에 철학이 어떠해야 하는가에 대해 대담하고 격렬한 제안을 했다.『존재와 시간』에는 하이데거의 '전회'轉回, *Kehre* 이전에나 이후에나 그의 야심을 서술하는 문장이 하나 있다. "철학의 궁극적인 과제는 현존재가 그 안에서 자신을 표현하는 **가장 기초적인 낱말들의 힘**을 보존하는 것이며, 상식적인 이해가 그런 낱말들을 몰이해로 평준화함으로써 이 몰이해가 사이비 문제의 원천으로 기능하는 것을 막는 것이다."(*Being and Time*, p. 262)

"가장 기초적인 낱말들"에 대한 하이데거의 일차적인 대안들은 현존재*Dasein*, 염려*Sorge*, 정황성*Befindlichkeit* 등과 같은 낱말들이었다. 하이데거는『존재와 시간』을 쓰면서 그 낱말들에 새로운 용법을 부여했다. 전회의 기간 동안 (내가 생각하기에) 하이데거는『존재와 시간』의 전문용어와 그 초월론적 요구 때문에 그 책이 키르케고르나 니체의 관점에서 조롱거리를 찾는 사람들의 구미를 끄는 표적이 되고 있다는 사실을 점차 깨닫게 되었다. 그래서 하이데거는 두 번째 대안을 제시하게 된다. 그 대안은 노에인*noein*[직관], 퓌시스*physis*[자연], 수브스탄티아*substantia*[실체]와 같이 과거의 위대한 형이상학자들이 사용한 상징적 낱말들이다. 하이데거는 자신의 의도에 맞게 이 낱말들을 재정의했다. 하이데거에 의하면 과거의 위대한 형이상학자들은 겉보기와는 달리 그 낱말들을 통해 현존재가 지닌 유한성의 느낌을 나타내려 했다.[12] 하이데거가 전기

---

12 아마도 하이데거가 우호적으로 유감스러움을 표명하는 매우 드문 경우에 해당할 텐데, 그가 "억지스럽고 일방적인 하이데거식 해석 방법"(*Introduction to Metaphysics*, trans. Ralph

와 후기에 사용한 대안적인 낱말들은 모두 아이러니를 포함하고 있다. 즉 그 낱말들은 모두 어떤 어휘도 최종적인 것으로 남을 수 없다는 점, 즉 현존재 자신의 "준‡안정상태"의 느낌을 의식하면서도, 마지막 어휘 없이는 본래적인 현존재의 자기 느낌을 지탱해갈 수 없다는 점을 표현하는 것으로 여겨진다. 말하자면 "현존재"는 아이러니스트에 대한 하이데거의 이름이다. 그러나 후기 하이데거에 이르면 이 말은 "유럽"이나 "서구"로 대체된다. 이 낱말들은 존재가 아이러니즘에서 끝나는 운명을 겪는 장소에 대한 의인화이다. 후기 하이데거에게 있어서 아이러니즘에 관해 말하는 것은 유럽의 이야기를 구성하는 단계들 중 끝에서 두 번째 단계, 즉 하이데거가 등장하기 직전의 단계이자 그가 니체를 하나의 상징으로 삼았던 단계에 관해 말하는 것이다. 이 단계는 어떠한 것이든 새로운 문맥 속에 위치되고 재서술됨으로써 선하게도 나쁘게도, 흥미롭게도 지루하게도 보일 수 있다는 점을 지식인들(그리고 점차 다른 모든 사

Mannheim [New Haven, Conn.: Yale University Press, 1959], p. 176)이라고 부른 것을 적용한 것은 언제나 다음과 같은 결론으로 귀결된다. 즉 검토 대상이 되고 있는 텍스트의 저자인 위대한 철학자(혹은 시인)이 『존재와 시간』을 예견하고 있었다고 깨닫게 되는 것이다. 그러한 텍스트는 언제나 존재와 현존재가 서로 맞물려 있다는 것, 그리고 존재가 멀리 떨어져 있는 것이거나 무한한 어떤 것이 아니라 "현존재가 존재하는 한에서만 존재하는" 어떤 것임을 지적한다(*Sein und Zeit*, p. 212 참조. "현존재가 **존재하는** 한에서만, 즉 존재 이해의 존재적 가능성이 존재하는 한에서만, 존재가 '존재한다'[gibt es]". 이것이 파르메니데스의 단편 8의 요점으로 언급되고 있는 *Introduction to Metaphysics*, p. 139와 비교해볼 것).

한편으로 하이데거는 자신과 파르메니데스(사상가의 저작을 오역하거나 진부하게 만드는 아류들과 대조되는 사상가 클럽의 동료 구성원)가 같은 노선을 따라 작업하고 있다는 말을 하고 싶어 한다. "서양 철학이 막 시작할 때 존재의 문제가 현존재의 기초를 필연적으로 포괄한다는 것이 명백해졌다."(*Introduction to Metaphysics*, p. 174) 다른 한편으로 하이데거는 존재 망각(Seinsvergessenheit)이 심해진 결과, 파르메니데스 시대 이후로 존재 자체가 변화했다고 말하고 싶어 한다. 그는 이 두 주장을 결합시키는 난점을 안고 있다.

람들)이 깨닫게 됨에 따라 "세계가 관점이 되는" 단계이다.[13]

　내가 읽은 바로는 하이데거의 "가장 기초적인 낱말들"은 모두 아이러니스트 이론가의 곤경을 표현하기 위해 고안된 낱말들이다. 이 긴장 관계를 니체와 헤겔도 감지하긴 했지만 그들은 이것을 무시했고, 하이데거는 이를 매우 심각하게 다루었다. 이 낱말들은 모두 이론적이면서 동시에 아이러니한 태도를 취하는 것의 어려움을 요약해주는 것으로 생각되었다. 따라서 하이데거가 다른 누군가에 대해서, 즉 "유럽"의 곤경에 대해서 글을 쓴다고 주장할 때 실상 그는 자기 자신에 대해서, 자신의 곤경에 대해서 글을 쓰고 있는 것이다. 초기 하이데거를 후기 하이데거와 결합시켜주는 것은 자신을 본래적으로 유지시켜주는 어휘를 발견할 수 있다는 희망이다. 그것은 더 고차적인 권력에 자신을 동화시키려고 하는 유혹에서 그를 지켜주고, 영원성의 소유 *ktema eis aiei*를 얻고자 하는, 즉 시간에서 영원으로 탈출하고자 하는 시도에서 그 자신을 지켜줄 어휘이다. 그는 "평준화"될 수 없는 낱말, 즉 "올바른" 마지막 어휘인

13　"The Age of the World Picture," in *The Question Concerning Technology and Other Essays*, trans. William Lovitt (New York: Harper & Row, 1977)[『숲길』, 신상희 옮김, 나남출판, 2020] 참조. 특히 p. 129는 다음과 같이 서술하고 있다. "그러므로 세계상은 본질적으로 이해해본다면, 세계에 대한 하나의 상을 의미하는 것이 아니라, 상으로서 받아들여지고 파악된 세계를 의미한다. 이제 존재자 전체는 다음과 같은 방식으로 파악된다. 즉 표상하고 제작하는 인간에 의해서 그것이 정립되는 한에서만 비로소 존재하는 것으로 받아들여진다." 만일 니체럼 존재에 대해서는 망각하고 존재자들이 거기에 존재하는 모든 것이라고 생각할 경우, "언어가 인간을 통해 말한다"는 하이데거의 주장이나 "시적인 것"을 "세계를 여는 것"이라고 찬미하는 그의 예찬을 통해서 우리가 이해하게 되는 것이 바로 이런 "휴머니스트적" 관점(하이데거 자신은 경멸하는 관점)임을 알 수 있다. 이 책의 앞부분에 나오는 세 개의 장, 특히 3장의 "시인"에 대한 찬미는 하이데거가 이 논문에서 제시한 "상으로서의 세계"라는 개념을 확장시키려는 시도이다. 그러나 데리다와 마찬가지로 나는 하이데거를 물구나무 세우고 싶다. 즉 그가 혐오하는 것을 고이 간직하고 싶다.

양 사용될 수 없는 그런 낱말을 원했다. 그는 스스로를 소모하면서 끊임없이 새로워지는 마지막 어휘를 원했다. 이 낱말들은 그것이 진정한 본질의 표상이 **아니라는 것**, 더 고차적인 권력과 접촉하기 위한 통로가 **아니라는 것**, 그 자체가 권력의 도구나 목적에 대한 수단이 아니라는 것, 현존재의 자아창조의 책임을 회피하려는 시도가 아니라는 것을 분명히 해줄 그런 낱말들이다. 말하자면 그는 그를 위해 그의 일을 해줄 낱말을 원했다. 즉 낱말 자체가 그런 긴장을 떠맡음으로써 그가 느끼는 긴장을 경감시켜줄 수 있는 낱말을 원했다. 그래서 그는 반反비트겐슈타인적일 뿐 아니라 반反로크적인 언어관, 즉 17세기에 "아담의" 언어에 관한 추측이 소멸된 이래로 생소하게 여겨져온 언어관을 채택할 수밖에 없었다. 하이데거에게 있어서 철학적 진리는 바로 **음소**phonemes의 선택에, 낱말의 **소리**sounds에 의존하는 것이다.[14]

14 이것은 듣기에 대한 하이데거의 강조에서 분명히 드러난다. 데리다 역시 듣기를 강조하고 있는데, 데리다는 "쓰여 있는 것의 우선성"을 강조함으로써 하이데거를 전도시키지만, 하이데거가 말해진 낱말의 소리에 주목하는 것과 같은 방식으로 쓰여 있는 낱말의 모양에 주의를 기울이고 있다. 일례로 「언어의 본질」이라는 하이데거의 논문을 보면 다음과 같은 구절이 있다. "말이 [휠덜린에 의해서] 입의 꽃이요 개화된 상태라고 불릴 때, 우리는 언어의 울림이 대지처럼 피어나는 소리를 듣는다. 어디로부터인가? 세계가 나타나게끔 되어 있다고 말하는 데서부터이다. 이 소리는 메아리치는 집합의 외침 속에서 울려 퍼지며, 이 외침은 열려 있음을 향해 열리면서 세계를 만물 속에서 나타나게 한다."(*On the Way to Language*, p. 101)

하이데거가 "철학적 언어는 독일어와 희랍어 두 가지이다" 그리고 희랍어야말로 "제대로 말할 수 있는 유일한 언어이다"라고 말할 때, 나는 그가 시에 대해서 말해지는 것과 같은 방식으로 철학이 번역될 수 없다는 것을 말하고 있는 것으로 이해한다. 즉 소리가 문제되는 것이다. 그가 이렇게 생각한 것이 아니라면, 독일어 고어(古語)를 끌어내어 끊임없는 낱말 놀이를 하는 것은 무의미한 것이다(예를 들어 *Early Greek Thinking*, trans. David Krell and Frank Capuzzi [New York: Harper & Row, 1975], p. 36에서 나타나는 *war, wahr, wahren*에 대한 논의를 보라). 하이데거는 어원의 문제에 대해서는 관심이 없었다. 그는 잘못된 어원을 가지고 작업을 하고 있다는 비난은 무시했다. 그가 관심을 가진 것은 **공명**(共鳴, resonance)이다. 어

이것을 하이데거의 기획에 대한 귀류법으로 보는 것은 쉬운 일이다. 그러나 하이데거 스스로 설정한 문제의 어려움을 보게 되면, 하이데거의 기획이 가진 매력을 알 수 있게 된다. 하이데거가 설정한 문제란, 스스로 이론적인 태도를 취하지 않으면서 과거의 모든 이론을 어떻게 극복하고 위치지우고 무효화하는가 하는 것이다. 그의 전문용어로 표현하자면, 이것은 모든 존재자가 공통적으로 가지고 있는 것에 관해 말하지 않으면서 존재에 관해 말하는 문제로 이해된다. (하이데거의 정의에 의하면, 모든 존재자가 공통적으로 무엇을 가지고 있다는 식으로 말하는 것은 형이상학의 본질이다.) 하이데거 자신의 자칭 비非이론적인 전문용어가 다른 사람의 명백하게 이론적인 전문용어와 어떻게 전적으로 다른 것인가 하는 문제는, 하이데거에게는 "언어의 본질에 상처를 내지 않으면서 그 본질을 건드리는" 방법의 문제로 등장한다.[15] 특히 이것은 형이상학의 "기호

원에 대한 인과적 역사가 만들어지든 그렇지 않든, 이런 공명과는 무관한 일이다.

하이데거는 사유가 "시적인 것"이 되기를 원했으며 우리가 다음과 같은 사실을 깨닫기를 원했다. "엄격히 말하면, 말하는 것은 언어이다. 인간은 언어의 호소에 귀기울임으로써 언어에 대해 반응을 할 때, 그리고 오직 그때에만 최초로 말하는 것이다."(*Poetry, Language, Thinking*, trans. Albert Hofstadter [New York: Harper & Row, 1971], p. 216) 그러나 그는 우리에게 시인과 사상가의 관계에 대해 분명한 설명을 해주지 않고 있다. 예를 들어 왜 소포클레스와 횔덜린은 시인으로 생각되어야 하고, 파르메니데스와 하이데거 자신은 사상가로 생각되어야 하는지 그 이유를 설명해주지 않고 있다. 횔덜린에 대한 그의 질투는 명백하다. 그러나 그는 횔덜린과 경쟁하려 하지 않는다. 하이데거가 "우리는 횔덜린이 시적으로 말하고 있는 것과 같은 것을 사유하고 있다"고 말하자마자, 그는 다음과 같이 다시 모든 것을 되돌리는 혼란스러운 구절을 삽입할 필요를 느꼈다. "시와 사유는 그 본질상 구분되는 것으로 남을 때에만 서로 동일한 것으로 만날 수 있다."(ibid., p. 218)

하이데거는 자신이 니체를 학술적인 전문용어로 번역한 교수로 생각되는 것도 원치 않았지만, 그 이상으로 "실패한 시인"으로 생각되는 것도 원치 않았다. 그렇지만 『존재와 시간』의 어떤 부분을 읽을 때 그를 니체 전공 교수로 생각하게 되듯이, 전후(戰後)에 그가 쓴 것을 읽어보면 그가 실패한 시인이라는 서술이 마음에 와 닿는다.

와 암호"*Zeichen und Chiffren*로부터 어떻게 "눈짓과 몸짓"*Winke und Gebärden*을 구별하느냐의 문제이다. 예를 들어 (언어에 대한 하이데거의 서술 중 하나인) "존재의 집"이라는 구절을 "우리가 임의의 어떤 것을 상상하는 데 도움이 될 뿐인 일시적인 이미지"로 여기지 않도록 할 방법의 문제이다.[16] 이런 문제에 대한 유일한 해결책은 다음과 같다. 하이데거의 낱말을 어떤 문맥 속에도 위치시키지 말 것, 그 낱말을 어떤 놀이 속에서 움직일 수 있는 장기말이나 도구로 다루지 말 것, 하이데거 자신의 물음이 아닌 어떤 물음과도 관련짓지 말 것. 간단히 말해서 하이데거의 낱말에 특권을 부여함으로써 우리가 "문예비평"의 대상으로 삼을 수도 없을 정도로 사랑하는 서정시, 즉 인용하면서도 (그것에 손상을 입힐까봐) 다른 어떤 것과도 관련짓지 않는 서정시에 포함시키는 것이다.

음소와 소리가 문제시될 때만, 그런 호소가 의미를 얻는다. 왜냐하면 음소와 소리가 문제시되지 않는다면, 우리는 하이데거의 낱말을 (그가 자신을 위해 전개시킨 마지막 어휘의 단편을) 그 자신이 아닌 다른 사람도 개입할 수 있는 언어놀이의 장기말로서 마음대로 다루게 될 것이기 때문이다. 우리는 "존재의 집"*Haus des Seins*과 같은 용어조차도 소쉬르나 비트겐슈타인 등에 의해 친숙해진 문맥주의적 방식으로, 즉 그 용어 자체와는 관련 없는 다른 어떤 목적을 위한 유용한 도구로 다룰 수 있게 될 것이다. 그러나 우리가 그런 식으로 그 용어를 다룬다면, 우리는 결국 "관건이 된 언어놀이를 다루는 데 있어서 중요한 것은 무엇인가?" 그리고 "어떤 목적에서 이 마지막 어휘는 유용한가?" 하는 물음으로 되돌아가

---

15 *On the Way to Language*, p. 22.
16 Ibid., p. 26.

게 될 것이다. 이들 물음에 대해 유일하게 제시할 수 있는 대답은 니체의 대답일 것 같다. 즉 그것은 우리의 힘을 증대시킨다. 그것은 우리가 원한다고 이미 결정한 것을 얻는 데 도움을 준다.[17]

하이데거는 만일 우리가 이렇게 진리를 힘과 동일시하는 태도를 피한다면, 즉 내가 이 책에서 옹호하고 있는 휴머니즘과 실용주의를 피한다면, 다시 말해서 그가 형이상학이 종결되는 지점인 허무주의의 가장 낮은 단계로 간주한 사유 형식을 피한다면, 우리는 마지막 어휘가 단지 목적을 위한 수단이 아니라 그야말로 존재의 집이라고 말해야 할 것이라고 생각한다. 그러나 이 주장은 그에게 단지 음소를 사용하는 데 그치는 것이 아니라 음소가 중요시되도록 함으로써 철학적 언어를 시적인 것으로 만들 것을 요구한다.

비트겐슈타인의 언어관과 실용주의자의 진리관에 대한 현대의 반론들은 대부분 물리학이 다른 담론들보다 우월하다고 주장하는 "실재론적" 철학자들(예를 들면 윌프리드 셀라스, 버나드 윌리엄스)에게서 나온다. 하이데거가 볼 때 이런 반론은 사태를 잘못 보게 한다. 그의 견해에 의하면 실용주의, 비트겐슈타인, 물리학은 서로를 붙들어주고 있는 것이다. 하이데거는 언어에 관한 언어놀이적 설명의 부적절성을 보여주는 것은 물리학이 아니라 시라고 생각한다. 바꾸어 말할 수 없음unparaphrasability에 관한 그의 예를 하나 살펴보자. "모든 산봉우리 너머에는 고요가 있

---

17 하이데거는 플라톤이 "의미"와 "의미의 감각적 매체"를 구분한 이래로 이런 언어관이 불가피한 것이 되었다고 생각한다. 이러한 불가피성은 그가 플라톤에서 니체로 이어지는 과정 속에서 파악하고 있는 더 큰 불가피성의 일부이다. 그 과정이란 현상-실재의 구분이 너의-힘-대-나의-힘(your-power-versus-my-power)의 구분으로 융해되어가는 운명적인 과정이다.

다 "Über allen Gipfeln ist Ruh[18]라는 괴테의 시구에는 "있다"*ist*라는 말이 등장한다. 이 "있다"를 어떤 목적을 이루기 위한 도구로 해석하려는 시도는 잘못된 것으로 보인다. 물론 그것은 그렇게 해석될 수 있고, 하이데거는 우리에게 그래서는 안 되는 이유에 대한 아무런 논증도 제시하지 않고 있다. 그러나 그는 우리가 다음과 같은 물음을 숙고할 것을 원한다. "그렇게 해석하는 것이 뭔가 잘못된 것으로 **보인다**는 점을 고려해볼 때, 만일 잘못된 것이 **있었다면** 이제 어떤 언어가 있어야 하는가?" 그의 대답은 어떤 "기초적인 낱말들"이 있어야 한다는 것이다. 이 기초적인 낱말들은 그가 "공통된 이해"라고 부르는 것에 의한 사용을 떠나서 "힘"*force*을 가지고 있다. 공통된 이해는 언어놀이 이론이 잡아내려고 하는 것이다. 그러나 **힘**은 "존재의 집"이라는 관념의 도움으로 우리가 파악할 수 있다고 생각되는 바로 그것이다. 만일 어떤 낱말도 힘을 갖지 않았다면, 그런 힘을 보존하려는 시도로서의 철학에 대한 어떤 필요도 발생하지 않았을 것이다.

하이데거가 "철학의 궁극적인 과제"라는 구절로 의미하고 있는 것에 대한 이런 설명은 다음과 같은 분명한 물음을 제기하게 한다. "어떻게 하이데거는 낱말을 바라볼 때 단순한 사용이 아닌 힘을 갖는 기초적인 낱말을 알아내는가?" 만일 그가 유한하고 우리처럼 시공간에 얽매여 있다면, 어떻게 그는 그런 낱말을 들었을 때 형이상학으로 되돌아가지 않으면서 기초적인 낱말을 인식할 수 있다고 주장할 수 있을까? 우리는 그가 출판한 몇 안 되는 시(비록 많이 쓰기는 했지만)에 등장하는 한 시구에

---

18 *Introduction to Metaphysics*, p. 90.

서 그의 대답에 대한 실마리를 얻을 수 있다. "존재의 시―인간―는 이제 막 시작되었다." 그는 인간을 (혹은 차라리 유럽인이라고 하는 것이 나을지도 모르겠는데) 특정한 마지막 어휘에서 다른 특정한 마지막 어휘로 움직여 가면서 인생을 보내는 사람으로 생각하고 있다. 따라서 만일 기초적인 낱말을 골라내기를 원한다면, 유럽의 삶에서 일어나는 핵심적인 변화에 초점을 맞추려고 노력하면서 "유럽"이라고 불리는 인물에 대한 교양소설을 써야 할 것이다. 한 비평가가 "영어로 된 시"에 대해서 하려고 하는 일을 하이데거가 "존재의 시"에 대해서 하고 있다고 생각해보라. 블룸 같은 대단히 야심찬 비평가는 어떤 시의 어떤 구절이 이후의 시인을 위해 선택권을 열어주거나 닫고 있는지 확인하려고 하면서 시인에 대한 정전正典뿐 아니라 시와 그 시의 구절들에 대한 정전까지도 구성하고 있다. 영시의 "가장 기초적인" 시구는 시인의 역사적 위치를 규정해주는 시구로서 영어로 시를 쓰는 20세기의 시인은 그 안에서 자신을 발견하게 된다. 즉 그런 시구는 시인이 사용하는 도구가 아니라 그가 살고 있는 집이다. 블룸과 같은 비평가는 영시가 어떻게 오늘날에 이르렀는지 보여주는 교양소설을 쓰고 있다. 하이데거는 그의 말을 빌리면 "오늘날 존재는 무엇인가"에 관한 교양소설을 쓰고 있는 것이다.[19] 하이데거는 오늘날의 유럽이 있게 하는 데 결정적인 역할을 해온 철학자들과 낱말들을 확인하려고 한다. 그는 우리가 돌아서 가기보다는 관통해 가야 할 이론가들(헤라클레이토스, 아리스토텔레스, 데카르트 등)에 관해 이야기함으로써 우리가 왜 현재의 마지막 어휘를 사용하는지 설명해줄 마지

19　차이가 있다면, 블룸 같은 비평가는 자신이 구성하고 있는 인물들과 구별되는 반면에 하이데거는 그들과 뒤섞이는 경향이 있다는 것이다.

막 어휘의 계보학을 제시하고자 한다. 그러나 논의할 인물을 선택한다거나 기초적인 낱말을 골라낼 선택의 규준은, 철학자들이나 낱말들이 자신이 아닌 다른 어떤 것, 예를 들어 '존재' 같은 것에 대해 권위를 가지고 있다는 데서 찾을 수는 없다. 그 철학자들이나 낱말들은 우리, 즉 20세기의 아이러니스트들인 우리 이외의 어떤 것을 폭로하지는 못한다. 그들은 우리를 드러낼 뿐인데 왜냐하면 그들이 우리를 **만들었기** 때문이다. "현존재가 그 안에서 자신을 표현하는 가장 기초적인 낱말들"은 그것들이 사물의 존재 방식 자체에 더 근접해 있다는 의미에서가 아니라, 단지 **우리**에게 더 근접해 있다는 의미에서 "가장 기초적인" 것이다.

나는 하이데거에 관한 나의 이야기를 다음과 같은 말로 요약할 수 있다. 하이데거는 내러티브보다는 **호칭 기도**litany[성모 마리아, 예언자, 순교자 등 여러 성인의 이름을 부르며 하는 기도]를 우리에게 제공함으로써, 아이러니에서 형이상학으로 다시 퇴행한, 즉 힘에 대한 자신의 욕망에 끝내 굴복해버린 니체의 전철을 밟지 않으려 했다는 것이다. 하이데거는 내러티브를 끝맺는 방식에 관해서 헤겔과 니체가 안고 있었던 문제를 충분히 이해했다. 그래서 그는 (자신의 삶이 종말에 가까워질 무렵에 이르러) 존재의 역사에 대한 자신의 내러티브를 치워질 수 있는 단순한 사다리로, 즉 "기초적인 낱말들"에 우리의 주의를 집중시키는 데 필요한 고안물로 취급함으로써 헤겔과 니체가 빠졌던 함정을 피하길 원했다. 그는 우리를 우리로서 존재하게 만든 낱말들에 우리가 귀기울이는 것을 돕고자 했다. 그의 최종적인 결론에 의하면, 우리가 이런 일을 해야 하는 것은 어떤 것―예를 들어 "서양의 존재론"이나 우리 자신―을 극복하기 위해서가 아니라 오히려 내맡김Gelassenheit을 위해서, 힘을 추구하지 **않을 수 있는**

능력을 위해서, 극복을 희망하지 **않을 수 있는** 능력을 위해서이다.[20]

이렇게 서술된 하이데거의 시도와 내가 앞서 서술한 프루스트의 시도 간의 유비類比는 매우 분명하다. 가능한 모든 권위 있는 인물들을 고통을 겪는 동료들로 재서술함으로써 권위의 개념에서 권위를 제거하려 한 프루스트의 노력은, 형이상학자의 낱말을 도구로 사용하기보다는 단순히 그 낱말이 주는 공명에 귀기울이려 한 하이데거의 시도와 아주 유사하다. 하이데거가 자신이 하는 일을 "회상하는 사유"*andenkendes Denken*라고 서술한 것은 프루스트와의 유비를 더 쉽게 해준다. 하이데거와 프루스트 양자는 우리를 창조해낸 것이 무엇인지를 기억을 통해 되찾을 수 있다면, 이렇게 되찾는 일이야말로 자기 자신이 되는 일에 버금가는 것이라고 생각했다.

이런 유비를 이끌어냄으로써 나는 이제 무엇이 잘못되었는지, 내가 왜 프루스트가 성공한 곳에서 하이데거가 실패했다고 생각하는지 설명할 수 있다. 프루스트가 성공한 것은 공적인 야망이 없었기 때문이다. "게르망트"라는 이름의 소리가 프루스트의 화자 이외의 누군가에게 어떤 것을 의미한다고 믿을 이유는 없다. 만일 그 이름이 오늘날 실제로 수많은 사람들에게 공명을 불러일으킨다면, 그것은 그 사람들이 프루스트의 소설을 읽음으로써 "게르망트 곁에서의"*à côté de Guermantes* 산보가 우연히 마르셀에게 불러일으킨 것과 같은 감흥을 우연히 느끼게 되었기 때문이다. 물론 그 감흥은 그들이 자아창조의 기획에서 성공하고자 한다면 재서술해야 할 경험이며, 따라서 다른 경험들과 맞물리도록

---

20 이 장의 주 1에서 인용된 "Time and Being"의 구절을 참조할 것.

해야 할 경험이다. 그러나 하이데거는 그가 현대 유럽의 **모든 사람들**에게 공명하는 혹은 공명해야 하는 낱말을 알고 있다고 생각했고, 이 낱말은 우연히 많은 철학책을 읽게 된 사람들의 운명뿐 아니라 서구의 공적인 운명과도 관련이 있다고 생각했다. 그는 그에게 그토록 많은 의미를 가지고 있는 낱말들―"아리스토텔레스"와 "퓌시스", "파르메니데스"와 "노에인", "데카르트"와 "수브스탄티아" 등의 낱말들―이 그저 "게르망트", "콩브레", "질베르트" 등에 대한 자신의 사적인 대응물이라고 믿을 수는 없었다.

그러나 실제로 그것들은 모두 그러했다. 하이데거는 당대의 가장 위대한 이론적 상상력을 보여준 인물이었으며(자연과학의 영역은 제외하고), 자신이 원했던 숭고함에 도달했다. 그러나 이것이 그의 연상을 공유하지 않는 사람들에게 그의 존재가 완전히 쓸모없게 되는 것을 막지는 못했다. 그에게 동조하는 나와 같은 사람들에게 그는 모범적이고, 거대하며, 잊을 수 없는 인물이다. 하이데거를 읽는 것은 우리 자신의 자아 창조 기획을 성공적으로 수행하기 위해 우리가 받아들이려 애써야 하고, 재서술해야 하며, 우리의 나머지 경험들과 맞물리게 해야 하는 경험 중 하나가 되었다. 그러나 하이데거는 일반적인 공적 유용성을 가지고 있지 못하다. 초역사적인 힘에 자신을 동화시키려는 플라톤이나 칸트 같은 형이상학자들의 시도를 전혀 읽지 않았거나 아니면 그것을 읽고 단순히 즐기는 사람들에게는, 아이러니스트 이론은 공허한 위협에 대해 과민반응을 일으키는 어리석은 행동으로 보일 것이다. 그런 사람들은 하이데거의 "회상하는 사유"를 나무르 요새의 모형을 제작하려고 하는 토비 삼촌[로렌스 스턴의 소설 『트리스트럼 섄디』에 나오는 등장인물]의 시도보다 더 긴급한 프로젝트라고 생각하지 않을 것이다.

하이데거는 특정한 책들과의 만남을 통해서, 마치 마르셀의 장황한 회상이 그 자신과 마주하고 있듯이, 현대의 모든 유럽인이 마주하고 있는 특정 낱말들을 골라낼 수 있을 것이라고 생각했다. 그는 그렇게 할 수 없었다. 기초적인 낱말의 목록이나 보편적인 호칭 기도 같은 것은 존재하지 않는다. 하이데거의 의미에서 "기초적인" 것이라고 부를 수 있는 기초적인 낱말의 기초성은 사적이며 특이한 것이다. 하이데거가 읽은 책들의 목록은 수많은 다른 책들의 수많은 다른 목록들보다 유럽과 그 운명에 대해서 특별히 더 중심적인 것이 아니다. 게다가 "유럽의 운명"이라는 개념이 꼭 필요한 것이라고 할 수도 없다. 왜냐하면 이런 식의 역사주의적 연출 방식은 동화와 성육화에 대한 사유로써 인간의 유한성에 대한 사유를 밀어내려는 또 다른 시도일 뿐이기 때문이다.[21]

언어가 목적에 대한 수단이 아닐 때 언어가 무엇이 될 수 있는지를 보여주는 것이 바로 시라고 말하고 있다는 점에서 하이데거는 전적으로 옳다고 할 수 있다. 그러나 보편적인 시, 즉 철학과 시가 지닌 최상의 특징을 결합시키고, 형이상학과 아이러니즘을 모두 넘어서 있는 보편

---

21 Alan Megill, *Prophets of Extremity* (Berkeley: University of California Press, 1985), p. 346 참조. "역사에 있어서 위기라는 개념은 그것이 파괴하기 시작한 것, 즉 연속적인 과정으로서의 역사의 개념, 대문자 H로 시작하는 역사의 개념을 전제하고 있다." 메길이 하이데거의 "심미주의"라고 부르고 있는 것에 대해 보여주는 비판은 역사적 숭고에 대한 하이데거의 시도를 비판하는 나의 입장과 유사하다. 메길은 "심미주의"를 "계몽주의나 계몽주의 이후의 관점에 의해 대체로 예술의 영역에 한정되었던 교화(敎化)의 형식이나 탈자(脫自, ekstasis)의 재각성을 우리의 사유와 삶 속에 다시 끌어들이려는 시도"(p. 342)라고 정의하고 있다. "심미주의"의 이러한 의미에서 볼 때, 이 책(특히 3장의 자유주의 유토피아에 대한 나의 개관)에서 내가 보여주려고 노력하는 것은, 우리가 이런 시도를 정치에 도입하려 하지 말고 우리의 사적인 삶 속에 끌어들여야 한다는 제안이라고 할 수 있다.

적인 시가 있을 수 있다고 생각한 것은 전적으로 잘못된 것이다. 음소는 **실제로** 중요하지만, 하나의 음소가 많은 사람들에게 오랫동안 중요시되는 경우는 없다. "인간"을 "존재의 시"로 규정한 하이데거의 정의는 이론을 시적인 것으로 만듦으로써 그것을 구제해보고자 했던 장엄하지만 가망 없는 시도였다. 그러나 인간 일반이나 유럽은 운명을 가지고 있지 않으며, 마치 하나의 시가 그 지은이와 마주하고 있듯이 인간-보다-큰 어떤 것과 마주하고 있는 것도 아니다. 아이러니스트 이론 또한 근대 유럽의 위대한 문예 전통 이상의 것은 아니다. 아이러니스트 이론은 그 성취의 위대함이라는 점에서 근대 소설과 비견될 수 있지만, 정치나 사회적 희망, 인류의 연대와는 거의 관련이 없다.

니체와 하이데거가 자신들의 개인적 정전들과 그들에게 가장 의미 있는 사소한 것들을 찬미하는 데 열중할 때, 그들은 프루스트만큼이나 훌륭하다. 그들은 우리가 우리 자신의 옛 자아에 관한 교양소설을 씀으로써 새로운 자아를 창조하려는 시도를 할 때 모범으로 삼고 소재로 활용할 수 있는 인물들이다. 그러나 이들이 현대 사회에 관한 관점을 제시하거나 유럽의 운명 혹은 현대 정치에 관한 관점을 내놓자마자, 이들은 잘해야 김빠진 인물이 되거나 최악의 경우에는 가학적 인물이 된다. 우리가 하이데거를 과거의 위대한 형이상학자들의 이름과 낱말을 개인적 호칭 기도의 구성요소로 사용함으로써 그 자신의 조건을 초월하려 한 철학 교수로서 읽는다면, 그는 매우 공감이 가는 인물이다. 그러나 우리의 공적인 삶에 관한 철학자로서, 20세기의 기술과 정치에 관한 주석가로서 그는 분개하길 잘하고, 편협하며, 악의적이고, 강박증을 가지고 있다. 게다가 그가 처했던 우연적인 최악의 상황에서 (유대인들이 대학에서 쫓

겨났을 때 히틀러를 찬양한 것처럼) 그는 잔인하기까지 했다.

이런 주장은 내가 앞 장 말미에서 한 주장을 반복하는 것이다. 즉 아이러니는 공적인 쓸모가 없으며, 아이러니스트 이론은 용어상 정확히 모순은 아니라고 하더라도 최소한 형이상학 이론과는 매우 달라서 똑같은 용어로 판단될 수가 없다. 형이상학은 우리에게 자기발견과 정치적 유용성이 통일될 수 있음을 보여줌으로써 우리의 사적인 삶과 공적인 삶을 결합하고자 했다. 형이상학은 사적인 부분과 공적인 부분으로 나뉘지 않을 하나의 마지막 어휘를 제공하길 희망했다. 형이상학은 작고 사적인 규모에서 아름다운 모습을 유지하면서 동시에 크고 공적인 규모에서 숭고한 모습을 보여주길 원했다. 아이러니스트 이론은 자연히 체계보다는 내러티브를 통해서 이와 같은 종합을 이뤄내려고 시도하게 되었다. 그러나 그 시도는 가망 없는 것이었다.

플라톤이나 마르크스와 같은 형이상학자는 철학 이론이 우리를 현상에서 실재로 인도해줄 수만 있다면, 우리가 우리 동료 인간들에게 도움을 줄 수 있는 더 나은 위치에 있게 된다는 점을 그들이 보여줄 수 있을 것이라고 생각했다. 그들은 모두 공적인 것과 사적인 것의 분열, 자아에 대한 의무와 타자에 대한 의무의 구분이 극복될 수 있을 것이라는 희망을 가지고 있었다. 마르크스주의는 이후의 모든 지적인 운동의 질시 대상이 되어 왔는데, 왜냐하면 그것은 잠시나마 자아창조와 사회적 책임, 이교도의 영웅주의와 기독교의 사랑, 사색가의 초연함과 혁명가의 열정을 종합하는 방법을 보여주는 것처럼 보였기 때문이다.

아이러니스트 문화에 대한 지금까지의 설명에 의하면, 그런 대립은 이론 속에서 종합될 수 있는 것이 아니라 삶 속에서 결합될 수 있는 것이다. 우리는 마르크스주의의 계승자가 되려는 생각, 즉 품위와 숭고함을 융합시키는 이론을 찾아내려는 생각을 중단해야 한다. 아이러니스트는 자신의 마지막 어휘 내부에 사적인 것과 공적인 것의 분열이 존재한다는 사실을 감수해야 한다. 아이러니스트는 자신의 마지막 어휘에 관한 의심의 해소가 다른 사람들을 고통과 모욕에서 구하려는 시도와는 특별한 관련이 없다는 사실을 받아들여야 한다. 우리에게 중요시되는 사소한 것들을 총괄하고 재서술하는 것은 (설사 그런 사소한 것들이 철학책이라 하더라도) "유럽"이나 "역사"와 같이 우리 자신보다 큰 어떤 것을 이해하는 데로 귀결되지는 않을 것이다. 우리는 자아창조와 정치를 결합시키려는 시도를 중단해야 한다. 특히 우리가 자유주의자라면 더욱 그렇게 해야 한다. 자유주의 아이러니스트의 마지막 어휘 중에서 공적인 행위와 관련된 부분은 결코 그의 마지막 어휘의 나머지 부분에 포섭되지도 않을 것이고, 그런 나머지 부분을 포섭하지도 않을 것이다. 나는 8장에서 다음과 같은 주장을 하게 될 것이다. 즉 자아창조 담론이 아무리 복잡해지더라도, 자유주의 정치 담론은 우리가 보는 바와 같이 (그리고 오웰이 생각한 바와 같이) 비이론적이며 단순한 것으로 남는 편이 좋을 것이라고 말이다.

6장

아이러니스트 이론에서
사적인 암시로: 데리다

하이데거에 대한 데리다의 입장은 니체에 대한 하이데거의 입장과 같다. 하이데거와 데리다는 각기 자신의 선행자에 대해 가장 잘 이해하고 있는 독자인 동시에 가장 통렬한 비판자이다. 이들의 선행자는 각자에게 가장 많은 것을 가르쳐준 인물인 동시에 절실하게 극복해야 할 대상이기도 했다. 데리다는 하이데거를 사로잡았던 문제, 즉 아이러니와 이론화를 어떻게 결합시키는가 하는 문제에 대해 끊임없이 생각하고 있다. 그러나 그는 니체와 하이데거가 헤겔의 실패를 관찰할 수 있는 유리한 위치에 있었던 것과 같이, 하이데거의 실패를 관찰할 수 있는 유리한 고지를 점하고 있다.

데리다는 하이데거로부터 음소가 중요하다는 점을 배우고 있다. 그러나 그는 하이데거의 호칭 기도litany가 단지 하이데거의 것일 뿐이지 존재나 유럽의 것은 아니라는 점을 알고 있다. 그래서 데리다의 문제는 그가 「차연」Différance이라는 논문의 끝부분에서 말하고 있듯이, "유일무이한 이름은 없다"는 사실을 사유하는 것이 되었다. 혹은 더 일반

적으로 말해서 어떤 결정적인 호칭 기도도 없다는 사실을 "**향수병** 없이,
즉 순수한 모성적 언어나 부성적 언어라는 신화 바깥에서, 사유의 잃어
버린 조국 따위와 무관하게" 사유하는 것이 되었다.[1] 그는 "유럽"이나
"존재의 부름"이나 "인간" 같은 어떤 커다란 것과 스스로를 동일시하려
는 유혹을 떨쳐버릴 방도를 알아내고자 한다. 그가 하이데거의「휴머니
즘 서간」Letter on Humanism에 대한 응답에서 말하고 있듯이, "우리"에 대
한 하이데거의 용법은 "형이상학 속에 각인되어" 있는 "종말론적-목적
론적 상황"에서 비롯된 것이다.[2] "현전하는 것의 현전"presence of the present
을 사유하는 하이데거의 난점은, 그러한 현전의 사유가 "그것이 해체하
는 언어를 (단순한 결단에 의해서는 피해갈 수 없는 심오한 필연성에 따라서) 단지
메타포화할 뿐"[3]이라는 데 있다. 하이데거의 "회상하는 사유"는 과거에
대한 향수 이외에 아무것도 아니다. 그리고 잃어버린 언어의 신화, 그
힘을 복원할 필요가 있는 "기초적인 낱말"의 신화는, 어떤 낱말이 우리
자신이 아닌 어떤 힘에 의해서 특권적인 위치에 있다는 것, 어떤 마지막
어휘는 다른 마지막 어휘보다 초역사적이며 비우연적인 어떤 것에 더
가까이 있다는 것을 믿고자 하는 또 하나의 시도일 뿐이다.[4]

---

1 Jacques Derrida, *Margins of Philosophy* (Chicago: University of Chicago Press, 1982), p. 27.

2 Ibid., p. 123.

3 Ibid., p. 131.

4 내가 5장에서 전개한 하이데거 비판의 상당 부분은 데리다에게서, 특히 "The Ends of
Man"과 "Différance"에서 빌려온 것이다. 내가 데리다에게서 끌어내고 있는 하이데거 독해
에 대한 날카로운 설명과 비판을 보기 위해서는 John D. Caputo, "The Thought of Being and
the Conversation of Mankind: The Case of Heidegger and Rorty," *Review of Metaphysics* 36
(1983): 661-685 참조. 카푸토가 다음과 같이 말한 것은 옳다. 즉 데리다와 마찬가지로 내
가 "부정적인 의미에서 존재론의 역사를 해체하는 데 관심이 있으며" 존재론의 역사가 "긍
정적인 의미"를 갖고 있다는 생각은 "하이데거의 마지막 환상"이라고 생각한다는 것이다(p.

하이데거와 마찬가지로 데리다의 저작도 더 전문적이었던 초기 저작과 점차 유별나고 개인적이며 독창적인 모습을 보이게 된 후기 저작으로 나뉜다. 내가 앞서 말했듯이 『존재와 시간』에서 하이데거는 칸트의 병에 니체의 포도주를 붓는다. 하이데거는 익숙한 경험들의 "가능성의 조건"을 발견한다는 표준적인 독일 강단 기획의 문맥 속에서 니체적인 것을 이야기하고 있다. 데리다의 초기 저작은 그와 같은 기획, 즉 하이데거가 원했던 것과 같은 것을 추구함에 있어서 하이데거보다 더 깊이 들어가는 기획으로 읽힐 수도 있다. 모든 선행 이론─모든 형이상학 그리고 형이상학을 중지시키려는 (하이데거의 시도를 포함한) 모든 시도─의 가능성의 조건을 표현하는 낱말을 찾고자 하는 기획으로 말이다. 이

676). 그러나 나의 관점이나 데리다의 관점이 "우리가 명제적인 담론 이상으로 나아갈 수 없다"(pp. 677-678)는 것을 보증하고 있다고 말한 것은 잘못된 것이다. 내가 (혹은 내가 아는 한, 데리다가) 배제시키고자 하는 것은 비(非)명제적으로 (시적으로, 세계현시적으로) 되고자 하면서 동시에 근원적인 어떤 것으로 접근해가고 있다고 주장하는 것이다. 카푸토는 이 근원적인 어떤 것을 "그로부터 모든 언어가 발생하는 침묵"(p. 675)이라고 부르고 있다. 1장에서 서술한 유명론(내가 데리다와 공유하고 있는 유명론)은 "언어가 인간의 의도를 위해 고안된 낱말의 체계가 아니라 사태를 드러내 보여주는 사건"이라는 카푸토의 하이데거적 주장을 거부할 것을 요구한다. 그런 주장은 인과적 조건과 칸트가 꿈꾸었던 신비스럽고 초월론적인 "가능성의 조건"을 혼동하고 있는 것으로 보인다. 1장을 시작하면서 말했듯이, 우리 유명론자들은 독일 관념론의 마지막 흔적인 낭만주의를 씻어내고자 한다. 그리고 이하에서 논하겠지만, 이것은 비명제적인 것에 대한 논증적 호소를 제거하는 것을 의미한다. 데리다, 데이비슨, 블룸 등은 시인을 존재의 선물을 수동적으로 받아들이는 수령인이 아니라 그 자신을 근원으로 만드는(ursprünglich) 사람으로 생각하게끔 함으로써, 우리가 그런 작업을 할 수 있도록 도움을 주고 있다. 이와는 대조적으로 카푸토가 말하고 있듯이 하이데거에게서는 "본래적으로 말하는 사람이 (…) 사태 자체에 의해 장악되며, 사태 자체를 따르고, 자신 속에서 사태 자체가 말로 나타나도록 한다."(p. 674) 더 큰 타자와 연합하려는 이런 소망은 데리다가 하이데거에게서 가장 불신하고 있는 점이며, 이 점에서 나는 데리다가 옳다고 생각한다. 카푸토의 논문에 대한 좋은 대답을 살펴보려면, Lyell Asher, "Heidegger, Rorty and the Possibility of Being," in *Ethics/Aesthetics: Post-Modern Positions*, ed. Robert Merrill (Washington, D.C.: Maisonneuve Press, 1988) 참조.

런 식의 독해에 입각해보면, 데리다는 하이데거가 니체의 하부구조를 허물어뜨리고 있듯이 하이데거의 하부구조를 허물어뜨리길 원하고 있다. 그러나 데리다의 기획은 하이데거의 기획과 연속선상에 놓여 있기도 한데, 데리다 역시도 우리로 하여금 형이상학을 "넘어서게" 해줄 낱말, 즉 우리와 동떨어진 힘을 가지고 있으면서 동시에 그 자체의 우연성을 드러내는 낱말을 찾길 원하고 있다는 점에서 그렇다.

데리다를 추종하는 많은 사람들, 특히 로돌프 가셰Rodolphe Gasché는 데리다의 초기 저작을 이런 식으로 독해하고 있다. 그러나 가셰는 데리다의 『조종(弔鐘)』Glas이나 『회화의 진리』The Truth in Painting 이후의 저작에 대해 논하지 않겠다는 말로 자신의 책을 시작하면서 "무엇이 더 철학적인가 혹은 무엇이 더 문학적으로 재기발랄한가에 대한 미묘한 문제"[5]를 제쳐두고 있다. 가셰는 데리다의 초기 저작을 "존재를 넘어서는 체계", 즉 우리를 하이데거의 배후나 하층으로 데려다줄 "하부구조"infrastructure의 체계(예를 들어 차연, 공간 내기, 반복가능성)를 정식화하려는 시도로 재구성하는 데로 나아가고 있다.[6] 가셰는 데리다가 다음과 같은 것을 "논증

---

5 Rodolphe Gasché, *The Tain of the Mirror: Derrida and the Philosophy of Reflection* (Cambridge, Mass.: Harvard University Press, 1986), p. 4.
6 가셰는 "차연"(différance)이 "낱말도 아니고 개념도 아니다"라는 데리다의 주장을 심각하게 생각하고 있으며, 그것을 그가 하부구조를 지시하기 위해 가져온 데리다의 다른 모든 용어들에 적용하고 있다. 나는 "Deconstruction and Circumvention," *Critical Inquiry* 11 (1983): 1-23에서 데리다가 하이데거와 마찬가지로 "차연"이라는 낱말을 두 가지 방향으로 사용하고 있음을 논함으로써 가셰의 주장을 비판한 바 있다. 요컨대 데리다는 자신이 순환 속으로 유통시키고 있는 낱말이 순환 속에서 유통될 수 있는 종류의 것이 아님을 포고함으로써 형언할 수 없는 것을 형언하고 있다는 것이다. 후기 하이데거와 마찬가지로 전기 데리다는 때때로 낱말 마술에 열중한다. 즉 데리다는 사용을 통해서 진부하게 되거나 형이상학적으로 될 수 없는, 그리고 일상적인 것이 되더라도 그 자체의 "불안정성"을 유지할 낱말을 찾

했다"고 생각한다.

> (…) 존재를 넘어서는 모든 존재의 "근원"은 **일반화된**, 혹은 **일반적인** 쓰기
> writing이다. 쓰기의 본질적인 비진리와 비현전은 그 동일성의 현전과 그
> 현전의 동일성이 갖는 가능성과 불가능성의 근본적으로 결정 불가능한
> 조건이다. 데리다에게 있어서 존재와 존재성의 "근원"은 다양한 하부구
> 조나 결정 불가능한 것들의 존재를 넘어서는 체계 혹은 사슬이다.[7]

데리다의 초기 저작에는 이런 식의 독해를 뒷받침해주는 요소가 많이
있다. 그리고 나는 초기 데리다의 의도에 대한 가셰의 서술이 정확한 것
이냐 하는 문제는 제기하지 않을 것이다. 그러나 이런 식의 독해에는 분
명히 문제가 있다. 즉 "하부구조를 허물어뜨린다"거나 "가능성의 조건"
과 같은 개념은 대단히 형이상학적으로 들린다. 다시 말해 그런 기획을
수행해낼 수 있는 고정된 어휘가 있다고 전제하고 있는 것으로 보인다.

아내고자 한다. 가셰는 이런 마술이 성공할 거라고 생각하는 것 같다. 그는 다음과 같이 말한
다. "더욱이 하부구조는 본질이 아니다. 왜냐하면 하부구조는 현전하거나 부재하는 것의 어
떤 범주에도 의존하지 않기 때문이다 (…) 하부구조는 어떤 안정적인 성격도, 어떤 자율성도,
어떤 이상적인 동일성도 가지고 있지 않으며, 따라서 **실체**(substance)도 **기체**(hypokeimenon)도
아니다. 하부구조의 '본질'은 어떤 본질도 갖지 않는 데 있다. 그럼에도 하부구조는 어떤 보편
성을 지니고 있다." 데리다의 낱말에 대한 이런 찬사는 허세로 보인다. 이것은 이와 같은 불
가능한 속성들의 결합이 어떻게 가능하게 되었는지는 설명하지 않으면서 그런 결합을 소유
하고 있는 낱말이 있었으면 좋겠다고 말하는 것에 불과하다. 전기 데리다에 대한 후기 데리
다의 우위는 다음과 같은 데서 찾을 수 있을 것 같다. 후기 데리다는 낱말 마술에 대한 의존
을 멈추고 그 대신 글쓰기 방식에, 즉 신조어를 발명하기보다는 스타일을 창조하는 데 의존
하고 있다는 것이다.

7 Gasché, *The Tain of the Mirror*, p. 177.

가셰가 "반성 철학자"라고 부르는 모든 사람들은 "가능성의 조건"을 찾는 일이 무엇인지 알고 있으며, 누가 누구의 하부구조를 허물어뜨리는 데 성공했는지 말할 수 있는 것처럼 보인다.[8]

  "철학적 담론의 가능성의 조건"을 탐구하는 것에 대한 가셰의 서술은, 그런 조건이 어떤 것인지 이해하는 것, 그리고 그런 조건을 어떻게 탐구할지 아는 것이 바로 가셰가 "철학의 표준 규칙"[9]이라고 부르는 것의 문제임을 암시하고 있다. 그러나 그런 규칙에 대한 언급이 내가 앞서 하이데거를 다룰 때 말했던 문제를 유보시킨다면 이상한 일이 될 것이다. 다시 말해 새로운 어휘가 창안될 때마다 가능성의 영역이 확장되는 문제를 고려한다면, "가능성의 조건"을 발견하는 일은 새로운 어휘의 창안이 이루어지기 전에 그런 창안을 모두 예상할 것을 우리에게 요구하게 된다. 그러한 메타어휘가 우리 손 안에 있으며 누구든 언젠가는 말하게 될 어떤 것이 "위치할" "논리적 공간"을 마련해준다는 생각은, "현전"에 대한 또 하나의 꿈으로 보인다. 헤겔 이래로 아이러니스트들은 우

---

8 나는 "Is Derrida a Transcendental Philosopher?", *The Yale Journal of Criticism* 2.2 (1989): 207-217에서 가셰의 책을 자세히 논했다. 데리다를 "재기발랄"한 것으로 간주할 것인지 아니면 "심각한" 것으로 간주할 것인지 하는 문제와 관련하여 크리스토퍼 노리스(Christopher Norris)와 내가 주고받은 생각을 참조하려면, *Redrawing the Lines: Analytic Philosophy, Deconstruction and Literary Theory*, ed. Reed Way Dasenbrock (Minneapolis: University of Minnesota Press, 1989)을 볼 것. 노리스의 기고 논문 "Philosophy as *Not* Just a 'Kind of Writing': Derrida and the Claim of Reason"은 부분적으로 나의 책 *Consequences of Pragmatism* (Minneapolis: University of Minnesota Press, 1982)에 포함된 논문 "Philosophy as a Kind of Writing: An Essay on Derrida"에 대한 응답이다. 나의 기고 논문 "Two Meanings of 'Logocentrism': A Reply to Norris"는 데리다가 소위 해체적인 문예비평에 철학적 기초를 제공했다는 주장을 논박한다. 또한 데리다의 견해나 전략은 그런 식의 비평 논조를 담은 글을 쓰는 작가인 폴 드 만(Paul de Man)과는 전적으로 다르다는 것을 주장한다.
9 Gasché, *Tain*, p. 122.

리를 이 꿈에서 깨우려고 노력해왔다.

데리다가 가셰의 생각처럼 초월론적 기획에 의해 초기에 유혹을 받았건 그렇지 않건, 데리다의 후기 저작은 하부구조를 허물어뜨리려는 체계적인 기획을 사적인 농담으로 바꾼 것으로 읽어야 할 것이다. 내가 볼 때, 하이데거적인 "우리"를 어떻게 회피할 것이냐의 문제에 대한 데리다의 궁극적인 해결책, 그리고 더 일반적으로 말해서 하이데거가 자신보다 큰 어떤 것에 동화되거나 그것을 육화하려고 함으로써 빠졌던 함정을 어떻게 피할 것이냐의 문제에 대한 데리다의 해답은, 가셰가 "거칠고 사적인 노작勞作"[10]이라고 경멸적으로 언급한 것으로 이루어져 있다. 후기 데리다는 그의 철학적 사유를 사적인 것으로 만들고 그렇게 함으로써 아이러니즘과 이론화 사이의 긴장을 무너뜨렸다. 그는 선행자들에 관한 환상을 펼치고, 그들과 유희하고, 그들이 만든 일련의 연상을 자유롭게 하기 위해 이론을—즉 자신의 선행자들을 일관되고 전체적으로 바라보려는 시도를—간단히 버렸다. 이런 환상에는 아무런 교훈도 없고, 그런 환상으로 이루어진 것은 공적인(교육적인 혹은 정치적인) 영역에서 전혀 쓸모가 없다. 그러나 데리다의 독자에게 있어서 그와 같은 환상은 그럼에도 불구하고 모범적인 사례가 된다. 즉 데리다는 우리가 할 수 있을 만한 어떤 것이면서 그 전에는 거의 해본 적이 없는 것에 대한 제안을 하고 있는 것이다.

내가 볼 때 그와 같은 환상 펼치기는 아이러니스트 이론화의 최종 결과이다. 사적인 환상으로 되돌아가는 것은 아이러니스트 이론화가

---

10 Ibid., p. 123.

마주치는 자기지시적 문제, 즉 우리가 거부해온 것을 하지 않으면서 어떻게 선행자와 거리를 두느냐 하는 문제에 대한 유일한 해결책이다. 사적인 것과 공적인 것을 통합하려는 시도를 포기하는 용기를 가진 점에, 다시 말해 사적인 자율성에 대한 추구와 공적인 공명共鳴이나 유용성에 대한 추구를 망라하려는 시도를 중단하는 용기를 가진 점에 데리다의 중요성이 있다고 생각한다. 데리다는 선행자들의 운명에서 공적인 것이 아름다운 것 이상의 것이 결코 될 수 없다는 점을 배움으로써 숭고한 것을 사적인 것으로 만들었다.

하이데거에게 숭고한 것에 대한 추구는 "힘"을 갖는 낱말에 대한 추구였지, 언어놀이 내에서 맡는 역할에 따라 그 낱말에 주어지는 단순한 교환가치에 대한 추구는 아니었다. 하이데거가 직면했던 딜레마는, 그가 그런 낱말을 분리해내고 자신의 결과물을 출간하자마자 그 낱말은 즉시 폭넓게 놀이된 하이데거적 언어놀이의 일부가 되었고, 그로 인해 눈짓Winke에서 기호Zeichen로, 사유Thinking에서 형이상학으로 강등되었다는 것이다. 하이데거가 공적인 방향으로 가자마자 그의 "기초적인 낱말"은 쓸모를 획득함으로써 (예를 들어 "현전의 문제", "과학기술의 문제" 등과 같은 "철학적 문제"의 명칭이 됨으로써) 힘을 잃었다. 데리다는 하이데거의 예에서 다음과 같은 점을 배웠다. 문제는 "언어의 본질에 상처를 내지 않으면서 그 본질을 건드리는 것"이 아니라, 오히려 다른 스타일을 창조해서 선행자들의 책과 통약불가능한 책을 쓰는 데 있다는 점을 말이다. 그는 "언어"가 "존재"나 "인간"이 가진 것 이상의 본질을 갖지 않는다는 것, 그리고 언어를 "기초적인 낱말"로 줄여나가는 것이 쓸데없는 짓이라는 것을 배웠다.

그래서 그렇게 줄여나가는 대신 후기 데리다는 언어를 증식시키고 있다. 하이데거와 더불어 항상 "같은 것을 말하고", "사유의 유일한 사태로 (…) 항존하는 존재의 도래를 그때마다 언어로 가져오기"[11]를 희망하는 대신, 그는 결코 같은 말을 두 번 다시 하지 않는 고통을 감수하고 있다. 우리는 하이데거를 읽을 때 그가 의도한 논문의 주제가 무엇이든 간에, 존재와 존재자를 구별하거나, 존재를 기억하거나, 존재를 칭송할 필요가 있다는 데로 되돌아가게 될 것을 아는 반면, 후기 데리다를 읽을 때는 결코 다음에 무슨 말이 나올지 알 수 없다. 데리다는 "단순한 것의 찬란함"에 관심을 가지고 있는 것이 아니라, 얽혀 있는 것의 미끄러짐에 관심이 있다. 그는 순수함이나 말로 형언할 수 없는 것에는 관심이 없다. 데리다를 철학 전통과 연관 짓는 것은 오로지 과거의 철학자들이 그의 가장 생생한 환상의 주제라는 것뿐이다.

「발송」Envois이라는 제목이 붙은 『우편엽서』*The Post Card*의 전반부는 데리다의 장점을 가장 잘 보여주는 텍스트이다. 「발송」은 읽을 수 있고 감동을 준다는 점에서 『조종』*Glas*과 다르다. 이런 특징은 그 형식에서 나온다. 이 텍스트는 일련의 연애편지로 되어 있다. 이런 형식은 거기서 이루어진 작업이 사적이라는 것을 강조한다. 연애편지보다 사적인 것은 없다. 연애편지만큼 일반 개념을 적용하기에 부적절하고 부적합한 것도 없을 것이다. 연애나 연애편지 속에서 모든 것은 서로 나누어 가지고 있는 사적인 연상associations에 의존한다. 「발송」에서 편지를 쓰는 "여행하는 세일즈맨"[12]이 "우리가 그 침대를 샀던 날(백화점에서 있었던 신용결

---

11 Heidegger, "Letter on Humanism," in *Basic Writing*, ed. David Krell (New York: Harper & Raw, 1977), p. 241.[「휴머니즘 서간」, 『이정표 2』, 이선일 옮김, 한길사, 2005]

제와 가격표의 복잡한 얽힘, 그리고 우리 사이에서 벌어진 그 끔찍한 장면들)"[13]을 회상할 때 그런 점이 가장 분명히 나타난다. 이 편지들은 실제 삶의 사건들과 사람들에 관한 언급을 통해서 가슴 저미는 절절함을 보여주고 있다. 여기서 전개되는 사건들이란, 히스로 공항에 내리고, 옥스퍼드 대학에서 강의를 하고, 케네디 공항에 내리고, 예일 대학에서 강의를 하고, 스케이트보드를 타다 당한 사고에서 회복하고, 전화로 바다 건너편에 말을 하는 것("그리고 당신은 웃고 대서양은 잊혀진다") 등을 말한다.[14]

편지 중간에서 글쓴이는 옥스퍼드 대학에서 우연히 발견하게 된 우편엽서에 대한 환상을 장황하게 늘어놓는다. 13세기 회화를 복제한 그 엽서에는 두 인물이 그려져 있는데, 한 인물에는 "플라톤"plato, 다른 한 인물에는 "소크라테스"Socrates라는 이름이 붙어 있다. 글쓴이는 이 우편엽서의 수많은 사본 뒷면에 연애편지를 쓰고 있으며, 소크라테스와

---

12 "당신이 이 웃음소리와 노랫소리를 듣기 바라면서 여행하는 세일즈맨의 편지를 씁니다. 당신이 오직 (오직 무엇을?) 발송될 수 없는 것들만을, 눈물만을 듣기 바랍니다. 사실은 나는 배달될 수 없는 것, 어떤 경우에도 배송될 수 없는 것에만 관심이 있을 뿐입니다."(*The Post Card: From Socrates to Freud and Beyond*, trans. Alan Bass [Chicago: University of Chicago Press, 1987], p. 14) 원본은 *La Carte Postale: de Socrate à Freud et au delà* (Paris: Aubier-Flammarion, 1980), p. 19에 실려 있다. (이하에서는 번역본과 원본의 페이지 번호를 모두 밝히겠는데, 번역본을 먼저 쓰도록 하겠다.)

13 Ibid., p. 34/40.

14 그러나 데리다는 모든 편지가 동일 인물에 의해 쓰인 것이냐, 혹은 동일 인물에게 발송된 것이냐 하는 문제에 대해 끊임없이 생각하게 만든다. 또한 문제의 "연인"(혹은 연인들)이 남자냐 여자냐, 혹은 실제 인물이냐 가상 인물이냐, 구체적이냐 추상적이냐, 저자와 (혹은 독자인 당신) 동일인이냐 다른 사람이냐 등등의 문제에 관해서도 끊임없이 생각하게 만든다. p. 5/6에서 데리다는 다음과 같이 말한다. "발송할 때마다 서명자와 수신자가 언제나 분명하게 동일한 것도 아니고 동일할 필요도 없다는 사실, 서명자가 꼭 발송인인 것도 아니라는 사실, 수신자 즉 독자 (예를 들면 당신) 또한 그렇다는 사실 등등. 당신은 이 모든 것을 경험하게 될 것이며, 비록 혼란스럽긴 하지만 때때로 그것을 매우 생생하게 느낄 것입니다."

©Bodleian Library, University of Oxford, ms. Ashmole 304, fol. 31v.

플라톤의 관계에 관한 끝없는 환상을 펼치고 있다. 이 짝은 다른 수많은 짝들과 결국은 함께 움직이고 있는 것인데, 예를 들면 프로이트와 하이데거, 데리다의 두 할아버지, 하이데거와 존재, 존재자와 존재, 주체와 객체, S와 p, 글쓴이 자신과 "연인"인 "당신", 그리고 "피도"와 피도까지도 그런 짝이 될 수 있다.[15] 그러한 환상들은 편지들 자체와 마찬가지로, 사적으로 에로틱한 것과 공적으로 철학적인 것의 혼합물이다. 이것들은 개인 특유의 강박관념을 단순히 사적인 것으로부터 벗어나려는 전형적인 시도, 즉 일반성에 대한 탐구인 형이상학에 관한 반성과 뒤섞어버린다.

소크라테스 하면 떠오르는 것은, 잘생긴 귀족 출신의 젊은이로 하여금 거대한 주제에 대한 긴 대화편을 쓰게끔 고무한 못생기고 키 작은

---

15 "S"와 "P"는 각각 "주어"(subject)와 "술어"(predicate)를 나타내는 것으로, 분석철학 저작에서 빈번히 발견되는 약어이다. (그러나 문제의 엽서에는 "플라톤"이 소문자 "p" 그리고 "소크라테스"가 대문자 "S"로 표기된다. 그래서 데리다는 책 전체에 걸쳐 이 약어에 대해 소문자 "p"를 사용한다.) 데리다의 찬양자인 우리는 「발송」에서의 S-p 관계와 『조종』에서의 S-a 관계("Savoir absolu", 라캉의 "petit a" 등등)의 연관에 대해서 학구적으로 서술해보려는 유혹을 받게 된다. 그러나 그런 유혹은 배척되어야 한다. 그 누구도 『피네간의 경야』 『트리스트럼 샌디』 『잃어버린 시간을 찾아서』에 대한 완벽한 주석을 원치 않는 것처럼, 아무도 『우편엽서』에 대한 완벽한 주석을 원치 않는다. 그런 책의 저자와 독자가 맺는 관계는 독자가 자기 나름의 주석을 꿈꾸도록 홀로 남겨진다는 데 크게 의존하고 있다.

평민의 이미지이다. 그런데 아마도 어떤 필경사가 우편엽서의 인물 그림에 이름을 잘못 써넣었기 때문인지, 그 우편엽서는 키 크고 옷 잘 입은 "소크라테스" 뒤에 서서 그를 툭 치는 동작을 하고 있는 못생기고 남루하며 키 작은 사람을 "플라톤"이라고 지칭하고 있다. 소크라테스는 책상에 앉아서 무엇인가 열심히 쓰고 있다. 뚜렷한 이유 없이, 소크라테스의 뒤쪽과 그가 앉아 있는 의자 사이에서 어떤 큰 것(스케이트보드 비슷해 보이는 것)이 돌출해 나와 있다. 데리다는 곧바로 이것을 최대한 외설스럽게 해석하고 있다.

> 잠시 동안 내가 몇 마디 하겠습니다. 나는 소크라테스 뒤쪽에서 발기해 있는 플라톤을 보고 있고 그의 음경의 미친 듯한 오만함을, 마치 하나의 관념처럼 패리스의 머리를 가로지르는 길고 불균형한 발기를 보고 있습니다. 나는 이 남근 다발[ce faisceau de phallus]의 움직임과 조화를 이루고 있으면서 소크라테스의 오른쪽 다리 아래로 천천히 미끄러져 움직이는 여전히 따뜻한 필경사의 의자를, 그리고 점, 깃털장식, 펜촉, 손가락, 손톱, 긁개, 그와 같은 방향을 향해 있는 필통 등을 보고 있습니다.[16]

여기서부터 데리다는 대역 인형으로 이용할 가상의 철학자를 만들어내고, 철학자들의 논의를 뒤엎고, 그들을 배후에서 꿰뚫어보며, 새로운 생

---

16 Ibid., p. 18/22-23. "패리스"는 우편엽서의 원본 그림이 그려져 있는 점성술서의 저자인 매튜 패리스(Matthew of Paris)를 지칭한다. 데리다가 그려내는 장면의 외설스러움은 플라톤이 소크라테스에게 돌리고 있는 정숙함(소크라테스는 알키비아데스 그리고 아마도 플라톤 자신과 성관계를 맺는 것을 거부했다)과 대조적이다.

각을 내놓도록 풍부하게 만드는 등 명망 있는 철학자들에 대해 가능한 모든 변화를 시도해보고 있다. 온갖 연상들이 주위에 점점 쌓이게 되고, 궁극적으로 세 사람의 이름이 점점 더 자주 나타나게 된다. 이들의 이름은 프로이트(성도착과 성적인 문제에 대해 관심을 집중하고 있는), 하이데거(변증법적 전도와 오독에 대해 관심을 집중하고 있는), 그리고 피도Fido(이에 대해서는 후술하겠다)이다.

데리다가 「발송」에서 우리에게 제시하고 있는 것에 대한 예를 살펴보기 위해서, 그가 특권적인 마지막 어휘나 일반 개념에 대한 형이상학적 충동을 아이를 갖고자 하는 충동(이것은 『테아이테토스』에 등장하는 "산파술"과 "무정란"無精卵에 대한 소크라테스의 언급에서 찾아볼 수 있다)과 융합시키고 있다는 점을 고려해볼 필요가 있다. 앞부분에 실린 편지에서 데리다는 그의 "연인"에게 "우리를 배반한 것은, 당신이 내가 아이라고 부르고 있는 일반성을 원했다는 것입니다"[17]라고 쓰고 있다. 아이는 형이상학자들이 후세에 물려주고 싶어 하는 보편적인 공적 진리(혹은 특권적인 서술, 혹은 유일무이한 이름)와 마찬가지로, 전통적으로 죽음과 유한성을 회피하는 방식으로 생각되었다. 그러나 아이와 후속 세대의 철학자는 부친살해와 모친 살해의 경향을 띤다. 이런 사실이 데리다로 하여금 다음과 같이 쓰게 하고 있다. "최소한 죽음이 우리로부터만 우리에게 다가올 수 있도록 나를 도와주세요. 일반성에 굴복하지 마세요."[18] 여기서 한 걸음 더 나아가면, 누가 아이 혹은 철학의 부모인지 말하는 것은 어렵다. 편지에서 아이에 대한 주제를 도입한 이후에 데리다는 다음과 같이 쓰고

17 p. 23/28.
18 p. 118/130.

있다. "두 협잡꾼[플라톤과 소크라테스]의 계획은 나를 통해서 그들도 아이를 갖는 것입니다."

그러나 곧 이어서 데리다는 다음과 같이 쓰고 있다.

빌어먹을 아이, 우리가 언제까지고 논의하게 될 유일한 것, 아이, 아이, 아이. 이것은 우리 사이에서는 불가능한 메시지입니다. 아이는 우리가 우리 자신에게로 "발송"할 수 없는 것입니다. 아이는 결코 기호, 편지, 상징조차도 되지 않을 것이며 그렇게 **되어서도** 안 됩니다. 글로 쓰인 것들은 그것들이 말하는 것을 듣지 않기 위해 우리가 우리 자신에게로 발송하는 사산된 아이들입니다. 아이들은 무엇보다도 자기 스스로 말하는 것을 우리가 듣고자 하는 존재이기 때문입니다. 결국 이것이 두 늙은이가 말하고 있는 것입니다.[19]

데리다의 관점에서 보면, 아무것도 "스스로" 말하지 않는다. 왜냐하면 아무것도 형이상학자들이 찾는 근원성primordiality—비관계적이며 절대적인 성격—을 가지고 있지 않기 때문이다. 그럼에도 불구하고 우리는 그렇게 말하게 될 어떤 것을 생산하기를 원치 않을 수 없다. 만일 "유일무이한 이름", "기초적인 낱말", "가능성의 무조건적인 조건"이 **있다면**, 이것은 데리다에게는 비극이 될 것이다. "옥스퍼드 엽서에 대한 독

---

19 p. 25/29-30. 앞 장에서 인용된 하이데거의 「시간과 존재」 마지막 부분과 이 구절을 비교해보자. "형이상학을 극복하려는 의도에서조차 형이상학적 고려가 여전히 만연해 있다. 따라서 우리의 과제는 모든 극복의 시도를 중단하고 형이상학을 그 자체로 놓아두는 것이다." 하이데거가 다음과 같이 말한다고 상상해보자. "빌어먹을 형이상학, 내가 언제까지고 논의하게 될 유일한 것."

해가 이루어지는 날, 유일하고도 진정한 독해가 이루어지는 날이 온다면, 그때가 역사의 종말일 것입니다. 혹은 우리의 사랑이 무미건조하게 becoming-prose 될 것입니다."[20] 데리다의 후기 방식을 전기의 초월론적 유혹에 대한 거부로 생각하는 것이 옳다면, 우리는 "내가 결코 나 자신을 내맡길 수 없는 것은 우편엽서 이외의 것을 출판하고 **그들**에 대해 말하는 것입니다"[21]라는 주장을 다음과 같은 말로 간주할 수 있을 것이다. "나는 당신에게 어떤 아이도 발송하지 않고 단지 우편엽서만을, 그리고 어떤 공적인 일반성도 발송하지 않고 단지 사적인 특이성만을 발송하겠습니다."[22]

「발송」의 짜임새가 갖는 놀라운 풍부함은—이런 풍부함을 보여주는 현대의 작가는 그리 많지 않으며, 현대의 철학 교수들 가운데서는 이런 풍부함을 찾아볼 수 없다—아기에 대한 감정과 책에 대한 느낌을 대결시킴으로써 매우 잘 묘사되고 있다. 일종의 동화同化, assimilation라고 할 수 있는 이것은 데리다에게서 나타나는 다른 많은 것들을 연결시켜주고 있다. 예를 들어 『그라마톨로지에 대하여』*On Grammatology*에서 나타나는 (끝없는) 텍스트와 (유한한) 책의 대조는, 여기서 자신을 위한 사랑과 아이를 갖기 위한 사랑의 대조로 나타나고 있다. 우편엽서만을 쓰는 사람은 자신의 책을 어떻게 끝낼 것이냐 하는 헤겔의 문제를 안게 되지도 않을 것이고, 하부구조의 탐구에서 그 기저에 도달했는지를 아는 것에

---

20 p. 115/127.

21 p. 13/17. 여기서 나는 "그들"을 플라톤과 소크라테스로 간주한다.

22 그러나 데리다의 일반적인 프로그램의 언명 속에는 항상 자기지시적 역설이 포함되어 있다는 사실이 p. 238/255의 구절로 드러나고 있다. "그들은 내가 우편엽서를 사랑하는지 그렇지 않은지, 내가 우편엽서를 지지하는지 반대하는지 결코 알 수 없을 것입니다."

대한 가세의 문제에 빠지지도 않을 것이다. 그러나 그는 또한 "결과"나 "결론"을 내놓지도 않을 것이다. "결말"은 존재하지 않는다. 읽기를 일단 끝마치게 되면, 「발송」에서 건질 것(사랑스럽게 손으로 떠받치거나 팔로 감싸 안을 것)은 아무것도 없다.

이렇게 공적인 것을 사적인 산물로, 책을 아기로, 글쓰기를 섹스로, 사유를 사랑으로, 헤겔의 절대지에 대한 욕망을 아이에 대한 욕망[23]으로 환원시키는 것은, 데리다가 프로이트와 하이데거를 융합시킬 때에도 계속되고 있다.

여기서 나는 프로이트와 하이데거를 "위대한 시대"의 위대한 두 유령처럼 내 속에서 결합시킵니다. 살아남은 두 명의 할아버지입니다. 그들은 서로를 알지 못했지만, 나에 의해서 짝을 이루고 있습니다. 그리고 사실상 그 때문에, 이것은 특이한 시대착오입니다. 그들은 서로를 읽거나 편지 교환도 하지 않은 채 결합되어 있습니다. 나는 종종 당신에게 이런 상황에 대해 말한 바 있습니다. 그리고 이것은 「유산」*Le legs*에서 내가 서술하고자 하는 그림입니다. 요컨대 시선이 교차해본 적이 없는 두 사상가, 서로 한마디 말도 주고받아 본 적이 없는 두 사상가가 같은 것을 말하고 있다는 것입니다. 그들은 같은 쪽으로 향해 있습니다.[24]

23 p. 39/44-45 참조. "아이는 살아 있거나 죽었거나, 절대지만큼 대단한 것으로, 환상들 중에서도 가장 아름답고 가장 생생한 것으로 남아 있습니다."

24 p. 191/206. 「유산」(Le legs)은 『우편엽서』 후반부에 실려 있는 에세이 중 하나인 "Legs de Freud"를 말하는 것이다. 거기서 데리다가 논하고 있는 것은 무엇보다도 프로이트의 아이들(특히 소피와 에른스트)이다. 이 제목은 영어-프랑스어의 말장난을 하고 있는 것인데, 프로이트의 책들과 프로이트의 아이들 중 무엇을 뜻하는지가 애매하게 되어 있다. "위대한 시대"[*la grande époque*]는 "저 위대한 시대(종이와 펜, 봉투, 개별적인 수신 주체 등을 시대적 기

존재에 관한 전문가인 하이데거와 불결하고 사소한 비밀의 탐지자인 프로이트가 말하는 "같은" 것이란 무엇일까? 이들은 **수많은** 같은 것을 말하고 있다고 해석될 수 있다. 따라서 이 물음은 다음과 같은 것이 될 수도 있을 것이다. "왜 데리다는 이 **독특한** 짝이 플라톤과 소크라테스의 결합에서 시작된 위대한 시대의 종말을 고하는 것이라고 생각하는가?" 내가 생각할 수 있는 최상의 대답은, 하이데거와 프로이트가 공히 음소 音素, phoneme와 문자소文字素, grapheme, 즉 낱말의 형태와 소리에 의미를 부여하고자 한다는 것이다. 농담의 무의식적 기원에 대한 프로이트의

술의 표식으로 삼는 시대) 그리고 소크라테스에서 프로이트와 하이데거로 나아가는 시대" (ibid.)를 말한다. 이것은 전기 데리다의 용어를 빌리면, "책"(초기에는 텍스트와 대비되고 후기에는 우편엽서와 대비되는)의 시대이다. 이것은 또한 하이데거가 "서양 형이상학"의 시대라고 불렀던 시대이다. 달리 말해 이것은 후설이 "에포케"라고 부른 시도, 즉 문맥에서 떼어냄으로써 본질을 파악하려는 시도가 중심을 이뤘던 "로고스중심주의적" 시대이기도 하다. "같은 것을 말하고 있다"는 것은 하이데거가 이와 같은 구절을 사용한 것을 아이러니하게 언급한 것이다. 플라톤과 소크라테스가 그려진 엽서 속에서 그 두 사람은 같은 방향을 향하고 있으며 결코 시선을 마주치고 있지 않다. 할아버지에 대해서는 p. 61/68을 참조하라. 여기서 데리다는 (엽서 속의) 소크라테스를 "젊게, [플라톤의 제2]서한에서 언급되듯이, **플라톤보다** 젊게" 묘사하고 있고 "그의 큰아들, 그의 할아버지, 혹은 그의 큰손자, 그의 **손자보다** 더 잘생기고 더 키가 크게" 서술하고 있다. 데리다는 이 대목에서 다음과 같이 말하고 있다. 플라톤이 쓴 "모든 것을 쓴 사람은 S.[플라톤 대화편의 주체, 즉 소크라테스]이다." 이 주장은 다시 다음과 같은 언급으로 되돌아간다. "플라톤의 꿈"은 "소크라테스로 하여금 쓰게 하는 것입니다. 소크라테스로 하여금 그가 원하는 것을 쓰게 하고, 그의 마지막 명령, **그의 의지**를 (…) 쓰게 하는 것입니다. 그럼으로써 플라톤은 소크라테스가 되고 그의 아버지가 되며, 그래서 그 자신의 할아버지가 되는 것입니다."(p. 52/59) 이런 언급은 플라톤의 제2서한에 대해서도 해당되는데, 거기서 플라톤은 다음과 같이 말하고 있다. "플라톤 자신이 쓴 저작은 없으며 앞으로도 없을 것이다. 플라톤의 저작이라고 일컬어지는 것들은 젊고 아름답게 성장한 소크라테스의 저작이다."

　이 주석의 길이(가차 없이 줄인 것인데)는 「발송」에 익숙하지 않은 사람들에게 내가 「발송」의 "짜임새가 갖는 풍부함"이라는 말로 의미하는 것을 시사할 수 있을 것이다. 이는 소리와 표식 사이의 "단순한 연합"을 진지하게 여길 때 부분적으로 가능해지는 풍부함이다. 「발송」의 어떤 문단에 대해서도 이런 길이의 주석을 달 수 있을 것이다.

설명과 하이데거의 (대체로 날조된) 어원 설명에서, 우리는 그들이 위대한 시대 *la grande époque*에 속하는 대부분의 저작에서는 비본질적인 것으로 다루어온 것에 주목하고 있음을 본다. 여기서 말하는 비본질적인 것이란 사람들이 원하는 것을 얻기 위해 사용하는 표식이나 소리의 "물질적"이며 "우연적"인 특징들이다. 만일 이런 대답이 부분적으로라도 옳다면, 말장난, 언어적 공명, 글자 모양을 통한 농담으로 지속적으로 회귀해가는 데리다의 후기 저작의 태도는, 바로 "우편엽서만을 발송"하기로 결심한 사람에게서 우리가 예상할 수 있는 태도이다. 책을 어떻게 끝맺을 것이냐의 문제, 그리고 다른 사람이 하는 일을 비난하면서 자신이 그런 일을 하고 있다는 자기지시적 비판의 문제를 벗어날 수 있는 유일한 방법은, 글쓰기의 무게 중심을 지금까지 주변적인 것으로 다루어져 왔던 그런 "물질적" 특징들로 옮겨놓는 것이다. 이런 연상들은 필연적으로 사적일 수밖에 없다. 왜냐하면 이것들이 공적인 것이 되면, 사전이나 백과사전 속에 편입될 것이기 때문이다.[25]

이것은 우리를 "피도"-피도라는 또 다른 짝으로 인도한다. 이에 대해서는 「발송」에서 프로이트-하이데거의 짝만큼이나 자주 언급되고 있다. "피도"는 피도라는 개의 이름이고, 마찬가지로 ""피도""는 피도라는 개의 이름에 대한 이름이다. (인용부호를 삽입하면, 그 즉시 새로운 개가 아니라 새로운 이름이 만들어진다는 사실에 주목하자.) 옥스퍼드학파의 철학자들(예를 들어 P. H. 노웰-스미스, 길버트 라일 등)은 "모든 낱말은 이름이다"라는 생각을 ""피도"-피도 의미론"이라고 이름 붙였다. 이 이론은 종종 (누구보다

---

25 예를 들어 "헤겔"과 "헤겔주의자" 혹은 헤겔과 정신의 연합은 공적이다. 데리다가 "Hegel"에서 불어로 *"aigle"*(독수리)을 연상한 것은 사적이다.

도 J. L. 오스틴에 의해서) 플라톤과 연합을 이루었다. 이것은 소쉬르나 비트겐슈타인과 연합하는 다음과 같은 관점과 대조적이다. 이 관점에 따르면 낱말은 단순히 그 지시체(만약 그런 것이 있다면)와의 연합에 의해서가 아니라 그 낱말의 용법이 다른 낱말들의 용법과 맺는 관계에 의해서 의미를 획득한다. (아마도 당신은 특정한 배경 설정이 주어진 상황에서 누군가 피도를 가리키며 "그 개가 피도야"라고 말하는 것을 통해서 "피도"의 용법을 배울 수 있을지 모른다. 그러나 선善의 형상에 대한 희미한 상기에 의해서 또 그 기억에 "선"이라는 말소리의 꼬리표를 붙임으로써 "선"의 용법을 배울 수도 없고, 당신 자신의 두드러진 특징에 꼬리표를 붙임으로써 "나"라는 낱말의 용법을 배울 수도 없는 것이다.)

"피도"-피도가 「발송」에 등장하게 되는 두 번째 경우는 많은 엽서에 기록된 추신 속에서인데, 이 추신은 "끔찍한 할아버지들의 불완전한 짝 (…) 플라톤/소크라테스라는 쌍, 나눌 수 있으면서도 나눌 수 없는 그 쌍, 그들의 끝없는 분할, 시간이 끝날 때까지 우리를 그들과 연결시키는 계약"에 관한 내용을 담고 있다. 여기서 데리다는 다음과 같이 말하고 있다.

> 이것이 "'피도'-피도'의 문제(주지하다시피 라일, 러셀 등의 문제)입니다. 그리고 이것은 내가 나의 개를 부르고 있는 것인지, 아니면 그 개가 소유하고 있는 이름을 언급하고 있는 것인지, 아니면 그 개의 이름을 사용하고 있거나 명명하고 있는 것인지를 아는 문제입니다. 나는 대개 옥스퍼드학파에 속하는 이런 이론화를 좋아합니다. **정신분석학적으로 말하자면** 그들의 비범하고 불가결한 미묘함만큼이나 그들의 태연한 순진함을 좋아합니다. 그들은 언제나 인용부호의 법칙을 확신할 것입니다.[26]

"피도"와 피도의 차이는, 낱말을 "언급"mentioning(예를 들어 그것이 네 개의 글자로 되어 있다는 것을 말하기 위해)하는 것과 낱말을 "사용"using(예를 들어 개를 부르기 위해)하는 것을 구분하는 러셀의 관점을 설명하기 위해 종종 사용되고 있다. 이런 구분은 우리로 하여금 "피도"의 "본질적인" 의미나 사용 혹은 기능과 그 이름의 "우연적인" 특징(예를 들어 "Fido"라는 표식이나 소리를 통해 라틴어 동사 "fidere"[믿다]를 떠올리고 또 거기서 "fidelity"[충실함]을 생각하게 되고, 나아가 문학의 등장인물인 더들리 두라이트의 충직한 개의 이름인 "Faithful Dog" 같은 것을 생각하게 되는 일 등등)[27]을 분리할 수 있게 해준다. "인용부호의 법칙을 확신하는" 존 설John Searle은 몇 년 전에 오스틴의 저작을 다루면서 이런 구분을 무시했다고 데리다를 비난했다.[28] 데리다는 그 구분 자체의 유용성과 범위에 대한 의문을 제기함으로써 이에 대답했다. 그런데 이 의문은 설의 불평과는 전혀 관계없는 엉뚱한 것이었다. 설이 했던 비난은 다음과 같다. "만일 당신이 오스틴의 언어놀이의 규칙을 가지고 놀이하고 있고 오스틴의 동기와 의도를 존중하고 있다면, 오스틴에

---

26 p. 98/108.

27 p. 243/260-61 참조. "아 그래, 피도, 나는 한 마리 개처럼 당신에게 충실합니다. 왜 '라일'은 하필 피도라는 이 이름을 택했을까요? 예를 들어 우리가 어떤 개를 두고 그 개가 자신의 이름, 즉 피도라는 이름에 **응답한다**고 말하기 때문일까요? 개가 충실성의 형상이며 특별히 피도라고 불릴 때 다른 어떤 것보다 자신의 이름에 응답을 잘하기 때문일까요? (…) 왜 라일은 하필 피도라는 개의 이름을 골랐을까요? 나는 방금 이 문제에 관해서 피에르와 길게 이야기했습니다. 피에르는 나에게 다음과 같이 속삭입니다. '그래서 그 예는 충실한 것이 될 거야.'" 이 구절에서 사용-언급의 구분이 무시되고 있음에 주목하자. 이어서 나오는 영미 철학자에 대한 구절도 눈여겨볼 필요가 있다. "그러나 그들의 분노가 공동 전선에 이르는 걸 볼 수 있게 되는 순간이 언제나 찾아옵니다. 저항할 때 그들은 만장일치가 됩니다. '인용부호는 개를 위한 것이 아니다![*les guillemets, c'est pas pour les chiens!*] 그리고 이론도, 의미도, 지시도, 언어도 개를 위한 것이 아니다!' **하지만 만약 그렇다면, 하지만 만약 그렇다면.**"

28 설의 "Reiterating the Differences: A Reply to Derrida," *Glyph* 1 (1977): 198-208 참조.

대한 당신의 비판은 성공적이지 못합니다. 다른 한편으로, 만일 당신이 그에게서 당신이 원하는 것을 자유롭게 독해해낼 수가 있고, 예를 들어 당신이 그를 정신분석학적으로 다룬다면, 당신은 오스틴에 대해 **비판적** 이라는 주장을 할 수가 없습니다. 당신은 오스틴의 기획과는 아무 관련 이 없는 일련의 연상을 자유롭게 진행되도록 놓아두면서 그를 당신의 환상 속 인물로 사용하고 있을 뿐입니다."

설에 대한 대답에서[29] 데리다는 이 딜레마를 체계적으로 회피하고 있다. 왜 그는 두 번째 선언지를 택하지 않는 것일까? 설에 대한 그의 대 답은 성실함과 진지함에 대한 정색을 한 선언들로 채워져 있음에도 불 구하고, 왜 오스틴에 대한 원래의 비판과 마찬가지로 환상적이고 자유 연상적인 모습을 하고 있는 것일까? 그것은 아마도 「발송」이 철학적인 것이냐 아니면 문학적이고 재기발랄한 것으로 여겨져야 하느냐?"와 같 은 가셰식의 물음을 그가 거부하는 이유와 같을 것이다. 나는 데리다가 환상과 논증, 철학과 문학, 진지한 글쓰기와 재기발랄한 글쓰기를 구별 하는 언어놀이, 즉 위대한 시대*la grande époque*의 언어놀이 속에서 단지 한 수를 두는 것을 원한 것은 아니라고 생각한다. 그는 다른 누군가의 마지 막 어휘의 규칙을 가지고 놀이하려 하지 않는다.

데리다가 다른 사람의 마지막 어휘의 규칙을 거부하는 이유는 그 가 "비합리적"이거나 "환상 속에 빠져" 있거나 또는 오스틴과 설의 주장 을 이해하지 못할 정도로 우둔하기 때문이 아니다. 그 이유는 데리다가 자기 자신의 언어놀이를 창조함으로써 자기 자신을 창조하려고 한다는

---

29 Derrida, "Limited Inc", *Glyph* 2 (1977): 162-254.

것, 소크라테스의 또 다른 아이를 잉태하려 하지 않는다는 것, 플라톤에 대한 또 다른 주석가가 되기를 거부한다는 것에서 찾아야 한다. 그는 합리적인 것-비합리적인 것의 구분을 가로지르는 놀이를 하고자 한다. 그러나 철학 교수로서 그는 이런 작업을 수행하는 데 곤란을 겪고 있다.[30] 프루스트의 소설을 사회적 역사로 읽어야 할지, 아니면 성적인 강박관념에 대한 연구로 읽어야 할지를 프루스트에게 묻는 것은 매우 조잡한 일이 될 것이다. 예이츠에게 달의 위상 변화에 대한 허튼소리들을 진정으로 **믿었느냐**고 묻는 것도 마찬가지이다. 그러나 전통적으로 철학자들은 이런 종류의 물음에 대답하는 사람으로 생각되어왔다. 만일 당신이 자신을 소설가나 시인으로 선전한다면, 당신은 "창조적 예술가"를 둘러싸고 있는 신비한 안개 때문에 나쁜 질문에서 벗어나게 된다. 그러나 철학 교수들은 모든 것에 엄격하다고 생각되기 때문에 그런 질문을 받아도 된다고 여겨진다.

이런 안개는 특정한 학문분야와 연합하지 않고, 따라서 이미 알려진 어떤 규칙을 가지고서도 그 움직임을 예측할 수 없는 작가들을 둘러싸고 있다.[31] 나는 데리다의 의도를 프루스트나 예이츠가 목표로 한 것

---

30 나는 데리다가 만약 시와 소설에서 출발해서 철학으로 전향했지만 철학을 가르치는 일을 생계수단으로 삼을 필요는 없었던 부유한 문필가였다면, 그의 동료 교수들에게서 겪었던 것과 같은 힘든 일들을 거의 겪지 않았을 거라고 생각한다.

31 조너선 컬러(Jonathan Culler)의 말을 빌리면, "학문분야(discipline)라는 개념은 글쓰기를 종결시킬 수 있는 탐구에 관한 개념이다."(*On Deconstruction* [Ithaca, N.Y.: Cornell University Press, 1982], p. 90) 흐리멍덩한 결말을 계속 늘여나가는 재주를 뽐내는 작가는 어떤 학문분야에 공헌하지는 못할 것이다. 그러나 이것이 그 작가에게 규율이 없다는 것을 의미하지는 않는다. 사적인 규율(discipline)은 컬러가 의미하는 "공적인" 학문분야의 규율이 아니다. 그러나 그것은 그럼에도 불구하고 엄밀하고 정확한 많은 작업을 포함할 수 있다.

과 같은 자율성으로 바라봄으로써 데리다를 이런 안개 속에 집어넣어야 한다고 주장해왔다. 이렇게 하는 것의 장점은 우리가 다른 사람이 쓴 글에 따라서 그의 저술을 해부하는 것을 피할 수 있고, 그런 해부 대신 물러나 앉아서 그것을 향유할 수 있다는 것이다. 즉 그의 저작이 자율성에 대한 우리 자신의 시도와 관련되어 있는 것으로 드러나든 그렇지 않든, 그것이 우리에게 제공할지도 모를 위안이나 본보기가 발견되길 기대할 수 있다는 것이다. 우리가 플라톤이나 하이데거에게서 깊은 감명을 받지 않았다면, 그런 기회들은 전혀 소용없을 것이다. 그러나 우리가 그들에게 감명을 받았다면, 그것은 결정적인 것이 될 것이다. 철학책을 거의 읽지 않은 사람은 「발송」에서 얻는 것이 거의 없을 것이다. 그러나 소수의 청중에게 그것은 대단히 중요한 책이 될 것이다.

이런 제안을 받아들인다는 것은 가셰나 컬러와 같이 데리다가 어떤 것을 논증했다거나 누구를 (예를 들면 오스틴 같은 사람을) 논박했다고 말하려는 시도를 포기하는 것을 의미한다. 이것은 또한 데리다가 "더 고차적인" 몇 쌍의 반대 개념들(예를 들어 형상-질료, 현전-부재, 일자-다자, 주인-노예, 불어-영어, 피도-"피도" 등)이 어떻게 "스스로를 해체"하는가를 "엄격하게" 보여주는 "해체의 방법"을 전개했다는 생각을 포기하는 것을 의미한다. 개념은 그 자신을 포함해서 아무것도 죽이지 않는다. 사람이 개념을 죽인다. 개념의 변증법적 전도라는 고된 작업을 수행한 사람은 헤겔이었다. 비록 그가 그것을 만들어냈다고 하기보다는 관찰하고 있는 듯한 태도를 취했지만, "현전은 부재의 특별한 사례이다" 혹은 "사용은 단지 언급의 특별한 사례이다"[32]와 같은 특별한 결과물을 산출해내기 위해서는 사람의 고된 작업이 필요하다. 창의력의 결여를 제외하면 그 어느 것도 그런 재문맥화recontextualization에 방해가 되는 것은 없다. 그러나 만일 방법이라고 하는 것이 규칙을 언급함으로써 가르칠 수 있는 절차라고 한다면, 거기에는 어떤 **방법**도 포함되어 있지 않다.[33] 해체는 최근의 철학적 발견에 의해서 가능하게 된 새로운 절차가 아니다. 재문맥화 일반, 특히 위계를 뒤엎는 일은 오래전부터 이루어져왔다. 소크라테스는 호메로스를 재문맥화했으며, 아우구스티누스는 이교도의 덕을 화려한 악덕으로 전환시킴으로써 재문맥화했고, 니체는 그 위계를 다시 전도시켰으며, 헤겔은 소크라테스와 아우구스티누스 모두를 지양된 선행자로 만들기 위해 재문맥화했다. 프루스트는 자신이 만난 모든 사람을 (계속 반복해서) 재문맥화했다. 그리고 데리다는 헤겔, 오스틴, 설 등 그가 읽고 있는 모든 사람을 (계속 반복해서) 재문맥화하고 있다.

그러나 데리다가 그와 같은 일을 했을 때, 만일 그것이 단지 또 하나의 변증법적 전도였다고 한다면, 그렇게나 충격적으로 다르게 들린 이유는 무엇일까? 그것은 데리다가 낱말의 "우연적인" 질료적 특징을

---

32 마지막 예는 컬러에게서 인용한 것이다. 그는 다음과 같이 말한다. "사용/언급이 궁극적으로 진지함/진지하지 않음, 말하기/글쓰기와 같은 종류의 위계라고 주장한 데리다의 태도는 옳다. 이 모든 것은 언어의 반복가능성이라는 독특한 특징을 기생적인 것이거나 파생적인 것이라고 설명함으로써 언어를 통제하려는 시도이다. 해체적 독해는 그 위계가 전도되어야 한다는 것을 입증하고 **사용**이 **언급**의 특별한 사례임을 논증할 것이다."(*On Deconstruction*, p. 120)

33 성적인 이미지나 부르주아 이데올로기 혹은 텍스트에 포함된 7가지 유형의 애매성 등을 간파해내는 법을 배우는 것과 같은 방식으로 "텍스트를 해체하는" 법을 배울 수는 있다. 이것은 자전거를 타거나 플루트를 연주하는 법을 배우는 것과 비슷하다. 어떤 사람들은 이런 것을 배우는 요령을 가지고 있는 반면 어떤 사람들은 영 서툴 것이다. 그러나 에너지의 본질을 발견한다고 해서 자전거를 타는 데 도움을 얻는다거나 방해를 받지 않는 것과 마찬가지로, 이런 텍스트 해체 작업이 언어의 본질 같은 것에 관한 "철학적 발견"에 의해서 용이하게 되거나 방해받게 되지는 않는다.

사용했기 때문이다. 반면 헤겔은 "모순" 관계가 개념들 사이에서가 아니라 명제들 사이에서만 유지될 수 있다는 규칙에 의해 놀이하기를 거부함에도 불구하고, 낱말의 소리나 모양에는 어떤 비중도 둘 수 없다는 규칙을 고수하고 있다.[34] 그런 모든 규칙에 대한 데리다의 태도는, 물론 다른 사람과 논쟁하려면 그런 규칙에 따르는 것이 당연히 필요하지만, 철학자에게는 규칙에 대해 논쟁하는 것 이외에도 다른 할 일이 더 있다는 것이다.[35] 이런 규칙들은 논쟁적인 담론을 가능하게 한다. 그러나 데리다는 "그런 규칙을 무시할 경우에 무슨 일이 일어날까?" 하는 물음에 답하고 있다. 데리다가 『조종』과 「발송」에서 일종의 실험적 산문을 쓰고 있듯이 그의 대답은 실제 실험에 의해 *ambulando* 주어진다. 여기서 사용된 낱말들의 "상징적" 혹은 "질료적" 특징에 주목하건 그렇지 않건, 이것은 한 줄 한 줄씩 말할 수 있는 종류의 것이 아니다. 『조종』이나 「발송」을 읽으면, "이것은 기표로 보아야 할까 아니면 표식으로 보아야 할까?" 하는 물음에는 곧 흥미를 잃게 된다. 왜냐하면 이런 종류의 텍스트

---

34 『정신현상학』 역시 그 당시, 즉 헤겔이 과거의 위대한 철학자가 되기 전에는 매우 충격적이고 자율적인 것이었다. 컬러 같은 이가 데리다가 어떤 "방법"을 발견해냈다고 믿은 것과 마찬가지로, 헤겔 또한 그가 어떤 "방법"을 발견했다고 믿은 숭배자(예를 들면 엥겔스나 레닌 같은)를 가지고 있었다.

35 설에 대한 데리다의 또 다른 응답을 살펴보자. "예, 그래요, [사용과 언급에 관한] 이런 문제들을 지배하는 **법칙**에 반대해서 말할 것은 아무것도 없습니다. 법칙 자체를 문제 삼지 않는다면, 인용부호라고 불리는 짝과 관련되는 고유명의 법칙을 문제 삼지 않는다면 말입니다. 나는 (그들과 사랑하는 당신께) 이렇게 말하고 있습니다. 이것이 나의 몸이라고, 나의 작업이라고, 나를 사랑해 달라고, 내가 당신에게 내미는, 이 종이 침대 위에 늘어놓은 나의 육체를 분석해 달라고, 머리에서 발끝까지 나 있는 털에서 인용부호를 선별해 달라고 말입니다. 당신이 나를 충분히 사랑한다면, 내게 몇 가지 소식을 전해주게 될 것입니다. 그리고 당신은 평화롭게 잠들기 위해 나를 묻을 것입니다. 당신은 나를, 나와 나의 이름을 잊을 것입니다."(p. 99/109)

를 읽는 데 있어서 사용-언급의 구분은 주의를 산만하게 할 뿐이기 때문이다.[36]

　이런 식으로 글을 쓰는 것이 좋은 이유는 무엇인가? 결론에 도달하는 논증을 원할 경우에는 이것은 전혀 좋지 않다. 이미 말했듯이 그것을 읽었다고 해서 얻어낼 수 있는 명제적인 것은 아무것도 없다. 이는 후기 하이데거의 저작에서도 마찬가지다. 그렇다면 그것은 "철학적인" 기준보다는 "문학적인" 기준에 의해서 판정되어야 할까? 그렇지는 않다. 왜냐하면 『정신현상학』『잃어버린 시간을 찾아서』『피네간의 경야』의 경우에서처럼, **그 어떤** 유형에서도 적용될 수 있는 선행적인 규준 같은 것은 없기 때문이다. 책이나 글쓰기가 더욱 독창적일수록, 더욱 유례없이 새로운 것일수록, 우리가 사용할 수 있는 규준을 찾기는 어렵게 되고, 그 책이나 글쓰기를 어떤 장르에 포섭시키기가 어렵게 된다. 우리는 그것의 용도를 발견할 수 있는지 살펴보아야 한다. 만일 우리가 그렇게 할 수 있다면, 그것이 흘러들어 가기에 충분할 만큼 특정 장르나 다른 장르의 경계를 확장시키고, 어떤 종류의 글쓰기가 좋은 것인지 판정해줄 새로운 기준을 세우기에 충분한 시간이 있을 것이다. 오직 형이상학자만이 우리가 지닌 현재의 장르와 규준이 가능성의 전 영역을 소모했다고 생각할 뿐이다. 아이러니스트는 끊임없이 그 영역을 확장시킨다.

　그런데 사람들은 왜 「발송」이 철학 **이론**이라고 할 만한 어떤 논제

36　p. 186/201 참조. "내가 어떤 이름을 사용할 때 그것이 **소크라테스**가 나라고 말하려고 하는 것인지, 아니면 '소크라테스'(*Socrate*)가 일곱 글자로 되어 있다는 것을 말하려고 하는 것인지 당신은 결코 알 수 없을 것이며, 그들도 마찬가지입니다. 이것이 번역이 불가능한 이유입니다."

도 제기하지 않음에도 불구하고, 그것을 "철학"으로 여겨야 한다고 말하고 싶어 하는 것일까? 아마도 그 이유 중 하나는 습관적으로 철학책을 읽어온 사람만이 그것을 즐길 수 있기 때문일 것이다. 그래도 「발송」이 철학을 논점이나 주제의 하나로 가지고 있다고 여전히 말할 수 있지 않을까? 꼭 그런 것은 아니다. 오히려 「발송」은 **철학자들**—특정한 철학자들—을 그 논점과 주제로 삼고 있다고 말하는 것이 더 나을 것이다. 데리다의 행보가 보여주듯이, 그는 점점 더 플라톤이나 하이데거의 이론이 아닌, 사람 자체와 관계하고 있다.[37] 헤겔에서 하이데거에 이르는 아이러니스트 이론이 형이상학 이론에 관한 것이었던 반면, 데리다의 초기 저작은 아이러니스트 이론에 관한 것이었다. 헤겔과 하이데거의 저작이 더 심각한 형이상학으로 빠져들 위험을 안고 있었던 것과 마찬가지로, 데리다의 저작은 형이상학에 빠지지 않는다고 해도 최소한 더 이론적인 데로 빠져들 위험이 있었다. 데리다의 후기 저작은 이런 위험을 피하고 있다. 부분적으로 그 이유는 그의 후기 저작이 이론화하는 **사람**을 다루기 때문이다. 내가 5장에서 제시한 대립을 다시 언급하자면, 데리다는 니체와는 점점 더 멀어지면서 프루스트를 점점 더 닮아가고 있다. 그는 숭고한 것과 형언할 수 없는 것에 관해서는 점점 덜 관심을 가지면서, 그가 기억하는 것에 대한 아름답고 환상적인 재배열에 관해서 점점 더 많은 관심을 보이고 있다.

5장에서 말했듯이 프루스트는 일반 개념이 아니라, 그가 어렸을 때

---

37 "마르틴 [하이데거]는 알제 출신의 늙은 유대인 얼굴을 하고 있습니다."(p. 189/204); "프라이부르크에서 마르틴이 우리에게 보낸 가장 사랑스러운 우편엽서, 사방세계(Geviert) 역시……."(p. 67/75)

알았거나(예를 들어 그의 할머니) 그 이후에 우연히 만났던 사람들(예를 들어 샤를 아스, 그레퓔 부인, 로베르 드 몽테스키외)에 대해 반응했다. 이와 유사하게 데리다는 그를 무릎 위에 올려놓고 철학 교수들(예를 들어 플라톤과 소크라테스, 빈델반트와 빌라모비츠 등)을 가지고 놀았던 할아버지나 가정부, 그리고 그가 경력을 쌓아가는 과정 속에서 부딪쳤던 사람들(예를 들어 오스틴, 매튜 패리스, 설, 라일, 피도)에 대해 반응했다.[38] 앞에서도 말했지만 프루스트의 성공은 그를 알고 있는 권위 있는 인물들이 그에게 적용했던 (혹은 그들이 그에게 적용했을 거라고 그가 상상했던) 어떠한 서술도 피하는 책을 쓴 것이었다. 프루스트는 새로운 종류의 책을 써냈다. 그 누구도 『잃어버린 시간을 찾아서』와 같은 것을 **생각**해냈던 적이 없다. 지금은 물론 우리 모두가 그런 것을 생각한다. 달리 말해 영어로 된 시를 쓰고자 하는 사람이 키츠를 거쳐야 하듯이, 적어도 교양소설을 쓰고자 하는 사람은 프루스트를 거쳐야 하는 것이다.

38 피도는 정확히 말하자면, 사람이 아니며 개도 이름도 아니다. 그러나 「발송」의 끝부분에 가면, 독자는 자연스럽게 피도가 친근한 용어라고 느끼게 된다. 예를 들어 p. 129/141을 보자. "우리의 친구를 되찾았습니다. 피도와 피도는 일주일 전부터 갑자기 매우 쾌활해 보입니다[*parait*]." 또 p. 113/124에서는 다음과 같이 말한다. "다른 손으로, 다른 것들과 다른 말들 속에서, 우리와 가까운 친구[*notre ami ci-joint*]인 '피도'와 피도를 계속 쓰다듬으면서." (복수로 표현해야 할 것 같은 곳에서 단수를 사용하는 것은 데리다가 전통적인 구분을 흐리게 하고 싶어 하기 때문일 것이다.) 또 p. 41/47에서는 다음과 같이 말하고 있다. "나는 그 전체 묶음[소크라테스와 플라톤이 그려진 엽서]을 다시 가지고 와서 정돈했습니다. 책상 위에는 두 개의 엽서 묶음이 있습니다. 오늘 아침에 그것은 두 마리의 충직한 개, 피도와 피도이고, 변장한 두 명의 아이들이며, 두 명의 지친 뱃사공입니다." p. 178/193에서는 다음과 같이 쓰고 있다. "예를 들어 (내가 다음과 같이 말하는 것은 당신을 안심시키기 위함입니다. 그들은 우리가 둘이며 그 둘이 당신과 나라는 것을 믿을 것이고, 그들이 언젠가 깨어나게 되기까지는 우리가 법적으로나 성적으로 식별될 수 있다고 믿을 것입니다) 우리의 언어 속에서는, 나, 피도 같은 말은 성별을 결여[*manque*]하고 있습니다." 끝으로 p. 113/125를 보자. "이만하면 됐다고 피도가 말하고 있듯이, 이 주제에 대해 이만하면 충분합니다."

요약해보자. 나는 데리다가 「발송」에서 지금까지 그 누구도 생각해본 적이 없는 종류의 책을 썼다고 주장하고 있다. 데리다는 프루스트가 자신의 개인사에 대해 행한 일을 철학사에 대해 이루어내고 있다. 다시 말해 데리다는 모든 권위 있는 인물들과 그 인물들이 부여했다고 생각되는 자신에 대한 모든 서술들을 가지고 놀고 있으며, 그들을 서로 다투게 하고 있다. 그 결과, "권위"라는 개념 자체가 그의 저작과 관련해서는 적용될 수 없게 된다. 그는 프루스트가 자율성을 획득한 것과 같은 방식으로 자율성을 획득하고 있다. 요컨대 『잃어버린 시간을 찾아서』나 「발송」 중 그 어느 것도, 소설이나 철학 논문을 평가하기 위해 이전에 사용되었던 모든 개념적 도식에 들어맞지 않는 것이다. 프루스트가 기억을 통해 되살아나는 모든 것을 끊임없이 재문맥화함으로써 감상적인 향수병을 피하고 있듯이, 데리다는 하이데거적인 향수병을 피하고 있다. 데리다와 프루스트 양자는 가능성의 영역을 확장시켰다.

Ⅲ부

잔인성과 연대

7장

캐스빔의 이발사:
잔인성에 대한 나보코프의 견해

2부에서 전개했던 공적인 것과 사적인 것의 구분을 통해 제안하고자 하는 것은, 자율적인 태도를 취할 수 있도록 도움을 주는 책과 덜 잔인하게 되도록 도움을 주는 책을 구분할 수 있다는 것이다. 자율적인 태도를 취할 수 있도록 도움을 주는 책은 "눈먼 각인", 즉 개인의 특이한 환상을 낳는 특이한 우연성과 관련되어 있다. 이런 책들은 자율성을 얻고자 하는 사람들이 자신의 삶을 뜯어고치기 위해 사용하는 환상들이다. 이들은 그 눈먼 각인의 유래를 추적해냄으로써, 니체의 표현을 빌려 말하자면, 자기 자신이 되고자 하는 희망을 가지고 있다. 덜 잔인하게 되도록 도움을 주는 책은 우리가 타자와 맺는 관계와 관련되어 있으며, 우리의 행동이 다른 사람에게 끼치는 영향을 알아차릴 수 있도록 도와준다. 이런 책들은 자유주의의 희망과 관련되어 있는 책들이며, 사적인 아이러니를 그런 희망과 어떻게 중재시킬 것이냐 하는 물음을 다루기에 적합한 책들이다.

덜 잔인하게 되도록 도움을 주는 책은 대체로 다음과 같이 나눌 수 있다. (1) 사회적 관행과 제도가 다른 사람에게 끼치는 영향을 보여주는 책. (2) 우리의 사적인 특이성이 다른 사람에게 끼치는 영향을 보여주는 책. 첫 번째 종류의 책을 대표하는 것은 노예제도, 빈곤, 편견 등을 다루는 책이다. 여기에는 『영국 노동계급의 상황』과 추문을 들추어내는 저널리스트나 정부위원회의 보고서뿐 아니라, 『톰 아저씨의 오두막』 『레 미제라블』 『시스터 캐리』 『고독의 우물』 『흑인 소년』 등의 소설도 포함된다. 이런 책들은 우리가 당연시 여겨온 사회적 관행이 어떻게 우리를 잔인하게 만들었는지를 볼 수 있도록 해준다.

두 번째 종류의 책―이 장과 다음 장에서 논하게 될 책―은 특정한 종류의 사람들이 다른 특정한 종류의 사람들에게 잔인하게 되는 방식을 다룬다. 때때로 심리학 저작들이 이에 해당되기도 하지만, 이런 종류의 책 중에서 가장 유용한 것은 다른 부류의 사람이 겪는 고통에 대해 무감각한 특정 부류의 사람을 드러내 보여주는 소설 작품이다. 예를 들어 『미들마치』에 나오는 커소번 씨나 『황폐한 집』의 젤리비 부인과 우리를 동일시함으로써 우리는 우리 자신이 해왔던 행위가 어떤 것인지 알아차릴 수 있게 된다. 특히 그런 책들은 자율성을 시도하는 우리의 도전이나 특정 종류의 완성을 성취하려는 우리의 사적인 강박관념이 어떻게 우리가 야기시키는 고통과 굴욕을 감지하지 못하게 할 수 있는지 보여준다. 그런 책들은 자신에 대한 의무와 타자에 대한 의무 간의 갈등을 극적으로 보여주는 책들이다.

사회적이거나 개인적인 잔인성을 회피하는 것과 관련된 책들은 종종 "도덕적 메시지"를 다루는 책으로서 "미적인" 것을 목표로 하는 책들과 대조되곤 한다. 이렇듯 도덕적인 것과 미적인 것을 대조시키고, 도덕적인 것에 우위를 두는 사람들은 대개 "양심"이라는 본질적인 인간 능력과 "미적 취미"라는 선택적인 부가 능력을 구분한다. "미적인 것"의 장점을 지적하기 위해 위와 같은 대조를 시도하는 사람들도 같은 종류의 구분을 전제하는 경우가 많다. 그러나 후자의 경우 자아의 중심에는 자율성을 위한 욕망, 즉 다른 사람들과 맺는 관계와는 아무런 관련이 없는 일종의 자기완성을 위한 아이러니스트의 욕망이 있다고 전제된다. 전자의 태도가 "타인을 위해 사는" 사람의 위상을 격상시키는 것과 마찬가지로, 후자의 니체적인 태도는 "예술가"의 위상을 높이고 있다. 이런 태도는 인간 사회에서 중요한 것은 일반적인 행복이 아니라, 자신의 목표를 달성하는 데 특별한 재능이 있는 사람들에게, 즉 자율적인 삶을 살기에 적합한 사람들에게 기회를 제공하는 것이라고 전제한다.

2장에서 제시된 자아의 관점에서 보면, "양심"과 "취미"는 확고한 대상을 갖는 "(타고난) 능력"이라기보다는 특이한 신념과 욕망의 묶음으로 다뤄져야 한다. 따라서 이 책에서는 도덕적인 것과 미적인 것의 대조를 거의 사용하지 않을 것이다.[1] "도덕주의자"와 "탐미주의자" 양자 모두에 의해 전통적으로 사용된 그와 같은 구분은, 내가 이끌어내고자 하는 구분, 즉 자율성을 다루기에 적합한 것과 잔인성을 다루기에 적합한 것 간의 구분을 흐리게 할 뿐이다. 참된 신념에 관한 인식적 추구, 올바른 행위에 관한 도덕적 추구, 아름다움에 관한 (혹은 "느낌의 적합한 표현"에

---

1 특히 예술가가 관습적 도덕의 적이 되어야 한다고는 생각하지 않을 것이다. 니체는 "예술"과 "미적인 것"을 결합시키는 칸트적 연합으로부터 완전히 자유롭지는 못했으며, 이것은 그로 하여금 **자유주의** 아이러니즘의 가능성을 보지 못하게 했다. 이런 사실은 때때로 버나드 쇼에 대해서도 해당된다.

관한) 미적 추구 등으로 나누어진 전통적인 자아상은 아이러니나 자율성 추구를 위한 여지를 거의 남겨놓지 않는다.[2]

만일 이러한 전통적인 상을 버린다면, 우리는 "이 책은 진리를 목표로 하고 있을까 아니면 아름다움을 목표로 하고 있을까? 올바른 행위를 장려하는 것일까 아니면 쾌락을 자극하는 것일까?" 등등의 물음을 던지는 대신, "이 책은 어떤 목적을 실현하기 위한 것일까?"라는 물음을 묻게 될 것이다. 다음 두 가지 구분을 통해 우리의 목적을 가장 폭넓게 분류해볼 수 있을 것이다. 첫 번째 구분은 익숙하고 널리 사용되고 있는 마지막 어휘의 범위 내에서 지금 현재 진술할 수 있는 목적과, **새로운** 마지막 어휘를 만들어내려는 목적을 구분하는 것이다. 이런 구분을 적용하면 우리에게 익숙한 규준을 근거로 그 성공 여부를 판단할 수 있는 책과, 그렇지 못한 책을 구분할 수 있다. 후자에 속하는 책은 매우 드물기는 하지만, 바로 그러한 책이 가장 중요한·책이며 장기적으로 볼 때 위대한 차이를 만들어내는 책이다.

두 번째 구분은 이 후자에 속하는 책을 새로운 **사적인** 마지막 어휘를 만들어내는 것을 목표로 하는 책과, 새로운 **공적인** 마지막 어휘를 만

---

2 세 가지 자율적 영역에 대한 이러한 칸트-베버적 상은 하버마스의 저작, 특히 『의사소통행위이론』(*The Theory of Communicative Action*, trans. Thomas McCarthy [Boston: Beacon Press, 1987])과 『현대성의 철학적 담론』에서 중심적인 위치를 차지하고 있다. 하버마스가 세 가지 "전문가 문화"—개략적으로 말해서 과학, 법학, 문예비평—의 분리성과 자율성이 (예를 들어 자유주의 사회를 리센코주의와 즈다노프주의로부터 지켜냄으로써) 자유주의 사회의 취지에 기여하는 방식을 강조한 것은 옳다. 그러나 이런 기여에 주목함으로써 하버마스는 문학과 도덕의 관계, 즉 사회적 도덕과 개인적 도덕이 문학과 맺는 관계에 대해 지나치게 단순한 관점을 보여주고 있다. 하버마스의 분류는 문학을 "느낌 표현의 적합성"의 문제로, 문예비평을 "취미 판단"의 문제로 다루고 있다. 이런 개념들은 사회 제도의 개혁, 청소년의 도덕교육, 지성인의 자아상 형성에 영향을 미치는 소설의 역할을 정당하게 다루지 못한다.

들어내는 것을 목표로 하는 책으로 구분한다. 사적인 마지막 어휘는 "나는 무엇을 해야 할까?" "나는 무엇이 될 수 있을까?" "나는 무엇을 해왔을까?" 등등의 물음에 답하기 위한 어휘이고, 공적인 마지막 어휘는 "어떤 사람들의 어떤 점에 내가 주목할 필요가 있을까?"라는 물음에 답하기 위한 어휘이다. 4장에서 내가 "자유주의 아이러니스트"라고 부른 사람들은 이 두 어휘를 모두 필요로 한다. 사적인 완성의 추구가 타인을 위한 삶의 기획과 일치하는 기독교인과 같은 극소수의 사람들에게서만 그 두 종류의 물음이 하나로 융합된다. 대부분의 사람들에게는 그 두 물음이 하나로 융합되지 않는다.

책을 분류하는 데 사용된 표준적인 도덕적-미적 구분을 재구성하기 위해 자유주의 아이러니스트가 할 수 있는 가장 손쉬운 일은 우리의 행동에 참신한 자극을 제공하는 책(지금까지 언급된 **모든** 종류의 책을 포함하는)과 단순히 휴식을 제공하는 책을 구분하는 것이다. 전자는 (때로는 직설적으로 때로는 암시를 통해) 우리가 우리 자신의 삶을 (주요한 점에서 혹은 지엽적인 점에서) 변화시켜야 한다고 제안한다. 후자는 이런 물음을 제기하지 않는다. 후자의 책들은 우리를 도전 없는 세계로 데려다준다.[3] 도덕적-

---

3 참신한 자극을 주는 책과 단순히 휴식을 주는 책 사이에 그어진 이런 선은 서로 다른 유형의 사람을 위한 서로 다른 유형의 책을 분명하게 구분해준다. 서로 다른 유형의 사람들은 서로 다른 삶을 살고, 서로 다른 상황을 통해 도전의식을 느끼며, 서로 다른 계획을 위해 휴가를 요구한다. 따라서 이런 구분을 염두에 두고 우리 자신의 책장을 재정리하려는 모든 시도는 우리 각자의 특별한 관심사에 호응하는 일이 될 것이다. 그렇지만 이런 일을 하면서도 대개는 파농의 『대지의 저주받은 사람들』과 워즈워스의 『서곡』을 각기 다른 선반 위에 놓지 **않을 것**이고, 프로이트의 『정신분석 입문』과 엘리엇의 『미들마치』, 『헨리 애덤스의 교육』과 『리어 왕』, 『도덕의 계보』와 신약 성서, 하이데거의 『휴머니즘 서간』과 보들레르의 시집 역시도 각기 다른 선반 위에 두지 않을 것은 분명하다. 따라서 참신한 자극을 주는 책과 단순히 휴식을 주는 책 사이의 구분은 인식적인 것과 비인식적인 것, 도덕적인 것과 미적인 것, "문학적

미적 구분의 대중성에서 연유하는 불행한 결과 중 하나는 자율성의 추구를 휴식이나 쾌락의 욕구와 혼동하는 것이다. 이런 혼동은 아이러니스트가 아닌 사람들, 그리고 아이러니스트가 된다는 것이 어떤 것인지 이해하지 못하는 사람들, 다시 말해서 자신들이 채택한 마지막 어휘에 대해 결코 의심하지 않는 사람들에게 쉽게 일어난다. 이런 사람들—형이상학자들—은 전형적으로 정식화된 목적에 대한 수단을 제공하지 않는 책들은 비도덕적이거나 쓸데없거나, 그렇지 않다면 단지 사적인 기획에 적합할 뿐이라고 전제한다. 그러나 그들이 생각하는 유일한 사적인 기획은 쾌락의 추구뿐이다. 따라서 그들은 그런 쾌락을 제공하는 책은 진지한 철학책일 수가 없고, "도덕적 메시지"를 전달해줄 수가 없다고 전제한다. 그들이 보기에 소설 작품과 도덕 사이의 유일한 연결고리는 "영감"이다. 즉 소설 작품은 우리에게 의무를 깨닫게 하고 그것의 수행을 고무한다는 것이다. 아이러니에 대한 이런 몰이해 때문에, 암시를 알아차리는 소수의 독자들에게 만족을 주는 작가들이자 자유주의의 희망에는 관심이 없는—예컨대 니체와 데리다 같은—작가들이, 그럼에도 불구하고, 철학적 사유의 방향을 변화시킬 수 있는 뛰어난 인물이 될

인 것"과 비문학적인 것 사이의 전통적인 구분과 평행선상에 놓여 있지 않다. 또한 그것은 형식이나 장르에 관한 어떤 표준적인 구분에도 구애받지 않는다.
　그럼에도 불구하고 이런 구분은 대부분의 사람들에게 방금 언급한 **모든** 책들을 비어봄의 『줄리카 돕슨』, 애거서 크리스티의 『오리엔트 특급 살인』, 엘리엇의 『주머니쥐 할아버지가 들려주는 지혜로운 고양이 이야기』, 런시먼의 『십자군의 역사』, 테니슨의 『왕의 목가』, 생시몽의 『회상록』, 이언 플레밍의 『썬더볼 작전』, 매콜리의 『에세이』, 우드하우스의 『계속해, 지브스!』, 할리퀸 로맨스, 토머스 브라운 경의 『호장론(壺葬論)』, 그리고 단순한 도색 소설들로부터 분리해준다. 이런 책들은 독자의 환상과 독자 자신에게 잘못된 점이 있을 수 있다는 사실을 제시하지 않으면서 그 책을 읽는 독자의 환상 속에 맞물려 들어가는 책들이다.

수 있다는 사실을 자유주의 형이상학자들에게 납득시키기는 어렵다. 또한 우리에게 사회적 불의를 경고하는 것이 아니라, 자율성 추구 속에 내재해 있는 잔인성에 대한 경향을 경고함으로써 잔인성을 피하는 데 도움을 주는 책의 가치를 자유주의 형이상학자들에게 납득시키기도 쉽지 않다.

이 장과 다음 장에서는 후자의 책, 즉 자율성 추구로 인해 초래되는 잔인성을 피하는 데 도움을 주는 책에 관해 논할 것이다. 블라디미르 나보코프와 조지 오웰은 매우 다른 재능을 가졌으며, 그들의 자기 이미지도 매우 달랐다. 그러나 앞으로 논하겠지만 그들의 업적은 대단히 유사한 것이었다. 이들은 모두 자유주의 아이러니스트 지성인들에게 잔인하게 굴려는 유혹에 빠지지 않도록 경고하고 있다. 이들은 모두 사적인 아이러니와 자유주의적 희망 간의 긴장을 극적으로 표현하고 있다.

/

다음 구절에서 나보코프는 내가 이끌어내고자 하는 구분을 흐릿하게 만들고 있다.

> (…) 『롤리타』에는 어떤 구속적인 도덕도 없다. 내게 소설 작품이란 심미적 기쁨을 안겨줄 때에만 존재한다. 이 심미적 기쁨은 호기심, 부드러움, 친절함, 황홀경 등 예술을 기준으로 삼는 다른 존재 상태와 어떤 식으로든 연관되어 있는 느낌이다. 그런 작품은 흔치 않다. 나머지는 모두 시사적인 쓰레기 같은 작품이거나 관념 문학이라고 불리는 책들이다. 관념

문학은 거대한 석고 덩어리 속으로 들어간 시사적인 쓰레기 같은 작품인 경우가 많은데, 이 석고 덩어리는 누군가 망치를 들고 나타나 발자크, 고리키, 토마스 만에서 정말 좋은 조각을 떼어내기 전까지는 시대에서 시대로 조심스럽게 전승된다.[4]

오웰의 「예술과 선동의 전위들」The Frontiers of Art and Propaganda은 그의 글 중에서 매우 드물게 볼 수 있는 감정 섞인 글인데, 오웰은 나보코프가 혐오하는 것과 정확하게 일치하는 글을 씀으로써 나보코프와 마찬가지로 내가 이끌어내고자 하는 구분을 흐릿하게 만들고 있다.

당신은 당신을 죽음으로 이끌어가는 질병에 대해 순수한 미적 관심을 가질 수 없다. 당신은 당신의 목을 베려는 사람에 대해 냉정한 태도를 취할 수 없다. 파시즘과 사회주의가 투쟁을 벌이고 있는 세계 속에서 생각하는 사람이라면, 누구든 어느 한편을 택해야 한다. (…) 문학과 심지어 시조차도 팸플릿 제작과 뒤섞여버린 지난 10여 년은 문예비평에 큰 도움을 주었다. 왜냐하면 이 기간 동안 순수 심미주의의 환상이 깨어졌기 때문이다. (…) 즉 예술을 위한 예술이라는 것의 정체가 만천하에 드러났던 것이다.[5]

---

4 Nabokov, "On a book entitled *Lolita*," in *Lolita* (Harmondsworth: Penguin, 1980), p. 313. [『롤리타』, 김진준 옮김, 문학동네, 2013] 앞으로 이 책에서 인용하고 있다는 것이 명백한 곳에서는 삽입구의 인용 페이지만 밝히도록 하겠다.
5 George Orwell, *The Collected Essays, Journalism and Letters of George Orwell* (Harmondsworth: Penguin, 1968), vol. 2, p. 152.

이 구절에는 나보코프가 올바로 생각했듯이 서로 관련 없는 두 개의 나쁜 물음이 함께 제기되고 있다. 첫 번째 물음은 공적인 위험에 저항하기 위해 사적인 기획으로부터 손을 떼야 하는 시점이 언제인가 하는 것이다. 이 물음은 요점을 벗어나고 있다. 왜냐하면 비록 오웰과 나보코프가 특별한 경우에는 합의할 수 있었다 해도(그들은 나치를 타도하기 위해 조직된 군대에 입대하기 위해 헛되게 노력한 사람들이다), 그 누구도 이에 적합한 **일반적인** 좋은 대답을 할 수는 없기 때문이다. 두 번째 물음은 다음과 같다. "예술은 예술을 위한 것인가?" 이 역시 나쁜 물음이다. 이것은 "심미적 기쁨은 그 자체로 좋은 것인가?" 하는 물음과 "심미적 기쁨은 모든 작가의 올바른 목표인가?" 하는 물음 가운데 어느 것을 의미하는지 애매하다. 만일 이 물음이 첫 번째 의미의 물음이라면, 그 대답은 분명하고 사소한 의미에서 그렇다. 그러나 이 물음을 보다 덜 사소한 두 번째 의미의 물음으로 생각한다면, 부정적인 대답을 할 수밖에 없다. "모든 작가"와 같은 것은 없으며, 책을 쓰는 모든 사람이 똑같은 목표를 가져야 한다거나 똑같은 기준에 의해 평가되어야 한다고 믿을 이유도 없다.

만일 우리가 "모든 작가의 목표"나 "문학의 본질"에 관한 물음을 거부할 뿐 아니라 문예비평이 그런 덜떨어진 주제를 심각하게 받아들여야 한다는 생각마저도 확고히 거부한다면, 내가 듀이와 하이데거를 중재시키고자 했던 것과 같은 방식으로 오웰과 나보코프를 중재시킬 수 있을 것이다. 사적인 완성의 추구는 플라톤, 하이데거, 프루스트, 나보코프 등 모종의 재능을 공통적으로 소유하고 있는 작가들에게 전적으로 합당한 목표이다. 인간의 자유에 이바지하는 것은 디킨스, 밀, 듀이, 오웰, 하버마스, 롤스 등 또 다른 재능을 공유하고 있는 작가들에게 전적으로 합당한 목표이다. 이들이 서로 다르게 추구하는 바를 "문학"이나 "예술" 혹은 "글쓰기"라고 불리는 인위적인 한 가지 잣대로 평가하려는 것은 잘못된 일이다. 그것들을 종합하려는 시도도 마찬가지다. "모든 이론의 목표"라고 불릴 만한 것이 없는 것과 마찬가지로 "모든 글쓰기의 목표"도 없다. 오웰과 나보코프는 불행하게도 그들 자신과는 다른 재능과 관심을 가진 사람들을 추방하려는 시도에 말려들었다. 이것이 바로 오웰과 나보코프의 유사성, 즉 "예술 대 도덕"이나 "스타일 대 내용" 같은 인위적이고 진부한 용어로 만들어진 철학적 논쟁에 의해 모호해져서는 안 될 그들 간의 많은 유사성을 불명료하게 하고 있는 것이다.

이 장과 다음 장에서 내가 주장하고자 하는 주요한 유사성은 나보코프와 오웰의 책이 모두 자아창조보다는 잔인성을 중심 주제로 삼고 있다는 점에서 2부에서 다루었던 프루스트, 니체, 하이데거, 데리다와 같은 작가들의 책과는 다르다는 것이다. 나보코프와 오웰은 (니체와 하이데거는 아니라 하더라도) 프루스트와 데리다를 포괄할 수 있는 폭넓은 의미에서 정치적 자유주의자였다. 그들은 대체로 정치적 신조를 공유하고 있었고, 동일한 정치적 사건에 대해 동일한 반응을 보였다. 그러나 더 중요한 것은 그들이 자유주의자에 대한 주디스 슈클라의 기준을 충족시킨다는 것이다. 여기서 자유주의자란 잔인성이야말로 우리가 행하는 가장 나쁜 짓이라고 믿는 사람을 말한다.[6] 나보코프는 내부로부터의 잔인성에 관해 썼다. 그는 심미적 기쁨에 대한 사적인 추구가 잔인성을 낳는 방식을 우리가 볼 수 있도록 도와준다. 오웰은 대체로 외부로부터의

---

6 Judith Shklar, *Ordinary Vices*, pp. 43~44, 그리고 1장의 여러 곳 참조.

잔인성, 즉 희생자의 관점에서 본 잔인성에 관해 썼다. 이를 통해서 나보코프가 "시사적인 쓰레기"라고 불렀던 것이 만들어지는데, 이런 종류의 책은 미래의 고통을 경감시켜주고 인간의 자유에 이바지한다. 그러나 8장에서 나는 다음과 같은 사실을 논증하고자 한다. 즉 오웰의 마지막 책인 『1984』 끝부분에 나오는 오브라이언에 대한 묘사에서 오웰은 나보코프와 같은 일을 하고 있다는 것이다. 여기서 오웰은 **내부의** 잔인성을 깨닫도록 도움을 주고 있으며, 그렇게 함으로써 예술과 고문torture 사이에서 희미하게 느껴지는 연관성을 분명히 드러내는 데 도움을 주고 있다.

/

이 장에서 나는 나보코프의 세 가지 특징을 연관 지으면서 그를 독해하기를 제안할 것이다. 그의 세 가지 특징이란 심미주의, 잔인성에 대한 관심, 불멸성에 대한 믿음이다. 나보코프는 "미친 사람이 자신을 신으로 생각하듯, 우리는 스스로를 죽을 수밖에 없는 존재로 간주한다"[7]고 쓰고 있다.

　　나보코프가 진지하게 여기고 있는 저자들을 다룰 때 그의 심미주의가 어떻게 나타나는지 살펴보기 위해서 디킨스의 『황폐한 집』에 대

7　"Comme un fou se croit Dieu, nous nous croyons mortels"는 『사형장으로의 초대』(Invitation to a Beheading)[박혜경 옮김, 을유문화사, 2009]의 제사(題詞)이다. 나보코프는 이 문장을 "내가 만들어낸, 우울하며, 무절제하고, 현명하며, 위트가 있고, 마술적이며, 환희에 찬 피에르 들랄랑드"에게 돌리고 있다.

한 그의 강의를 고찰할 필요가 있다. 나보코프는 디킨스가 조Jo 소년의 죽음에 관해 서술하고 있는 장에서 길게 인용을 하고 있다. 그 장의 종결부는 "죽었습니다, 폐하! 죽었습니다, 여러분!"이라는 유명한 구절로 시작해서 "죽음은 이렇게 매일 우리 곁에 있습니다"로 끝난다. 디킨스에게 공적인 행위와 관련된 요소가 있다면, 이것은 그런 행위에 대한 요청이라고 할 수 있다. 그러나 나보코프는 이 장이 "참여의 감정이 아니라 스타일에 있어서 교훈을 담고 있다"고 말한다.[8]

나보코프가 "아니라"라는 표현 대신 "뿐 아니라"라는 표현을 썼다면, 그 누구도 반대하지 않을 것이라는 점에 주목하자. "아니라"라고 말함으로써 나보코프는 "심미적 기쁨"에만 관심을 가지고 있는 사람의 태도를 유지하고 있다. 이런 사람은 다음과 같이 생각한다. "문학의 사회학적 또는 정치적 영향력에 대한 연구는 주로 기질이나 교육 때문에 진정한 문학의 심미적 울림을 느끼지 못하는 사람들을 위해, 그러니까 양쪽 어깨뼈 사이에서 일어나는 그 숨길 수 없는 전율을 경험하지 못하는 사람들을 위해 고안된 것이다."(LL, p. 64) 나보코프는 가당치 않게도 다음과 같은 태도를 가장하지 않을 수 없었다. 즉 디킨스는 자신의 소설이 당시 영국의 모든 사회이론가들의 저작을 모은 것보다도 사회 개혁에 훨씬 더 강력한 자극제가 되었다는 사실에 대해 관심을 가지지 않았거나 적어도 관심을 가지지 말았어야 했다는 것이다.

어째서 나보코프는 하우스먼A. E. Housman의 시가 주는 전율과, 나보

8 Vladimir Nabokov, *Lectures on Literature*, ed. Fredson Bowers (New York: Harcourt Brace Jovanovich, 1980), p. 94.[『나보코프 문학 강의』, 김승욱 옮김, 문학동네, 2019] 이후부터 삽입구로 인용될 때는 "*LL*"로 표기하겠다.

코프 자신의 아버지와 같은 자유주의 정치가로 하여금 부당한 법률의 폐지를 위해 운동하게 하는 참여의 감정 사이에 어떤 양립 불가능성, 어떤 상반되는 관계가 있다고 주장하는 것일까? 어째서 그는 이것들이 뚜렷이 구분되며 경쟁하지 않는 두 가지의 선善이라고 말하지 않는 것일까? 나보코프가 다음과 같이 말한 것은 분명히 옳다. "등 뒤에서 느껴지는 그 작은 전율이 바로 인류가 순수 예술과 순수 과학을 발전시킬 때 얻게 되는 최상의 감정 형태이다."(LL, p. 64) 이러한 언명은 "순수"라는 용어의 적절한 의미를 간결하게 설명한 것일 뿐이다. 그러나 그 언명은 다음과 같은 언명과 충분히 양립 가능해 보인다. 즉 우리의 가족도 종족도 아니고 계급적 연관도 전혀 없는 어떤 아이의 불필요한 죽음을 보고 수치와 의분으로 몸서리칠 수 있다면, 이것은 인류가 현대의 사회·정치적 제도를 발전시키면서 획득한 최상의 감정 형태라는 것이다.

나보코프는 사회 개혁이 "순수 예술과 순수 과학"만큼 우리의 관심을 차지할 만한 것이 아니라는 자신의 가정을 애써 옹호하려 하지는 않는다. 나보코프는 디킨스와 같이 재능 있는 사람들이 때때로 같은 책 속에서 전혀 상이한 일을 동시에 할 수 있었다는 것을 의심할 만한 어떤 근거도 제시하고 있지 않다. 『황폐한 집』이 영국의 법률을 바꾸는 데 도움을 준 참여의 감정을 불러일으켰다는 사실과 더불어, **또한** 그 책이 디킨스가 속한 세기의 특정한 전율이 새로운 전율로 대체되고 난 이후에도 계속해서 사람들이 그것을 읽고 감동받게끔 하는 서술을 통해서 디킨스를 불멸의 존재로 만들었다는 사실을 한꺼번에 인정하는 것이 더 쉬운 길이었을 것이다. 그러나 나보코프는 계속 반복해서 이 후자의 업적, 즉 참여의 감정이 아니라 스타일에 의해 산출되는 효과가 바로 중요한 **모든 것**이라고 주장하고 있다.[9] 그는 자신이 사용하고 있는 중요성의 척도가 무엇인지, 또 어째서 우리가 **하나의** 척도를 고집해야 하는지 분명히 밝히고 있지 않다. "순수 예술과 순수 과학"이 고통의 부재보다 더 중요한지, 나아가 (마치 우리가 양자를 초월하여 중립적인 입장에서 각각의 주장을 판결내릴 수 있는 듯이) 어느 것이 더 중요한지 묻는 것 자체에 의미가 있는지조차 **분명치** 않은 것이다.

우리의 도덕 감정을 도덕적 딜레마를 판정하기 위한 규칙 속으로 밀어 넣으려는 철학자들의 시도에 관한 한, 나는 일반 개념에 대한 나보코프의 의혹에 동감한다. 그러나 그런 규칙을 발견하려는 시도가 실패한다는 데서 나는 다음과 같은 교훈을 이끌어낸다. 즉 우리는 유사類似 형이상학적인 방식으로 "모든 작가의 과업"이나 "궁극적인 문제" 혹은 "지고한 감정" 등에 관해 말하기를 중단해야만 한다는 것이다. 그리고 "인생", "예술", "도덕" 등과 같은 핏기 없는 유령들이 등장하는 추상의 수준에서 작업하기를 그치고 중간 구역에 머물러야 한다는 것이다. 우리는 개별적인 목적에 도움이 되는 것은 무엇인가 하는 물음을 붙들고 있어야 한다. 그래서 오웰과 나보코프를 중재하는 첫 단계로서, 나는 오웰이 디킨스와 어떤 중요한 목적(의분으로 떨게 하고 혐오감과 수치심을 느끼게

---

9 나보코프는 결코 예술가가 사회악에 관심을 기울이거나 그것을 바꾸려고 시도해서는 안 된다고 말하지는 않는다. 그러나 그는 그런 시도에 대해서 인색한 태도를 취할 뿐 아니라 종종 매우 부적절한 근거에 기반을 두고 그런 시도를 거부하고 있다. 그는 아무런 정확성도 없이 막연하게 다음과 같이 말한다. "『황폐한 집』에 나오는 이 불쌍한 아이들은 1850년대의 사회적 환경보다는 그 이전 시대와 연관되어 있으며 그 시대를 반영한다." 역시 부적절하게도 그는 레스터 경과 데들록 부인에 관한 장을 간단히 처리해버리고 있으며, 그것을 "귀족 정치에 대한 고발장"으로, 그리고 "그에 대한 우리 작가의 지식과 개념이 지극히 빈약하고 조야하기 때문에 아무런 관심도 중요성도 부여될 수 없는 것"(*LL*, pp. 64-65)으로 간주하고 있다.

하는 목적)을 공유하고 있으며, 나보코프는 디킨스와 또 다른 중요한 목적(전율과 심미적 기쁨을 느끼게 하는 목적)을 공유하고 있다고 주장할 것이다.

그러나 나보코프는 중재되길 원치 않는다. 그는 자신과 디킨스가 선민選民으로 여겨지길 원하며, 오웰—그리고 발자크, 스탕달, 졸라, 고리키, 만, 포크너, 말로와 같은 그의 경멸의 대상들—은 영원히 그러한 선민이 될 수 없다고 생각한다. 디킨스에 대한 나보코프의 독해 방식을 설명하는 다음과 같은 구절에서 그의 동기에 대한 중요한 실마리를 얻을 수 있다.

> 주지하다시피 나는 이야기꾼이나 교사보다는 마법사에 관심이 있다. 디킨스의 경우에는 이런 태도가 개혁가, 싸구려 소설, 감상적 쓰레기, 연극조의 허튼소리 등을 넘어서 디킨스를 계속 살아 있게 할 수 있는 유일한 방법인 것 같다. 그는 높은 언덕에서 영원히 빛나고 있다. 우리는 그 언덕의 정확한 높이와 윤곽과 구조를, 그리고 안개를 지나 우리를 그곳으로 인도해주는 산속의 오솔길을 알고 있다. 바로 그의 이미지 속에서 그가 위대하다는 것이 드러난다. (*LL*, p. 65)

문제의 안개는 디킨스가 『황폐한 집』의 서장에서 서술한 것이다. 나보코프가 말하고 있듯이 디킨스는 표준적인 비유에 다시 생명력을 불어넣기 위해서, 즉 대법관청의 소송 절차에서 생겨나는 법률상의 병폐를 생생하게 묘사하기 위해서 런던의 안개를 이용하고 있다. 나보코프는 대법관청 체계라는 악에 대한 디킨스의 공격을, 그리고 더 일반적으로는 (그가 주의 환기용 따옴표로 묶어서) "선"과 "악"이라고 부르고 있는 것 사이의 갈등에 대한 디킨스의 묘사를 단순히 『황폐한 집』의 "골격"으로 다루어주길 원한다. 나보코프는 디킨스가 이런 골격을 "눈에 거슬리거나 너무 뻔하게" 드러내지 않는 "뛰어난 예술가"라는 점을 축하한다. 디킨스가 가진 능력을 소유하지 못한 작가들, 즉 "시사적인 쓰레기"를 쓰는 사람들은 자신들 저작의 "도덕적" 골격에 어떻게 살을 붙여야 할지를 모른다. 그리하여 골격과 살이라는 두 메타포를 마구잡이로 뒤섞으면서 쌓아올린 뼈대 더미들—예를 들어 오웰과 만의 소설들—이 문학의 언덕을 안개와 늪으로 둘러싸고 있다. 정확한 이미지를 결여하고 있기 때문에 스타일을 통해서가 아니라 참여의 감정을 통해서만 교훈을 제공할 수밖에 없는 작가들은 불멸성을 획득하는 데 실패한다.

방금 인용한 구절에서 두 가지 점을 주목할 필요가 있다. 첫 번째는 나보코프가 디킨스에 대해 쓰는 것은 그의 수업을 수강하는 학생을 위한 것도, 교양 있는 대중을 위한 것도 아니고 순전히 디킨스를 위한 것이라는 점이다. 나보코프는 몇 안 되는 그의 동료 중의 한 사람을 위해 글을 쓰고자 한다. 나보코프는 디킨스가 마땅히 얻을 자격이 있는 불멸성을 갖게 되길 원한다. 예를 들어 나보코프는 에드먼드 윌슨이 『상처와 활』*The Wound and the Bow*에서 디킨스를 다루는 방식이 "뛰어난" 것이긴 하지만, 디킨스의 "사회학적 측면"은 "흥미로운 것도 중요한 것도 아니라고" 말한다. 이것은 윌슨이 뛰어난 방식으로 행하고 있는 종류의 문예비평이 마치 대법관청의 뛰어난 구성원들이 만들어낸 것과 동일한 종류의 두터운 안개를 만들어내는 것과 같다고 말하는 것이다.[10] 안개 위

---

10 나보코프는 『상처와 활』을 읽었을 때, 윌슨의 일반적인 전략—작가의 강박관념과 이력의 형성 과정을 추적해서 작가가 처음에 입었던 상처에까지 도달하는—이 나보코프 자신

에 솟아 있는 산봉우리를 가리킴으로써, 그리고 거기까지 닿아 있는 오솔길을 따라감으로써 나보코프는 디킨스를 윌슨 같은 사람으로부터 구원해내고 있으며, 역사적 시간과 필멸적 우연의 만연한 안개구름으로부터 구원해내고 있다.

두 번째로 주목해야 할 것은 디킨스의 불멸성에 대한 나보코프의 관심이 과연 그가 죽은 다음에 또 다른 세계에서 살게 됨으로써 부모를 만날 수 있을 것인가 하는 물음에 대한 그의 일생에 걸친 강렬한 관심에서 나오는 당연한 귀결이었다는 점이다. 그와 같은 죽음 뒤의 삶과의 만남은 『사형장으로의 초대』의 마지막 줄에서 그 소설의 요점으로 갑자기 등장하고 있다. 이것은 또한 존 셰이드의 시 「창백한 불꽃」의 주제이며, 『롤리타』의 장엄한 마지막 문장의 주제이기도 하다.

그리고 C. Q. [클레어 퀼티]를 동정하지는 말아라. 나는 그와 H. H. [험버트 험버트] 중에서 선택을 해야만 했고, H. H.를 최소한 두 달 만이라도 더 오래 살게 하고 싶었다. 그렇게 함으로써 너를 후세 사람들의 마음속에 살아 있게 하고 싶었다. 나는 들소와 천사를, 오래도록 변치 않는 물감의 비

의 경우에 얼마나 쉽게 적용될 수 있을 것인지 깨달았을 것이다. 나보코프는 이런 식의 적용이 이미 윌슨의 머릿속에서 이루어졌을 것이라는 점을 깨닫고 격노했을 것임에 틀림없다. 나는 나보코프가 하우스먼에 관한 윌슨의 유사(類似)프로이트적 해석에 대해서도 불쾌하게 느꼈을 것이라고 생각한다. 전율에 관한 나보코프의 논의는 분명히 하우스먼이 쓴 『이름과 시의 본질』(*Name and Nature of Poetry*)의 영향을 받은 것이다(이 책은 넬슨 굿맨이 미적 경험의 "전율-몰입" 이론이라고 부르는 것을 대표하는 가장 잘 알려진 영어로 된 선언문이다). 나보코프는 나중에 하우스먼의 시집 『슈롭셔 청년』(*A Shropshire Lad*)을 "젊은 남자들과 죽음에 관한 사소한 시집"이라고 불친절하게 말하긴 했지만, 트리니티 칼리지의 학생이었을 때만 해도 하우스먼의 시를 좋아했다.

밀을, 예언적인 소네트를, 예술이라는 도피처를 생각하고 있다. 그리고 이것이 너와 내가 함께 누릴 유일한 불멸성이구나, 나의 롤리타. (p. 307)

이 대목과 다른 여러 곳에서 나보코프는 "문학적인" 의미에서 불멸성에 관해 말하고 있다. 즉 자신의 책이 영원히 읽힐 경우 자신이 불멸의 존재가 되리라는 의미이다. 그러나 다른 곳, 특히 자신의 자서전에서 그는 일상적인 신학적·형이상학적 의미에서 불멸성에 관해 말한다. 즉 어떻게든 죽음을 극복할 수 있는 가능성, 시간을 벗어난 세계에서 이미 죽은 사랑하는 사람을 만날 수 있는 가능성에 대해 말하고 있다.[11] 그는 죽음에 대한 자신의 두려움에 개의치 않고 있다(*SM*, p. 80).

계속 반복해서 내 마음은 내 인생의 두 측면, 즉 비인간적인 어둠 속에서 인간적인 불빛의 가장 희미한 부분이라도 잡아내려고 엄청난 노력을 해왔다. 이런 어둠이 나와 나의 상처 입은 두 손을 영원성의 자유로운 세계로부터 분리시키는 시간의 장벽에 의해 발생한 것이라는 사실은 내가 요란하게 치장한 야만인과 기꺼이 공유하고 있는 신념이다. (*SM*, p. 14)

계속 반복해서 나보코프는 이런 매우 유행에 뒤진 형이상학적 불멸성에 대한 관심을 그보다는 훨씬 존중할 만한 문학적 불멸성의 개념과 결합시키려 했다. 그는 전율을 창조하는 것, 심미적 기쁨을 창조하는 것, 나보코프, 조이스, 디킨스는 예술가이고 오웰과 만은 예술가가 아니라

---

11 Vladimir Nabokov, *Speak, Memory: An Autobiography Revisited* (New York, Pyramid, 1968), pp. 14, 37, 57, 87, 103. 이하에서 이 책의 인용은 "*SM*"으로 표기할 것이다.

는 의미에서 예술가가 된다는 것, 그리고 자기 자신을 시간으로부터 해방시켜 또 다른 존재 상태에 이르게 하는 것 사이에서 어떤 연관성을 찾고자 했다. 나보코프는 작품의 불멸성과 작품을 창조한 사람의 불멸성 사이에, 즉 간단히 말해서 미학과 형이상학 사이에 모종의 연관성이 있다고 확신했다. 그러나 당연한 것이긴 하겠지만, 그는 결코 그것이 무엇인지 말할 수 없었다.

이처럼 용감하고 웅장하지만 실패로 끝날 수밖에 없는 노력을 보여주는 가장 좋은 예를 든다면, 그것은 나보코프가 그와는 잘 어울리지 않는 일반 개념들을 매개로 삼아 논증을 시도한 몇 안 되는 시도 중 하나일 것이다. 「문학예술과 상식」The Art of Literature and Common Sense이라는 그의 에세이가 바로 그러한 시도의 하나로, 여기서 나보코프는 하이데거와 마찬가지로 일반 개념에 대해 일반화된 저항을 시도한다. 하이데거와 나보코프는 상식이 경솔함과 천박함에 대한 자기기만적인 변명이라는 데 동의하고 있다. 이들은 유일무이하고 특이한 아이러니를 공통적으로 옹호한다. 이들은 또한 폭넓게 공유되는 전제에 기초해서 옹호될 수 있는 신념만을 가져야 한다는 플라톤주의적이며 민주주의적인 주장을 거부한다. 나보코프가 쓴 에세이의 주제는 "일반적인 것에 앞서는 구체적이고 사소한 것의 중요함"(LL, p. 373)이다. 그의 테제는 다음과 같다. "위험이 임박한 상태에서도 하찮은 것에 놀랄 수 있는 능력, 정신의 여담이자 인생이라는 책 속의 각주인 이런 능력은 의식의 최고 형태이다. 우리는 상식이나 상식적인 논리와는 전혀 다른, 이 어린애 같고 호기심 많은 마음 상태 속에서 세상이 좋은 곳임을 깨닫는다."(LL, p. 374)

여기서 우리는 "순수 예술과 순수 과학"이 마음에 전율을 일으키는 하찮은 것 속에서 정점에 이른다는 식의 단순하고 동어반복적인 이야기를 듣고 있는 것이 아니다. 우리는 그런 전율이 "의식의 최고 형태"라는 주장을 듣고 있다. 이 주장은 도덕적으로 해석될 수도 있고 형이상학적으로 해석될 수도 있다는 점에서 애매하다. 이것은 전율이 추구할 만한 최고의 가치를 가진 것이라는 주장일 수도 있고, 다음과 같은 플라톤적인 주장이 될 수도 있다. 즉 이런 의식의 형태는 우리를 비시간적인 것과 접촉할 수 있게 해주고, 끊임없는 흐름을 벗어나 시간과 우연을 넘어선 영역으로 데려다준다는 점에서 더 고차적이라는 것이다. 만일 이 주장을 도덕적인 의미로만 해석하면, 나보코프 같은 사람은 마땅히 이를 추구해야 하지만, 전율을 잘 느끼지 못하는 두뇌를 소유하고 있거나 도덕적인 분개로 쉽게 치를 떠는 사람들처럼 전혀 다른 재능을 지닌 사람들은 자신에 걸맞은 완성 형태를 추구하는 것이 합리적이라는 식으로 그럴듯하게 대답할 수도 있다. 그러나 나보코프는 형이상학적 주장을 지지대로 삼아 도덕적 주장을 절대화하고자 했다. 그는 개념을 일반화하는 플라톤식의 작업이 아니라 특이한 이미지를 만들어내는 자신의 재능에 적합한 일이 불멸성의 문을 열어준다고 말하고 싶어 했다. 수학보다는 예술이 시간의 장벽을 뚫고 우연성을 넘어선 세계로 들어간다는 것이다.

재차 말하지만, 이 에세이의 문제점은 나보코프가 문학과 인간의 불멸성을 혼합하고 있다는 것이다. 문학만 문제 삼는다면, 그야말로 플라톤은 틀렸고 나보코프, 하이데거, 데리다는 옳다고 말할 수 있다.[12] 만

---

12 플라톤 이래로 우리가 배운 것은 일반 관념이 실천적 목적을 위한 도구이며, 이 목적은 시간이 지남에 따라 잊히지만 그 특정한 이미지는 살아남는다는 것이다. 오늘날 우리는 도덕

일 당신이 미래 세대에 의해 기억되길 원한다면, 수학보다는 시를 택하라. 만일 당신의 책이 세공된 가죽에 고이 싸여 있기보다는 독자에게 읽히기를 원한다면, 진리보다는 전율을 만들어내려고 해야 할 것이다. 우리가 상식이라고 부르는 폭넓게 받아들여진 진리의 묶음은 하이데거와 나보코프가 생각하듯이 죽은 메타포를 모아놓은 것이다. 진리란 전율을 야기시키는 감각을 불러일으키는 능력이 친근함과 오랜 사용에 의해 문질러져 없어진 다음에 남아 있는 뼈다귀이다. 나비의 날개에서 비늘가루를 벗겨내면, 투명하게 되긴 하겠지만 아름다움은 없어진다. 거기에 남는 것은 감각적인 내용이 없는 형식적인 구조뿐이다. 메타포의 신선함이 닳아 없어지면, 진부하고 문자적이며 투명한 언어만이 남는

적 이상, 사회적 장치, 그리고 인간성이라고 할 만한 것에 대하여 호메로스가 상상한 것보다 더 잘 상상할 수 있다. 나보코프의 말을 빌리면, "호모 아메리쿠스와 호모 호메리쿠스가 인간성을 두고 결투를 벌인다고 상상해보면, 승자는 호모 아메리쿠스이다." 호메로스는 그의 이미지가 살아남았기 때문에 살아남았다. 아킬레우스의 윤리("언제나 다른 사람을 이긴다")를 택하는 소년들은 따분한 깡패들일 뿐이지만, 호메로스의 어떤 형용어구는 여전히 그들의 더 조용한 급우들의 마음에 전율을 일으킨다. 셰익스피어가 로마극 속에서 사회정치적 관점을 전달하고자 했는지 여부는 아무도 알지 못하며 관심을 갖지도 않는다. 존 셰이드는 그가 『햄릿』에 나오는 "미려한 구절들(purple passages)을 특별히 높이 평가하는" 것 같다는 킨보트의 생각에 대해 다음과 같이 답하면서 우리 반(反)플라톤주의자들을 대변하고 있다. "그렇습니다, 친애하는 찰스. 나는 그레이트데인이 어지럽혀놓은 잔디밭 한구석에서 감사해 마지않는 잡종개처럼 그 구절들 위에서 뒹굴고 있습니다." 사비니 농장으로 은거하는 문제는 식상한 것이 되었지만, 우리는 어떤 구절이 미려하다(purple)고 서술할 때마다 그 미사여구를 만든 호라티우스에게 감사하게 된다. 플라톤 자신은 일반 관념에 대해서는 대체로 오류를 범하긴 했지만 최초의 백인 마법사로 살아남았다. 플라톤은 데리다가 서구의 "백색 신화"라고 부른 메타포의 그물 가닥을 최초로 엮기 시작한 마법사이다. 그가 찬탄했던 수학이 폭탄 제조자의 도구가 되고, 그가 정화하고 순화시키고자 했던 도덕적 직관이 원시 문화의 모순된 격언들로 드러난 지 오래된 이후에도, 플라톤의 특별한 화염은 여전히 연기를 내고 있고 그의 독특한 태양은 여전히 빛을 발하고 있다. 화이트헤드가 "객체적 불멸성"이라고 부른 것과 관련하여, 과거의 위대한 인물들은 나보코프가 디킨스에 대해 말하고 있듯이 "그들의 이미지 속에서 위대하다."

다. 이런 언어는 특정한 사람에게 귀속되는 것이 아니라, 우리가 꿰뚫어 볼 수 있을 정도로 명석 판명한 관념들인 "상식"이나 "이성" 혹은 "직관"에 속하게 된다. 그래서 만일 유클리드나 뉴턴, 밀의 메타포와 마찬가지로 당신의 메타포가 사회적으로 유용하게 되고 문자화된다면, 당신은 추상적으로 명예를 얻겠지만 개인적으로는 잊혀질 것이다. 당신은 한 사람으로 존재하기를 그치고 단지 하나의 이름으로 존재하게 될 것이다. 그러나 카툴루스, 보들레르, 데리다, 나보코프와 같이 당신의 작품이 전율을 (전율만을 혹은 전율까지도) 만들어낸다면, 당신은 하나의 이름 이상으로 살아남을 수 있는 기회를 갖게 된다. 당신은 월터 랜더Walter Savage Landor나 존 던John Donne처럼 여정의 끝에 이르러서는 미래의 예이츠가 식사 초대를 하고 싶어 할 사람이 될지도 모른다.

그러나 이 모든 것이 사실이라고 하더라도, 이것은 문학적 불멸성이 한 인간의 불멸성과 연관되어 있다는 생각, 즉 당신이 실제로 시간의 장벽을 넘어서서 저녁식사 손님을 기다리며 저 바깥에 **있게** 될 것이라는 주장과는 아무런 관련이 없다. 칸트가 지적한 바와 같이, 그리고 나보코프가 비탄에 빠져 인정할 수밖에 없었던 것과 같이, 이런 주장에 신빙성을 제공해**줄 수 있는** 것은 아무것도 없다. 우리가 상상할 수 있는 다른 모든 행위와 마찬가지로 기다림은 시간을 필요로 한다.[13] 그러나 우리가 그런 형이상학적 주장을 버리더라도, 나보코프의 다음과 같은 주

---

13 나보코프는 스베덴보리식의 사변이 결코 성공할 수 없다는 사실을 칸트와 마찬가지로 받아들일 수밖에 없었다. "나는 갈수록 절망적으로 사라지는 생각을 추스르며 시간 속으로 되돌아왔다. 이곳은 그동안 내가 시간의 감옥이 원형이며 그 감옥에는 출구가 없다는 점을 밝혀줄 것이라고 믿고 찾아 헤맸던 비밀 출구가 속한 영역과는 멀리 떨어져 있는 영역이다." (*SM*, p. 14)

장은 진지하게 고려할 필요가 있다. 그것은 우리가 "이 어린애 같고 호기심 많은 마음 상태 속에서 세상이 좋은 곳임을 깨닫는다"는 주장이다.

나보코프는 "좋음"이 비합리적으로 구체적인 어떤 것, 즉 지성이 아니라 상상에 의해 포착되는 어떤 것이라고 생각했다. 그는 **이성적 직관 능력**nous보다는 **상상력**eikasia이 도덕적 지식의 능력이 되도록 플라톤의 선분을 전도시키고 있다.[14] 나보코프는 다음과 같이 말한다.

> 상식적인 관점에서 보면, 예를 들어 어떤 음식의 "좋음"goodness은 그것의 "나쁨"badness 못지않게 추상적이다. 둘 다 분별 있는 판단을 통해 만져서 알 수 있는 완전한 대상으로 지각될 수 없는 성질들이기 때문이다. 그러나 수영하는 법이나 커브볼 던지는 법을 배우는 것과 같이 필요한 정신적 요령을 습득할 때, 우리는 "좋음"이란 것이 둥글고 크림 같고 아름답게 홍조를 띤 어떤 것이라는 사실, 우리를 돌보고 위로해주는 따뜻한 팔과 깨끗한 앞치마를 두른 어떤 것이라는 사실을 깨닫게 된다. (*LL*, p. 375)

같은 에세이에서 나보코프는 "현실적이고 구체적인" 어떤 것으로서의 좋음에 대한 이런 관념을 그의 재능을 공유하는 "수천 명의" 다른 사람들과의 연대감과 결합시키고 있다.

---

14 나보코프는 아마도 전도된 플라톤주의에 대한 베르그손의 도전, 특히 『도덕과 종교의 두 원천』(*The Two Sources of Morality and Religion*)[박종원 옮김, 아카넷, 2015]에서 영향을 받았을 것이다. Nabokov, *Strong Opinions* (London: Wiedenfeld & Nicolson, 1974), pp. 42, 290 참조. 이하에서 이 책을 인용할 때는 "*SO*"로 표기하겠다.

(···) 인간의 선함goodness에 대한 이런 비합리적 신념은 (···) 관념론 철학의 줏대 없는 기초보다 훨씬 더 나은 것이 된다. 이것은 확고하고 영롱한 진리가 된다. 이는 선함이 자신의 세계에서 중심적이고 구체적인 일부가 된다는 뜻이다. 얼핏 보기에 이 세계는 신문 편집자나 다른 잘난 체하는 비관주의자들이 그려내는 현대 세계와 동일시하기 어려운 세계로 보인다. 이들은 경찰국가나 공산주의라고 불리는 것이 전 세계를 공포와 어리석음이 가득 찬, 철조망으로 둘러싸인 5백만 평방마일의 장으로 만들려고 하고 있는 그러한 때에, 선의 우월성에 대해 갈채를 보낸다는 것은 좋게 말해도 비논리적인 소리라고 말할 것이다. (···) 그러나 내가 영혼의 고향이라고 선전하고 있는 틀림없이 비논리적이기 짝이 없는 이 세계 속에서, 전쟁의 신은 현실적이지가 않다. 그 이유는 전쟁의 신이 독서용 램프와 만년필이 있는 현실로부터 형편 좋게도 물리적으로 멀리 떨어져 있기 때문이 아니라, 평화롭게 존재하는 사랑스럽고 애정 있는 세계를 침범할지도 모를 그런 전쟁 상황을 내가 상상할 수 없기 때문이다(이것은 그냥 하는 말이 아니다). 반면에 나는 나와 같은 몽상가들, 지상을 배회하는 수천 명의 몽상가들이 신체적 위험, 고통, 먼지, 죽음으로 점철된 가장 암울하고 혼란스러운 기간 동안에도 나와 같은 비합리적이며 신성한 기준을 따르고 있다고 얼마든지 상상할 수 있다. (*LL*, p. 373)

나는 위에 인용한 두 구절이 매우 중요한 심리적 논점을 서술한 것이라고 해석한다. 즉 매우 개성적인 기억들로 이루어진 매우 특정한 연상의 사슬이야말로 인간으로 하여금 이타주의와 기쁨을 결합시킬 수 있게 해주는 유일한 것, 영웅적인 행위나 화려한 연설을 할 수 있게 해주는 유일한 것이라는 점이다.[15] 프로이트도 같은 점을 지적했다. 그리고 프로이트는 하이데거가 니체에 대해 그랬던 것과 같이 나보코프가 지나칠 정도로 강렬하게 분개하는 인물 중 하나이다. 이 두 경우에 있어서, 이것은 이미 가장 좋은 말을 써버린 선임자에 대한 분개이다. 이런 심리학적 테제는 흄, 프로이트, 나보코프를 결합시키며 그들을 플라톤과 칸트로부터 구별해준다. 그러나 이것은 "선"의 "본질"에 관한 형이상학적 주장도 아니고, "선"에 대한 우리의 "지식"에 관한 인식론적 주장도 아니다. 어떤 이미지가 우리를 사로잡는다거나 우리에게 영감을 준다는 것은 세계를 인식하는 것과는 다른 일이다. 우리는 그런 이미지의 발생을 설명하거나 행위에 끼치는 영향을 해명하기 위해서 그런 이미지의 고향인 시간을 넘어선 세계를 가정할 필요가 없다.

나보코프가 문학적 불멸성과 도덕적 동기의 본질에 관련된 건전한 반反플라톤적인 주장으로부터 어떻게든 어떤 형이상학을 짜낼 수 있을 때에만, 그는 그 자신의 재능이 가진 유용성을 사물의 본질과 연결 지

---

15 다른 의미가 아니라 바로 이런 의미에서 나보코프가 "모든 사람은 낱말이 아닌 이미지로 사유한다"(*SO*, p. 14)고 말하는 것은 옳다. 나라면 이렇게 주장했을 것이다. 만일 당신이 언어를 사용할 수 없다면, 외부 물체보다 내부 이미지를 더 의식할 수는 없다고 말이다. 그러나 이런 셀라스적인 "심리적 유명론" 테제는, 인간을 개체화하고 각자에게 특별한 운치를 부여하며 개인 특유의 신경증을 유발시키기도 하는 것은 상이한 명제적 태도가 아니라, 특정 상황과 결부된 각자의 마지막 어휘(거의 모든 사람에게 존재하는 "좋음"이라는 낱말을 포함하는)로 이루어진 상이한 낱말의 연상이라는 생각과 양립 가능한 것이다. 특별히 날카로운 두뇌를 가진 나보코프 같은 특별한 사람의 경우, 이것은 그런 상황에 대한 지극히 생생하며 상세한 이미지의 연상을 의미한다. 그러나 물론 나보코프는 특별한 직관 능력을 갖지 못한 사람들이 단순하고 천박한 삶을 살 수밖에 없다고 주장함으로써 극단으로 나아갔다. 이미지를 갖지 않고도 풍부하고 흥미로운 삶을 살 수 있는 방법은 많다(음악을 예로 들 수 있는데, 나보코프는 예이츠와 비슷하게 그리고 그의 아버지나 그의 아들과는 달리, 음악에 아주 둔감했다).

을 수 있을 것이다. 그렇게 될 경우에만, 그는 자신의 특별한 재능이 그를 인식론적으로 특권적인 위치에 올려놓는다는 사실을 알 수 있을 것이다. 이 위치란 요란하게 치장한 야만인들이 믿고 있고 『사형장으로의 초대』의 주인공 친친나트 C가 궁극적으로 깨달은 바와 같이, 시간과 인과성이 단순히 천박한 장난이라는 비밀을 인식할 수 있는 위치이다. 그러한 연결을 만들 수 있을 때에만, 나보코프는 사회 개혁에 대한 디킨스의 관심이 단순히 위대한 예술가의 사소한 실수였다는 자신의 주장을, 그리고 오웰 같은 시사적인 작가들이 인간의 자유에 봉사한다는 점을 인정할 수 없다는 자신의 의견을 정당화할 수 있을 것이다.

나보코프가 시간과 인과성이 장난**이었다**는 것을 스스로에게 확신시키려는 희망에서 수집한 일반 개념의 집합은 플라톤적인 무시간주의와 반反플라톤적인 감각주의의 기묘하고 모순적인 혼합물이다. 그것은 낡은 형이상학의 위안을 베르그손과 하이데거에 공통된 최신의 반反형이상학 논쟁과 결합시키려는 시도이다. 이것은 아이러니스트 이론가들이 일반 개념이라는 바로 그 개념을 공격하기 위해 구축하는 일반 개념의 체계와 마찬가지의 것이다. 스탠리 피시Stanley Fish는 이를 "자기소모적인 인공물"self-consuming artifact이라고 부른다. 도그마와 아이러니를 교묘하게 혼합시킨 그러한 깨지기 쉽고 불균형적인 고안물은 존 셰이드의 시 「창백한 불꽃」과 같이 보는 각도에 따라 달리 보이는 무지갯빛을 가지고 있다. 그 시와 마찬가지로, 나보코프의 체계는 시간의 장벽에 부딪치기 직전에 있는 여새waxwing의 그림자이다.

나보코프가 그런 고안물을 원한 이유는 무엇일까? 왜 그는 이런 식으로 위험을 자초했을까? 여기에는 두 가지 이유가 있다고 생각하는데,

그 어느 것도 죽음의 공포와는 관련이 없다. 첫째, 그리고 가장 중요한 이유는 지나친 연민의 감정이다. 기쁨에 대한 그의 이상할 정도로 큰 능력, 고통스럽고 잔인한 현실과는 도저히 뒤섞일 수 없는 것으로 보이기까지 하는 기쁨의 경험에 대한 그의 개성적인idiosyncratic 능력은 그로 하여금 고통이 존재하는 현실을 감당할 수 없게 하고 있다. 다른 사람에 대해 연민을 느낄 줄 아는 나보코프의 능력은 프루스트가 자신에 대해 연민을 느낄 수 있었던 능력만큼이나 큰 것이었다(이 능력을 프루스트는 놀랍게도 자아창조의 시도를 위한 동력으로 삼을 수 있었다). 나보코프에게 있어서 기쁨은 매우 일찍 시작되었다. 그는 자기연민을 느낀 적이 없고 자아창조의 필요성도 느끼지 않았다. 프루스트의 소설과 나보코프의 소설의 차이는 성장소설과 유년 시절의 신념에 대한 맹세가 점점 강렬하게 솟구치는 소설의 차이이다. 나보코프는 자기 탓이라고 생각하는 어떤 상실에 의해서도 고통을 받아본 적이 없으며, 자기 자신을 경멸하고 불신하고 의심해본 적이 없는 것으로 보인다. 그는 자율성을 위해 투쟁할 **필요**가 없었으며, 영혼의 대장간에서 양심을 만들어낼 **필요**도, 스스로 만든 마지막 어휘를 찾아낼 **필요**도 없었다. 그는 그의 부모나 그 자신에게 있어서 영웅이었다. 그는 진정으로 행운아였다. 만일 그의 반짝이는 두뇌가 낱말들을 무지갯빛으로 배열함으로써 그 자신을 끊임없이 놀라게 하고 기쁘게 하지 않았다면, 그는 단지 자만심에 찬 따분한 인물이 되었을 것이다.

그러나 이처럼 기쁨을 느끼는 능력의 이면에는 강렬한 고통에 대한 생각을 참아내지 못하는 무능력이 자리 잡고 있다. 그가 지닌 연민의 강렬함은 그로 하여금 그의 숭배자들에게서 저항을 불러일으키는 『사생아』*Bend Sinister*라는 소설을 쓰게 했다. 이 소설 속에서 주인공 애덤 크룩의 여덟 살짜리 아들은 혁명 정부의 서투른 관료가 서류 정리를 잘못하는 바람에 미치광이에게 죽음에 이르는 고문을 당한다. 나보코프는 크룩의 고통을 묘사하려고 하지 않는다. 그보다 그는 그런 커다란 고통의 현실을 인정할 수 없었다. 나보코프는『사형장으로의 초대』에서 그랬듯이 주인공을 또 다른 "존재 영역"으로 옮겨놓고 있다.『사형장으로의 초대』에서 친친나트는 목이 잘리자마자 일어나서 단두대와 흩어지는 군중을 바라보며, "목소리에 의존해서 그와 닮은 존재들이 서 있는 쪽을 향해 나아가고 있다."『사생아』에서 나보코프는 "나[저자]를 구현하고 있는 의인화된 신성의 개입"[16]을 통해서 고통의 사건으로부터 크룩을 구해내고 있다. 나보코프는 "애덤에 대한 연민의 고통을 느꼈고 희미한 빛을 따라서 그에게 미끄러져 갔다. 이것은 순간적인 광기를 야기시켰지만 적어도 그를 필연적인 운명의 무의미한 고통으로부터 구해냈다."(pp. 193-194) 크룩의 저자는 "친절함과 명랑함 그리고 아름다움으로 이루어진 또 다른 세계로 인도하는 그[크룩]의 세계 속의 갈라진 틈"(p. 8)을 통해서 나아가고 있다. 나보코프가 불멸성에 관한 일반 개념을 생각해보거나, 크룩의 세계와 마찬가지로 우리의 세계 속에도 갈라진 틈이 있다는 생각을 떠올려보는 것은, 친친나트와 크룩을 구원한 것과 같은 연민의 또 다른 표현이다.

　　그러나 여기에는 고려해볼 필요가 있는 두 번째 이유가 있다. 그것은 나보코프가 자신을 결코 사회적 희망에 내맡기지 않는 것으로 보인

16　Vladimir Nabokov, *Bend Sinister* (Harmondsworth: Penguin, 1974), p. 11. 이하의 인용문에서는 페이지만 밝히겠음.

다는 점이다. 그는 유명한 자유주의 정치인의 아들이었다. 그의 아버지는 그가 22살 되던 해 암살당했다. 아버지 편이었던 사람들(예를 들어 H. G. 웰즈 같은 사람을 들 수 있는데 나보코프는 아버지 곁에서 그를 만나본 적이 있다)은 형이상학을 정립할 시간이 없었다. 그들의 희망은 미래 세대를 중심으로 한 것이었기 때문이다. 그들은 내가 4장에서 논했던 것과 같이 인간의 불멸성에 대한 희망을 미래 세대에 대한 희망으로 대체하는 구체적인 사례를 보여주었다. 나보코프에게서는 미래 세대에 대한 희망의 흔적을 찾아볼 수 없다. 아마도 그런 희망을 가졌다가 아버지의 죽음으로 포기했을지도 모른다. 혹은 그 자신과 그의 아버지가 똑같이 대단하긴 하지만 서로 상반되는 재능을 가지고 있었다는 사실, 그리고 그가 열렬히 사랑했던 사람을 사소한 부분에서라도 모방을 한다면 그것이 자기 자신에 대한 배반이 될 수 있다는 사실을 일찌감치 깨달아서 그런 희망을 아예 갖지 않았는지도 모른다. 이유야 어쨌든, 나보코프는 언제나 정치 운동에 대한 관심을 거부했다. 『재능』The Gift에서 주인공 표도르는 1920년대의 베를린 거리를 걸으면서 다음과 같은 사실에 주목하고 있다. "집집마다 창문에는 세 종류의 깃발이 삐죽이 나와 있었다. 검정·노랑·빨강 깃발, 검정·하양·빨강 깃발, 그리고 순전한 빨강 깃발. 각각의 깃발은 무언가를 의미했는데, 무엇보다 우스운 것은 이 무언가가 누군가를 자긍심이나 증오로 흥분시킬 수 있다는 점이었다." 깃발에 대한 주목은 소비에트 러시아에 대한 생각으로 이어지고 이것은 다시 다음과 같은 표도르의 생각에서 끝나고 있다.

아, 세상만사 흘러가고 잊혀지리니. 그리고 또다시 200년 후에 야심만만한 실패자는 좋은 삶을 꿈꾸는 얼간이들을 상대로 욕구 불만을 해소하리라(모든 사람이 각자 원하는 대로 살고 평등도 없고 권위도 없는, 내가 꿈꾸는 세상이 오지 않는다면 말이다. 그런데 여러분이 원치 않는다면, 난 우기지 않겠다, 난 정말 아무래도 상관없다).[17]

나보코프는 평등도 권위도 없는 국가를 어떻게 만들 것인지에 대해서는 아무 생각이 없다(누가 이런 것을 생각하겠는가?). 그러나 그는 또한 잔인성이 더 이상 제도화되지 않는 미래를 위해 노력한다는 근대 자유주의의 이상도 포기했다. 이 점에서 그는 그런 사회적 희망이 명백하게 비현실적이기에 지성인들이 그에 대해 전혀 관심을 갖지 않았던 시대로, 고대로 되돌아가고 있다. 그의 공상적 형이상학은 플라톤의 동시대인이 『파이돈』을 부분적으로는 모방하고 부분적으로는 반대하면서 글을 쓰고 있는 모습으로 상상할 수 있는 그런 것이다. 그런 글을 쓰는 사람은 수치심을 느낄 수 없는 세계에 대한 플라톤의 욕구를 공유하고 있지 않다. 오히려 그는 연민을 느낄 필요가 없는 세계를 원한다.

/

그러나 나보코프의 소설가로서의 이력이 표도르 고두노프 체르딘체프, 친친나트, 애덤 크룩을 창조해내는 데서 절정에 올랐다고 한다면, 우리는 그렇게까지 그를 탐독하지는 않았을 것이다. 내가 지금 언급한 인물

---

17 Vladimir Nabokov, *The Gift* (Harmondsworth: Penguin, 1963), p. 370.[『재능』, 박소연 옮김, 을유문화사, 2016]

들은 험버트 험버트와 찰스 킨보트라는 두 인물의 창조자에 의해 만들어졌기 때문에 유명해진 것이다. 험버트 험버트와 찰스 킨보트는 잔인성에 관한 나보코프의 책을 대표하는 중심인물이다. 그런데 나보코프가 다루는 잔인성은 레닌, 히틀러, 그라두스Gradus, 파둑Paduk에게서 공통적으로 나타나는 "추잡한 광대극"이 아니라, 기쁨을 느끼는 능력을 가진 사람들이 저지를 수 있는 **특별한** 종류의 잔인성이다. 즉 나보코프의 책은 민감한 감성을 가진 살인자, 잔인한 탐미주의자, 연민의 감정이 없는 시인이 있을 수 있다는 가능성에 대한 고찰이다. 타인의 삶을 스크린 위의 이미지로 옮겨놓으려는 탁월한 표상능력의 소유자들이 막상 그 사람들이 고통받고 있다는 사실을 알아채지 못할 수도 있다. 나보코프가 자신이 고안해낸 불안정한 철학적 입지에 대해서 불안감을 느끼고 있었다는 점, 그리고 인간의 연대성에 대해 사유하기를 거부하는 자신의 태도에 대해서 적어도 이따금씩은 의문을 던질 수밖에 없었던 점은 그로 하여금 자신이 실수를 범하고 있을 수도 있다는 생각을 하게 했다. 정직한 사람이었던 나보코프는 자신에 대한 가장 적대적인 비판자들이 결국 옳을 수도 있다는 가능성을 탐구함으로써 자신의 최고 저작을 써냈다.

나보코프의 비판자들이 제기하는 주장은 나보코프가 진정으로 해럴드 스킴폴Harold Skimpole이었다는 것이다. 스킴폴은 디스킨의 『황폐한 집』에 나오는 매력적인 탐미주의자이며, 그로 인해 소년 조Jo는 죽음을 맞게 된다. 죽음을 야기시킨 그 행위를 두고 나보코프는 "진짜 아이를 배신하는 가짜 아이"(*LL*, p. 91)라고 아름답게 서술했다. 스킴폴은 어린이와 시인의 특권을 주장한다. 그는 다른 모든 사람들이 어떤 고통을 받고 있건 간에 그들의 삶을 시로 간주한다.[18] 스킴폴은 조가 있는 곳을 털킹혼Tulkinghorn의 앞잡이에게 밀고하는 대가로 5파운드를 받는다. 그는 이것이 상황들의 재미있는 결합이며,[19] 유쾌한 단편 시이고, 존 셰이드가 "사슬고리link와 쌀먹이새bobolink 같은 일종의 유음어 유희, 게임에서 상호 연관된 패턴"이라고 부른 것과 같다고 생각한다. 스킴폴은 "돈"이나 "책임" 같은 개념을 이해하지 못한다고 주장함으로써 자선과 타인의 고통을 걱정하며 살아가는 것에서 벗어나고자 하는 것이다.[20]

그의 자서전을 통해서 분명하게 알 수 있듯이, 나보코프를 진정으로 넘어뜨릴 수 있는 유일한 것이 있다면 그것은 잔인하게 되거나 잔인한 삶을 살아왔을 수도 있다는 사실에 대한 두려움이다. 특히 그가 두려워한 것은 살아오면서 접촉한 적이 있는 누군가의 고통을 전혀 **알아채지** 못하는 경우이다(*SM*, pp. 86-87). 학교 친구나 가정교사에게 뜻하지 않은 고통을 주었을지도 모른다는 기억은 나보코프를 심하게 괴롭혔다. 자신이 결국은 스킴폴일 수도 있다는 생각은 그를 몸서리치게 했을 것이다. 나보코프가 잔인성에 대한 두려움을 그렇게 강하게 가지고 있었다는 것은 그의 소설 『창백한 불꽃』을 나보코프 자신의 두 가지 인격에 관해 쓴 책으로 읽어야 한다는 것을 말해주는 것으로 보인다. 그의 인격의 한편에는 존 셰이드가 있다. 셰이드는 나보코프 개인의 덕목을, 끔찍

---

18 Charles Dickens, *Bleak House* (New York: Signet, 1964), pp. 445, 529.[『황폐한 집』, 정태륭 옮김, 동서문화사, 2014]

19 *LL*, p. 90에는 이 구절에 대한 나보코프의 논의가 나온다.

20 에드먼드 윌슨은 그의 친구인 나보코프의 작업에 대해 때때로 이런 식의 관점을 보여주고 있다. 윌슨은 매력적이며 비도덕적인 스킴폴로서의 나보코프와 정반대로, 인내심 있고 관대한 후원자인 존 잔다이스(John Jarndyce)의 편에 그 자신을 위치시킬 때가 많다.

한 친구이자 가짜 어린이인 킨보트에 대한 잔다이스식의 인내와 결합시키고 있는 인물이다. 다른 한편에는 화자인 킨보트 자신이 있다. 킨보트의 중심적인 성격은 다른 사람의 고통, 특히 셰이드의 고통을 알아채지 못한다는 데 있다. **그러나 킨보트는 셰이드보다 훨씬 뛰어난 작가이다.**

나보코프의 가장 위대한 창조물은 킨보트, 험버트 험버트, 반 빈Van Veen 같은 강박관념의 소유자들이다. **이들은 창조자인 나보코프만큼 최고 수준의 글을 쓰고 있지만,** 나보코프 자신은 디킨스가 스킴폴을 혐오하듯이 이들을 혐오하고 있다. 나보코프의 말을 빌리면, 험버트는 "그럭저럭 '감동을 주는' 듯이 보이는 시시하고 잔인한 철면피"(SO, p. 94)이다. 그럭저럭 그렇게 할 수 있었던 이유는 나보코프처럼 험버트도 글을 쓸 수 있기 때문이다. 킨보트와 험버트는 자신들의 강박관념에 영향을 주거나 그것을 표현하게 하는 모든 것에 대해 섬세한 감수성을 가지고 있다. 그러나 그들은 다른 사람에게 영향을 주는 것에 대해서는 전적으로 무관심하다. 이 두 인물은 나보코프가 가장 우려하는 잔인성의 특정 형태, 즉 무관심incuriosity을 극적으로 표현하고 있다. 이런 시도는 이전에는 이루어진 적이 없다.

이런 잔인한 무관심에 관한 소설의 예를 들기에 앞서서, 방금 제기한 주장을 지지해주는 또 다른 증거를 제시해보고자 한다. 이 장의 앞부분에 인용된 "심미적 기쁨"과 관련된 구절에서 나보코프가 "예술"이라는 용어를 간결하게 정의한 삽입구를 떠올려보자. 그가 생각하기에 가장 널리 읽히는 자신의 선언문이 될 『롤리타』 후기에서 가장 논의가 많이 이루어질 것이라고 생각한 구절을 서술하면서, 그는 예술을 "호기심, 부드러움, 친절함, 황홀경"이 동시에 존재하는 상태라고 보았다. "호기

심"curiosity이 제일 먼저 언급되고 있다는 점에 주목해야 한다.[21]

내 생각에 나보코프는 임시방편적이고 미심쩍은 도덕철학을 이런 삽입구 안에 집어넣으려 하고 있다. 이것은 형이상학적 불멸성을 그가 "심미적 기쁨"을 규정하기 위해 사용한 "다른 존재 상태"라는 구절에 집어넣는 것과 같다. 만일 호기심과 부드러움이 예술가의 표지라면, 만일 이런 것들을 황홀경에서 떼어낼 수 없다면, 그래서 이런 것들이 없는 곳에서는 어떤 심미적 기쁨도 느낄 수 없다면, 결국 심미적인 것과 도덕적인 것 사이에는 어떤 구분도 존재하지 않을 것이다. 자유주의적 심미주의자의 딜레마는 해결되었다. 올바로 행동하기 위해 필요한 것은 예술가가 능숙하게 하는 일을 하는 것이다. 즉 대부분의 사람들이 주목하지 않는 것에 주목하는 일, 다른 사람들이 그저 당연시하고 있는 것에 대해

---

21 예술에 대한 이런 정의의 배경은 매우 흥미롭다. 나보코프는 결코 아무것도 잊은 적이 없는 것으로 보이는데, 따라서 "당신이 젊은 시절에 빠졌던 진부한 볼셰비키 선전문"(*The Nabokov-Wilson Letters*, ed. Simon Karlinksy [New York: Harper, 1979], p. 304; December 13, 1956)에 관해서 윌슨에게 악의에 찬 언급을 한 것은 8년 전에 윌슨이 그에 대해서 똑같이 악의에 차서 언급했던 것을 넌지시 가리키고 있는 것으로 볼 수 있다. 1948년에 윌슨은 나보코프에게 다음과 같은 편지를 쓴 적이 있다. "나는 당신이 어떻게 한편으로는 나비의 서식지를 중심으로 나비에 대한 연구를 하면서, 다른 한편으로는 사회와 환경에 관한 모든 물음을 남겨둔 채 인간에 대해 서술할 수 있다는 태도를 취할 수 있었는지 도저히 이해할 수 없었습니다. 나는 그래서 당신이 젊은 시절에 **예술을 위한 예술**이라는 퇴폐적인 구호를 받아들이고 그에 관해 철저히 생각해본 적이 없다고 결론지었습니다. 곧 저의 책[*The Triple Thinkers*]을 보내드리겠습니다. 이 책이 그런 문제를 정리하는 데 도움이 될지도 모르겠습니다."(ibid., p. 211; November 15, 1948) 나보코프는 즉시 답장을 했다. 윌슨이 가장 좋아하는 사람들이었던 포크너와 말로를 "대중적인 2류 작가들"이라고 평가절하하고 나서 그는 다음과 같이 말하고 있다. "'예술을 위한 예술'이란 말은 '예술'이라는 용어가 정의되기 전에는 아무것도 의미하지 않습니다. 먼저 예술에 대한 당신의 정의가 어떤 것인지 보여주십시오. 그러고 나서 이야기합시다."(ibid., p. 214; November 21, 1948) 윌슨은 도전에 응하지 않았지만, 나보코프는 지금까지 논한 구절에서 그 도전에 응하고 있다.

호기심을 갖는 일, 단순히 형식적인 구조를 강조하는 것이 아니라 순간적인 번뜩임을 바라보는 일 등이 그것이다. 호기심 많고 감수성이 강한 예술가는 도덕성의 패러다임이 될 것이다. 왜냐하면 그런 예술가야말로 언제나 모든 것에 주목하는 유일한 사람이기 때문이다.

또다시 이런 견해는 전도된 플라톤주의이다. 즉 플라톤은 선善을 아는 것은 선을 행하는 것이라고 생각한 점에서 옳았지만, 잘못된 이유를 갖다 댔다는 것이다. 플라톤은 "선을 아는 것"이란 일반 개념을 파악하는 문제라고 생각했다. 그러나 실제로 선이 무엇인지 아는 것이란 다른 사람에게 중요한 것을 감지하는 일, 선에 대한 그들의 이미지가 무엇인지 감지하는 일, 즉 그들이 선을 둥글고 크림 같고 홍조를 띤 것으로 생각하는지, 아니면 프리즘 모양이나 보석 모양의 빛나는 것으로 생각하는지에 주목하는 일이다. 부드럽고 호기심 많은 예술가는, 셰이드와 같이 그리고 스킴폴이나 킨보트와는 달리, 그 자신만의 환상이 아니라 다른 사람들의 환상을 위해서도 시간을 할애하는 사람일 것이다. 그는 강박관념에 사로잡히지 않았으면서도 황홀경에 빠지게 하는 시를 쓸 수 있는 시인일 것이다.[22]

그러나 나보코프는 황홀경과 부드러움이 분리 가능할 뿐 아니라 서로 배척하는 경향이 있다는 사실, 그리고 강박관념에 사로잡히지 않

---

22 나보코프가 예술의 특징으로 열거하는 목록과 보들레르가 말하고 있는 키테라 섬의 규범, 즉 "질서, 아름다움, 관능적 쾌락, 평온함"을 대조시켜보자. 이것은 나보코프가 유년기를 보낸 시골 저택의 규범이기도 했으며, 나보코프의 말을 빌리면, "솔직히 얘기해서 오히려 소름 끼치는 시골"(*SM*, pp. 85-86) 한가운데에 있는 섬의 규범이었다. 나보코프의 정의는 "예술을 위한 예술"이라는 슬로건, 그리고 예술과 도덕의 관계에 대해 새로운 관점을 제시한다. 키테라 섬의 규범에 대한 보들레르의 서술은 관능적 쾌락을 제외하면, 다른 사람과의 관계에 대해서는 아무런 언급도 하지 않는다. 그러나 나보코프는 그런 언급을 하고 있다.

은 시인은 셰이드처럼 2류라는 사실을 매우 잘 알고 있었다. 이것이 그의 소설이 우리로 하여금 깨닫게 하는 "도덕적" 지식이며 이에 대해서 그의 미학적 레토릭은 부적절하다. 그는 자율성의 추구가 연대성의 감정과는 잘 어울리지 않는다는 것을 잘 알고 있다. 그의 삽입구에 나타난 도덕철학은 험버트가 말하듯이 "시인은 결코 사람을 죽이지 않는다"는 것이 참일 경우에만 건전한 것이 될 수 있다. 그러나 험버트는 물론 살인을 하고 있다. 그리고 킨보트와 마찬가지로, 험버트는 훌륭한 작가이자 예술가로서 나보코프 자신과 같이 다채로운 황홀경을 창조해낼 수가 있다. 나보코프는 예술을 구성하고 있는 네 가지 특징을 떼어내기를 원치 않는다. 그러나 그는 작가가 고통에 주목하지 못하고서도, 즉 그들에게 소재를 제공해주는 사람들의 삶에 대해 무관심하면서도 황홀경을 획득하고 산출해낼 수 있다는 달갑지 않은 사실에 직면해야만 했다. 그는 이 세상의 모든 악—부드럽고 친절한 태도를 취하는 데 실패하게 되는 모든 상황—이 시인이 아닌 사람에 의해서, 다시 말해서 파둑과 그라두스처럼 사태를 일반화하고 호기심을 갖지 않는 속물에 의해서 만들어지는 것으로 보고자 했다.[23] 그러나 그는 그렇지 않다는 것을 알고 있

---

23 나보코프는 레닌을 이 목록에 포함시켰을지도 모른다. 그러나 그는 파둑이나 그라두스보다는 그와 레닌 사이에 공통점이 더 많지 않을까 하는 생각을 가졌을 것이 틀림없기 때문에 그런 일을 하지는 않았을 것이다. 내가 생각하기에 레닌은 끔찍한 오브라이언의 모습을 하고 나보코프의 의식 배후에서 어슬렁거리고 있다. 이런 인물은 파둑의 잔인성을 나보코프의 두뇌 같은 것과 거북하게 결합시키기 때문에 세계를 지배하게 되는 인물이다. 나보코프의 공식적인 입장은 다음과 같다. "레닌과 제임스 조이스는 비록 둘 다 스위스로 망명한 적이 있고 둘 다 수많은 글을 써내긴 했지만, 자갈이 푸른빛의 다이아몬드와 다르듯이 이 둘의 삶은 서로 다르다."(SO, pp. 118-119) 그러나 나는 그가 실제로 그렇게 믿을 수 있었는지 의심스럽다.

다.[24] 나보코프는 간절하게 예술적 재능이 도덕적 덕목으로서 충분하다고 생각하고 싶어 한다. 그러나 그는 자율적인 예술가의 우연적이며 선택적인 호기심과, 부드러움과 친절함이 인간의 규범이 되는 세계를 창조한다는 그의 아버지의 정치적 기획 사이에 아무런 연관성이 없음을 알고 있다. 그래서 그는 황홀경에 빠져 있는 사람과 잔인한 사람, 주목하는 사람과 무관심한 사람, 선택적인 호기심만을 보이는 시인, 타인에게 냉담한 만큼 자신의 일에 민감한 강박관념의 소유자를 모두 창조해낸다.[25] 그가 가장 두려워하고 있는 것은 두 가지 성격을 동시에 갖지 못

24　나보코프는 "시인은 결코 사람을 죽이지 않는다"는 험버트의 말이 틀렸다는 것뿐 아니라 킨보트와 같이 "죽이는 쪽은 **언제나** 그 희생자보다 열등하다"(*Pale Fire*, p. 157)고 말하는 것이 무의미한 것임을 잘 알고 있다. 왜냐하면 "열등함"은 여기서 아무 의미도 없기 때문이다. 즉 그것은 기계로 찍어낸 일반 개념들 가운데 하나일 뿐이다. 만일 우리가 살인자들이 언제나 그 희생자들보다 열등했던 어떤 점, 예를 들어 험버트가 퀼티보다 혹은 오브라이언이 윈스턴보다 열등했던 어떤 측면을 구체적으로 밝힐 수 있다면, 우리는 뭔가 유용한 것을 말하는 셈이 될 것이다. 그러나 우리가 말할 수 있는 것은 그들이 **도덕적으로** 열등하다는 것뿐이다. 그리고 이것이 우리가 의미하는 것이라면, "살인하지 말라"고 말하고 그것으로 끝내는 편이 더 나을 것이다. 일반 개념에 대한 나보코프의 요점은 일단 구체적인 세부 사항이 숨겨진 채 남게 되면, 모든 것이 급속하게 불분명해지기 시작하며 그 결과는 말해지지 않는 편이 낫다는 것이다.

25　험버트와 킨보트를 그렇게 흥미로운 인물로 만드는 것은 비록 그들이 예상할 수 있는 방식으로 사람들에게 반응하는 경우가 드물다고 해도, 그들이 다른 사람들을 무시하지 않는다는 점이다. 이들은 선택적이긴 해도 **강렬한** 호기심을 가지고 있을 뿐 아니라 그들 스스로 "게임 속에서 일종의 뒤틀린 패턴", 즉 타자의 삶 속에서 나타나는 동기를 발견하고 있다. 그런 패턴이 실제로 거기에 존재하느냐 하는 물음은 예술가가 인간의 감정을 "진정으로 표상"하느냐 하는 물음과 마찬가지로 좋지 않은 물음이다. 예술가가 일단 작품을 완성하게 되면, 관습적인 도덕 담론이 기쁨과 고통으로 이루어진 동일한 이야기 속에서 발견하게 되는 패턴만큼 그것이 "거기에" 존재하는 것이다. 킨보트가 셰이드의 시의 행간에서 젬블라(Zembla) 이야기를 읽어냈을 때, 그는 "무언가를 꾸며내고" 있지 않으며 "부정확하게 표상하고" 있지도 않다. 그는 자극에 반응하고 있으며 거기서 새로운 자극을 만들어내고 있다.

킨보트가 비록 완전히 잘못된 이유에서이긴 하지만 셰이드의 시에 대해 지대한 **관심**을 보이고 있다는 것은 중요하다. 킨보트는 셰이드와는 전혀 다른 방향으로 나아가긴 하지만 셰이

한다는 것이다. 즉 황홀경과 친절함을 종합할 길은 없다.

나보코프가 절정에 달했을 때 쓴 두 편의 소설은 이런 두려움을 분명히 드러내 보여주고 있다.[26] 이 두 소설에서 두드러진 점은 두 주인공

드의 시에 대해 매우 진지하게 생각하고 있다. 이것은 블룸이 "대담한 독해"라고 부르고 있는 괴팍하고 자기중심적인 주석도 하나의 주석이라는 점을 분명히 보여주는 것이다. 하이데거의 칸트 독해도 칸트에 대한 하나의 독해이듯이, 셰이드의 딸의 자살에 대한 킨보트 같은 사람의 반응도 우리가 고려해야 할 어떤 것이다. 당시에 「창백한 불꽃」을 쓰고 있었던 존 셰이드의 반응에 대해서, 아니면 죽음에 대한 존 던의 설교와 앤드루 마벌의 「새끼 사슴의 죽음을 맞이한 님프」를 프랑스어로 번역하고 있었던 그의 아내 시빌 셰이드의 반응에 대해서 우리가 호기심을 갖듯이, 킨보트의 반응에 대해서도 호기심을 가져야 할 것이다(Nabokov, *Pale Fire* [New York: Berkeley, 1968], pp. 33, 161-162 [『창백한 불꽃』, 김윤하 옮김, 문학동네, 2019] 참조). 사람들은 격렬한 황홀경이나 강렬한 갈망이나 극렬한 고통에 최선을 다해 반응하며, 일단 우리가 행위의 영역에서 저술의 영역으로 떠나게 되면, 어떤 반응이 "적절했느냐"고 묻는 것은 누구에게도 아무런 도움이 되지 못한다. 왜냐하면 적절함이란 이미 확립되어 있는 친근한 패턴 속에서 한 자리를 차지하는 문제이기 때문이다. 나보코프가 예술에서 필수적이라고 생각한 호기심은 결코 그런 패턴에 만족하지 않는 것을 의미한다.

26 각주를 이용해서 내가 『롤리타』와 『창백한 불꽃』을 나보코프의 최고 걸작이라고 생각하는 이유를 밝히고자 한다. 내가 역설하고자 하는 점은 이 두 소설이 나보코프의 초기 소설 『재능』과 같은 주제를 중심으로 하고 있다는 것이다. 즉 이 소설들은 예술적 재능을 타고난 사람들이 직면하는 부드러움과 황홀경 사이의 선택, 그것들이 **양자택일적으로**만 호기심을 끌수밖에 없다는 필연성을 둘러싸고 이야기가 전개된다. 그러나 후기의 이 두 소설과는 대조적으로 『재능』은 설교조의 글이며, 일반 개념에 대한 일련의 묘사이다. 하이데거와 마찬가지로 나보코프의 이력이 보여주는 궤적은 설교조로 되는 것을 피하려는 시도, 즉 사용이 너무 일반화되어서 그 의미가 퇴색되고 빤히 들여다보이게 된 낱말들의 사용을 피하려는 시도에 의해 형성된 것이다. 나보코프는 자신의 첫 소설 『마셴카』를 다음과 같이 비평하고 있다. "내가 그 진열장[『마셴카』]에 수집해놓은 망명자들은 그 시대의 눈으로 보면 너무나도 투명해서 그들의 등 뒤에 꼬리표를 달 수 있을 정도였다."(Nabokov, *King, Queen, Knave* [New York: Putnam, 1968], p. viii) 하이데거는 자신이 만들어낸 낱말들이 지나치게 일반화됨으로써 "개념"의 단계로 환원되고, 그와 동떨어진 어떤 목적을 달성하기 위한 단순한 도구가 된다는 사실에 의해서 자신의 모든 과거 저작들이 요점을 상실하게 되거나 이미 요점을 상실한 것이 아닐까 하는 우려를 했다. 이와 유사하게, 나보코프가 자신의 초기 작품들이 내가 여기서 제시하고자 하는 일반화된 용어들로 분류되는 심각한 위험에 처해 있음을 깨닫고 있다고 생각해볼 수 있다. 이 용어들은 나보코프가 무척 경멸하긴 하지만 내가 이제 막 시도하려는 일을 하고자 할 때 도움이 되는 유일한 용어들이다. 이 일이란 나보코프를 그와는 다른 재능과 다

험버트와 킨보트의 순전한 독창성이다. 이전에는 그 누구도 스킴폴과 같은 천재가 된다는 것이 어떤 것인지를 묻는다는 생각을 해본 사람이 없다. 스킴폴은 단순히 "시"라는 낱말을 흔들어대는 것이 아니라 실제로 시가 무엇인지 **알고 있었다.** 이처럼 특별한 종류의 천재-괴물—무관심의 괴물—은 인간의 가능성에 관련된 우리의 지식에 대한 나보코프의 공헌이다. 나는 부분적인 자화상을 그리고 있는 것이 아닌지 두려워하는 사람만이 그런 특별한 공헌을 할 수 있을 것이라고 생각한다.[27]

른 목표를 가지고 있었던 오웰 같은 소설가와의 관계 속에 "위치시키는" 것이다. 분류 불가능하고 알려진 어떤 방법을 통해서도 유사성과 차이를 묶어낼 수 없기 때문에, 그래서 그런 종류의 진부함에 빠지지 않는 낱말이나 책을 내놓는다고 하는 하이데거의 희망을 나보코프 역시 가지고 있었다. 그러나 헤겔이 가르쳐준 바와 같이 어떤 중요한 개인적인 업적도 그러한 진부화를 면치 못하는데, 왜냐하면 "중요함"이란 개별적인 것을 보편적인 것에 포섭시키려는, 즉 개성적인 것과 사회적인 것을 종합하려는 노력의 정도에 의해서 결정되기 때문이다. 가장 중요한 업적이란 그런 종합을 매우 어렵게 만들지만 그럼에도 불구하고 그것을 불가능하게 하지는 않는 그런 업적이다. 하이데거는 종합에 대한 초기에 겪은 어려움과 그 결과로 나타난 투명성 사이에서 완전한 균형을 이룸으로써 그의 중기에 절정에 도달했다. 이 시기는 그가 "존재의 역사"라고 부른 것을 저술한 시기이다. 그 이후, 말기에 하이데거는 사적인 뜨개질, 사적인 울림, 사적인 집념을 추구하는 **단순히** 개성이 강한 인물이 되었다. 나보코프도 중기에 같은 식의 완전한 균형을 성취했다. 이 시기가 바로 『롤리타』와 『창백한 불꽃』의 시기이다. 이후, 『아다』(*Ada*)로 시작해서 『할리퀸을 보라!』(*Look at the Harlequins!*)로 끝나는 시기에 나보코프 역시 **단순히** 개성이 강한 인물이 된다. 『아다』에서조차 그는 거의 자기 자신에 관해 말할 뿐이다. 로버트 앨터(Robert Alter)가 말한 바와 같이, 『아다』는 "눈이 부실 정도의 작품이기도 하지만 때때로 짜증스럽기도 하며, 『롤리타』와 『창백한 불꽃』의 완전한 선택성과 통제가 결여된 걸작에 가까운 작품이다."("Ada, or the Perils of Paradise," in Peter Quennell, ed., *Vladimir Nabokov: A Tribute* [London: Weidenfeld, 1979], p. 104) 『롤리타』와 『창백한 불꽃』은 초기의 소설(『사형장으로의 초대』를 제외하고)이 결여한 나보코프 특유의 개성을 담고 있는 위대한 소설이며, 후기의 소설이 결여하고 있는 완성된 형식을 보여준다.

27 험버트의 색광증과 킨보트의 동성애는 (아마도 나보코프의 의도대로) 독자에게 섹스에 관한 나보코프 자신의 관점에 대해서 의문을 불러일으킬 정도로 그럴듯하고 흥미롭게 (『황폐한 집』에서 모든 사람이 스킴폴에 관해 사용하는 낱말을 사용하자면, 매우 "매력적으로") 서술되어 있다. 이런 것은 나보코프의 잘 알려진 거짓 단서들이다. 이 괴물들 안에는 나

『롤리타』 후기에 나오는 또 다른 언급을 인용함으로써 이 두 소설에 대해 이렇게 해석할 수 있다는 증거를 추가로 제시해보고자 한다. 나보코프는 다음과 같은 것을 열거하고 있다. "이 소설의 중추신경 (⋯) 이 책의 줄거리를 잡아주는 비밀 요충지들이며 잠재의식의 좌표들."(p. 315) 그는 "캐스빔의 이발사(그를 묘사하는 데 한 달이나 걸렸다)"[28]가 그런 비

보코프 자신과 관련된 어떤 것이 분명히 들어 있다. 그러나 그것이 어떤 특별한 종류의 섹스와 특별히 관련되어 있는 것은 아니다. 성적인 강박관념은 더 일반적인 현상에 대한 단순한 예일 뿐이다.

28 캐스빔 마을은 근처 언덕 꼭대기에서 내려다보이는 풍경으로 서술되어 있는데, 이는 소설 종결부 바로 직전에 있는 절정의 순간에 서술된 장면을 예감하게 한다. 그 장면에서 험버트는 "아이들이 노는 소리"가 들려오는 또 다른 "장난감 같은" 마을을 또 다른 언덕 위에서 내려다보고 있다. 여기서 험버트는 다음과 같은 사실을 깨닫는다. "무엇보다 절망적이고 가슴 아픈 것은 내 곁에 롤리타가 없다는 사실이 아니라, 이 아름다운 화음 속에 그녀의 목소리가 없다는 사실이었다."(p. 306) 이것은 이전에 험버트가 "믿을 수 없고 견딜 수 없는, **지금은** 잘 알고 있는 아마도 영원한 공포"(p. 167)라고 불렀던 것을 만들어내는 순간이다. 험버트는 심장병으로 죽어가는 자신의 이야기를 쓰면서 이 공포를 다음과 같이 서술하고 있다. "그러나 안타깝게도 나는 단순한 인간적 사실을 뛰어넘을 수 없었다. 내가 그 어떤 영적 위안을 얻더라도, 설령 그림처럼 아름다운 영생이 나를 기다리더라도, 나의 롤리타는 내가 그녀에게 입힌 더러운 정욕의 상처를 절대로 잊지 못할 터였다. 누가 나에게—오늘날의 나에게, 이 심장과 이 수염과 이 타락상을 지닌 나에게—무한한 시간 속에서는 돌로레스 헤이즈라는 북미 소녀가 어느 미치광이에게 소녀 시절을 빼앗겼다는 사실쯤은 조금도 문제가 되지 않음을 증명해준다면 또 모르지만, 그럴 수 없다면 (만약 그것이 가능하다면 인생은 장난에 불과하다) 나의 고뇌를 달랠 만한 방법은 지극히 국소적인 증상 완화제 역할밖에 못하는 우울한 언어 예술뿐이다. 옛 시인의 말을 인용하자면,

> 도덕 감정은 필멸자의 의무
> 우리는 아름다움을 즐긴 대가를 치러야 한다."(p. 281)

시인은 나보코프 자신이다. 나는 그가 시인들이 이 의무를 다해야 한다고 희망했지만, 그것을 확신하지 못했고, 그래서 인생이 장난이 아니라는 것도 확신하지 못했다고 생각한다.

나는 "한 달이나 걸렸다"라는 구절이 나보코프가 한 달 동안 이발사에 관한 문장을 고쳐 썼다는 것인지, 아니면 다른 아이의 죽음에 대해 관심을 갖지 않는다는 관념의 연상이 그로 하여금 한 달 동안 글을 쓰게 만들었다는 것인지, 아니면 다른 사람(아마도 실제 이발사)의

밀 요충지의 하나라고 말한다. 이 이발사는 다음의 한 문장에서만 등장할 뿐이다.

캐스빔 시내에서 늙어빠진 이발사가 아주 평범한 헤어스타일로 이발을 해주었는데, 그는 야구를 하는 아들에 관해서 쉴 새 없이 지껄이다가 파열음을 발음할 때마다 내 목덜미에 침을 튀겼고, 때때로 내가 두르고 앉아 있던 천에 안경을 닦거나 색이 바랜 신문 조각을 꺼내 보여주려고 떨리는 손으로 하던 가위질을 멈추기도 했지만, 나는 그가 고색창연한 잿빛 로션들 사이에 세워둔 사진 액자를 가리켰을 때 콧수염 난 젊은 야구 선수가 30년 전에 죽었다는 것을 깨닫고 충격을 받을 정도로 그의 말을 듣는 둥 마는 둥했다. (p.211)

이 문장은 험버트의 호기심 결여―자신의 강박관념과 무관한 것에 대한 무관심―와 그런 호기심을 결여했기 때문에 험버트는 나보코프가 정의한 의미의 "예술"이 규범이 되는 존재 상태에 도달하지 못한다는 것을 전형적으로 보여주고 있다. 이런 실패는 『롤리타』의 앞부분에서 서술된 실패와 비슷하다. 거기서 험버트는 기억을 통해서 롤리타의 엄마인 샬럿Charlotte이 그에게 보낸 청혼 편지를 옮겨 쓰고 있다. 험버트는 "롤리타가 네 살이었을 때 두 살의 나이로 죽었다는 롤리타의 남동생에 관한 이야기, 그리고 그 아이가 살아 있었다면 분명히 내가 좋아했을 거라는 등 그 당시에도 대충 건너뛴 감상적인 구절"(p. 68)을 포함해서 절

고통에 현실적으로 직면함으로써 한 달 동안 글을 쓰게 되었다는 것인지 잘 모르겠다. 독자로 하여금 생각하게 하는 것이 바로 나보코프의 특징이다.

반 이상을 생략해버렸음을 덧붙이고 있다.

　이것은 롤리타의 죽은 남동생이 언급되는 단 두 구절 중의 한 구절이다. 다른 구절은 샬럿이 험버트의 유일한 관심 주제인 그녀의 딸에 대해서는 거의 말이 없고, 오히려 살아 있는 딸보다 죽은 아들에 대해서 더 많은 말을 하고 있다는 점에 대해 험버트가 불평을 늘어놓는 대목이다(p. 80). 험버트는 롤리타가 자신 앞에서 그를 만나기 전에 어떤 삶을 살았는지 결코 말하지 않는다고 한탄한다. 그러나 험버트는 롤리타가 자신의 여자 친구에게 하는 말을 우연히 엿듣게 된다. 그 말은 다음과 같다. "죽음이 두려운 건 완전히 혼자가 되기 때문이야."(p. 282) 이것은 험버트로 하여금 다음과 같은 반성을 하게 한다. "나는 문득 내가 그녀의 정신세계에 대해서는 아무것도 모른다는 사실을 깨달았고, 이렇게 한심할 정도로 유치하고 진부한 표현의 이면에 감춰진 그녀의 내면세계를 들여다보면 정원이 있고 황혼이 있고 궁전의 대문도 있을지 모른다는 생각이 들었다. 이 어렴풋하고 아름다운 세계는 불결한 누더기 같은 몸뚱이를 지니고 비참한 발작에 시달리는 나 같은 인간에게는 분명 절대로 발을 들여놓을 수 없는 곳이었다."

　험버트는 이전에 생각지도 않았던 가능성을 생각하는 가운데, 롤리타가 그녀의 또 다른 여자 친구에게는 "자상하고 뚱뚱하고 발그레한 아빠와 작고 통통한 남동생, 그리고 이제 갓 태어난 여동생과 집, 활짝 웃어주는 개 두 마리가 있었지만, 롤리타에게는 아무것도 없었다"(p. 285)는 사실을 깨달았을지도 모를 어떤 상황을 기억해내고 있다. 죽음에 관한 롤리타의 말과 지금은 죽고 없지만 롤리타에게 한때 작고 통통한 남동생이 있었다는 사실을 연결 짓는 일은 독자의 몫으로 남아 있다.

바로 이 점, 그리고 험버트가 스스로 그런 연관을 짓지 않는다는 사실이야말로 나보코프가 그의 이상적인 독자들—그가 "수많은 작은 나보코프들"이라고 부르는 사람들—이 주목하기를 기대하는 것이다. 그러나 슬프고 수치스럽게도 대부분의 독자들이 그에 미치지 못할 것을 알고, 나보코프는 후기를 통해서 우리가 놓친 부분을 말해주고 있다.

이런 말을 듣는 것이 독자에게 끼치는 영향을 생각해보자. 독자는 그때 비로소 아이의 죽음이 나보코프가 생각하는 궁극적인 고통의 표준적인 사례임을 기억해낸다. 이는『사생아』의 중심 사건일 뿐 아니라 존 셰이드의 시「창백한 불꽃」에도 해당되는 것이다. 나보코프가 자신의 무관심을 의심했던 것과 마찬가지로, 독자는 쓰는 데 한 달이 걸린 문장이나 콧수염 난 아들의 죽음에 관해서 스스로가 무관심했다는 사실을 점점 이해하게 된다. 독자는 갑자기 자기 자신이 위선적이지는 않더라도 최소한 잔인할 정도로 무관심하다고 느끼게 되고, 험버트와 킨보트에게서 자신과 닮은 **동료들**, 자신과 비슷한 사람들의 모습을 발견하게 된다. 갑자기『롤리타』라는 작품 안에는 "어떤 구속적인 도덕"[29]이 존재하게 된다. 그러나 여기서 도덕이란 어린 소녀에게서 손을 떼게 하는 것이 아니라 다른 사람들이 하고 있는 일에 대해 주목하도록 하는 것이며, 특히 사람들이 말하고 있는 바에 대해 주목하도록 하는 것이다. 왜냐하면 그러한 주목을 통해서 사람들이 당신에게 자신이 겪고 있는 고통에 대해 말하려 한다는 사실이 드러날 수 있으며, 종종 실제로 그렇

---

29 후기에서 "심미적 기쁨"이나 "예술"에 대한 정의를 내리기에 앞서서, 나보코프는 다음과 같이 말하고 있다. "나는 교훈적인 소설은 읽지도 않고 쓰지도 않는다. 존 레이가 뭐라고 말하든 간에,『롤리타』에는 어떤 구속적인 도덕도 없다."(p. 313)

게 드러나기 때문이다. 우리가 험버트와 같이 사사로운 성적인 기쁨을 만들어가는 일에 사로잡혀 있는 한, 혹은 첫 번째 독해에서 이발사에 관한 문장을 놓친 『롤리타』의 독자와 같이 사적인 심미적 기쁨에 사로잡혀 있는 한, 사람들은 여전히 고통스런 상황에 처해 있을 것이다.

『롤리타』에서 『창백한 불꽃』으로 눈을 돌려보면, 우리는 셰이드가 나보코프가 가진 부드러움과 친절함 그리고 호기심을 모두 갖추고 있다고 생각할 수 있다. 그러나 황홀경에 도달한 것은 킨보트이다. 자기 딸의 죽음에 관한 셰이드의 시는 『창백한 불꽃』이 소설로 성공한 만큼 그리 성공적인 시는 아니다. 그 이유는 소설의 나머지 부분인 킨보트의 주석이 셰이드로서는 할 수 없는 어떤 것을 우리에게 제공해주기 때문이다. 그 주석은 젬블라Zembla라는 가상의 국가를 어렴풋이 알고 있는, 험버트 험버트의 말을 빌리면 "지옥불의 빛깔을 띤 낙원의 하늘"[30]을 어렴풋이 알고 있는, 나이가 지긋한 늙은이의 일상적인 고통을 둘러싸고 있다. 킨보트는 놀라울 정도로 자아도취적인 인물이며, 자신이 (꿈속에서가 아닌 한) 매우 냉혹하다는 것을 알고 있지만 셰이드보다는 상상력이 풍부한 사람이다. 어쨌든 정신병자는 우리들보다 훨씬 상상력이 풍부

---

30 끔찍하긴 하지만, 「창백한 불꽃」의 서문에서 킨보트가 다음과 같이 말하고 있는 것은 전적으로 옳다. "내 주석 없이 셰이드의 시만으로는 어떤 인간적인 사실성도 갖지 못한다. 왜냐하면 셰이드의 시(자전적인 작품으로 보기에는 너무나 종잡을 수 없고 말을 아끼고 있다) 같은 작품이 갖는 인간적인 사실성은 (⋯) 저자와 주변 환경, 성향 등의 사실성에 전적으로 의존할 수밖에 없는데, 오직 나의 주석만이 이 사실성을 제공할 수 있기 때문이다. 이런 단언에 대해서 나의 친애하는 시인은 어쩌면 동의하지 않을지 모르나, 좋든 나쁘든 최후의 말을 하는 이는 바로 주석가이다." 나보코프는 자신이 무슨 말을 하는지 깨닫지 못하는 사람들의 입에 진리를 담는 것을 좋아한다. 『롤리타』의 서문("존 레이 주니어, 박사"가 쓴)은 이것의 또 다른 예이다.

하게 마련이다. 험버트와 킨보트를 통해서 나보코프는 두 명의 소시오 패스를 창조해냈다. 대부분의 실제 정신이상자와는 달리, 이들은 자기 자신의 역사를 써내려가고 있으며, 그 역사가 정상인에게 어떻게 들릴 것인지 정확하게 알면서 그런 역사 서술을 해내고 있다.

킨보트는 소년이나 영광에 대한 자신의 갈망에 영향을 미치는 모든 것에 대해 실로 대단한 호기심을 가지고 있다. 그는 그 밖의 다른 것에 대해서는 지루해하고 성가시게 생각한다. 그는 셰이드가 "젬블라의 영광"에 관해서나 킨보트의 명랑한 미소년들과 그의 비참한 부인에 관해서보다는 자기 딸의 죽음이나 자신의 결혼에 대한 기쁨에 관해서 주제넘게 쓰고 있다는 데 대해 분노하고 있다. 그러나 킨보트의 주석이 없다면 셰이드의 시는 단지 회한조의 시가 되었을 것이다. 시 자체를 기억할 수 있게 해주는 것은 시와 주석의 대위법이다. 다른 사람들에 대한 관심을 배제시킬 수밖에 없는 킨보트의 황홀경에 대한 무자비한 추구에 의해서 비로소 셰이드의 부드러움과 친절함은 눈에 띄게 된다. 만일 우리가 다른 사람의 놀랄 만한 무관심을 통해서 어떤 사람의 기쁨이나 고통에 대해 주목하게 되면, 그 기쁨이나 고통을 더 잘 알아챌 수 있을 것이다. 소작농의 비참함이 귀족의 유별난 소비에 의해서 두드러진다든가 흑인의 오두막집이 백인의 수영장에 의해서 눈에 띄게 되는 것과 마찬가지로, 셰이드의 딸의 죽음은 셰이드 자신의 기억보다는 그것을 안중에 두지 않는 킨보트의 태도에 의해서 더 생생해진다. 이 측면에서 다음과 같은 헤겔의 논점을 새겨들을 만하다. 즉 테제는 완전히 새롭고 빛나는 안티테제라는 반성 즉 창백한 불꽃을 잡아내지 못하는 한, 약간의 시간이 흐른 뒤에는 우리의 주목에서 벗어날 수 있다는 것이다.

이 논점을 나보코프가 칭찬을 할 때 쓰기 좋아하는 표현으로 바꾸어보면, 킨보트는 셰이드보다 잔인하기 때문에 더 냉정하고 차가우며 그래서 더 나은 작가라는 것이다. 셰이드의 시구는 그 자신의 고백에 의하면, 빙점氷點 위에서 쓰인 것이다. 그의 시에서 셰이드는 문학비평가들 사이에서 자신의 명성이 언제나 로버트 프로스트Robert Frost의 명성 배후에 있는 "하나의 질퍽한 발자국"이라고 말하고 있다. 킨보트는 이번에는 셰이드의 관심을 존중하는 주석을 달고 있으며, 다음과 같이 말할 때 나보코프를 대변하고 있다. "시의 온도계에서는 높은 것은 낮은 것이고 낮은 것은 높은 것이기에, 완전한 결정화가 일어나는 온도는 미적지근한 재능이 나타내는 온도보다 높다."(*Pale Fire*, p. 136)[31]

31 킨보트가 프로스트의 「눈 내리는 저녁 숲가에 서서」(Stopping by Wood on a Snowy Evening)를 칭찬하면서, "존 셰이드는 뛰어난 재능에도 불구하고 **그의** 눈송이를 결코 그런 방식으로 안착시키지는 못했다"라고 말했을 때 그것이 나보코프를 대변하고 있는 것인지는 확신할 수 없다. 그러나 나보코프가 킨보트로 하여금 프로스트를 칭찬하는 데 다소 미심쩍은 용어를("미국 소년이라면 누구나 외우는 시") 사용하도록 하고 있음에도 불구하고, 나는 나보코프가 프로스트만큼 시를 쓸 수 없다는 것, 따라서 셰이드 역시 그렇다는 것을 그 스스로 잘 알고 있지 않았나 하는 생각을 한다.

어쨌거나 나보코프는 결정화(crystallization)라는 메타포를 매우 좋아했다. 결정체(crystal)는 유동성(fluidity)과는 다른 존재 상태로, 거기서 투명함은 사라지고 때로는 그 대신에 무지갯빛과 같은 변화가 나타난다. 그러나 결정체들은 인위적일 수밖에 없으며, 흔히 눈송이들이 그렇다고 여겨지듯이 반복 불가능한 것이다. 그라두스가 일반 개념밖에 파악할 수 없다는 사실은 그가 여행 도중에 가격을 물어본 "보라색 유리로 만든 작은 하마"(*Pale Fire*, p. 169)와 "크리스털로 만든 작은 기린"(p. 132)처럼 동질적이고 투명한 것들 이외의 다른 유리 세공품을 좋아하지 못한다는 사실과 대응하고 있다. 킨보트는 마르크스주의가 국가 종교가 될 때 취하게 되는 형태를 다음과 같이 매우 멋지게 서술한다. "오늘날 러시아에서 사상이란 기계로 재단한 단색 벽돌이다. 미묘한 차이는 금지되었으며, 간격은 봉쇄되었고, 굴곡은 모조리 짓밟히고 있다." 따라서 다음과 같이 생각해도 괜찮다고 보이는데, 그라두스는 하마나 기린 세공품이 실물과 꼭 닮았다는 점에서, 즉 그 동물들에 대한 관습적 표상을 투명하게 재현한 것에 매우 가깝다는 점에서 감탄하고 있다는 것이다.

킨보트는 셰이드가 여기서 달성한 것을 이해하고 있다. 한 창조자의 두 측면인 만큼, 셰이드와 킨보트는 많은 점을 공유하고 있기 때문이다. 셰이드는 이 점을 깨닫고 있다. 킨보트는 잔인하긴 하지만, 육체적으로 난폭할 정도로 천박하지는 않다. 그리고 셰이드에게 있어서 이것은 중요한 문제이다(p. 145). "자만, 정욕, 나태가 없었다면 시는 결코 탄생할 수 없었을 것이다"(p. 150)라고 하는 셰이드의 지식은 킨보트의 망상에 대해 관대한 태도를 취하게 한다. 그러나 그는 결코 신체적인 피해를 입히는 사람에 대해서는 그런 태도를 취하지 않았을 것이다. 그는 킨보트를 스위프트나 보들레르처럼 몸이 망가지기에 앞서 마음의 병을 얻은 동료 예술가로 생각한다(p. 111). 킨보트와 셰이드는 피에르 씨, 그라두스, 파둑 등의 폭군이나 바보에 대해 같은 생각을 하고 있다. 그들은 이런 사람들의 무자비함이 근본적인 천박함에서 유래한다고 생각한다. 이 천박함이란 어떤 특정한 나비, 낱말, 사람이 아니라 일반 개념에 사로잡혀 있는 것이다.

그러나 킨보트가 일반적인 측면에서는 일반 개념의 위험성에 대해 인식하고 있었다 하더라도, 막상 그 자신은 아주 좋지 않은 일반 개념을 가지고 있었던 반면, 셰이드는 일반 개념을 단호하게 물리칠 수 있었다.[32] 킨보트의 개념 중에서 가장 나쁜 것 중 하나는 다음과 같은 그의

---

[32] 일반 개념에 대한 이런 식의 단호한 거부는 「창백한 불꽃」의 구절에서 나타난다. 여기서 셰이드는 영혼 불멸, 특히 죽은 딸의 영혼 불멸에 대한 관심을 "허튼소리"라고 말하며 포기한다. 자기가 발견했다고 생각한 불멸성의 증거가 오식에 의한 것임을 알고 나서, 그는 다음과 같이 쓰고 있다(806-815행).

> 그러나 문득 깨닫게 되었다
> **이것이** 진정한 요점이며 대위법적 주제임을

신념을 대변하는 탐미주의이다. 즉 개별 시인의 삶 속에 나타나는 우연성으로부터 자유롭게 떠다니는 실질적 능력인 "문학적 기교"나 "시적인 재능"과 같은 것이 있다는 신념이다. 이것이 바로 그가 불멸성을 얻기 위해 필요한 것은 좋은 시인을 찾아서 자신에 관한 모든 것을 시인에게 말해주고, 불멸의 운문을 통해 영광을 얻기를 기다리는 것뿐이라고 생각한 이유이다. 그는 셰이드가 "젬블라의 영광과 그가 쓴 운문의 영광을 융합"(p. 144)할 것을 기대하고 있다. 셰이드가 그에게 말하고 있듯이, 그는 "우리가 낱말들을 마치 재주 부리는 벼룩처럼 다루어서 그것이 다른 벼룩들을 추동할 수 있다"(p. 144)고 생각하기 때문이다. 언어가 어떻게든 저자와 유리될 수 있다거나, 문학적 기교가 인간의 우연성, 특히 신성에 대한 저자의 우연적인 개념과는 독립적으로 작용하는 신적인

> 바로 이것이다. 텍스트가 아니라 텍스트의 질감, 꿈이 아니라
> 뒤죽박죽된 우연의 일치.
> 얄팍한 허튼소리가 아니라 의미의 그물망.
> 그렇다! 내가 삶 속에서 발견할 수 있다면 족하다
> 사슬고리(link)와 쌀먹이새(bobolink) 같은 일종의 유음어 유희를,
> 게임에서 상호 연관된 패턴을 (…)

셰이드는 우연성에 대한, 즉 어떤 명령적인 힘의 부재(혹은 같은 말이겠지만, 철저한 불가해성)에 대한 예술가의 인식이 그런 힘의 참된 이름이나 본질을 발견했다고 믿는 종교적 혹은 도덕철학적 주장보다 바람직하다고 결정짓는다. 이와는 대조적으로, 킨보트가 셰이드에게 "암호"를 요구하고 "연민"을 얻게 되는 대목에서 일반 개념에 대한 취미(킨보트는 자신이 그라두스와 이를 공유하고 있음을 깨닫지 못한다)가 등장한다. 셰이드가 그런 암호를 신학적으로 지지하는 일을 거부했을 때, 킨보트는 다음과 같이 말한다. "이제야 당신 말을 알겠어요, 존. 하지만 일단 우리가 우리 개개인의 내세를 계획하고 주관하는 '더 고차적인 지성'을 부인하게 되면, 우리는 영원에까지 미치는 '우연'이라는 말할 수 없이 끔찍한 개념을 받아들여야 해요."(p. 151) 이것이 바로 방금 인용한 시구에서 셰이드가 받아들인 개념이다. 이 개념의 효과는 험버트가 "언어예술이라는 지극히 국소적인 증상 완화제"라고 부른 것에 의해서 완화될 수 있을 뿐이다.

힘이라는 등의 생각은 나쁜 의미의 "탐미주의"의 뿌리이다. 여기서 나쁜 의미란 바로 미학이 내용과 삶의 문제라기보다는 형식과 언어의 문제라고 보는 것을 말한다. 소설가로서의 나보코프는 비록 이론가로서의 나보코프가 자신의 실천에 대해 더 나은 설명을 생각해내지 못했다 해도, 이런 의미의 탐미주의자가 되는 것에는 관심이 없었다.

나보코프는 종종 이런 나쁜 의미의 탐미주의자로 읽힌다. 특히 그는 언어가 스스로 작용한다는 기이한 바르트적 관점에 뿌리를 두고 그런 관점을 예시하는 사람으로 읽힌다.[33] 이론가이자 일반 개념의 사용자로서의 나보코프는 그런 독해를 고무할 것이다. 그러나 그런 독해는 내가 보기에 나보코프 최고의 실천을 통해서 분명히 표현되는 요점을 무시하는 것이다. 즉 나보코프의 요점은 우리 자신이나 다른 사람을 위해서 우리가 무엇을 해야 하는가에 대한 우리의 느낌과 관련 있는 일만이 미학적으로 유용하다는 것이다.

우리는 소설, 희곡, 시의 요점이 인간의 감정이나 상황을 "정확하게" 표상하는 것이 아니라는 바르트와 그의 동료 텍스트주의자들의 생각에 동의하면서도 방금 말한 나보코프의 생각을 긍정할 수 있다. 아무런 기준도 없이 예측 불가능하게 낱말을 사용하는 문학예술은 그야말로 표상의 정확성을 통해서는 측정될 수 없다. 그런 정확성은 관례를 따

---

33 데이비드 램프턴(David Rampton)과 엘런 파이퍼(Ellen Pifer)는 그런 식의 독해들을 상당히 인용하고 그에 대해 개탄하면서, 그리고 나보코프의 "도덕적" 측면을 강조하면서 나보코프에 대한 그들의 탁월한 수정주의적 저작을 시작하고 있다. 나는 그들의 저작에서, 특히 『재능』에 대한 램프턴의 논의에서 많은 것을 배웠다. 램프턴의 *Vladimir Nabokov: A Critical Study of the Novels* (Cambridge: Cambridge University Press, 1984)와 파이퍼의 *Nabokov and the Novel* (Cambridge, Mass.: Havard University Press, 1980)을 참조할 것.

르는 문제이며, 글을 잘 쓰는 것의 요점은 바로 관례라는 껍데기를 부수는 것이기 때문이다. 그러나 문학의 장점이 널리 쓰이는 마지막 어휘를 강화하는 데 있는 것이 아니며, 우리가 이미 알고 있었지만 만족스럽게 표현하지 못했던 것을 우리에게 말해주는 데 있는 것도 아니라는 사실로 인해서, 문학 언어가 언제나 일상 언어, 특히 일상적인 도덕 언어에 기생한다는 사실이 간과되어서는 안 된다. 한 걸음 더 나아가, 문학적 관심은 언제나 도덕적 관심에 기생할 것이라고 말할 수 있다. 특히 독자들이 어떻게 행동해야 하는가에 대한 제안을 하지 않고서는 기억할 만한 주인공을 창조해낼 수 없을 것이다.[34]

/

나보코프의 대한 나의 독해는 다음과 같이 요약해볼 수 있다. 나보코프는 "작가"의 역할에 대한 몇 가지 일반 개념을 사용함으로써 그의 아버지의 기획을 배신했다는 비난에 대해 자신을 옹호하고자 했다. 이 개념들은 그의 특별한 재능과 죽음에 대한 그의 특별한 두려움을 작가의 역할과 연결시켜주는 개념들이다. 이를 통해 그는 특별한 엘리트에 관한

---

34 험버트와 킨보트를 친친나트나 반 빈보다 더 분명하고 더 기억할 만한 인물로 여기게 되는 것은 그들이 처한 상황이 우리에게 더 그럴듯하고 거리낌 없이 다가오기 때문이며, 그들이 자신만의 망상이나 (피에르 씨나 아다 같은) 다른 몽상가들의 망상에 빠져 있기보다는 (롤리타나 셰이드 같은) 정상적인 사람들과 상호작용하기 때문이다. 친친나트는 셰이드처럼 동정을 불러일으키며 반 빈은 험버트처럼 혐오스럽지만, 그들은 덜 구체적인 방식으로 따라서 도덕적으로 덜 유용한 방식으로 나타난다. 소설 속에 등장하는 주인공이 얼마나 구체적이냐 하는 문제는 독자가 자신의 삶에서 벗어나 유비적으로 상상할 수 있는 상황 속에 그 주인공이 어느 정도로 깊숙이 개입되어 있느냐 하는 문제이다.

사적인 신화를 창조해낼 수 있었다. 여기서 말하는 특별한 엘리트란 이미지를 떠올리는 능력이 탁월하며, 결코 살인을 하지 않고, 부드러움과 황홀경을 종합한 삶을 살며, 문학적으로 불멸일 뿐 아니라 실제로도 그럴 것으로 생각되며, 그리고 그의 부친과는 달리, 일반 복지를 위한 일반 척도에 관한 일반 개념을 신뢰하지 않는 예술가를 말한다. 나보코프는 바로 이 신화를 통해 헛되이 디킨스를 끌어안으려고 했다. 그리고 이 신화는 인간의 고통을 경감시키기 위해 그가 한 일이 무엇이냐는 질문을 받거나 스스로에게 그와 같은 질문을 던질 때마다 의지하곤 했던 신화이다. 그러나 나보코프는 또한 자신의 재능과 일반적인 예술적 재능이 연민이나 친절함과 어떤 특별한 연관성도 갖지 못하며, "세계를 창조"[35]할 수도 없다는 사실을 완벽하게 알고 있었다. 그는 존 셰이드가 그랬듯이 그런 재능을 가지고 할 수 있는 일은 이 세계에 대한 자신의 관계를 정리해내는 일이라는 것을 잘 알고 있었다. 여기서 이 세계란 셰이드의 딸이나 조 소년처럼 추하고 재능 없는 아이들이 굴욕을 당하고 죽게 되는 세계를 말한다. 나보코프 최고의 소설은 자신의 일반 개념을 그 자신이 믿을 수 없다는 것을 드러내 보여주는 소설이다.

---

[35] 나보코프는 이런 세계-창조의 개념을 계속 반복해서 사용하고 있다. 데이비드 브로미치(David Bromwich)의 "Why Writers Do Not Create Their Own Worlds"(in *A Choice of Inheritance: Self and Community from Edmund Burke to Robert Frost* [Cambridge, Mass.: Harvard University Press, 1989])는 이런 메타포의 약점을 설명하고 있다. 브롬위치는 이런 메타포가 칸트로 되돌아가며, 형식과 내용에 대한 좋지 않은 칸트식의 구분에 기생하고 있다고 본다.

8장

유럽의 마지막 지성인:
잔인성에 대한 오웰의 견해

오웰의 마지막 두 소설은 나보코프가 "시사적인 쓰레기"라고 생각한 것의 좋은 사례이다. 왜냐하면 오웰의 두 소설이 갖는 중요성은 커다란 실천적 차이를 만들어내는 데서 결과하는 것이기 때문이다. 오웰이 『동물농장』과 『1984』를 쓰지 않았다면, 오늘날 우리가 그의 에세이를 읽고 감탄하거나 그의 전기를 학습하거나 도덕적 숙고에 관한 그의 어휘를 우리 자신의 어휘로 통합하려 하지도 않았을 것이다. 『롤리타』와 『창백한 불꽃』은 스스로를 험버트나 킨보트와 동일시하는 재능 있고 강박적인 독자가 있는 한 살아남을 것이다. 그러나 『1984』에 대해서 누구보다도 먼저 탁월한 논평을 써냈던 어빙 하우Irving Howe조차도, 오웰이 "그 자신의 시대를 위해 가장 의미 있는 삶을 산"[1] 작가 중의 한 사람임을 인

---

1   하우는 계속해서 다음과 같이 말하고 있다. "그런 작가들은 아마도 그들의 시대를 넘기지 못할 것이다. 동시대인들에게 그들을 그렇게 소중하고 사랑스러운 존재로 만들어주는 것, 즉 극도의 시사성과 극도의 부드러움의 그러한 조합이 위대한 예술로 인도하는 성질은 아닌 것 같기 때문이다. 그렇지만 실로네(Ignazio Silone)나 오웰이 오늘날 우리 시대의 많은 사람들에 대해 그들이 가지고 있는 중요성을 미래에는 상실할 수도 있다는 가능성은 우리에

정하고 있다.

오웰 최고의 소설은 우리가 오웰이 했던 것처럼 20세기 정치를 서술하려 할 때만 폭넓게 읽힐 것이다. 그것이 얼마나 오래 지속될 것이냐 하는 것은 우리의 정치적 미래가 갖는 우연성에 달려 있다. 즉 미래에는 어떤 종류의 사람들이 우리를 되돌아볼 것인가, 다음 세기의 사건들이 어떻게 우리 시대를 반영할 것인가, 볼셰비키 혁명, 냉전, 미국의 짧은 패권, 브라질과 중국 같은 나라의 역할에 대해 사람들이 어떻게 서술하기로 결정할 것인가 등의 문제에 좌우될 것이다. 오웰은 우리 세기를 다음과 같은 시기로 생각했다. "인간 평등이 기술적으로 가능해졌으며", 그와 동시에,

> (…) 수백 년 동안 폐기되었던 몇 가지 일들, 즉 재판 없는 투옥, 전쟁 포로를 노예로 부리는 일, 공개 처형, 자백을 이끌어내기 위한 고문, 인질의 이용, 전 주민의 강제 이동 등이 다시 예삿일로 되어버렸을 뿐 아니라, 스스로 교양 있고 진보적이라고 생각하는 사람들에게까지 묵인되고 옹호되기도 했다.[2]

게 문제가 되지 않는다. 우리는 그들이 우리를 위해 무슨 일을 하는지 알고 있으며, 아무리 위대하다 하더라도 다른 작가들은 그런 일을 할 수 없다는 것을 알고 있다."("1984: History as Nightmare," in *Twentieth Century Interpretations of 1984*, ed. Samuel Hynes [Englewood Cliffs, N.J.: Prentice-Hall, 1971], p. 53)

2 *The Penguin Complete Novels of George Orwell* (Harmondsworth: Penguin, 1983), p. 861. 앞으로 인용할 『1984』는 이 판을 사용할 것이며 페이지 수는 괄호 안에 표시하겠다. 이런 행위들이 19세기에는 유럽이 아닌 아프리카나 아시아에서도 흔히 일어났다는 사실에 주목하라. 그러나 오웰은 유럽에 대해서 말하고 있다. 나 역시 이 책에서 그렇게 하고 있듯이, 오웰은 의식적으로 지방적이며 자신이 알고 있는 특정한 종류의 사람들과 그들의 도덕적 상황에 대해서 쓰고 있다. 『1984』의 가제는 『유럽의 마지막 인간』(*The Last Man in Europe*)이었다.

우리 세기에 대한 이런 서술이 언젠가는 시야가 좁다거나 근시안적인 것으로 보일 수도 있을 것이다. 그렇게 되면, 오웰은 그가 충분히 이해하지 못한 악을 통렬히 비난한 것으로 보일 것이다. 우리 후손들은 우리가 스위프트를 읽듯이 오웰을 읽게 될 것이다. 다시 말해 인간의 자유를 위해 헌신했다는 점에서 그를 존경하긴 하겠지만, 정치 성향에 대한 그의 분류나 도덕적·정치적 숙고에 관한 그의 어휘를 채택하려 하지는 않을 것이다. 오웰에 대한 오늘날의 몇몇 좌파 비판가들(예를 들어 크리스토퍼 노리스 등)은 우리가 **이미** 오웰을 좁은 시야를 가진 근시안적 인물로 보고 있다고 생각한다. 그들은 오웰이 주의를 환기시켰던 사실들이 이미 그들이 전혀 다르게 보고 있는 문맥 속에 놓여 있다고 생각한다. 노리스와는 달리, 나는 우리가 더 나은 대안적 문맥을 가지고 있다고 생각하지 않는다. 오웰이 마지막 작품을 저술한 지 40년이 지났지만, 내가 아는 한 그 누구도 우리가 직면한 정치적 대안들을 정리해낼 더 나은 방법을 내놓지 못했다. 탐욕스럽고 멍청한 보수주의자에 대한 초기 오웰의 경고를 공산주의 독재에 대한 후기 오웰의 경고와 결합시켜보면, 우리의 정치적 상황에 대한 그의 서술은 당면한 위험과 선택에 대처하기 위해 우리가 현재 가지고 있는 그 어떤 도구만큼이나 유용한 것으로 남아 있다.

　나보코프는 이런 식의 부득이한 일시적 유용성을 목표로 하는 것이 소위 "작가"라는 인물에게 있어서 본질적인 재능의 결여를 나타내는 것이거나 그런 재능을 낭비하는 것이라고 생각했다. 오웰 역시 "작가"라는 신화적 인물에 대해 생각하긴 했지만, 나보코프와는 정반대의 입장이었다. 나는 7장에서 우리가 이 두 관점을 모두 배제할 것이라고 말한 바 있다. 작가마다 서로 다른 일을 하고 싶어 하기 마련이다. 프루스트는 자율성과 아름다움을 원했고, 니체와 하이데거는 자율성과 숭고함을 원했으며, 나보코프는 아름다움과 자기보존을 원했다. 그리고 오웰은 고통받는 사람들에게 도움이 되기를 원했다. 그들은 모두 성공했다. 그들 각자는 모두 **동등하게** 화려한 성공을 거두었다.

　오웰이 성공한 것은 시의적절한 책을 썼기 때문이었다. 특정한 역사적 우연성에 대한 그의 서술은 자유주의 정치의 미래를 바꾸기 위해 필요한 것임이 밝혀졌다. 그는 영국과 미국의 자유주의 지성인들에게 나보코프가 즐겨 "볼셰비키 선전문"이라고 부른 것의 위력을 무력화해서 보여주었다. 그는 우리로 하여금 프랑스의 논객들보다 20년을 앞서가게 했다. 프랑스의 논객들은 『수용소 군도』*The Gulag Archipelago*가 나온 다음에야 비로소 철의 장막 뒤에서 전개되는 사태가 더 나아질 것이라는 확신이 자유주의의 희망과 무관하다고 생각하기 시작했고, 자본가에 맞서 연대하기 위해 공산주의 독재정치의 행태를 외면할 필요는 없다고 생각하기 시작했다. 나보코프가 사적인 기쁨의 추구에 의해서 발생하는 작은 규모의 잔인성이 언제나 있을 수 있다는 사실에 대한 독자의 감수성을 일깨워 주었다고 한다면, 오웰은 독자로 하여금 특정 집단에 의해서 유포되는 잔인성에 대한 구실을 알아차리게 했다. 여기서 말하는 구실이란 찬란한 성공을 거둔 범죄 집단과 결탁한 지식인들이 사용하는 "인간 평등"이라는 레토릭이다.

　우리로 하여금 이런 구실을 알아차리게 하고, 소련을 재서술함으로써 제2차 세계대전 이후의 정치 상황을 재서술한 것은 오웰의 위대한 실천적 업적이라 할 수 있다. 어빙 하우가 『동물농장』과 『1984』의 3분

348

의 2에 해당하는 전반부에 대해 평하면서 "극도의 시사성과 극도의 부드러움"의 조합이라고 말한 내용은 이런 제한적이고 실천적인 목표를 달성하기에 충분했다. 그러나 『1984』의 마지막 3분의 1에 해당하는 부분에서 우리는 조금 다른 어떤 것, 즉 시사적이지도 않고 현실을 묘사하기보다는 장래를 내다보는 듯한 부분을 접하게 된다. 윈스턴과 줄리아가 오브라이언의 아파트를 찾아간 이후로, 『1984』는 20세기 전체주의 국가가 아니라 오브라이언에 관한 책이 된다. 『1984』의 이 부분은 『과두 집산주의의 이론과 실제』(오브라이언이 공저자로 되어 있는)라는 책의 인용과, 윈스턴이 간단히 총살당하는 대신 왜 고문을 받을 수밖에 없었는가에 대한 오브라이언의 설명("고문의 목적은 고문이다")을 중심으로 하고 있다. 이것은 하우가 말하는 "포스트전체주의"의 비전이다.[3] 이 부분은 더 이상 세계에서 현재 벌어지고 있는 일에 대해 경고하는 것이 아니라, 언젠가 일어날지 모를 일을 예증해줄 인물을 창조해내고 있다. 작은 범죄 집단이 현대 국가를 통제할 수 있고, 그들이 현대 기술의 힘을 빌려 영원히 통제해 나갈 수도 있다는 생각을 제시한 것은 오웰이 처음은 아니다. 그러나 자유주의 이념이 실현 가능한 인류의 미래와 관련이 없다는 사실이 일단 분명해진 상황에서, 그런 국가에 속한 지성인이 자기 자신을 어떻게 생각할 것인가 하는 문제에 대해 질문을 던진 것은 오웰이 처음이었다. 오브라이언은 그 질문에 대한 그의 대답이다.

나는 오웰의 후기 두 작품에서 행해지고 있는 두 가지 작업, 즉 소

---

3 하우는 다음과 같이 말한다. "『1984』의 세계가 우리가 아는 전체주의 세계가 **아니라**, 전체주의가 세계를 제패한 이후의 전체주의 세계라는 점에 주목하는 것이 대단히 중요하다. 엄밀히 말해서, 오세아니아 사회는 포스트전체주의 사회라고 부를 수 있을 것이다."(p. 53)

련을 재서술하는 일과 오브라이언을 만들어내는 일을 서로 분리해서 논하고자 한다. 첫 번째 작업부터 살펴보고 나서 오브라이언은 나중에 다루기로 하겠다. 오웰을 예찬하는 사람들은 종종 그가 우리에게 명백한 진리, 즉 "2 더하기 2는 4"와 같은 분명한 도덕적 진리를 상기시킴으로써 재서술 작업을 완수했다고 주장한다. 그러나 그들은 오웰의 두 번째 업적에 대해서는 종종 못마땅해 하며, 하우가 말하고 있듯이, 『1984』의 "묵시론적 절망"을 도외시하려 하고 그 대신에 "[오웰의] 인간성과 그의 '선함'을 칭송하려는" 경향을 보인다.[4] 이것은 오웰이 실제로 특별한 업적을 쌓은 작가가 아니며 미흡한 예술적 재능을 자신의 선함으로 보충했다는 식의 주장과 일치한다. 예를 들어 라이어널 트릴링Lionel Trilling은 다음과 같이 말하고 있다. "오웰의 타고난 재능은 아마도 선천적인 것은 아니었던 것 같다. 그의 재능은 가급적이면 겸손하려 했던 그의 성격에 기인하고 있다. 이런 성격은 도덕적으로 중심이 잡혀 있다는 식으로도 서술될 수 있겠는데, 이것은 도덕적이고 정치적인 사실에 대해 직접적으로 관련을 맺는 성격을 뜻한다."[5]

오웰 스스로 트릴링과 같은 말을 하고 있다. 「나는 왜 쓰는가」라는

---

4 "영국에서는 공공연하게, 미국에서는 좀 더 조심스럽게 오웰의 업적을 평가절하고자 하는 지식인들의 목소리가 대두되고 있다. 이런 요구는 때때로 그의 인간성과 '선함'에 대한 칭송으로 가장하고 나오는 경우가 있다. 그들은 그 책의 묵시론적 절망 앞에서 당혹감을 느끼며, 그것이 다소 과장되었거나 지나치게 심각한 것이 아닌가 하고 생각하기 시작한다. 심지어 그들 중에는 그 책이 임종을 맞은 사람의 히스테리와 관련 있는 것은 아닌가 하는 의심을 하는 사람도 있다. 그 책을 던져버릴 수만 있다면, 우리 모두가 더 마음 편하게 되리라는 것 역시 부정할 수 없다."(p. 42)

5 Trilling, "Orwell on the Future," in *Twentieth Century Interpretation of 1984*, ed. Hynes, p. 24.

글의 마지막 부분에서 오웰이 다음과 같이 말하는 구절은 자주 인용된다. "자신의 개성을 지우려는 노력을 끊임없이 하지 않고서는 읽힐 만한 글을 쓸 수 없다. 좋은 산문은 유리창과 같다."[6] 같은 에세이의 앞부분에서 그는 책을 쓰기 위한 네 가지 동기 중 하나로서 "역사적 충동"을 말하고 있다. 이것은 다음과 같이 정의된다. "사물을 있는 그대로 보고, 참된 사실을 알아내서 그것을 후세가 이용할 수 있도록 보존하고자 하는 욕구이다."(*CEJL*, I, 4) 이 구절과 오웰의 에세이들에서 나오는 비슷한 구절들은 종종 『1984』의 다음 구절과 함께 독해된다.

> 당은 눈과 귀의 증거를 버리라고 요구했다. 그것은 당의 최종적이며 가장 본질적인 명령이었다. [윈스턴은] 자신에게 맞서 있는 강력한 권력을 생각하자 가슴이 덜컹 내려앉았다. 당의 어떤 지식인이라도 논쟁을 벌여 그를 손쉽게 굴복시키고 말 것이었다. (…) 그러나 그가 옳았다! (…) 명백한 것, 순박한 것, 그리고 진실한 것은 지켜져야만 했다. 자명한 것은 진실하며 그것은 사수되어야 한다! 견고한 세계가 존재하며 그 세계의 법칙은 변하지 않는다. 돌은 단단하고, 물은 축축하며, 허공에 뜬 물체는 지구 중심을 향해 떨어진다. [윈스턴은] 오브라이언에게 말하는 느낌으로, 또한 중요한 공리를 세우는 느낌으로 다음과 같이 쓰기 시작했다. "자유란 2 더하기 2는 4라고 말할 수 있는 자유이다. 만일 이런 자유가 허용된다면, 다른 모든 것은 이에 따라올 것이다." (p. 790)

---

6 *The Collected Essays, Journalism and Letters of George Orwell*, I, 7. 이후부터 인용 표시는 *CEJL*로 하겠음.

이 구절들(그리고 이와 유사한 구절들)[7]을 강조함으로써 많은 주석가들은 오
웰이 우리에게 다음과 같이 말하려 하는 그 모든 교활한 지성인들에게
단호하게 반항하라고 가르치고 있다고 결론짓는다. 즉 그런 교활한 지
성인들은 진리가 "저 바깥에" 있지 않다고, 가능한 진리로 여겨지는 것
은 당신이 사용하는 어휘의 기능이며, 진리로 여겨지는 것은 당신이 가
진 신념의 기능이라고 말하려 한다는 것이다. 간단히 말해서 오웰은 실
재론적인 철학자로 독해되어왔으며, 그런 철학에 대한 세련된 아이러
니스트적 경멸에 반대해서 상식을 옹호하는 인물로 독해되어왔다.[8]

　　이런 독해에 의하면, 꾸며낸 현상과 있는 그대로의 실재 사이의 표
준적인 형이상학적 대립이 오웰의 사상 속에 나타나는 핵심적 대립이
다. 있는 그대로의 실재는 불투명한 나쁜 산문에 의해 그리고 불필요하
게 복잡한 나쁜 이론에 의해 모호해진다. 유리창에서 일단 먼지를 닦아
내면, 도덕적·정치적 상황에 대한 진리가 명확해질 것이다. 자신의 개
성(특히 자신의 원한감정, 가학증, 권력욕) 때문에 스스로 시야를 가리는 사람
만이 명백한 도덕적 사실을 파악하는 데 실패할 것이다. 그런 명백한 도
덕적 사실 가운데 하나는 고문하는 것보다 친절을 베푸는 것이 낫다는
것이다. 그처럼 명백한 도덕적 사실을 파악하는 데 실패한 사람들만이
교활한 철학적 책동(예를 들면 내가 1장에서 다룬 진리 정합설이나 전체론적 언어철

7　예를 들어 *CEJL*, III, 119.
8　예를 들어 새뮤얼 하인스(Samual Hynes)는 다음과 같이 『1984』의 도덕을 요약하고 있
다. "윈스턴 스미스의 신념은 2 더하기 2는 4와 같이 간단하다. 즉 과거는 고정되어 있으며,
사랑은 사적이고, 진리는 변하지 않는다. 이 모든 것은 인간의 능력에 한계를 설정하며, 변할
수 없는 것도 있다는 사실을 증명한다는 점에서 공통적이다. 이것은 정치를 뛰어넘는, 본질
적인 인간성의 요점이다."(Hynes, "Introduction" to *Twentieth Century Interpretations of 1984*,
ed. Hynes, p. 19)

학)을 통해서 명백한 인식론적·형이상학적 사실들을 회피하려고 할 것이다. 진리가 인간의 마음이나 언어로부터 "독립적"이라거나 중력이 인간의 사유양식에 대해 "상대적이지 않다"는 것 등이 그런 사실들이다.

이미 앞에서 제시한 이유로 인해 나는 명백한 도덕적 사실이 저 바깥 세계에 있다거나, 언어로부터 독립적인 진리가 있다거나, 고문이나 친절 중 어느 것이 더 낫다는 것을 주장할 중립적인 기반이 있다고는 생각하지 않는다. 그래서 나는 오웰에 대한 조금 다른 독해를 제안하고자 한다. 이것은 철학적 논증을 위해 그를 내 편으로 끌어오고자 하는 문제가 아니다. 오웰은 나보코프와 비교해볼 때 철학적 논증을 구성하는 기술이 더 나은 것도 아니고 그런 논증을 더 좋아하는 것도 아니다.[9] 오히려 이것은 오웰과 나보코프가 공통적으로 하고 있는 일, 즉 독자들로 하여금 그들이 알아채지 못했던 잔인성과 모욕의 사례를 감지하도록 하는 일이 현상을 벗겨내고 실재를 드러내는 일이라고 생각하는 것이 도움이 되지 않는다고 주장하는 것이다. 그들의 작업은 일어날 수 있거나 일어난 일에 대한 재서술로 생각하는 편이 더 낫다. 이런 재서술은 실재와 비교되는 것이 아니라 같은 사건에 대한 대안적 서술과 비교되어야 한다. 공산주의 독재의 사례에서 오웰과 솔제니친이 했던 일이 바로 우리 자유주의자들, 즉 잔인성이 우리가 행하는 가장 나쁜 짓이라고 생각하는 사람들에게 우리 세기의 정치적 역사를 서술할 수 있는 대안적 문맥과 대안적 관점을 제공하는 것이었다.

사르트르와 오웰이 1940년대 말의 역사와 관련하여 제시하고 있

---

9 오웰이 철학을 회피하고 있다는 점에 대해서는 Bernard Crick, *George Orwell: A Life* (Harmondsworth: Penguin, 1980), pp. 25, 305, 343, 506 참조. 또한 *CEJL*, III, 98 참조.

었던 두 가지 서술 사이에서 결단을 내리는 일은, 프레드릭 제임슨과 어빙 하우가 오늘날 우리의 정치 상황과 관련하여 제시하고 있는 두 가지 서술 사이에서 결단을 내리는 일과 마찬가지로, 견고하고 납득하기 힘든 사실에 직면하느냐 혹은 직면하기를 거부하느냐 하는 문제가 아니다. 또한 이데올로기에 의해 장님이 되느냐 혹은 그렇지 않느냐 하는 문제도 아니다. 그것은 대조적인 시나리오에 대해 어떤 시나리오를, 대안적인 기획에 대해 어떤 기획을, 재서술에 대해 어떤 서술을 맞붙여 보는 문제이다.

정치적 상황과 관련하여 우리의 마음을 변화시키는 재서술은 유리창과는 다르다. 오히려 그런 재서술은 매우 특별한 재능을 가진 작가가 시의적절한 방식으로 시의적절한 순간에 글을 씀으로써 발생하는 그런 종류의 것이다. 그가 좀 더 분명한 인식을 할 수 있었을 때, 오웰은 명백한 사실에 대한 투명성이라는 레토릭을 스스로 버렸으며, 자신이 그의 적대자, 즉 스탈린 옹호자들이 했던 것과 같은 **종류**의 일을 하고 있음을 깨달았다. 예를 들어 다음의 구절을 생각해보자.

"상상력이 풍부한" 글쓰기는 말하자면 전면을 깨뜨릴 수 없는 입장에 대한 측면 공격이다. "지적이지" 않은 어떤 것을 냉정하게 시도하는 작가는 낱말이 가진 일차적인 의미를 가지고서는 할 수 있는 일이 거의 없다. 그런 작가는 낱말을 교묘하게 완곡한 방식으로 사용함으로써 자신이 노린 효과를 얻을 수 있을 뿐이다. (CEJL, II, 19)

『동물농장』에서 사용된 오웰의 교묘한 방법은 어린아이에게 걸맞은 용어로 자신이 속한 세기의 정치적 역사를 다시 이야기함으로써 좌파 정치 논의의 매우 복합적이고 복잡한 성격을 입체적이고 해학적인 것으로 바꾸어놓는 것이었다. 이런 기교는 성공적이었다. 왜냐하면 스탈린과 히틀러의 중요한 차이를 파악하고자 하는 노력, 그리고 "사회주의", "자본주의", "파시즘"과 같은 용어를 이용해 최근의 정치적 역사를 지속적으로 분석하려는 노력이 어려워졌을 뿐 아니라 실행 불가능해졌기 때문이다. 토머스 쿤의 말을 빌리자면, 무수히 많은 주전원周轉圓을 추가할 것을 요구하는 변칙 사례가 천동설에 너무 많이 축적되었기에, 과도하게 확장된 구조의 오점을 정확히 골라내고 시의적절한 순간에 시의적절한 비판을 할 필요가 있게 된 것이다. 이런 식으로 『동물농장』은 자유주의적 여론을 바꿀 수 있었다. 『동물농장』이 힘을 가질 수 있었던 이유는 그것이 실재와 관련되어 있었기 때문이 아니라, 최근의 사건에 대한 가장 대중적인 대안적 서술과 관련되어 있었기 때문이었다. 그것은 전략적으로 배치된 지렛대였지, 거울이 아니었다.

트릴링 같은 예찬가들에게 오웰은 분명한 도덕적 현실에 대한 신선한 시야를 제공해주었다. 아이작 도이처Isaac Deutscher 같은 당시의 마르크스주의자나 크리스토퍼 노리스 같은 오늘날의 마르크스주의자에게 오웰은 기껏해야 단순한 심성을 가진 인물일 뿐이었다.[10] 내가 보기

10 마르크스주의자의 반응에 대한 예를 살펴보기 위해서는 오웰에 관한 아이작 도이처의 논의를 담은 "The Mysticism of Cruelty", in *Twentieth Century Interpretations of 1984*, ed. Hynes를 참조할 것. "변절자"라는 꼬리표를 나중에 사용한 것이라든가, 오웰이 철학을 충분히 알고 있었는지에 대한 그 밖의 의심을 살펴보기 위해서는 노리스의 "Language, Truth and Ideology: Orwell and the Post-War Left", in *Inside the Myth*, ed. Christopher Norris (London, 1984)를 참조할 것.

에 오웰의 마음은 투명하지도 단순하지도 않았다. 제2차 세계대전 이후의 정치 상황을 어떻게 서술할 것이냐 하는 것은 **분명하지도** 않았고, 지금도 여전히 그렇다. 유용한 정치적 서술은 마치 유용한 과학적 서술이 사건을 예측하고 통제할 수 있는 능력을 증대시켜주는 어휘로 되어 있듯이 "무엇을 할 것인가?" 하는 물음에 대한 대답을 제시해주는 어휘로 되어 있다. 하지만 오웰은 이와 같은 체르니셰프스키의 물음에 어떻게 대답해야 할지에 대해서 아무런 힌트도 주지 않았다. 그는 단지 그 물음에 답하려는 시도를 어떻게 하면 하지 **않을** 수 있는지, 어떤 어휘의 사용을 **중단**해야 하는지를 말했을 뿐이다. 그는 우리로 하여금 이전에 우리가 사용한 정치적 어휘가 현재의 정치 상황에는 적절치 않음을 확신시켰지만, 그렇다고 새로운 어휘를 제공해주지는 않았다. 그는 우리를 처음의 자리drawing board로 되돌아가게 했고, 우리는 여전히 그 자리에 있다. 그 누구도 인간 평등을 위한 거대하고 모호한 희망을 이 세상의 실제 권력 분배에 관련짓는 거대한 틀을 내놓지 못했다. 자본가들은 여전히 탐욕스럽고 근시안적이며, 공산주의 독재는 오웰이 말한 대로 (고르바초프가 우리를 놀라게 하기 전까지는) 냉소적이고 부패해 있다. 제3의 세력은 등장하지 않고 있으며, 신보수주의자들이나 포스트마르크스주의자들은 고작해야 향수병을 불러일으킬 뿐이다. 우리가 오웰을 근시안적이고 시야가 좁은 인물이었다고 회고할 수 있는 가능성은 안타깝게도 순전히 이론적으로 남아 있다. 그 누구도 오웰이 "인간 평등의 구체적 가능성"이라고 말한 것을 실현시킬 그럴듯한 시나리오를 제안하지 못했기 때문이다.

　제2차 세계대전 이전의 자유주의자들은 자신들이 그런 시나리오를 가지고 있다고 생각했다. 1930년대에는 오웰 자신도 그런 시나리오를 가지고 있다고 생각했다. 그러나 반복적으로 그의 예측이 잘못되었음이 입증되고, "마르크스주의 이론"이 러시아 정치의 도구로 사용됨으로써 자신의 세대가 바보였다는 것을 깨닫고, 또 제임스 버넘James Burnham 같은 사람의 냉소적인 예언에 싫증을 느끼게 됨에 따라, 오웰은 『동물농장』과 『1984』의 전반부 3분의 2를 쓰게 되었다. 이 책들은 우리를 도덕적 현실에 직면하게 함으로써가 아니라 우리가 더 이상 낡은 정치적 개념을 사용할 수 없다는 점, 그리고 우리가 사태를 자유주의적 희망으로 몰아가기 위해 이용할 만한 것을 아무것도 가지고 있지 않다는 점을 명확하게 보여줌으로써 고유한 의도를 달성했다. 오웰에게 퍼부어지고 있는 "마조히즘적 절망"이나 "냉소적 체념" 등의 온갖 비난은 누군가가 어떤 새로운 시나리오를 내놓기 전까지는 아무런 효과도 없을 것이다.

오웰이 우리를 처음의 자리로 되돌려놓은 것은 필요하고 유용하긴 했지만 부정적인 작업이었다. 그러나 오웰은 이런 부정적인 작업 이상의 일을 해냈다. 그것은 『1984』의 후반부 3분의 1, 즉 오브라이언에 관한 부분이다. 그는 거기서 **잘못된** 방향으로 나아간 대안적 시나리오를 스케치했다. 그는 인간 평등을 기술적으로 가능하게 만든 발전이 그와 동시에 영원한 노예상태를 가능하게 했을지도 모를 완벽히 좋은 기회가 있었다고 우리를 확신시켰다. 그의 이런 작업은 우리에게 다음과 같은 점을 확신시킴으로써 이루어졌다. 즉 진리의 본질이나 인간의 본성 또는 역사의 법칙 가운데 그 어떤 것도, 자유주의자들이 양대 전쟁 사이에 사용했던 낙관적 시나리오를 뒷받침하지 못하며 영원한 노예상태의 시나리오를 저지하지도 못한다는 것이다. 그는 그리스 철학과 근대 과학, 낭만주의 시를 만들었던 모든 지적이며 시적인 재능이 언젠가는 『1984』에 등장하는 '진리부'the Ministry of Truth에서 일자리를 찾게 될 수도 있다는 것을 우리에게 확신시켰다.

내가 보는 『1984』의 관점에서는 오웰은 오브라이언에 대해 아무런 **대답도** 가지고 있지 않으며, 대답을 내놓는 일에 관심을 가지고 있지도 않다. 니체와 마찬가지로 오브라이언은 "대답하고", 생각을 교환하고, 함께 이치를 따지는 일들을 모두 나약함의 징후로 간주한다. 오웰은 오브라이언을 주인공의 변증법적 거울로서, 현대판 트라시마코스로서 헌신하도록 만들지 않았다. 오웰은 마치 우리가 태풍이나 사나운 코끼리에 대해 경고하듯이, 오브라이언에 대해 우리가 경각심을 갖게 하기 위해 그를 발명한 것이다. 오웰은 철학적 입장을 설정하려는 것이 아니라, 다음과 같은 세 가지 질문에 답함으로써 구체적인 정치적 가능성을 신빙성 있게 구성해 보이고자 한다. "가능한 미래의 어느 시점에 속하는 지성인들은 스스로를 어떻게 서술할 것인가?" "그들은 스스로에 대해 무슨 일을 할 것인가?" "그들의 재능은 어떻게 활용될 것인가?" 그는 오브라이언이 잘못된 이론에 의해 미쳤다거나 그릇된 길에 들어섰다거나 타락했다고 보지 않으며, 도덕적 사실을 분간하지 못하는 인물이라고 생각하지도 않는다. 그는 오브라이언을 단순히 **위험**하고 **가능**한 인물로 볼 뿐이다. 소비에트 선전문을 불합리한 것으로 볼 수 있게 만든 첫 번째 업적에 덧붙여, 오웰의 두 번째 위대한 업적은 우리에게 오브라이언이 진정으로 가능한 인물이라는 점을 확신시켰다는 데 있다.

『1984』의 후반부에 대한 이러한 독해 방식이 억지로 꾸며낸 것은 아니라는 증거로서, 오웰이 1944년에 쓴 칼럼을 인용할 수 있다. 그 칼럼에서 오웰은 "전체주의가 확립되어 있지 않은 나라에서 지금 매우 널리 퍼져 있는 매우 위험한 오류"에 대해 자세히 분석하고 있다.

> 독재 정부 아래에서 **내면의** 자유를 누릴 수 있을 것이라고 믿는 것은 오류이다. (⋯) 인간이 자율적인 개인이라고 상상하는 것이야말로 최대의 오류이다. 무자비한 정부 아래에서 누릴 수 있으리라고 생각하는 비밀스러운 자유란 헛소리이다. 왜냐하면 당신의 생각은 전적으로 당신의 것이 아니기 때문이다. 철학자, 작가, 예술가, 심지어 과학자들조차도 격려와 지지자를 필요로 할 뿐 아니라, 다른 사람들로부터 끊임없이 자극받을 필요가 있다. (⋯) 표현의 자유를 제거하면, 창조적 능력은 고갈된다. *(CEJL*, III, 133)

이 구절은 내가 앞서 인용한 윈스턴의 일기 중 한 대목, 즉 "자유란 2 더하기 2는 4라고 말할 수 있는 자유이다. 만일 이런 자유가 허용된다면, 다른 모든 것은 이에 따라올 것이다"라고 결론짓고 있는 구절과 어떻게 맞물려 있을까? 이 두 구절은 모두 "2 더하기 2는 4"가 참이냐 아니냐 하는 것은 관건이 아니며, 더군다나 이 진리가 "주관적"이냐 아니면 "외적인 실재에 대응"하느냐 하는 것도 관건이 아니라고 말하는 것으로 볼 수 있다. 관건이 되는 것은 그것을 믿을 경우에 다치지 않고서 그렇다고 말할 수 있느냐 하는 것이다. 바꾸어 말해서, 관건이 되는 것은 당신에게 참인 것으로 보이는 것에 관해서 다른 사람에게 말할 수 있느냐 하는 것이지, 그것이 실제로 참이냐 하는 것은 아니다. 우리가 자유를 돌본다면, 진리는 스스로를 돌볼 수 있을 것이다. 우리가 우리의 마지막 어휘에 대해서 충분히 아이러니한 태도를 취한다면, 그리고 다른 모든 사람의 마지막 어휘에 대해서 충분히 호기심을 가지고 있다면, 우리는 도덕적 실재를 직접적으로 접촉할 수 있을지, 혹은 이데올로기에 의해 눈이 멀지 않을지, 혹은 "상대주의적으로" 허약해지지 않을지 걱정할 필요가 없을 것이다.

나는 **내면의** 자유나 "자율적인 개인"과 같은 것은 없다는 오웰의 주장을 "자유주의적 개인주의"에 대한 비판으로, 마르크스주의자를 포함하는 역사주의자가 제기한 비판으로 간주한다. 이것은 도덕적 준거점으로 이용할 수 있는 우리 각자의 심층적인 내면이나 공통적인 인간 본성, 내장된 인간 연대성 같은 것은 없다는 주장이다.[11] 사람들에게 사회화되어 있는 것, 즉 언어 사용 능력과 이를 통해 신념과 욕망을 서로 교환하는 능력을 제거하면 사람들에게는 어떤 도덕적 준거점도 남지 않는다. 오웰은 "계급 구분을 철폐한다는 것은 당신 자신의 일부를 없애버리는 것을 의미한다"고 말함으로써, 그리고 만일 그가 "계급의 틀 밖으로 나가면" 그는 "같은 사람으로 인식되기가 어렵다"고 덧붙임으로써 이 점을 강조했다. 사람이 된다는 것은 **특정한** 언어로 말한다는 것이다. 특정한 언어는 우리로 하여금 특정한 사람들과 함께 특정한 신념과 욕망을 논하게 해준다. 우리가 네안데르탈인, 고대 중국인, 이튼 사람, 서머힐 사람, 진리부 사람으로 사회화되느냐 그렇지 않느냐 하는 것은 역

---

11 덧붙이자면, 2 더하기 2는 4라는 등식에 관한 명석판명한 개념을 위한 준거점으로 이용할 수 있는 것도 존재하지 않는다는 것이다. 그러나 이것은 여기서 강조할 필요가 없는 수학적 진리의 "지위"에 관한 철학적 논쟁이다.

사적 우연성이다. 단순히 인간이라는 것에 의해 공통의 유대를 갖게 되지는 않는다. 왜냐하면 우리가 다른 모든 인간들과 공유하고 있는 것은 우리가 다른 모든 동물들과 공유하고 있는 것, 즉 고통을 느낄 수 있는 능력뿐이기 때문이다.

이 마지막 논점에 대응하는 한 가지 방식은 우리의 도덕적 어휘가 사람들뿐 아니라 동물들에게도 확장되어야 한다고 말하는 것이다. 더 나은 대응 방식은, 내가 4장에서 제시했듯이, 동물적인 고통에서 인간적인 고통을 구별시켜주는 어떤 것을 분리해내려고 노력하는 것이다. 바로 여기서 오브라이언이 등장한다. 오브라이언은 언어와 문화 속에서 사회화된 인간들이 다른 동물들에게는 없는 능력을 공유하고 있음을 상기시킨다. 인간들은 모두 어떤 특별한 종류의 고통을 당할 수 있다. 즉 그들을 사회화시킨 (혹은 스스로 만들었다는 데 대해 자부심을 갖고 있는) 언어와 신념의 특정 구조를 강제로 해체당함으로써 누구나 모욕을 느낄 수 있는 것이다. 더 구체적으로 말하면, "인간의 마음을 갈기갈기 찢어서 자신이 원하는 새로운 모양으로 다시 짜맞춘다"는 오브라이언의 소망을 충족시키는 데 인간은 활용될 수 있지만 동물은 그럴 수 없다.

일레인 스캐리Elaine Scarry는 『고통받는 몸: 세계를 창조하기와 파괴하기』*The Body in Pain: The Making and Unmaking of the World*에서 사디즘이 단순히 일반적인 고통보다는 모욕을 목표로 한다는 것을 상세히 밝힌 바 있다. 누군가에 대해서 당신이 할 수 있는 가장 나쁜 일은 그로 하여금 심한 고통으로 비명을 지르게 하는 것이 아니라, 그런 고통이 지나간 다음에도 그가 자신을 추스를 수 없게끔 그 고통을 이용하는 것이라는 주장이 스캐리가 전개한 논의의 결론이다. 그것은 그로 하여금 나중에 그 자신이 행한 일이나 생각한 일에 대면할 수 없을 정도의 일을 행하거나 말하게 하는 것이고, 가능하면 그런 일을 믿고 욕망하게 하고 또 생각하게 하는 것이다. 그럼으로써 당신은 그가 지금까지 그 자신을 서술하기 위해 사용해온 언어를 사용 불가능하게 함으로써 스캐리가 말하듯이 "그의 세계를 파괴"할 수 있다.

　이제 이 논점을 오브라이언이 윈스턴으로 하여금 2 더하기 2는 5라는 것을 믿게끔 한 데 적용해보도록 하자. 먼저, "유라시아 참모부와 내통한 러더포드"와는 달리, 오브라이언 자신은 그것을 믿지 않았다는 점에 주목하자. 윈스턴 자신도 철저히 짓밟히고 석방된 다음에는 그것을 믿지 않았다. 그것은 당의 강령도 아니었고, 그럴 수도 없었다. (오브라이언이 공저자로 되어 있는 『과두 집산주의의 이론과 실제』는 누군가 "총이나 비행기를 설계"하고 있을 때, 2 더하기 2는 4여야만 했다[*1984*, p. 858]는 점을 밝히고 있다.) 윈스턴으로 하여금 2 더하기 2는 5라는 것을 믿게 하는 데 있어서의 **유일한** 요점은 그를 파괴하는 것이다. 누군가로 하여금 아무 이유도 없이 어떤 신념을 부정하도록 하는 것은 그로 하여금 자아를 갖지 못하도록 하는 첫걸음이다. 왜냐하면 그는 신념과 욕망의 정합적인 그물망을 짤 수 없게 되기 때문이다. 이것은 정확히 말해 다음과 같은 의미에서 그를 비합리적으로 만든다. 즉 그는 자신이 가지고 있는 다른 신념들과 잘 맞아 떨어지는 자신의 신념에 대해 이유를 말할 수 없게 된다. 그는 실재와 접촉할 수 없다는 의미에서 비합리적인 인물이 되는 것이 아니라 더 이상 합리화할 수 없다는 의미에서, 즉 자신에 대해 자신을 정당화할 수 없다는 의미에서 비합리적인 인물이 되는 것이다.

　윈스턴으로 하여금 2 더하기 2는 5라고 믿게 하는 것은, 쥐들이 자기 얼굴보다는 **줄리아의 얼굴을 갉아먹었으면** 하고 바라게 하는 "파괴적인" 기능으로도 작용한다. 그러나 후자의 에피소드는 최종적이고 불가역적인 파괴라는 점에서 전자와 구별된다. 윈스턴은 이상한 상황 아래에서 2 더하기 2는 5라고 믿었던 한때의 신념을 자신의 성격이나 인생에 관한 이야기와 정합적으로 맞아떨어지게 할 수도 있을 것이다. 우리는 일시적인 불합리성을 가지고서도 이야기를 짜맞출 수 있다. 그러나 그가 쥐들이 줄리아의 얼굴을 갉아먹었으면 하고 원했던 한때의 신념은 그가 이야기 속에 짜맞출 수 있는 성질의 것이 아니다. 이것이 바로 오브라이언이 쥐들을 제일 좋은 자리에 모셔둔 이유이다. 그 자리에서 윈스턴은 자신이 산산이 조각나는 것을 목격해야 했고, 동시에 그가 그 조각들을 다시 주워 모을 수 없다는 사실을 직시해야 했다.

이제 2 더하기 2는 5가 아니라는 사실은 문제의 본질이 아니라는 나의 논점으로 되돌아가자. 중요한 것은 윈스턴이 그것을 상징적인 것으로 받아들이고 있고 오브라이언이 이 점을 알고 있다는 것이다. 만일 윈스턴을 파멸시킬 어떤 **진실**이 있었다면, 윈스턴으로 하여금 그 **진실**을 믿게 하는 것이 오브라이언의 의도에 부합했을 것이다. 줄리아가 (가짜 골동품상 채링턴 씨와 마찬가지로) 사상경찰에 오랫동안 몸담아온 인물이었다고 가정해보자. 그녀가 오브라이언으로부터 윈스턴을 유혹하도록 명령받았다고 생각해보자. 도저히 믿지 못할 몇 마디 말을 제외하고서는 아무 증거도 주지 않은 오브라이언이 윈스턴에게 이런 내용을 말했다고 가정해보자. 더 나아가 줄리아에 대한 윈스턴의 사랑이 다음과 같은 정도의 것이었다고 생각해보자. 즉 그로 하여금 2 더하기 2는 5라는 것을 믿게 할 수 있었던 것과 같은 고문만이 그로 하여금 줄리아가 오브라이언의 앞잡이였다는 것을 믿게 할 수 있었다고 말이다. 결과는 같을 것이다. 그리고 오브라이언에게 중요한 것은 결과뿐이다. 진위 여부는 중요치 않다.

오브라이언은 가능한 한 윈스턴에게 많은 고통을 안겨주고자 한다. 그리고 이런 의도에서 문제가 되는 것은 윈스턴으로 하여금 자신이 모순적인 인물이 되었다는 사실, 자신이 더 이상 언어를 사용할 수도 없고 자기 자신일 수도 없다는 사실을 강제로 깨닫게 하는 것이다. 우리는 "나는 잘못된 것을 믿**었다**"고 말할 수는 있지만, 그 누구도 자기 자신에게 "나는 바로 지금 잘못된 것을 믿고 있다"고 말할 수는 없다. 그래서 그 누구도 잘못된 것을 믿고 있는 순간에 모욕을 당할 수는 없으며, 단순히 잘못된 것을 믿었다는 사실로 인해서 모욕을 당할 수도 없다. 그러나 사람들은 고문자가 원하듯이 자기 자신에 대해 다음과 같이 소급적으로 말함으로써 극도의 모욕감을 경험할 수 있다. "나는 **이것**을 믿었거나 욕망했기 때문에, 나는 결코 내가 바란 대로, 내가 생각한 대로 될 수 없다. 내가 나 자신에 관해서 나에게 말해온 이야기, 즉 정직하거나 당당하거나 독실한 사람으로서의 나 자신에 대한 상像은 더 이상 의미가 없다. 나는 더 이상 의미 있는 자아를 갖지 못한다. 내가 나 자신을 살아 있는 것으로 그려낼 수 있는 세계는 존재하지 않는다. 왜냐하면 내가 나 자신에 관해 정합적인 이야기를 말할 수 있는 어휘가 없기 때문이다." 윈스턴에게 있어서 진심으로 발설한 후에는 자기 자신을 지킬 수 없었던 문장은 바로 "줄리아에게 그렇게 해!"라는 문장이었으며, 그에게는 우연히도 쥐가 세상에서 가장 나쁜 사물이었다. 그러나 우리들 각자도 어떤 문장에 대해, 그리고 어떤 사물에 대해 마찬가지로 그와 동일한 관계를 맺고 있을 것이다.

만일 우리가 바로 그 핵심 문장과 핵심 사물을 발견할 수 있다면, 우리는 오브라이언이 말하는 대로 마음을 갈기갈기 찢어서 우리 자신이 원하는 새로운 모양으로 다시 짜맞출 수 있을 것이다. 그러나 그 실행의 목적이 되는 것은 짜맞추기의 결과가 아니라 찢어지는 소리다. 문제가 되는 것은 파괴이다. 짜맞추기는 여분의 자극일 뿐이다. 예를 들어 윈스턴이 빅브라더를 사랑하게 될 때, 빅브라더가 사실상 사랑할 만한 인물이 아니라는 것은 문제가 되지 않는다. 여기서 문제가 되는 것은 빅브라더를 사랑하는 현재의 윈스턴이 줄리아를 사랑했고, 유리로 된 문진을 소중히 여겼으며, 러더포드의 결백을 입증하는 스크랩을 기억할 수 있었던 과거의 윈스턴으로 돌아갈 수 있는 길이 존재하지 않는다는 것이다. 윈스턴을 파괴하는 데 있어서 요점은 윈스턴으로 하여금 당의 생각과 같은 생각을 하도록 하는 것이 아니다. 내부당Inner Party이 혁명을 우려하기 때문에, 혹은 누군가 빅브라더를 사랑하지 않을 수도 있다는 생각이 거슬리기 때문에 윈스턴을 고문하는 것은 아니다. 내부당은 윈스턴에게 고통을 주기 위해서, 그리고 그렇게 함으로써 그 당원들, 특히 오브라이언의 기쁨을 증대시키기 위해서 윈스턴을 고문하는 것이다. 윈스턴에 대한 오브라이언의 장장 7년에 걸친 집중 연구의 유일한 목적은 궁극적으로 윈스턴에게서 풍부하고 복잡하며 섬세하고 흥미진진한 정신적 고통의 광경을 이끌어내는 것이었다. 밤나무 카페에 앉아 있는 동물[윈스턴]을 잠시 동안 살려두는 것의 유일한 요점은 텔레스크린에 "우거진 밤나무 아래에서 / 나 그대를 팔고, 그대 나를 팔았다네"라는 글귀가 나오는 동안에도 계속해서 고통을 느낄 수 있게 하는 데 있다. 고문은 사람들을 복종시키기 위한 것도 아니고, 거짓된 것을 믿게 하기 위한 것도 아니다. 오브라이언의 말을 빌리면, "고문의 목적은 고문이다."

포스트전체주의 문화 속에서 살고 있는 재능 있고 감수성 풍부한 지성인에게 이 문장은 "예술을 위한 예술"이나 "진리를 위한 진리"와 비슷하게 들린다. 왜냐하면 이제 고문만이 그런 사람들에게 유용한 예술형식이며 지적인 학문분야이기 때문이다. 이 문장은 『1984』의 핵심 문장이다. 그러나 이 문장은 또한 주석가들에게 가장 다루기 힘든 문장이었다. 많은 주석가들은 존 스트레이치John Strachey의 다음과 같은 의견에 동의해왔다.

> (⋯) 윈스턴과 줄리아가 어쩔 수 없이 사로잡히고 그들의 심문과 고문이 시작되는 순간부터 이 책은 수준이 떨어지기 시작한다. (⋯) 신체적 고문이라는 주제가 비록 오웰의 강박관념 중 하나였다는 것은 분명하지만, 그는 그 주제를 다룰 만한 자격이 없었다. 그는 우리 대부분이 그렇듯이 고문을 당해본 적이 없다. 이런 일을 개인적으로 경험해본 적이 없는 사람은 그것이 어떤 것인지 결코 알 수 없다고 추정해볼 수 있다.[12]

---

12 John Strachey, "The Strangled Cry," in *Twentieth Century Interpretations of 1984*, ed. Hynes, pp. 58-59. 나는 오웰의 다음과 같은 문장이 스트레이치에 대한 암묵적인 대답을 담고 있다고 생각한다. "파시즘을 가장 잘 이해시킬 수 있는 사람은 그 밑에서 고통을 받아온 사람이거나 파시스트적 성향을 갖고 있는 사람이다."(*CEJL*, II, 172) 오웰의 전기 작가는 오웰이 사디스트적 성향을 분출시켰다고 쓰고 있다. 이 점에 관해서는 특히 Crick, *George Orwell*, p. 275n과 pp. 504, 572 참조. 또한 Daphne Patai, *The Orwell Mystique: A Study in Male Ideology* (Amherst: University of Massachusetts Press, 1984) 참조. 파타이는 사디즘이 오웰의 성격을 이루는 중심에 매우 근접해 있었다고 주장한다. 나는 그녀의 주장을 전적으로

스트레이치가 말하는 마지막 요점에 대해서는 대답하기가 쉽다고 생각한다. 스트레이치가 간과하고 있는 것은 『1984』의 후반부 3분의 1에 해당하는 부분이 윈스턴에 관한 것이 아니라 오브라이언에 관한 것이라는 점, 즉 고문받는 것이 아니라 고문하는 것에 대해 다루고 있다는 점이다.

이런 점을 간과하는 것은 오웰을 윈스턴과 동일시하려는 자연스런 욕구의 귀결이다. 만일 우리가 이런 욕구에 굴복한다면, 내가 앞에서 인용한 구절, 즉 윈스턴이 2 더하기 2는 4라고 믿는 것의 중요성을 강조하고 있는 부분이 이 소설의 중심 부분이 될 것이다. 후반부 3분의 1에 해당하는 부분은 그저 히스테리적이고 불필요한 권말부록이 될 것이다. 내가 강조해온 부분, 즉 내부당 안에서 보면 세상이 어떻게 달라 보이는지에 관해 오브라이언이 말하고 있는 부분은 오브라이언의 변증법적 입장이 갖는 오류를 귀류법을 통해 보여주는 대목으로 독해될 것이다. 그렇지 않으면, 레이먼드 윌리엄스Raymond Williams처럼 독해하게 될 것이다. 그는 "고문의 목적은 고문이다. 권력의 목적은 권력이다"라는 문장을 (오웰이 제임스 버넘의 입장을 서술할 때 종종 사용했던 구절에 나오는) "권력욕은 (…) 설명될 필요가 없는 자연적 본능이다"라는 말로 독해한다.

윌리엄스는 오웰을 윈스턴과 동일시하는 것이 얼마나 단순한 일인지 잘 알고 있다. 그러나 그는 오웰이 행한 오브라이언과의 동일시가 최

믿지는 않지만, 그녀가 인용 증거를 많이 가지고 있다는 점은 분명하다. 오웰은 또한 다른 사람이 가지고 있는 사디즘을 파악해낼 수 있는 안목도 가지고 있었다. *CEJL*, III, 222에 나오는 조지 버나드 쇼의 사디즘에 대한 그의 언급을 보라. "오브라이언"이라는 이름을 선택한 것, 그리고 오브라이언의 신체적 외형에 대한 서술(*1984*, p. 748)은 오웰이 의식적으로 혹은 무의식적으로 쇼를 겨냥한 것으로 볼 수 있다.

종 순간의 자기기만이었다고 생각한다. 윌리엄스는 이렇게 말한다.

> "그것 자체를 위한" 박해와 권력과 고문이 존재한다는 것, 심지어 그런 일이 흔히 일어난다는 것을 부정할 필요는 없다. (…) 필요한 것은 권력과 정책 간의 모든 고리를 끊으려는 데 대해 계속 저항하는 일이다. 그리고 그런 고리의 철폐에 저항**해야 하는** 까닭은, 만일 그런 철폐가 이루어진다면 여러 사회 체제들을 구별하려는 시도가 무의미해지거나, 이런저런 체제가 어느 곳에서 좋은 체제나 나쁜 체제가 되는지를 명확하게 탐구하는 일이 무의미해질 것이기 때문이다.[13]

윌리엄스는 만일 권력욕이 자연적 본능이라는 버넘의 생각이 옳다고 할 경우, "문제되는 사실"이란 존재하지 않을 것이며, 사회민주주의가 파시즘보다 더 나은가 그렇지 않은가 하는 문제에 관해서 "객관적인 진리"란 존재하지 않을 것이라고 생각한다. 그는 다음과 같이 말한다. 버넘의 입장은 "현실의 모든 정치적 신념이나 포부를 불신한다. 그런 것들은 적나라한 권력과 그 권력에 대한 갈망을 불가피하게 은폐하기 때문이다. (…) 거기에는 또한 탐구와 논증의 폐기가 존재하며 따라서 진리의 가능성도 없어진다." 윌리엄스는 오웰이 최종 순간에 이르러 그런 가능성은 **존재하지 않는다**는 치명적인 관점에 굴복한 것으로 간주한다. 스트레이치와 마찬가지로 윌리엄스는 이 소설이 마지막에 궤도를 이탈했다고 생각한다.

---

13 Raymond Williams, *Orwell* (London: Fontana, 1984), pp. 124-125.

버넘에 대한 오웰의 비난, 즉 "권력 숭배는 정치적 판단을 흐리게 한다. 왜냐하면 그것은 대부분 불가피하게 현재의 추세가 지속될 것이라는 신념으로 나아가기 때문이다"라는 구절을 인용하면서, 윌리엄스는 오웰에 대한 자신의 책을 다음과 같이 끝맺고 있다.

> 그러나 언제나 특권과 권력의 반대자였던 오웰 자신이 소설 속에서 그런 권력에 순종하는 신념에 자신을 맡기고 있다. 세계가 그런 길로 나아갈 수도 있다는 경고는 소설의 절대성 속에서 그 불가피성에 대한 상상적 복종이 되고 있다. 그리고 다시 그런 쇠사슬을 덜걱거리는 것은 오웰 자신의 전체 경력을 포함하여 많은 사람들에 대한 존경을 거의 보여주고 있지 못하다. 즉 여전히 강력한 힘을 발휘하고 있는 파괴적이며 무지막지한 추세에 대항해 싸웠거나 싸우고 있는 사람들, 그리고 인간 존엄성, 자유, 평화를 위해 일하거나 그것을 상상할 수 있는 힘을 간직하고 있는 사람들에 대한 존경을 보여주고 있지 못하다.[14]

"인간 존엄성, 자유, 평화를 (…) 상상할 수 있는 힘"이라는 윌리엄스의 구절은 우리가 여전히 처음의 자리에 있다는 나의 주장을 떠올리게 한다. 나는 우리 자유주의자들이 지금 시점에서 "인간 존엄성, 자유, 평화"의 미래를 상상**할 수 있다**고 생각하지 않는다. 다시 말해 우리는 어떻게 하면 현재 상황에서 그러한 미래로 나아갈 수 있는지 이야기할 수 없다. 우리는 현재보다 더 낫다고 생각되는 다양한 사회경제적 구조를 그려

---

14 Ibid., p. 126.

볼 수 있다. 그러나 우리는 현실의 세계에서 그런 이론적으로나 가능한 세계로 나아갈 방도를 분명하게 알지 못하며, 따라서 무슨 일을 해야 할지에 대해서도 명확한 개념을 가지고 있지 못하다. 우리는 오웰이 1948년에 우리에게 보여준 세계, 즉 풍요롭고 자유로우며 민주적이고 이기적이며 탐욕스러운 제1세계와, 난공불락의 냉혹한 내부당에 의해 운용되는 변하지 않는 제2세계, 그리고 인구과잉과 굶주림에 시달리는 절망적인 제3세계로 나눠져 있는 지구를 출발점으로 삼을 수밖에 없다. 우리 자유주의자들은 "인간 평등의 구체적 가능성"을 실현시키기 위해 그런 세계를 변화시킬 거대 규모의 시나리오를 가지고 있지 않다. 우리는 나보코프의 아버지나 우리의 할아버지들이 1900년 당시의 세계를 변화시키기 위해 가졌던 시나리오와 비슷한 어떤 것도 가지고 있지 않다.

이쪽 현실세계에서 저쪽 이상세계로 나아갈 방법을 상상하지 못한다는 것은 도덕적 결단력이 없어서도 아니고, 이론적 피상성이나 자기기만, 자기배신의 문제도 아니다. 그것은 더 확고한 결단력이나, 더 투명한 산문, 혹은 인간, 진리, 역사에 대한 더 나은 철학적 설명을 통해서 치유될 수 있는 것이 아니다. 그것은 단지 사태가 우연히 일어나는 방식일 뿐이다. 때때로 사태는 처음에 보였던 것처럼 좋지 않게 판명되는 수도 있다. 오웰은 정치 상황에 대한 비관주의적 서술을 정식화하는 데 도움을 주었으며 이는 그 후로 40년의 경험을 통해서 확증되었다. 이 좋지 않은 소식은 오늘날의 정치적 숙고가 가진 거대한 비타협적 사실로 남아 있다. 이것이 모든 자유주의 시나리오를 봉쇄하는 것이다.[15]

15 나는 유럽과 미국의 좌파들이 이론적 궤변 속에서 도피처를 찾음으로써 이런 사실을 외면하려 노력해왔다고 생각한다. 다시 말해서 그들은 실천적 시나리오가 불필요한 것처럼, 그

이 소설을 더 일찍 끝맺었다면 더 좋은 작품이 되었을 것이라는 스트레이치와 윌리엄스의 관점과는 반대로, 나는 무한한 고문에 대한 환상, 즉 미래가 "인간의 얼굴을 영원히 짓밟는 구둣발"이 될 것이라는 암시는 『1984』의 본질적인 부분이며, "진리의 가능성"에 대한 물음은 문제를 호도하는 것이라고 생각한다. 세 가지 점에서 윌리엄스에게 이의를 제기함으로써 나 자신의 관점을 간단히 설명해보기로 하겠다.

첫째, 나는 "정치적 신념은 실제로…", "인간 본성은 실제로…", "진리는 실제로…"와 같은 형식의 거대한 관점이나 거대한 철학적 주장을 통해서 특정한 정치적 신념이나 포부를 불신**할 수 있다**고 생각하지 않는다. 내가 3장에서 언급한 바와 같이, 나는 인간의 본성이나 진리의 본질 혹은 역사의 법칙에 관한 철학적 관점에 기초해서 정치적 자유주의를 포기하는 것이 심리적으로 가능하다고 생각하지 않는다. 그런 철학적 관점은 사태를 매듭짓는 방법이며 그 자신의 도덕적 정체성에 관해 자기의식적으로 되는 것이지, 그런 정체성에 대한 정당화도 아니고 그것을 파괴시킬 수 있는 무기도 아니다. 예를 들어 진리 정합설이 진리 대응설보다 낫다고 확신하기 때문에 자신의 정치적 견해를 바꾸는 사람이 있다면, 그 사람은 좀 이상하게 보일 것이다. 둘째, 그런 거대한 관점은 탐구와 논증 그리고 진리 추구를 (윌리엄스의 말을 빌려 표현하자면) "폐기"할 수 없다. 이것은 그것이 사랑이나 음식에 대한 추구를 "폐기"할 수 없는 것과 같다. 철학이 아니라 오로지 힘만이 그런 폐기 작업을 할 수

리고 지성인들이 훨씬 "급진적인" 이론적 어휘를 통해 명백한 악을 비판함으로써 자신들의 정치적 책임을 다할 수 있을 것처럼 행동해왔다. 나의 논문 "Thugs and Theorists: A Reply to Bernstein," *Political Theory*, 1987, pp. 564-580 참조.

있다. 셋째, 오브라이언을 "자연적인" 것에 관한 거대한 주장을 하는 철학자 버넘인 양 독해해서는 안 된다. 오브라이언은 모든 것이 권력에의 의지를 감추고 있다고 말하고 있지 않다. 그는 인간의 얼굴을 짓밟는 구둣발이 영원히 지속될 것임을 인간의 본성이나 권력의 본질 혹은 역사의 법칙이 보장한다고 말하고 있지 않다. 오히려 그런 일이 그저 **우연히** 일어난다고 말할 뿐이다. 그는 사태가 그런 식으로 진행된 것은 단지 우연한 일이며, 시나리오가 더 이상 변경될 수 없는 것도 그저 우연히 그렇게 된 것이라고 말하고 있다. 미래의 향방은 혜성이나 바이러스만큼이나 순전히 우연적인 사실의 문제인 것이다.

미래에 대한 오브라이언의 설명이야말로 우리가 『1984』에서 가장 잘 기억하고 있는 실로 **무시무시한** 부분이라는 사실을 밑받침해주는 독해는 바로 이런 독해이다. 만일 우리가 오브라이언이 거대한 일반적 주장이 아니라 특정한 경험적 예견을 하고 있다고 생각한다면, 그는 훨씬 섬뜩한 인물로 보일 것이다. 우리 모두가 잘 알고 있듯이 인간 본성이 선천적으로 선하냐 아니면 악하냐에 대해, 유럽사에 내재하는 역사적 변증법에 대해, 인권에 대해, 객관적 진리에 대해, 언어의 표상 기능에 대해 철학적으로 복잡한 논쟁이 있지만 그런 논쟁은 전혀 해가 되지 않는다. 이론가 오브라이언은 버넘이나 니체처럼 진정으로 끔찍한 두려움을 야기시키려 하고 있다. 그러나 박식하고, 좋은 지위에 있으며, 정서적으로 안정되어 있고, 내부당의 지적이며 감성적이고 교양 있는 구성원인 오브라이언은 우리를 두려움으로 불안하게 하는 데 그치지 않는다. 그는 우리가 책 속에서 만날 수 있는 인물 중에서 가장 소름 끼치는 인물이다. 오웰은 실제 사람들에게 실제 장소에서 일어났던 일들, 우리가 오늘날에도 여전히 일어나고 있다고 알고 있는 일들을 능숙하게 상기시키고 그런 일들에서 외삽하는 방식으로, 오브라이언이 미래 사회에 얼마든지 나타날 수 있는 유형의 인물임을 우리에게 확신시킨다. 그 미래 사회란 바로 지성인들이 자유주의의 희망이 실현 불가능하다는 것을 기정사실로 받아들이는 사회이다.

이런 주장에 대해 제기될 수 있는 최초의 반론은 오브라이언이 심리적으로 불가능한 인물이라는 것이다. 이런 관점에서 보면, 고문하는 사람들은 아이히만, 그라두스, 파둑 등과 같이 무감각하며 진부한 인물들이다. 오브라이언처럼 "호기심 많고 교양 있는" 방식으로 자신의 광경을 고정시킬 수 있는 인물은 오브라이언이 표방하고 있는 의도를 **가질 수 없다**. 오브라이언은 우리처럼 호기심 많고 예민한 지성인이다. 우리 같은 사람들은 그런 일을 하지 않는다.

오웰은 H. G. 웰즈가 "현대 세계를 이해하기에는 지나치게 제정신이었다"고 말함으로써 이런 최초의 반론을 어떻게 피할 수 있는지 보여주었다. 문맥상, 오웰이 의미한 것은 웰즈가 오웰이 말하는 "파시스트적 성향"을 가지고 있지 않았다는 것이다. 오웰에 의하면, 키플링과 잭 런던에게는 이런 성향이 있었으며, 이것은 파시즘을 이해하는 데 필수적인 것이었다.[16] 내 생각에는 오웰은 이런 성향을 키플링과 공유하고 있다는 데 대해 반쯤은 의식적으로 자부심을 가지고 있었다. 그는 역사가 자신이 원한 방향으로, 즉 웰즈가 **꼭 그렇게** 가리라고 생각했던 방향으로 나아가지 않을 수 있다는 것을 보여주는 상상력을 가진 데 대해 자부

---

16 *CEJL*, II, p. 172 참조. 오웰이 오브라이언이라는 인물을 창조해내기 위해 자신의 사디즘을 사용한 것은 내가 보기에 자기인식과 자기극복의 승리이다.

심을 느꼈다. 그러나 이것이 오웰이 오브라이언을 창조해냈을 때조차
도 역사가 **꼭 그렇게** 그런 방향으로 나아갈 수밖에 없다는 것을 믿었음
을 의미하지는 않는다. 오웰이 나보코프와 공유하고 있으며, 이 두 사람
으로 하여금 마르크스주의 이론을 심각하게 여기지 못하도록 하고 있
는 반反이론적 성향은 사태가 어느 쪽으로도 나아갈 수 있다는 점, 미래
는 누구에게나 열려 있다는 점을 확신케 했다.

우리는 한 사람의 낙관적인 로마 지식인을 상상함으로써 웰즈가
"지나치게 제정신이었다"는 말의 요점을 이해할 수 있을 것이다. 이 로
마 지식인은 안토니누스 왕조의 통치하에 살고 있으며, 아테네에서 시
작된 합리적 사유의 출발에서 자신이 속한 계몽된 시대까지의 인간성
의 진보를 기록하는 일에 종사하고 있다. 이 지식인은 최근에 수집되고
편찬된 성서 사본을 우연히 손에 넣는다. 그는 "예수"라고 불리는 인물
의 믿을 수 없는 심리상태와 도덕적 타락에 몸서리치는데, 나중에 니체
가 경악하게 되는 것과 같은 이유에서다. 상상력이 풍부한 친구로부터
예수를 닮으려는 노력이 로마 제국보다 더 넓은 영역에 침투할 것이며,
"스스로를 계몽되고 진보적이라고 생각하는" 사람들을 예수가 인도할
것이라는 말을 듣고서, 그는 믿을 수 없는 기분이 된다. 그의 친구가 언
급한 대로, 세계가 궤도를 이탈할 가능성을 파악하기에는 그는 지나치
게 제정신이다.[17]

이런 유비類比의 요점은 기독교와 결부된 관념의 복합, 예를 들어

---

17 4장의 용어를 빌리면, 웰즈와 내 상상 속 로마 지식인은 모두 형이상학자들이었다. 즉
자신의 마지막 어휘를 우연적인 것으로 볼 수 없었고, 따라서 실재의 본질 속에 있는 어떤 것
이 그런 어휘를 보존하고 있다는 것을 믿을 수밖에 없었던 사람들이었다.

상호 연민은 정치적 연합을 위한 충분한 기반이라는 관념, (오웰의 리스트를 빌리자면) "재판 없는 투옥, 전쟁 포로를 노예로 부리는 일, 공개 처형, 자백을 이끌어내기 위한 고문, 인질의 이용, 전 주민의 강제 이동" 등이 중대한 의미에서 잘못되었다는 관념, 부·재능·체력·성·인종의 구별이 공공 정책에 부적절하다는 관념 등이 오브라이언의 과두 집산주의와 결부된 관념만큼이나 한때는 전혀 타당해 보이지 않았던 환상에 불과했다는 것이다. 과거에는 윌리엄 윌버포스나 제임스 밀과 J. S. 밀 부자父子 같은 사람들은 몽상가의 병적인 상상력을 통해 혐오스럽고 히스테리컬한 기획을 내놓는 사람들처럼 보였을 것이다. 오웰은 유럽의 패권이 불쌍한 사람들을 동정하고 인간 평등을 꿈꾸는 사람들의 손에 넘어간 것은 **단지 우연**일 뿐이라는 것, 그리고 세계가 그런 감정이나 생각을 결여한 사람들에 의해 지배되는 일이 **그저 우연히** 일어날 수 있다는 것을 우리에게 보여주었다. 거듭 말하지만 사회화는 모든 부분에서 일어나며, 누가 사회화를 하게 되는가 하는 것은 종종 누가 누구를 먼저 죽이느냐 하는 문제이다. 기독교와 정치적 자유주의가 승리한 것이 사람들이 기본적으로 선하다거나 실제로 형제들이라거나 실제로 자연권을 가지고 있기 때문이 아닌 것과 마찬가지로, 만약 과두 집산주의가 승리한다면, 그것은 사람들이 기본적으로 악해서나 실제로 형제들이 아니라서나 실제로 자연권을 가지고 있지 않아서 그런 것은 아닐 것이다. 역사는 오브라이언 같은 사람들이 존재하는 것을 최근까지 방해해온 것과 똑같은 종류의 우연의 결과로서 오브라이언 같은 사람들을 창조하고 그들에게 힘을 실어줄지도 모른다. 또한 마찬가지 종류의 우연이 J. S. 밀이나 오웰 자신과 같은 사람들을 창조하고 그들에게 힘을 실어

줄 수도 있다. 맹수에 의해 갈기갈기 찢긴 사람을 보면서 즐거워하는 것이 매우 잘못된 일이라고 생각할 수 있게 된 것은, 한때는 오브라이언의 과두 집산주의만큼이나 있을 법하지 않은 역사적 우연성이었다. 오웰이 우리로 하여금 볼 수 있게 해주는 것은 유럽이 박애의 감정과 공통된 인간성의 개념을 존중하기 시작한 것은 **단지 우연히** 일어난 일일 수 있다는 것, 그리고 세계가 그런 감정과 그런 도덕을 결여한 사람들에 의해 지배되는 일이 **그저 우연히** 일어날 수도 있다는 것이다.

/

내가 읽기로는, 자율적인 개인과 같은 것이 존재한다는 점에 대한 오웰의 부정은 우연한 사건들의 결과를 가로막고 마침내는 뒤집어버릴 수도 있는, 시간을 초월하거나 우연보다 더 근본적인 어떤 것이 존재한다는 점에 대한 더 큰 부정의 일부분에 해당된다. 따라서 나는 2 더하기 2는 4라는 것을 고집할 필요성에 관한 윈스턴의 일기 구절을 어떻게 오브라이언을 막을 것이냐에 대한 오웰의 견해가 아니라, 궁지에 몰렸을 때 어떻게 우리 자신을 지킬 것이냐에 대한 서술로 독해한다. 우리는 그럴 때 다른 사람에게 이야기를 함으로써 궁지를 벗어나려 한다. 즉 다른 사람 앞에서 그런 것들을 자세히 이야기함으로써 우리 자신의 정체성을 재확인하려 한다. 우리는 다른 사람들이 우리 자신의 신념과 욕망의 그물망을 정합적으로 유지시켜줄 어떤 말을 해주길 바란다. 윈스턴이 자신의 일기에서 2 더하기 2는 4라고 말할 수 있는 자유로부터 "모든 것이 따라올 것이다"고 말했을 때, 그가 "오브라이언에게 말하는 느낌"

을 받았다는 대목에 주목하자. 그는 자신이 "오브라이언을 위해서, 오
브라이언**에게** 일기를 쓰고 있다"고 서술하고 있다. "그것은 아무도 읽을
사람이 없겠지만 특정인을 수신인으로 삼고 그가 읽을 것이라고 가정
하고 있는 끝없는 편지와 같았다."(1984, p. 790) 또한 그가 체포되었을 때,
오브라이언이 자기편이 아니었다는 것을 그가 "언제나 알고 있었다"고
오브라이언이 말하고 윈스턴이 동의하는 대목을 주목해보자(p. 880).

더 앞 대목에서 윈스턴이 "오브라이언이 자기편이라는 사실을 그
전보다도 더 확실하게 알게 되었다"고 말하고 있기 때문에, 이 논증은
이해하기 어려울 것이다. 이런 모순에 대해서 우리가 얻을 수 있는 가장
좋은 설명은, 윈스턴으로 하여금 가까스로 2 더하기 2는 5라는 것을 믿
도록 만든 직후에 오브라이언이 다음과 같이 묻는 더 나중의 대목에서
등장한다.

자네 일기장에 쓴 걸 기억하나? 적어도 내가 자네를 이해하고 이야기를
나눌 수 있는 사람이라면 친구이건 적이건 문제될 게 없다고 한 것 말일
세. 자네가 옳았어. 나는 자네와 이야기하는 게 즐거워. 자네 생각에 공감
하고 있네. 자네가 제정신이 아닌 것만 빼면 자네 생각은 내 생각과 흡사
해. (p. 892)

이 구절은 이 소설 속에 나오는 오브라이언에 대한 윈스턴의 첫인상을
반향하는 것이다. 거기서 우리는 다음과 같은 언급을 접한다. 윈스턴은

(…) 그에게 깊이 끌리고 있음을 느꼈다. 단지 오브라이언의 세련된 매너

와 프로 권투선수 같은 체격의 대비가 흥미를 불러일으키기 때문만은 아니었다. 그보다는 오브라이언의 정치적 교설이 완전하지 못하다는 은밀한 믿음, 아니 어쩌면 믿음이라기보다는 단순히 희망 때문이었다. 그의 얼굴에서 풍기는 알 수 없는 무엇이 억누를 길 없이 그런 사실을 암시해주었다. 어쩌면 얼굴에 쓰여 있는 것은 이단적인 어떤 것이 아니라 단순히 지성일지도 몰랐다. (*1984*, p.748; 또한 p.757 참조)

우리는 결국 그것이 믿음이라기보다는 희망**이었으며**, 이단적인 어떤 것이라기보다는 지성**이었음**을 알게 된다.

이 구절이 마치 오브라이언에 대한 윈스턴의 지속적이며 변치 않는 사랑과 마찬가지로 윈스턴의 마조히즘, 즉 그의 사디즘의 이면을 드러내 보여주는 것일 뿐이라고 말하고 싶은 유혹을 느끼게 된다.[18] 그러나 이렇게 말하는 것은 그런 사랑을 너무나도 쉽게 처리해버리는 것이 될 것이다. 이 구절이 수행하는 일은 아이러니스트, 즉 자신의 마지막 어휘에 대해, 자신의 도덕적 정체성에 대해, 그리고 어쩌면 자신의 정신 상태에 대해 의심을 품고 있는 사람이 다른 사람들에게 몹시도 **이야기를 하고** 싶어 하며, 이런 욕구는 마치 사람들이 성욕을 느낄 때처럼 긴급하다는 것을 우리에게 상기시켜주는 데 있다. 아이러니스트가 이야기를 하기 원하는 것은 대화만이 그로 하여금 이런 의심을 통제할 수 있게 해주고, 자신을 추스를 수 있게 해주며, 행동에 나설 수 있게끔 그의 신념과 욕망의 그물망을 정합적으로 유지시켜주기 때문이다. 아이러니스

---

18 윈스턴의 사디즘에 관해서 살펴보려면 *1984*, p. 751[『1984』, 김기혁 옮김, 문학동네, 2010] 참조.

트가 이런 의심과 욕구를 갖게 되는 것은 이러저러한 이유에서 사회화가 완전하게 이루어지지 않았기 때문이다. 아이러니스트의 발언은, 오리소리duckspeak[『1984』에 나오는 신어의 하나로, 뇌중추는 전혀 쓰지 않고 목구멍으로만 말하는 것]와 같이 잘 프로그램된 목구멍에서 곧바로 소리가 나오는 것이 아니라 그의 두뇌를 거쳐 우회해 나오기 때문에, 그는 자신이 물려받은 마지막 어휘에 관해 소크라테스적인 의문을 가질 수 있다.[19] 따라서 소크라테스와 프루스트처럼 아이러니스트는 끊임없이 대화 상대자와의 에로틱한 관계 속으로 들어갈 수 있다. 때때로 이 관계는 게르망트 공작 부인에 대한 마르셀의 첫 번째 관계처럼 마조히즘적인 것일 때도 있다. 때때로 이 관계는 샤를뤼스가 바라는 마르셀에 대한 산파술적 관계처럼 사디즘적인 것일 때도 있다. 그러나 그 관계가 어떤 것이냐 하는 것은, 그 관계가 우리가 무엇에 대해 이야기하고 있는지 이해할 수 있을 정도로 충분히 지적인 사람들과의 관계라는 점에 비하면 그다지 중요하지 않다. 여기서 말하는 지적인 사람들이란 우리가 갖는 의심이 어떤 것인지 알기 때문에 그런 의심을 어떻게 갖게 되는지 파악할 수 있는 사람들, 스스로를 아이러니하게 생각할 수 있는 사람들을 말한다.

윈스턴에게 오브라이언은 그런 역할을 하고 있다. 그러나 오브라이언을 과연 아이러니스트라고 부를 수 있을까? 오웰은 오브라이언에게 자신의 청년 시절에 유행했던 영국 지식인의 표준적인 특징을 모두

---

19 오리소리(duckspeak)에 관해서는 *1984*, pp. 923, 775 참조. 또한 p. 882에서는 고통을 겪는 윈스턴에 대한 서술을 살펴볼 수 있다. "그는 그들이 요구하는 것이면 무엇이든 말하는 입이 되었고, 무엇이든 서명하는 손이 되었다." 그리고 스캐리의 *The Body in Pain*, pp. 49-51과 비교해보라.

부여하고 있다. 실상 (검증된 것은 아니지만) 내 육감으로는, 오브라이언은 오웰의 세대에게서 중요한 소크라테스적 인물로 여겨졌던 조지 버나드 쇼를 부분적으로 모델로 하고 있다. 그러나 역사적 숭고에 대해서 니체와 같은 취미를 가지고 있었던 쇼와는 달리, 오브라이언은 미래가 최근의 과거를 그대로 닮을 것이라는 사실을 받아들였다. 그에게 있어서 그것은 형이상학적 필연성의 문제는 아니었다. 오브라이언이 그런 생각을 하게 된 것은 당이 변화를 가로막는 데 필요한 기술을 만들어냈기 때문이다. 오브라이언은 이중사고doublethink를 자유자재로 할 수 있었던 사람이었다. 그리고 그는 자기 자신이나 당에 대한 의심 때문에 고민해본 적이 없는 사람이다.[20] 따라서 그는 내가 보기에는 아이러니스트가 **아니다.** 그러나 그는 이중사고가 아직 개발되지 않았을 시기였다면 그를 아이러니스트로 만들어주었을지 모를 **재능**을 소유하고 있었다. 그는 그런 재능을 가지고 자신이 할 수 있는 유일한 일을 행한다. 즉 그런 재능을 윈스턴과의 관계를 형성하는 데 사용한다. 아마도 윈스턴은 오브라이언이 찾아내 거리를 두고 탐구해온, 그리고 궁극적으로 고문하는 것을 즐길 정도로 충분히 학습한, 오브라이언 자신과 같은 마음을 가지고 있는 일련의 사람들 중의 하나일지도 모른다. 오브라이언은 이 각각의 사람들과 길고 밀접하고 강렬한 관계를 맺는다. 이는 궁극적으로 자

---

20   나는 이중사고가 고의로 야기된 일종의 정신분열증이라고 생각한다. 이는 하나의 몸 안에 두 개의 신념-욕망 체계가 존재하는 것을 말한다. 이 체계 중 하나는 윈스턴에게 그의 의심에 대해서 말할 수 있었고, 다른 한 체계는 그렇지 않았다. 오브라이언은 무의식적인 방식으로 이 두 체계 사이를 오갔다. 이런 방식으로 분열인격의 소유자는 또 다른 인격으로 전환할 수가 있다. 이러한 무의식의 분열인격 모델에 대한 한층 더 심화된 논의를 살펴보려면, 프로이트에 대한 도널드 데이비슨의 논문(2장에서 논의된)과 나의 논문 "Freud and Moral Deliberation," in *The Pragmatist's Freud*, ed. Joseph Smith and William Kerrigan 참조.

신과 같은 재능을 가진 사람들의 특별하며 감추어진 부드러운 부분을 비틀고 파괴하는 기쁨을 느끼기 위한 것이다. 오브라이언과 아마도 그의 몇 안 되는 진리부Minitru 동료들만이 그런 부분을 찾아내서 고문할 수 있는 방법을 알고 있을 것이다. 이처럼 제한된 의미에서 우리는 오브라이언을 유럽의 마지막 아이러니스트로 생각할 수 있다. 즉 오브라이언은 자유주의의 희망이 끝나버렸을 때 아이러니의 활용이 허용될 수 있는 유일한 방식으로 아이러니를 활용하는 인물이다.

나는 오웰이 우리에게 다음과 같이 말하고 있다고 생각한다. 즉 우리의 미래 지도자가 오브라이언을 더 닮을 것인가 아니면 J. S. 밀을 더 닮을 것인가 하는 문제는, 버넘과 윌리엄스 그리고 형이상학자들이 일반적으로 주장하는 바와는 달리, 인간 본성에 관한 심오한 사실에 의존하지 않는다는 것이다. 왜냐하면 오브라이언과 험버트 험버트가 보여주고 있듯이, 지적인 재능 즉 지성, 판단력, 호기심, 상상력, 미에 대한 취미 등은 성적인 본능처럼 단련할 수 있는 것이기 때문이다. 그것들은 인간의 손처럼 매우 다양하게 활용될 수 있는 것이다. 이러한 재능을 제공하는 두뇌의 우연한 연결 상태는 그것이 억센 팔다리나 예민한 생식기와 맺는 관계 이상으로 자아—고문보다 친절을 선호하거나 혹은 친절보다 고문을 선호하는 "자연적인" 자아—의 어떤 핵심 영역과 더 긴밀한 관계를 맺고 있는 것이 아니다. 우리의 미래 지도자가 어떤 모습을 할 것이냐 하는 것은, 인간 본성에 관한 어떤 거대한 필연적인 진리나 진리와 정의에 대한 그것의 관계에 의해서가 아니라, 수많은 작은 우연적인 사실들에 의해서 결정될 것이다.

9장

연대

열차들이 줄지어 아우슈비츠를 향해 달리고 있었을 시기에 만일 당신이 유대인이었다면, 벨기에보다는 덴마크나 이탈리아에 살았을 경우 비非유대인 이웃이 제공하는 은신처를 얻을 기회가 훨씬 더 많았을 것이다. 이런 차이를 서술하는 통상적인 방식은 많은 덴마크인과 이탈리아인이 많은 벨기에인에게는 결여되어 있었던 인간적 연대감을 보여주었다고 말하는 것이다. 오웰의 비전은 그런 인간적 연대가 용의주도한 계획에 의해 의도적으로 불가능하게 된 세계에 관한 것이었다.

"인간적 연대"human solidarity라는 말의 의미를 설명하는 전통적인 철학적 방식은 우리 각자의 내부에 우리의 본질적인 인간성이라고 할 수 있을 어떤 것이 있다고 말하는 것이며, 이것이 다른 인간들 속에도 똑같이 현존함을 인정하는 것이다. 연대의 개념에 관해 이렇게 설명하는 것은 콜로세움의 관중, 험버트, 킨보트, 오브라이언, 아우슈비츠의 간수, 그리고 이웃의 유대인을 끌고 가는 게슈타포를 방관한 벨기에인에 대해서 "비인간적"이라고 말하는 우리의 습관과 일치한다. 이것은 그들이 모두 온전한 인간에게 필수적인 어떤 구성요소를 결여하고 있다는 생각이다.

내가 2장에서 보여주었듯이 그런 구성요소가 있다는 것, 즉 "핵심자아"core self 같은 것이 있다는 것을 부정하는 철학자는 이와 같은 생각에 호소할 수 없다. 우연성에 대한 우리의 주장과 그에 따른 "본질", "본성", "기초" 등의 개념에 대한 우리의 일관된 반대는 어떤 행동이나 태도가 본래 "비인간적"이라는 생각을 유지할 수 없게 한다. 왜냐하면 우리의 이런 주장은 온당한 인간으로 간주되는 것이 역사적 상황에 따라 상대적임을, 다시 말해 어떤 태도가 정상이고 어떤 실천이 정당하거나 부당한가에 대한 일시적인 합의의 문제임을 함축하기 때문이다. 그러나 아우슈비츠의 시대처럼 역사가 격변하고 전통적인 제도와 행동양식이 붕괴하는 시대에는 우리는 역사와 제도를 넘어서 있는 어떤 것을 원한다. 인간적 연대, 즉 서로의 공통된 인간성에 대한 우리의 인식 이외에 무엇이 있을 수 있겠는가?

나는 이 책에서 역사와 제도를 넘어서는 어떤 것을 원하려고 해서는 **안 된다**는 것을 주장해왔다. 이 책의 기본적인 전제는, 하나의 신념이 우연적인 역사적 상황 이상의 심층적인 어떤 것에 의해서 야기되지 않는다는 것을 잘 알고 있는 사람들 사이에서도 여전히 신념은 행동을 규제할 수 있으며, 그것을 위해 죽을 만한 가치가 있는 것으로 여겨질 수 있다는 것이다. 3장에서 전개한 나의 자유주의 유토피아 상은 "상대주의"라는 비난이 그 힘을 잃어버리는 사회, "역사의 배후에 있는 어떤 것"이라는 개념이 이해될 수 없는 사회에 대한 스케치였다. 그러나 이런 사회 속에서 인간적 연대감은 손상되지 않고 남는다. 4장에서 그려낸 자유주의 아이러니스트에 대한 나의 스케치는, 연대감을 선행적으로 공유된 어떤 것에 대한 인식으로 받아들이기보다는, 타인의 삶이 지닌 세세한 부분과의 상상적 동일시의 문제로 여기는 인물에 대한 스케치였다. 5장과 6장에서 나는 아이러니스트 이론이 어떻게 사적인 것으로 될 수 있는지, 그래서 정치적 자유주의에 대한 위협이 되는 것을 어떻게 방지할 수 있는지 보여주려 했다. 7장과 8장에서 나는 잔인성에 대한 혐오, 즉 잔인성이 우리가 행하는 가장 나쁜 짓이라는 감각이 어떻게 나보코프와 오웰에게서 자아의 우연성에 대한 감각 및 역사의 우연성에 대한 감각과 결합되었는지 보여주려 했다.

이 마지막 장에서 나는 우리가 다른 모든 인간과의 연대감을 느껴야 할 도덕적 의무를 지고 있다는 주장에 대해 좀 더 일반적인 이야기를 하고자 한다. 내가 1장에서 간단하게 언급했던 이론, 즉 윌프리드 셀라스의 "우리 의식"we-intentions을 통한 도덕적 의무의 분석에서 출발해보자. 셀라스의 분석은 "우리 중의 하나"one of us라는 개념을 도덕적 영역에서의 기초적인 설명 개념으로 삼고 있다.[1] 이 개념은 "우리 같은 사람들"(장사꾼이나 노예와 대조되는), "[급진] 운동의 동지", "우리 그리스인"(야만

[1] Willfrid Sellars, *Science and Metaphysics*, p. 222 참조. "사람들이 서로를 **우리 중의 하나**로 생각함으로써, 그리고 일종의 박애심 때문이 **아니라**—우리 중의 하나로서 혹은 도덕적 관점에서—공동선을 의지함으로써 하나의 공동체, 하나의 **우리**를 구성한다는 것은 개념적인 사실이다." (나로서는 콰인적인 이유에서 위 인용문 가운데 "…은 개념적인 사실이다"를 괄호로 묶었으면 좋겠지만, 셀라스와의 이런 메타철학적 차이는 현재의 주제와 무관하다.) 셀라스 책의 7장은 이 주장의 함의를 자세히 밝히고 있다. 다른 곳에서 셀라스는 "우리 의식"을 기독교의 이웃사랑(*caritas*)이나 로이스의 "충성심"(loyalty)과 동일시한다. 셀라스의 메타윤리학에 대한 유용한 분석과 비판을 살펴보기 위해서는 W. David Solomon, "Ethical Theory," in *The Synoptic Vision: Essays on the Philosophy of Wilfrid Sellars*, ed. C. F. Delaney et al (Notre Dame, Ind.: University of Notre Dame Press, 1977) 참조.

인과 대조되는), "같은 가톨릭 신자"(프로테스탄트, 유대인, 무신론자와 대조되는) 등의 표현법에서 등장한다. 나는 "우리 인간 중의 하나"(동물, 식물, 기계와 대조되는)라는 개념이 위의 예시들과 동일한 힘을 가질 수 있다는 것을 부정하고 싶다. 나는 "우리"라는 말의 힘이 "그들"(잘못된 종류의 인간들을 지칭하는)과 대조된다는 의미에서 전형적으로 대조됨에 근거한다고 주장한다.

먼저 앞에서 말한 덴마크인과 이탈리아인을 생각해보자. 그들은 유대인 이웃들에 관해서 그들이 같은 인간이기 때문에 구출될 가치가 있다고 말했을까? 아마도 그런 적도 있을 것이다. 그러나 보통은, 어떤 특정한 유대인을 보호하기 위해 왜 위험을 무릅쓰느냐는 질문을 받았다면, 그들은 더 협소한 용어를 사용해서 그 이유를 설명했을 것이다. 예를 들어 이 특정한 유대인이 같은 밀라노 출신이라거나, 같은 유틀란트 출신이라거나, 같은 조합원이라거나 같은 직업을 가졌다거나, 같은 보치[이탈리아식 볼링] 선수라거나, 어린아이를 가진 같은 처지의 부모라는 대답을 했을 것이다. 이번에는 벨기에인을 생각해보자. 비슷한 상황에서 그들이 위험을 무릅쓰고 보호**했을** 사람들이 분명히 있었고, 이러저러한 서술을 통해 그들이 동일시**했을** 사람들도 분명히 있었을 것이다. 그러나 유대인들은 거의 그런 식으로 서술되지 않았다. 유대인들에 대한 동료 의식을 고무하는 서술이 벨기에인들 사이에서 상대적으로 적었던 사실에 대해 상세한 역사사회학적 설명을 해볼 수도 있을 것이다. 즉 왜 "그녀는 유대인이다"라는 말이 "그녀는 나처럼 어린아이들의 어머니이다"라는 말보다 더 중요하게 여겨졌는지 그 이유를 설명해볼 수 있을 것이다. 그러나 "비인간적"이라거나 "인정이 없다"거나 "인간적 연대감을 결여하고 있다"는 식의 비난은 그와 같은 설명이 **될 수 없다**. 그런 문맥 속에서 그렇게 말하는 것은 단순히 혐오감에 몸을 떠는 일에 불과하다. 마지막 예로서 미국 도시에 사는 젊은 흑인들의 삶 속에 내재해 있는 끝없는 절망과 비참함에 대한 현대 미국 자유주의자들의 태도를 생각해보자. 우리는 그들이 우리와 같은 인간이기 때문에 도움을 받아야 한다고 말하고 있는가? 그럴 수도 있다. 그러나 정치적으로뿐 아니라 도덕적으로도 그들을 우리와 같은 **미국인**이라고 서술하는 것이, 즉 **미국인**이 희망 없이 사는 것은 부당한 일이라고 주장하는 편이 훨씬 더 설득력이 있을 것이다. 이런 사례들의 요점은 우리가 연대를 표명하고자 하는 사람들이 "우리 중의 하나"라고 생각할 때 우리의 연대감이 가장 강하다는 것이다. 여기서 "우리"는 인류보다 더 작고 더 지역적인 것을 의미한다. 이것이 바로 "그녀가 인간이기 때문에"라는 말이 관대한 행위에 대한 약하고 설득력 없는 설명인 이유이다.

기독교인의 관점에서 보면, 상상적 동일시가 더 쉬운 사람들을 더 가깝게 느끼는 이런 경향은 통탄할 일이며 피해야 할 유혹이다. 모든 사람들, 심지어 아우슈비츠나 굴락의 간수들조차도 우리 자신과 같은 죄인으로 대해야 한다는 것은 도덕적 완전성을 추구하는 기독교적 이념의 일부분이다. 기독교인이 볼 때 하나님의 한 자녀에게 다른 자녀보다 더 강한 의무감을 느끼는 한, 거룩함은 얻어지지 않는다. 차별적인 대비는 원칙적으로 피해야 한다. 세속적인 윤리적 보편주의는 이런 태도를 기독교로부터 가지고 왔다. 칸트에게 있어서 우리가 누군가에게 의무감을 느껴야 하는 이유는 그가 같은 밀라노 사람이거나 같은 미국인이기 때문이 아니다. 오히려 그가 이성적 존재이기 때문이다. 가장 엄격한 어조로 칸트는 우리에게 다음과 같이 말한다. 다른 사람에 대한 선한 행위는, 그 사람을 친지나 이웃 또는 동료 시민이 아니라 **단적으로** 이성적 존재라고 생각하지 않는 한, **도덕적** 행위로, 즉 단지 의무에 맞는 행위가 아니라 의무를 위해 행한 행위로 여겨지지 않는다고 말이다. 그러나 우리가 기독교나 칸트의 언어를 사용하지 않는다 하더라도, 우리는 마닐라나 다카르의 슬럼에서 희망 없고 덧없는 삶을 살고 있는 사람보다 동일한 처지에 있는 같은 **뉴욕 사람**에게 더 큰 관심을 갖게 되는 것에 관해서 거기에 도덕적으로 의심스러운 점이 있음을 느낄 수도 있을 것이다.

이 책의 1부에서 제시된 입장은, 종교적 형태건 세속적 형태건 이런 보편주의적인 태도와는 양립할 수 없다. 즉 당신과 개, 혹은 당신과 아시모프의 로봇 사이에 걸쳐 있는 유사성과 차이의 스펙트럼에 "자연적인" 구분선이 있다는 생각과는 양립할 수 없다. 여기서 말하는 구분선이란 이성적 존재의 끝과 비이성적 존재의 시작, 도덕적 의무의 끝과 박애의 시작을 구획하는 선을 말한다. 나의 입장은 다음과 같은 점을 함의하고 있다. 즉 연대감은 필연적으로 어떤 유사성과 이질성이 우리에게 현저하게 느껴지느냐 하는 문제이고, 무엇이 현저하게 느껴지느냐는 역사적이고 우연적인 마지막 어휘의 기능이라는 것이다.

다른 한편, 나의 입장은 우리가 가지고 있는 "우리"라는 느낌을 이전에는 "그들"이라고 생각했던 사람들에게 확장시키려 노력해야 한다는 주장과 양립불가능하지 **않다.** 이 주장은 자유주의자들 즉 다른 어떤 것보다 잔인하게 되는 것을 두려워하는 사람들에게 특징적인데, 이는 내가 4장 끝에서 언급한 역사적 우연성보다 더 심층적인 어떤 것에 근거하는 것이 아니다. 이 역사적 우연성은 서구의 세속화된 민주사회에 전형적으로 나타나는 도덕적·정치적 어휘들의 진전을 가져온 우연성이다. 이런 어휘들이 점차 탈신학화되고 탈철학화됨에 따라 "인간적 연대"가 하나의 강력한 레토릭으로 떠올랐다. 나는 그 힘을 격감시키길 원치 않는다. 단지 그것을 종종 그 "철학적 전제"로 생각되어온 것에서 해방시키고자 하는 것이다.

내가 제시하고 있는 관점은 도덕적 진보와 같은 것이 있으며, 이 진보가 실제로 더 큰 인간적 연대로 나아가고 있다고 말한다. 그러나 그 연대는 모든 인간 속에 있는 핵심 자아, 인간적 본질의 인식으로 생각되지는 않는다. 오히려 연대란 고통과 모욕을 겪을 수 있는 유사성과 비교해볼 때 전통적인 (종족, 종교, 인종, 관습 등의) 차이를 점점 중요치 않은 것으로 볼 수 있는 능력, 우리 자신과 매우 다른 사람들을 "우리"의 영역에 포함시켜 생각할 수 있는 능력이다. 이것이 4장에서 내가 다음과 같이 말한 이유이다. 즉 근대의 지식인들이 도덕적 진보에 공헌한 것이 있다면, 그것은 철학이나 종교학 논문을 통해서보다는 온갖 형태의 고통과 모욕에 대한 상세한 서술(예를 들면 소설이나 민족지학)을 통해서였다는 것이다.

칸트는, 가능한 최상의 동기를 갖고서 행동했지만, 도덕철학자들이 도덕적 진보에 있어서 그런 상세한 경험적 서술들이 얼마나 중요한지를 보지 못하게 하는 방향으로 도덕철학을 발전시켰다. 칸트는 그의 시대부터 사실상 이루어진 발전, 즉 민주적 제도와 세계시민적 정치의식의 계속적인 발전을 용이하게 하고자 했다. 그러나 그는 그런 발전을 용이하게 하는 길이 고통에 대한 연민과 잔인성에 대한 가책이 아니라 합리성과 의무, 특히 **도덕적** 의무를 강조하는 데 있다고 생각했다. 그는 인간성의 공통적 핵이라고 할 수 있는 "이성"에 대한 존중을 도덕의 유일한 동기라고 보았는데, 그것은 "한낱 경험적인" 것도 아니며 관심의 우연성이나 역사의 우연성에 의존하는 것도 아니다. "이성적 존중"을 연민이나 박애의 감정과 대조시킴으로써, 칸트는 그와 같은 감정을 잔인성을 막기에는 역부족이며 이차적인 동기로 보이게 했다. 그는 도덕성을 고통과 모욕에 주목하고 그와 동일시할 수 있는 능력과는 구분되는 어떤 것으로 만들었다.

최근 수십 년간 영국과 미국의 도덕철학자들은 칸트에 반대하는 주장을 펼쳤다. 애넷 바이어Annette Baier, 코라 다이아몬드Cora Diamond, 필립파 풋Philippa Foot, 사비나 러비본드Sabina Lovibond, 알래스데어 매킨타이어Alasdair MacIntyre, 아이리스 머독Iris Murdoch, 제롬 B. 슈니윈드J. B. Schneewind 등은 도덕적 숙고가 필연적으로 일반적인 원리, 가급적이면 "비경험적인" 원리로부터의 연역이라는 형식을 취해야 한다는 기본적인 칸트의 전제에 문제를 제기해왔다. 최근에는 버나드 윌리엄스가 "도덕성"—대략적으로 말하면, 우리가 기독교로부터 칸트를 거쳐 물려받은 **의무**라는 개념을 중심으로 하는 일련의 관념[2]—을 "독특한 제도" peculiar institution라고 부름으로써 그 개념을 멀리 떼어놓으려는 시도를 했다. 그와 같은 도덕성이란, 우리가 무엇을 해야 할지 결정할 때 의무

---

2 윌리엄스는 *Ethics and the Limits of Philosophy*, p. 174에서 다음과 같이 말하고 있다. 즉 도덕성—"도덕"이라고 불리는 특별한 종류의 의무를 중심으로 하는 개념 체계—은 "철학자의 발명품이 아니라" 오히려 "우리 대부분이 취하는 시각, 혹은 모순되긴 하지만 시각의 일부"라는 것이다. 나는 윌리엄스가 "우리"라는 말로 의미하는 것이 "이 책을 읽을 것 같은 사람들"이라고 생각하며, 그런 의미에서 그가 이런 식으로 귀속시킨 것은 옳다고 본다. 그러나 나의 관점에서 보면, **우리의** 신학자나 철학자들 중 일부가 도덕성을 발명했기 때문에 도덕성은 지구의 이쪽 부분에 사는 우리 대부분이 취하는 시각의 일부가 된 것이다.

가 다른 윤리적 숙고들과 비교되어야 하는 요인임을 인정하길 거부하고 그 대신에, 윌리엄스가 표현하듯이, "의무만이 의무를 물리칠 수 있다"[3]고 강하게 주장하는 제도이다. 이런 관점에서 보면, 도덕적 딜레마는 낮은 단계의 경합하는 의무들보다 한 단계 위에 있는 더 고차적인 의무를 발견함으로써만 "합리적으로" 해소될 수 있다. 슈니윈드는 그가 "고전적인 제일 원리"[4]라고 부르는 것을 탐구하는 도덕철학에 이와 같은 생각이 기본적으로 깔려 있다고 서술했다. 윌리엄스는 이 독특한 제도에 대한 자신의 태도를 다음 구절에서 요약해놓고 있다.

사실상 가치 있는 인간의 삶이란 거의 대부분 도덕성이 우리 앞에 던져놓고 있는 극단적인 선택지들 사이에 놓여 있다. 그것[도덕성]은 단호하게 일련의 대조를 강조한다. 즉 힘과 이성, 설득과 이성적 확신, 혐오와 부인, 단순한 거부와 도덕적 비난 등의 대조처럼 말이다. 이렇듯 대조를 강조하는 데로 이끌어가는 태도는 **순수하다**는 꼬리표를 붙일 수 있다. 도덕성의 순수함, 즉 다른 종류의 감정적 반응이나 사회적 영향으로부터 도덕적 의식을 고집스럽게 추상해내고자 하는 태도는, 우리 공동체의 상식을 벗어나 있는 사람들을 다루는 수단을 감출 뿐 아니라 그런 수단의 효

---

3 Williams, *Ethics and the Limits of Philosophy*, pp. 180, 187.
4 J. B. Schneewind, "Moral Knowledge and Moral Principles," in *Knowledge and Necessity*, ed. G. A. Vesey (London and New York: Macmillan, 1970) 참조. 이 논문은 *Revisions: Changing Perspectives in Moral Philosophy*, ed. Stanley Hauerwas and Alsdair MacIntyre (Notre Dame, Ind.: Notre Dame University Press, 1983)에 다시 실렸다. 이 선집은 최근 도덕철학에서 나타나는 반(反)칸트주의적 경향의 좋은 예를 많이 담고 있다. 특히 매킨타이어의 도입부 논문 "Moral Philosophy: What Next?"뿐 아니라 아이리스 머독의 "Against Dryness"와 애넷 바이어의 "Secular Faith"를 참조할 것.

력도 은폐하고 있다. 그런 것을 감출 수밖에 없다는 것은 놀랄 일이 아니다. 왜냐하면 그런 효력은 체계의 바깥에서만, 즉 그것에 가치를 부여할 수 있는 관점으로부터만 파악될 수 있기 때문이다. 반면 도덕성 체계는 닫혀 있으며, 도덕성 그 자체 이외의 어떤 가치를 그 체계에 적용하려는 것을 말도 안 되는 착오라고 여기지 않을 수 없다.[5]

"도덕성 체계"를 말도 안 되는 것으로 보이게 하는 관점의 좋은 예가 이 책의 1부에서 개관된 것이다. 그것은 "이성"이라고 불리는 핵심적이며 보편적인 인간의 구성요소, 즉 도덕적 의무의 원천이라고 할 수 있는 인간 능력의 개념이 비록 근대 민주주의 사회를 만들어내는 데 매우 유용하긴 했지만, 이제 그런 개념은 없어도 된다는 관점이다. 다시 말해서 3장에서 언급된 자유주의 유토피아를 실현하기 위해서는 그런 개념은 **없어져야만** 하는 것이다. 나는 민주주의가 이제 그 자신의 구성물로 사용해왔던 사다리들을 던져버릴 위치에 와 있다고 주장해왔다. 도덕성의 순수함에 마음이 이끌리는 사람들에게는 마찬가지로 말도 안 되는 것으로 보이겠지만, 이 책의 또 다른 핵심 주장은 다른 사람들에 대한 우리의 책임이 **단지** 우리 삶의 공적인 측면을 구성한다는 것이다. 이 공적인 측면이란 우리의 사적인 기호 및 우리의 사적인 자아창조의 시도와 맞서 있는 측면이며, 그런 사적인 동기에 대해 **자동적인** 우선성을 갖지 못하는 측면이다. 어떤 주어진 상황에서 공적인 측면이 우선되는지 여부는 심사숙고를 통해 결정되어야 할 문제이며, 대부분의 경우 "고전

5　Williams, *Ethics and the Limits of Philosophy*, pp. 194-195.

적인 제일 원리"에 호소함으로써 도움을 받을 수 없는 과정이다. 이런 관점에서 볼 때 도덕적 의무는 다른 많은 숙고들을 자동적으로 능가하는 것이라기보다는 그런 여러 숙고들 속에 함께 던져져 있는 것으로 보아야 한다.

도덕적 의무를 "우리 의식"으로 보는 셀라스의 관점은 윌리엄스의 "도덕적"-"윤리적" 구분과 나의 공적-사적 구분을 확고히 다질 수 있는 길을 마련해준다. 셀라스는 이 두 구분을 연대감에서 비롯되는 윤리적 숙고와, 특정인에 대한 애착이나 자신을 새롭게 창조하려는 독특한 시도에서 비롯되는 윤리적 숙고의 구분으로 보고 있다. 왜냐하면 셀라스는 핵심 자아라는 전제를 회피하는 방식으로 칸트의 의무-박애 구분을 재구성하고 있기 때문이다. 여기서 말하는 핵심 자아라는 전제는 "이성"이 인간 존재 속에 현존하는 구성요소의 이름이며, 그에 대한 인식이 인간적 연대를 설명해준다고 보는 관점을 뜻한다.[6] 그 대신에 셀라스는

---

6 이러한 "인간성의 본질적 구성요소"라는 관점을 액면가 그대로 취하면, 도덕철학자들을 소피스트적인 궤변가로 보이게 하는 데 도움이 된다. 왜냐하면 우리는 어떤 실천을 택해야 할지를 먼저 알아낸 다음에야, 우리의 철학자들이 "인간적인" 혹은 "이성적인" 것의 정의를 그에 맞게 조정해주길 기대하기 때문이다. 예를 들어 우리는 군인이나 사형집행인, 낙태시술자 등과 같이 공식적인 자격을 가지고 있지 않은 한, 우리와 같은 인간을 죽여서는 안 된다는 것을 알고 있다. 그렇다면 우리가 정당한 자격으로 **죽이는** 사람들, 즉 침략해오는 독재자의 군대나 연쇄살인범, 태아 등은 인간이 아니란 말인가? 어떤 의미에서는 그렇고, 어떤 의미에서는 그렇지 않다. 그러나 적절한 의미를 정의하는 것은 일이 끝난 뒤의 문제이며, 대체로 스콜라적인 행동일 뿐이다. 우리는 전쟁이 정의로운 것인지, 사형이나 낙태가 올바른 것인지에 대해 먼저 숙고하고, 그다음에 침략자나 살인자, 태아의 "지위"에 대해 걱정한다. 우리가 그 반대 순서로 하려고 할 때, 우리는 철학자들이 원래의 실천적 물음보다 논쟁의 여지가 적다고 할 수 있는 인간성이나 합리성에 대한 충분조건을 제공하지 못한다는 사실을 발견하게 된다. 우리가 무엇을 해야 할지를 결정할 수 있도록 해주는 것은 원래의 실천적 물음의 **세부사항**(침략자가 무엇을 했고 무엇을 할 것인지, 누가 왜 처형되는지, 누가 언제 낙태를 결정하는지 등)이다. 거대한 일반 원리는 끈기 있게 결과를 기다리고 있는 것이며, 그 일반 원리가

연대를 발견되는 것이 아니라 만들어지는 것으로, 초역사적 사실로 인식되는 것이 아니라 역사의 과정 속에서 산출되는 것으로 볼 수 있게끔 해준다. 그는 "의무"를 "상호주관적 타당성"과 동일시하지만, 그 타당성이 성립되는 주관의 범위를 인간 종보다 더 작은 영역에 한정시키고 있다. 셀라스의 설명에 의하면 "상호주관적 타당성"은 밀라노 사람, 뉴욕 사람, 백인 남성, 아이러니스트 지성인, 착취당하는 노동자, 혹은 하버마스가 말하는 "의사소통 공동체" 등의 집단에 속하는 모든 구성원에 대한 타당성을 지칭할 수 있다. 우리는 이들 집단들 중 **어떤** 집단에 품는 연대감을 통해 의무를 가질 수 있다. 왜냐하면 우리는 크건 작건 그와 같은 어떤 집단의 구성원이라는 것을 통해 우리 의식, 즉 "**우리** 모두는 …을 원한다"와 같은 형식의 문장으로 표현하는 의도, 또 "**나는** …을 원한다"로 시작하는 문장의 표현과 대조되는 의도를 가질 수 있기 때문이다.[7] 셀라스의 기본적인 생각은 도덕적 의무와 박애의 차이란, 대화상대자 집단의 현실적인 혹은 잠재적인 상호주관적 합의와 개성적인 (개인 혹은 집단) 감정 간의 차이라는 것이다. 그런 합의에는 (하버마스에게는 미안하지만) 가능성의 초역사적인 조건 같은 것은 없다. 그런 합의는 단지

포함하고 있는 핵심 용어는 그 결과에 따라서 재정의되는 것이다.

[7] 셀라스 자신의 관심은 "우리"라는 말이 인간 존재 혹은 이성적 존재라는 집합의 어떤 부분집합(예를 들어 자신의 종족)을 지칭할 수 있다는 사실을 확증하는 데 있는 것이 아니라, 자연주의적인 (그리고 사실상 유물론적인) 틀 안에서 의무-박애의 구분을 보존하는 데 있다. 그리고 이 틀은 본체적 자아, 역사적으로 조건 지어지지 않은 욕망 등과는 전혀 무관한 것이다. 나는 의무-박애의 구분을 보존하려는 셀라스의 태도 속에 포함된 관심을 분명히 공유한다. 그러나 여기서 나의 주된 관심은 전자의 주장이다. 현재 나의 의도에서 본질적으로 중요한 것은, **우리가** 누구인가에 대한 물음과는 **별개로**, "정언적 타당성"과 "도덕적 의무"가 "우리 중의 하나로서 의도함"과 동일시될 수 있다는 셀라스의 생각이다.

특정한 역사적 상황이 가져다준 운 좋은 산물일 뿐이다.

이것은 "신의 아들"이나 "인간성", "이성적 존재"와 같은 추상적인 개념들을 통해 사유하려는 시도가 아무런 성과도 없었다고 말하는 것이 아닐뿐더러 셀라스도 그렇게 말하지는 않을 것이다. 이런 개념들은 "진리를 위한 진리"나 "예술을 위한 예술" 같은 개념들과 마찬가지로 많은 성과를 낳았다. 그와 같은 개념들은 애매모호하지만 사람들을 고무하는 **상상의 초점** *focus imaginarius*(예를 들어 **절대적** 진리, **순수** 예술, 인간성 **그 자체** 등)을 제공함으로써 정치적·문화적 변화를 위한 길을 열어주었다. 철학적인 문제들 그리고 그런 문제들과 연관된 부자연스러움의 느낌이 비로소 발생하는 것은, 유용한 레토릭이 "개념적 분석"을 위한 적합한 주제로 채택될 때, **상상의 초점들**이 면밀한 조사에 종속될 때, 간단히 말해서, 우리가 진리, 예술, 인간성의 "본질"에 대한 물음을 던지기 시작할 때이다.

이런 종류의 물음이 니체 이후로 그렇듯 부자연스럽게 들릴 때, 사람들은 인간적 연대의 개념에 대해 의문을 갖기 시작할지도 모른다. 인간적 연대란 개념을 유지하기 위해서는, 우리의 도덕적 의무감이 지닌 우연적이고 역사적인 성격에 대한 니체의 논점을 인정하면서, **상상의 초점**이 (칸트가 생각하듯이) 인간의 마음속에 붙박이로 갖추어진 특징이라기보다는 발명품이라고 해서 나빠질 것은 하나도 없다는 점을 깨달을 필요가 있다. "우리는 단적으로 인간 존재 자체에 대한 의무를 진다"는 슬로건을 받아들이는 올바른 방법은, "우리"라는 감각을 가능한 한 확장시키려고 끊임없이 노력해야 한다는 점을 우리 자신에게 상기시켜주는 하나의 수단으로서 이 슬로건을 이해하는 것이다. 이 슬로건은 과거의 특정한 사건들에 의해 설정된 방향성을 더욱 밀고 나가도록 우리를 독려한다. 즉 처음에는 이웃 동굴의 가족을 "우리"에 포함시켰고, 그다음에는 강 건너의 부족을, 그다음에는 산 너머의 부족 연합을, 그다음에는 바다 너머의 이교도들을 (그리고 아마도 마지막으로는 내내 허드렛일을 해온 하인들을) "우리"에 포함시켰듯이 말이다. 이것은 우리가 지속적으로 이어가야 할 과정이다. 우리는 주변화된 사람들, 즉 우리가 여전히 본능적으로 "우리"라기보다는 "그들"이라고 생각하는 사람들을 찾으려고 애써야 한다. 우리는 그들과 우리의 유사성에 주목하려고 노력해야 한다. 이 슬로건을 해석하는 올바른 방법은, 이 슬로건을 우리가 현재 가지고 있는 것보다 더 폭넓은 연대감을 **창조하도록** 우리를 독려하는 것으로 보는 것이다. 잘못된 방법은, 그런 연대를 (마치 우리가 인식하기에 앞서서 존재하는 어떤 것처럼) **인식하도록** 우리를 몰아대는 것으로 생각하는 것이다. 왜냐하면 그렇게 될 경우 "이 연대가 **진짜**인가?"라는 요점을 잃은 회의적 물음에 우리 자신을 열어놓게 되기 때문이다. 다시 말해 종교와 형이상학의 종말은 잔인하지 않게 되려는 우리의 시도의 종말을 의미할 수밖에 없다는 니체의 암시에 우리 자신을 열어놓게 되는 것이다.

이 슬로건을 올바른 방식으로 독해한다면, 우리는 "우리"라는 말에 가능한 한 구체적이고 역사적인 의미를 부여하게 될 것이다. 그것은 "우리 20세기 자유주의자" 혹은 "더욱더 세계시민적이고 더욱더 민주적인 정치 제도를 창조해온 역사적 우연성의 계승자인 우리"와 같은 것을 의미하게 될 것이다. 이것을 그릇된 방식으로 독해하게 되면, "공통된 인간성"이나 "자연적 인권"을 민주 정치를 위한 "철학적 기반"으로서 생각하게 될 것이다. 이런 슬로건들을 올바로 독해하게 되면, 철학을 민주 정치에 **봉사하는** 것으로 생각하게 된다. 즉 롤스가 당면 문제에 대한 우리의 본능적 반응과 우리를 길들여온 일반 원리 사이의 "반성적 평형"이라고 부른 것을 획득하려는 시도에 대한 공헌으로서 철학을 생각하게 되는 것이다. 그렇게 이해되면, 철학은 새로운 신념(예를 들어 여성과 흑인은 백인 남성이 생각한 것 이상의 능력이 있다는 것, 소유권은 신성한 것이 아니라는 것, 성적인 사안은 사적인 관심사일 뿐이라는 것 등)을 수용하기 위해 도덕적 숙고에 관한 우리의 어휘를 다시 엮는 서술의 하나가 된다. 이 슬로건들을 잘못 독해하게 되면, 민주 정치를 철학 법정의 관할권에 종속된 것으로 생각하게 된다. 즉 마치 철학자가, 몇몇 풍요롭고 운 좋은 사회가 최근에서야 향유하게 된 민주적 자유와 상대적인 사회적 평등의 가치보다도 좀 더 의심의 여지가 없는 어떤 것에 관한 지식을 가지고 있거나 적어도 그런 지식을 획득하기 위해 최선을 다해야 한다고 생각하게 되는 것이다.

이 책에서 나는 그런 법정이 있을 수 없다는 전제에서 귀결되는 몇 가지 사항들을 상세히 그리려 했다. 우리 삶의 **공적인** 측면에서는 그런 자유의 가치보다 의심의 여지가 없는 것은 **아무것도 없다.** 우리 삶의 사적인 측면에서도, 예를 들어 특정 인물에 대한 사랑이나 증오, 어떤 개성 있는 프로젝트를 수행하고 싶은 욕구 등과 같이, **마찬가지로** 의심하기 어려운 것들이 많이 있다. 이런 두 측면의 존재는 (도덕적 의무와 사적인 관여 사이의 갈등과 마찬가지로, 우리가 몇 개의 공동체에 속해 있어서 서로 갈등하는 **도덕적** 의무들을 갖는다는 사실과 같은) 딜레마를 낳는다. 우리는 언제나 그런 딜레마를 안고 살게 될 것이다. 그러나 그런 딜레마가 철학 법정이 발견하거나 적용할 것이라고 생각되는 더 폭넓고 고차적인 일련의 의무에 호소함으로써 해소되지는 않을 것이다. 한 사람의 혹은 한 문화의 마지막 어휘를 비준할 수 있는 것이 아무것도 없는 것과 마찬가지로, 그 마지막 어휘 안에는 그것이 갈등 상황에 놓였을 때 어떻게 그것을 다시 엮을 것인가를 지시해줄 수 있는 것이 아무것도 포함되어 있지 않다. 우리가 할 수 있는 일은 단지, 우리가 가진 마지막 어휘가 어떻게 확장되고 개정될 수 있을지를 알려주는 힌트에 우리의 귀를 열어둔 채로 그런 마지막 어휘를 가지고 작업해 나가는 것뿐이다.

그래서 나는 3장의 시작 부분에서 다음과 같은 생각을 밝혔다. 즉 1장과 2장에서 내세운 언어관과 자아관에 대해 내가 제시할 수 있는 유일한 논증은 그런 관점이 다른 대안들보다 자유민주주의 제도에 더 잘 들어맞는 것으로 보인다고 말하는 것뿐이라고 말이다. 자유민주주의라는 제도의 가치가 대안적 제도를 만들기 위한 실천적 제안에 의해서가 아니라 더 "근본적인" 어떤 것의 이름으로 도전을 받을 때, 직접적인 대답은 주어질 수 없다. 왜냐하면 중립적인 기반이란 존재하지 않기 때문이다. 니체나 하이데거와 같은 사람들이 제기하는 이런 종류의 도전에 대해 우리가 할 수 있는 최선은 5장에서 제안한 것처럼 간접적인 답변을 하는 것이다. 즉 숭고함을 열망하는 그들의 기획과 시도를 **사적인 것으로 만들기**privatize를 요구하는 것이다. 다시 말해서 그들의 기획과 시도를 정치와는 무관한 것으로, 따라서 민주주의 제도의 발전에 의해 가능하게 된 인간적 연대감과 양립할 수 있는 것으로 보자는 것이다. 사적인 것으로 만들자는 이런 요청은 잔인성과 고통을 피하려는 욕구에 숭고함을 종속시킴으로써 절박한 딜레마를 해결해야 한다고 요청하는 것이다.

나의 관점에서 보면, 그런 요청을 지지해줄 수 있는 것은 아무것도 없으며 그런 지지가 필요한 것도 아니다. 자유주의의 주장이 원한감정에 사로잡힌 노예적 태도라는 니체의 주장이나, "최대 다수의 최대 행복"이라는 생각이 "형이상학"과 "존재 망각"의 편린일 뿐이라는 하이데거의 주장을 지지할 **중립적인** 방법이 없는 것과 마찬가지로, 잔인성이야말로 우리가 행하는 가장 나쁜 짓이라는 자유주의자의 주장을 옹호할 수 있는 **중립적**이며 비순환적인 방법은 존재하지 않는다. 우리는 이런 주장의 타당성을 우리 20세기 자유주의자들에게 확신시킨 사회화 과정의 배후를 들여다볼 수도 없으며, 그런 과정을 실현시킨 역사적 우연성보다 더 "실재적인" 혹은 보다 덧없지 않은 어떤 것에 호소할 수도 없다. **우리는 우리가** 있는 장소에서 출발해야 한다. 이것은 우리가 동일시하는 공동체의 "우리 의식" 이외에는 어떠한 의무도 없다는 셀라스의 주장이 갖는 힘의 일부이다. "인류"나 "모든 이성적 존재"야말로 그런 집단 중 가장 큰 집단이라고 주장하는 것이 이런 자문화중심주의ethnocentrism의 저주를 벗겨내는 것은 아니다. 나는 그 누구도 **그런** 동일시를 **이룰 수 없다**고 주장해왔다. 오히려 자문화중심주의의 저주를 벗겨내는 것은 스스로를 확장시키면서 더 크고 다양한 **에트노스**ethnos[종족]를 창조하는 데 헌신하는 "우리"("우리 자유주의자들")의 자문화중심주의이다.[8] 여기서 말하는 "우리"란 바로 자문화중심주의를 불신하도록 훈육받아온 사람들

---

8 이런 요점이 개진된 나의 논문은 "Solidarity or Objectivity?" in *Post-Analytic Philosophy*, ed. John Rajchman and Cornel West (New York: Columbia University Press, 1984)와 "On Ethnocentrism: A Reply to Clifford Geertz," *Michigan Quarterly Review* 25 (1986): 525-534 등이 있다.

로 이루어진 "우리"이다.

요약하자면, 나는 "인간성 자체"와 동일시된 것으로서의 인간적 연대와, 지난 수세기에 걸쳐 민주주의 국가에 사는 사람들에게 차츰 고취되어온 자기의심으로서의 인간적 연대를 구별하고 싶다. 이 의심은 타인의 고통과 모욕에 대한 자신의 감수성에 대한 의심이며, 현재의 사회 제도들이 이런 고통과 모욕을 다루기에 적합한 것이냐에 대한 의심이며, 가능한 대안에 관한 호기심이다. "인간성 자체"와 인간적 연대를 동일시하는 것은 내가 보기에 불가능한 일이다. 이것은 철학자의 고안물이며, 신과 일체가 된다는 관념을 세속화하려는 조야한 시도일 뿐이다. 자기의심으로서의 인간적 연대는 내가 보기에 많은 사람들이 "당신은 고통받고 있는가?"라는 물음과 "당신은 우리가 믿고 원하는 것을 믿고 원하는가?"라는 물음을 구분해낼 수 있게 된, 인류 역사상 최초의 시대를 특징짓는 표지로 보인다. 나의 용어로 말하자면, 이것은 당신이 고통을 받고 있느냐는 물음과 당신과 내가 똑같은 마지막 어휘를 가지고 있느냐는 물음을 구별해낼 수 있는 능력이다. 이런 물음들을 구별하는 것은 사적인 물음과 공적인 물음을, 인생관에 관한 물음과 고통에 관한 물음을, 아이러니스트의 영역과 자유주의자의 영역을 구별할 수 있게 해준다. 그래서 이것은 한 사람에게 두 가지를 모두 가능하게 해준다.

초판 옮긴이 후기(1996년)

이 책은 세계적으로 유명한 미국의 철학자 리처드 로티Richard Rorty의 저서 *Contingency, irony, and solidarity* (Cambridge University Press, 1989)의 완역이다. 로티 교수는 1931년 뉴욕에서 태어나 시카고 대학교를 거쳐 예일 대학교에서 철학박사 학위를 받고, 웰즐리 칼리지에서 교수가 된 다음 프린스턴 대학교에서 철학과장을 역임했으며, 1982년 이후 현재[1996년]까지 버지니아 대학교에서 석좌교수University Professor로 재직 중이다.

로티는 인식론 중심의 전통철학을 비판하고 새로운 형태의 실용주의를 천명하는 사상을 펼쳐 1980년대 이후 미국은 물론 전 세계적으로 가장 주목받는 철학자의 한 사람이 되었으며, 오늘날에도 왕성한 활동을 전개하고 있다. 그의 저서로는 『철학과 자연의 거울』(1979), 『실용주의의 결과』(1982)에 이어 이 책 『우연성, 아이러니, 연대』(1989)가 출판되었으며, 이 책 이후에 로티는 『객관성, 상대주의, 진리』(1991), 『하이데거 등에 관한 에세이』(1991) 등 두 권의 철학 논문집을 세상에 내놓았다.

이 책 『우연성, 아이러니, 연대』는 특히 로티의 사회사상이라 할 수 있는 내용을 담고 있다. 이 책에서 로티는 "자유주의 아이러니스트"의 견지를 옹호한다. 자유주의자란 "잔인성이야말로 우리가 행하는 가장 나쁜 짓"이라고 보는 사람을 말하며, 아이러니스트란 "자신의 마지막 어휘조차도 포기할 태세가 되어 있을 만큼 충분히 역사주의자이며 유명론자인 사람"을 일컫는다. 따라서 이 책에서 로티가 전개한 핵심 사상은 우리의 언어, 자아, 공동체의 우연성을 철저히 수용한 아이러니스트가 아이러니를 통해 인류의 연대를 지향하는 자유주의 사회를 옹호하는 사상이다.

이때 우연성은 필연성과, 아이러니는 논증의 방식과, 연대성은 보편성과 각각 일부러 대비해 쓰인 개념이다. 그러므로 이 책에 담긴 핵심 주장은 "형이상학적 근거 등과는 관계없이 역사적 우연성에 의해 우리가 갖게 된 신념(특히 자유주의 사상)도 과연 헌신해 지켜갈 가치가 있는가?"라는 물음에 대해 긍정적으로 대답하는 자문화중심적 실용주의의 천명이라고 요약될 수 있을 것이다. 바꿔 말해 로티는 미국을 대표로 하는 서구의 자유민주주의 사회를 아이러니스트의 견지에서 옹호하는 것이야말로 실용주의의 사회사상이라고 천명하고 있는 것이다.

이 책은 내용상 자유주의 옹호론을 담고 있지만 그 형식에 있어서는 여느 전통철학자들의 방식과 사뭇 다른 방식을 채용하고 있다. 그 방식은 이 책의 용어로는 아이러니즘이지만 로티가 사용하는 다른 용어로 말하자면 이른바 "문예비평"literary criticism의 방식이다. 문예비평이란 정초주의적인 전통철학을 비판하는 로티가 탈脫철학의 시대를 맞아 장차 철학자가 해야 할 일이라고 설정한 것으로서, 가령 철학 텍스트를 문예 텍스트로 읽는 것이며, 텍스트에 대해 대담한 오독을 통해 참신한 메타포를 창안하는 것을 주안으로 삼는 활동을 말한다.

철학과 문학을 문예라는 장르로 혼용시키고자 하는 의도를 담고 있는 이러한 문예비평의 개념은 로티의 저술에서도 이제까지는 대체로 하나의 이론이나 산발적인 형태로만 전개되어왔다. 그러나 이 책에서는 구체적인 실천을 통해 그것이 본격적으로 펼쳐지고 있다. 많은 인물들 가운데 특히 데이비슨, 프로이트, 프루스트, 데리다, 나보코프, 오웰 등에 대한 로티식의 문예비평이 이 책에서 전개되고 있다고 해도 과언이 아닐 것이다. 이런 점에서 이 책은 로티 자신의 실용주의 사상 내에서도 매우 독특한 위치를 차지하고 있는 저서이며, 철학이나 문예비평에서도 획기적인 시도라고 보아야 할 것이다.

로티의 사상 전반에 대한 소개나 그의 저술 목록과 국내의 문헌에 대한 소개 등은 이 책과 동시에 출판되는 로티의 저서 『실용주의의 결과』(민음사, 1996)의 번역본에 붙인 '옮긴이 해제'를 참고하기 바라며, 이하에서는 번역과 연관된 몇 가지를 더 언급하는 것으로써 이 후기를 마무리 짓기로 하겠다.

약 1년여에 걸친 이 책의 번역 작업은 두 사람이 분담해 초고를 작성하고 재검토하는 방식으로 진행되었다. 이 책의 4장까지는 김동식이, 그 나머지는 이유선이 담당하여 번역했으나 옮긴이의 차이로 인한 혼동을 줄이고자 당연히 교호적으로 원고를 읽고 가다듬는 과정을 거쳤다. 이 과정에서 옮긴이들은 번역 용어의 통일을 기하고 원 저자의 의도를 충실하게 전달하고자 애를 썼다. 특히 로티의 독특한 용어인 "final vocabulary"의 역어는 '궁극적 어휘', '최종 어휘' 등도 무방할 것이지만 그것들보다 더 함축적이고 오해의 소지가 적어 보이는 '마지막 어휘'로

정했다. 또 "description", "redescription"은 오해의 소지가 있는 '기술'이나 '재기술'을 피하기 위해 '서술'과 '재서술'로 정했다. 또 "pragmatism"은 '실용주의'라는 용어로 그 의미를 다 포괄하기 어렵다고 보이기도 하지만 이미 우리말로 굳어졌다고 보아 그 관행을 따르기로 했다. 게다가 저자가 소설 속의 등장인물에 대해 평하거나 그들의 입을 통해 메시지를 전달하는 경우가 많기 때문에 그런 인물을 실제 역사상의 인물들과 혼동시킬 우려를 피하기 위해 많은 애를 썼다. 이런 일들을 위해 중간중간에 역주를 [ ] 속에 넣어 보충하기도 했다.

이 책을 우리말로 옮기는 작업은 결코 쉬운 일이 아니었다. 부연 설명이 많은 저자의 문체도 짐이 되었지만 특히 저자가 다루는 사상가들과 작품들의 폭이 워낙 다양하고 맥락상의 전이가 분방하기 때문에 행간의 뜻을 놓쳐 행여 터무니없는 오역을 해버린 곳은 없는가 하는 두려움도 없지 않다. 번역 과정에서 옮긴이들은 일일이 이름을 밝히기 힘들 정도로 많은 분들의 도움을 받았다. 그분들 가운데서도 특히 5장 이후의 초고를 같이 읽고 도움말을 주신 김용준, 김선희, 린형구 세 분 선생님께 감사드린다. 바쁜 일정 중에도 한국어판의 서문을 보내주신 로티 교수께 감사드린다. 그리고 이 책의 출판을 위해 애써준 출판사의 관계자들과 특히 원고가 예상보다 늦어져 시간에 몰림에도 불구하고 책의 모양새를 잘 짜준 편집부에도 감사드린다.

1996년 11월
김동식, 이유선

개역판 옮긴이 후기

리처드 로티 교수가 한국을 처음 방문한 것은 1996년으로, 그때 이 책의 번역서가 나왔으니 벌써 24년이 지났다. 당시에는 철학자 로티가 국내에 별로 알려지지 않았고, 그의 업적도 많이 소개되지 않았다. 그의 첫 방한 이후 옮긴이들은 로티 교수에 관한 몇 권의 책들을 각기 출간했고, 다수의 논문들을 학술지에 실었다. 로티는 2002년에 한국을 두 번째로 방문했고, 2007년에 췌장암으로 타계하였으나, 아직까지도 꾸준히 영향력을 끼치고 있는 네오프래그머티즘(신실용주의)의 대표적인 철학자이다.

　로티는 영미철학계뿐 아니라 독일과 프랑스에서도 주목받는 철학자이다. 분석철학자로서 시작한 그의 철학적 여정은 프래그머티즘에 대한 옹호를 거쳐 시에 대한 사랑으로 막을 내린다. 그가 세상을 뜨기 전 아들 및 사촌동생과 나눈 대화들을 정리해 *Poetry* 지誌에 실었는데,[1]

1　Richard Rorty, "The Fire of Life", *Poetry* (November, 2007)

인생에서 회한이 있다면 무엇인가라는 질문에 대해 로티는 시를 좀 더 많이 외울 걸 그랬다는 말을 남겼다. 그러면서 그는 스윈번의 「프로세르피나의 정원」과 랜더의 「그의 일흔다섯 번째 생일에 부쳐」라는 시를 인용하고 있다. 노철학자에게는 철학적 지혜도, 종교적 구원도 크게 의미가 없었고, 오로지 시만이 소중하게 여겨졌다는 점이 의미심장하다.

로티의 유고를 묶어서 낸 『시로서의 철학』[2]이라는 책의 엮은이 후기는 그의 부인인 메리 로티Mary Rorty가 썼는데, 거기서 그녀는 로티를 "로고센트리스트"logocentrist라고 불렀다. 로고스중심주의란 데리다가 플라톤주의적 본질주의를 비판하면서, 즉 서양철학의 전통을 비판하면서 사용했던 용어라서 의아한 생각이 들었다. 그래서 직접 연락하여 그 의미를 물었더니, 로티가 스스로를 언어를 통해 세상을 바꾸는 사람으로 간주했으며 그런 일을 가장 잘했던 사람이라고 하면서, 언어를 통해 세상을 바꾸는 사람이라는 의미로 그런 표현을 붙인 것이라는 대답이 돌아왔다.

그런 점에서 이 책은 언어가 어떻게 세상을 바꿀 수 있는지를 피력하는 로고센트리스트로서 로티의 진면목을 잘 보여준 저서라고 할 수 있다. 다른 철학책들과 확연히 다르게, 이 책은 철학적 이론들에 대한 논의는 물론이고 후반부에서는 나보코프와 오웰 등의 소설을 주로 다루고 있다. 그리고 그 밖에 수많은 문학작품과 문학가들이 인용되고 있다. 이 책을 번역할 때 가장 힘들었던 부분도 역시 그런 광범위한 논의에 있었다. 로티가 언급한 책을 모두 읽어야 오역이 없겠다는 생각을 하

---

2 Richard Rorty, *Philosophy as Poetry* (University of Virginia Press, 2016)

고 첫 번역본을 낸 이후 열심히 작품들을 찾아 읽었지만 20여 년이 지난 지금도 그 작품들을 모두 읽지는 못했다. 아마도 그래서 남아 있는 오역들이 여전히 포함되어 있을 것이라는 두려움이 사라지지 않는다.

옮긴이들은 첫 번역본의 오역을 바로잡으려 노력했다. 중요한 몇 가지 용어들에 대해서는 가급적 친숙한 번역어를 채용해 바꾸었다. 책의 제목에도 등장하는 "solidarity"는 기본적으로 '인류의 연대'를 의미하는 것으로 문맥에 따라 연대, 연대성, 연대감 등으로 번역했으며, "human solidarity"는 '인류의 연대' 혹은 '인간적 연대'로 번역했다. 로티는 문예비평literary criticism을 지향하므로 철학과 문학의 경계는 물론이고 다른 영역들과의 경계도 허물고자 한다. 그런 의미에서 중요한 언어활동을 하는 글쓴이writer들을 구분지어 말하기는 어렵다. 철학자나 소설가나 시인이나 과학이론가나 모두 글쓴이인 것이다. 따라서 "writer"는 맥락에 따라 '작가' 혹은 '저술가'로 번역했다. 이론이 아니라 실제로 사람들이 행동에 옮기는 것을 가리키는 "social practices"는 '사회적 실행' 대신에 '사회적 관행'으로 바꾸었다. 그 밖에 고유명사의 표기를 가급적 외래어 표준 표기법을 따르고자 하였다. 또한 문맥이 잘 통하지 않는 곳들은 윤문하는 작업도 병행하였다. 하지만 과문하고 우둔한 이유로 고쳐지지 못한 오역들도 여전히 남아 있을 터인데, 독자의 질책을 감수할 수밖에 없겠다.

로티 교수는 동아시아의 다른 나라들에 비해 국내에서는 그다지 큰 주목을 받거나 인기를 끌지는 못했다. 연구자들의 역량이 부족한 탓도 있겠고 그의 주장이 너무 파격적이어서 수용이 잘 되지 않는 탓도 있겠다. 어려운 환경 속에서도 절판된 로티의 책을 다시 출간하는 사월의

책 출판사 안희곤 대표와 박동수 편집장께 감사드린다. 박동수 편집장은 공역자로 이름을 올려도 좋을 정도로 이 책의 개역판 원고를 원문과 대조해 검토하면서 세세한 잘못을 고쳐주었다. 이 책의 출간으로 '자유주의 아이러니스트'가 한 명이라도 늘어나길 바랄 따름이다.

2020년 7월
김동식, 이유선

찾아보기

옮긴이 **김동식**

육군사관학교를 졸업하고 연세대 철학과 대학원을 거쳐 미국 에모리 대학교에서 리처드 로티 연구로 박사학위를 받았다. 육군사관학교 철학 교수를 역임했다. 저서로『로티의 신실용주의』『프래그머티즘』『로티: 철학과 자연의 거울』『듀이: 경험과 자연』등이 있으며, 역서로『실용주의의 결과』『프래그머티즘의 길잡이』(공역)『현대과학철학 논쟁』(공역)『퍼스의 기호학』(공역) 등이 있으며, 엮은 책으로『로티와 철학과 과학』『로티와 사회와 문화』등이 있다.

옮긴이 **이유선**

고려대 철학과를 졸업하고 동대학원에서 박사학위를 받았다. 미국 버지니아 대학교에서 리처드 로티 교수의 지도를 받아 박사 후 과정을 마쳤다. 고려대 민족문화연구원 연구교수를 거쳐 서울대 기초교육원 강의교수로 재직 중이다. 저서로『리처드 로티』『실용주의』『아이러니스트의 사적인 진리』『사회 철학』『로티의 철학과 아이러니』(공저)『리처드 로티, 우연성·아이러니·연대성』등이 있으며, 역서로『철학의 재구성』『공공성과 그 문제들』(공역) 등이 있다.